사회복지실천기술론

사회복지 실천 기술론

SKILLS AND TECHNIQUES FOR SOCIAL WORK PRACTICE

조미숙 · 유용식
윤춘모 · 현영렬 공저

dm 동문사

머리말

사회복지전문직은 역사적으로 극히 방대한 지식 및 조사연구의 기반을 빌려와서 사용한 경험이 풍부하다. 사회복지사들은 종합적인 실천을 개발하기 위해 사회학, 경제학, 심리학, 역사학, 정치학 그리고 심지어 경영학 등과도 융합을 시도하고 있는 것이 현실이다. 장기적이고 통찰지향적인 접근에서부터 경험적으로 지지되는 행동주의 접근과 인지주의 개입으로의 이동이 관찰되고 있는 것도 사실이다. 사회복지전문직은 어떤 의미에서 점차 더 일반 사회복지적이고, 생태학적이며, 체계론적 접근을 지향하게 되었을 뿐 아니라, 매우 절충적이고 융·복합적이기도 하다는 점이다.

그러나 현상학적으로 사회복지실천현장에서 클라이언트들은 실질적 도움 또는 정서적 지지를 요구한다. 실실적 서비스란 음식, 의복, 쉼터, 일일보호, 운송수단 등을 제공하는 것을 말한다. 아프거나 거동능력이 없는 사람들은 목욕, 화장실 가기, 옷 입기, 약 먹기 등 보다 개인적인 도움도 원한다. 이때 사회복지실천가들은 직접 그러한 도움을 제공하거나 다른 자원들을 연결시켜 주기도 한다.

한편 클라이언트들은 실질적 도움은 물론 정서적 지지로부터도 많은 이익을 얻는다. 정서적 지지는 적극적으로 듣고, 비심판적인 태도로 클라이언트와 함께 하는 것이므로 정서적 지지는 중요한 자원의 하나로 간주된다. 이렇게 사회복지실천기술 개입방법은 개인, 부부나 가족, 집단, 이웃과 지역사회와 함께 이뤄지고 있는 것이 현실이다.

이러한 상황에서 개입기술을 선택하기 위한 기반으로서 임상조사연구를 사용하는 것은 가장 객관적인 방법이다. 조사연구에 기초한 사회복지실천은 사회복지실천현장에서 추구해온 이상처럼 보인다.

현대의 사회복지실천가들은 조사연구가 특정 클라이언트와 어떻게 일할 것인지를 결정하는 최우선적 요소라고 생각한다. 그러나 이런 자료들은 클라이언트와 관련하여 좀 더 넓은 문화적, 정치적, 경제적 그리고 사회적 상황의 맥락에 비추어 평가되어야 한다. 사회복지실천가들은 그들의 교육, 가치, 윤리, 생활경험 및 조사연구에 의해 영향을 받고 있다. 의식적으로 이런 모든 요소들 간에 균형을 잡으면서 지속적으로 자신의 기술을 개선시키고 실천 조사연구의 흐름을 놓치지 않는 것은 클라이언트를 위해 적절한 개입을 선택하는 데 있어서 가장 필요한 방법이라고 본다.

이러한 시점에서 본서는 사회복지실천이 계속해서 과학적이고 역동적으로 수용될 수 있다는 개념과 준거 틀을 찾고자 시도하였으며, 좀 더 과학적이 되기 위해 실천기술에 대한 가설을 검증하려 노력하고 있다는 점에 기반을 두고 출발하였다.

본서는 총 4부로, 1부 사회복지실천기술에 대한 이해, 2부 사회복지실천 개입모델, 3부 체계수준별 사회복지실천기술, 4부 사회복지실천 기록 및 평가로 설계되어 사회복지실천기술에 대한 다체계적인 조망이 가능하도록 하였다. 특히 본서는 총 14장으로 구성되어 있는데, 1부 사회복지실천기술에 대한 이해에서는 1장 사회복지실천기술에 대한 이해, 2장 사회복지실천기술의 기초, 2부 사회복지실천 개입모델에서는 3장 정신역동모델, 4장 인지행동모델, 5장 해결중심모델, 6장 과업중심모델, 7장 위기개입모델, 8장 동기강화모델로 구성하였다.

3부 체계수준별 사회복지실천기술에서는 9장 개인대상 사회복지실천기술, 10장 가족대상 사회복지실천기술, 11장 집단대상 사회복지실천기술, 12장 지역사회대상 사회복지실천기술로 설명하였으며, 4부 사회복지실천 기록 및 평가에서는 13장 사회복지실천 기록, 14장 사회복지실천 평가로 각 장마다 사회복지실천에 필요한 기술들을 명쾌하고 짜임새 있게 설명하였다.

독자들은 본서에서 언급된 사회복지실천기술에 관한 지식이 인간과 그들의 사회체계에 관해 알려진 것들을 "사회복지실천기술의 이해"라는 측면에서 매우 쉽게 총망라하였으며, 재조직하였다는 점들을 체감하게 될 것이다.

특히 본서에서는 예비사회복지사로서 자신의 클라이언트를 어떻게 치료할지, 가장 효과적이라고 믿는 접근 방식은 어떻게 활용할 수 있는지, 이러한 결정은 어떻게 내려야 하는지, 자신이 선택한 접근법이 클라이언트와 잘 맞는다는 것을 어떻게 알 수 있는지, 이러한 결정에 영향을 주는 요소는 무엇인지, 구체적인 선택을 하는 데 도움이 되는 모델과 지침을 어떻게 활용하는지 등 사회복지실천현장에서 매우 구체적이고 기술적인 질문에 대한 답을 스스로 찾아 나갈 수 있도록 실질적으로 구성하였다.

결국 본서의 내용 및 그 구성은 사회복지실천가로서 도움이 필요한 이에게 자신이 가진 인간에 대한 존경과 신뢰를 가지고 비심판적이고 친절하게 도움을 주기 위해 "마음으로부터의 언어"로 말하는 기술을 익힐 수 있도록 했다는 점이다. 그러므로 사회복지실천기술을 적용하는 데 있어서 매우 중요한 위치이자 좌표 역할을 본서가 충분히 감당할 수 있도록 사회복지실천기술의 기본적인 준거 틀에 충실했음을 다시 한 번 강조한다.

따라서 본서는 다양한 교육과정에 활용될 수 있을 것이며, 관련된 실천현장에서도 유용하게 쓰일 수 있을 것으로 기대된다. 그러나 본서를 발간하는 시점에서도 이것이 완성본이라고 절대로 생각하지 않는다. 앞으로 다양한 연구를 통하여 부족한 부분을 계속 보완해가면서 이 분야에 조금이나마 실질적인 기여를 할 수 있는 책으로 발전시켜 나가도록 노력하겠다는 약속을 드린다.

마지막으로 이 책이 나오기까지 적극적인 지원을 아끼지 않으신 동문사의 이중수 사장님과 직원 여러분께 진심으로 감사드린다.

2020년 3월

저자 대표 조미숙

머리말 5

PART Ⅰ _ 사회복지실천기술에 대한 이해

CHAPTER 01 사회복지실천기술에 대한 이해 15
1. 사회복지전문직의 정체성 15
2. 전문적 원조관계 24
3. 기본적인 원조기술 30

CHAPTER 02 사회복지실천기술의 기초 35
1. 사회복지실천기술의 개념과 용어정의 35
2. 사회복지실천기술의 위치와 준거 틀 45
3. 사회복지실천 개입방법과 사정 49

PART Ⅱ _ 사회복지실천 개입모델

CHAPTER 03 정신역동모델 67
1. 정신역동모델의 철학과 기본개념 67
2. 정신역동모델의 개입목표 및 과정 75
3. 정신역동모델의 개입기법 79

CHAPTER 04 인지행동모델 91

1. 인지행동모델의 철학과 기본개념 91
2. 인지행동모델의 개입목표 및 과정 106
3. 인지행동모델의 개입기법 114

CHAPTER 05 해결중심모델 121

1. 해결중심모델의 철학과 기본개념 121
2. 해결중심모델의 개입목표 및 과정 131
3. 해결중심모델의 개입기법 133

CHAPTER 06 과업중심모델 141

1. 과업중심모델의 철학과 기본개념 142
2. 과업중심모델의 개입 목표 및 과정 146
3. 과업중심모델의 개입기법 151

CHAPTER 07 위기개입모델 159

1. 위기개입모델의 철학과 기본개념 159
2. 위기개입모델의 개입목표 및 과정 165
3. 위기개입모델의 개입기법 169

CHAPTER 08 동기강화모델 187

1. 동기강화모델의 철학과 기본개념 187
2. 동기강화모델의 개입목표 및 과정 193
3. 동기강화모델의 개입기법 195

PART III _ 체계수준별 사회복지실천기술

CHAPTER 09 개인대상 사회복지실천기술 203

1. 개인대상 사회복지실천기술의 정의 203
2. 개인대상 사회복지실천기술의 개입기술 206

CHAPTER 10 가족대상 사회복지실천기술 237

1. 가족의 이해와 실천 237

CHAPTER 11 집단대상 사회복지실천기술 279

1. 집단 이론적 틀: 집단 역동, 주요 개념, 치료적 요인 279
2. 집단모델 - 분류, 종류, 자조집단 284
3. 집단대상 사회복지실천기술의 요소와 모형 292
4. 집단발달단계 299

CHAPTER 12 지역사회대상 사회복지실천기술 311

1. 지역사회대상 사회복지실천기술의 정의 311
2. 지역사회대상 사회복지실천모델 315
3. 지역사회대상 사회복지실천 개입과정 322
4. 지역사회대상 사회복지실천 개입기술 326

PART IV _ 사회복지실천 기록 및 평가

CHAPTER 13 사회복지실천 기록 337

1. 기록의 중요성 및 필요성 337
2. 기록의 목적 및 용도 339
3. 기록에 포함되는 기본적인 내용 341
4. 기록의 종류와 특성 342

CHAPTER 14 사회복지실천 평가 355

1. 평가의 중요성 및 필요성 355
2. 평가의 개념과 유형 356
3. 평가의 실제 360

참고문헌 371

PART I

사회복지실천기술에 대한 이해

CHAPTER 01 사회복지실천기술에 대한 이해

CHAPTER 02 사회복지실천기술의 기초

CHAPTER 01 사회복지실천기술에 대한 이해

1 사회복지전문직의 정체성

1) 사회복지전문직의 정체성

사회복지는 모든 사람들의 잠재능력과 사회적 기능을 향상하여 사람들이 행복하고 만족스럽게 살 수 있도록 개인, 집단, 가족 그리고 지역사회가 겪고 있는 심리적, 사회적, 정신적, 신체적, 경제적인 문제들과 욕구 등을 해결하도록 도와주는 제도화된 사회적 서비스를 의미한다. 제도로서의 사회복지는 사회보험, 공적부조, 사회문제를 해결하기 위한 정부나 민간의 다양한 서비스와 프로그램을 포함한다(이준우 외, 2004).

사회복지전문직이 활용하게 되는 사회복지실천기술은 위의 사회복지라는 큰 제도의 한 부분으로 사회복지실천의 최종 과정에 해당한다. 사회복지는 인간의 욕구 중 어느 부분까지 도와 줄 것인가라는 문제와 무엇을 도와줄 것이며, 누구를 얼마나 도와주어야 하는지의 문제, 제한된 자원을 어떻게 마련하고 어떤 방법으로 전달할 것인지 등이 전체 내용을 구성하고 있다.

사회복지실천기술은 이러한 모든 과정을 통해서 결정된 서비스를 최일선에서 일하는 사회복지사(social worker)가 최종적으로 전달하는 일과 관련된 활동이다(최선화, 2006). 이러한 사회복지실천과정 속에서 사회복지사들의 정체성은 자신들이 활용하고 있는 실천기술의 활용능력에 따라서 전문가로 인정받게 된다.

사회복지사가 전문직인가에 대한 의문은 오래전부터 있어 왔다. 인간을 다루는 직업영역에 종사하려면 적어도 전문가이어야 하는 당위성의 문제이다. 즉, 사회복지사는 전문가이어야만 한다.

그러나 사회복지직의 전문화를 위한 다양한 노력과 사회적 인증에도 불구하고 전문직으로서의 사회복지사의 정체성에 대한 의문은 타 전문직뿐만 아니라 사회복지사 내부에서도 끊이지 않고 계속되고 있다. 특히 우리나라의 사회복지사는 서구의 복지선진국에 비해서 전문적 교육과정과 자격증 제도의 미비 및 느슨함, 한국전쟁 이후 외국 원조기관에 의한 구호활동과 초창기의 열악한 사회복지환경에 대한 부정적 시각 등의 이유로 인하여 사회적 인식이나 처우가 타 전문직과는 다르다.

따라서 사회복지사가 전문직으로서의 정체성을 확보하기 위해서는 무엇보다도 체계적이고 전문적인 교육 및 수련과정, 엄격한 자격증 관리제도 등이 우선적으로 강화되어, 타 전문직에서 제공되는 서비스와는 차별화된 전문적 사회복지서비스의 제공이 이루어져야 할 것이다.

이제부터 어떤 능력을 갖추어야만 사회복지사가 전문가로 인정받을 수 있는지에 대해서 알아보자.

2) 사회복지사의 자기성찰

전문직으로서의 사회복지사가 이론적 지식과 기술, 윤리, 정체성 등을 갖추었다고 하더라도 그게 곧 유능한 사회복지사가 된다는 것을 의미하지는 않는다.

사회복지사에 대한 일반적 시각은 이타주의적 동기를 가지고 이웃을 위해 봉사하고 희생하는 사랑을 실천하는 사람이라는 것이다. 그러나 그 이면에는 사회적 약자인 클라이언트를 원조하면서 자신은 그렇지 않다는 우월감과 권력감을 충족시키는 측면은 없는지에 대한 의문을 제기하면서 사회복지사의 자기성찰(Introspection)을 요구하고 있다.

실천의 현장에서 사회복지사는 자신이 가장 중요한 도구이다. 즉, 자신을 활용하여 클라이언트의 긍정적 변화를 이끌어 내야 하는 변화매개체인 것이다.

따라서 사회복지사의 길을 선택한 다양한 이유 중에서 부정적인 것들은 당연히 클라이언트에게 부정적 영향을 미칠 것이므로 철저한 자기성찰을 통해서 재정립해야 할 것이다.

최선화(2006)는 전문가로서의 신뢰를 줄 수 없는 옷차림새, 산만한 행동과 더불어 사회복지사 자신이 특별하게 여기는 개인적 문제, 성장과정에서의 부정적 경험과 그에 관련한 감정적 문제, 사회복지사의 편견이나 선입관 등 개인적 콤플렉스와 감정적 문제를 사회복지사와 클라이언트의 관계에서 부정적인 영향을 미치는 요인으로 지적하였다.

또한 사회복지사는 자신의 개인적 일상이나 업무에서 오는 스트레스가 클라이언트에게 부정적 영향을 미치지 않도록 끊임없이 노력해야 할 것이다.

따라서 사회복지사는 타 전문직이나 동료 사회복지사, 슈퍼바이저들을 활용하여 도움을 요청하는 등의 방법으로 끊임없이 객관적 자기성찰을 유지해야 할 것이다(이기량 외, 2016).

3) 사회복지실천윤리와 윤리적 결정

사회복지실천기술은 기본적으로 대상자의 인권존중이 전제되어야 한다. 각자의 인권을 존중하는 가운데 자기실현을 위해 원조하는 것이 사회복지실천기술의 궁극적인 목적이다. 이에 따라 사회복지사는 사회복지전문직의 가치에 투철해야 한다. 전문가는 자신의 개인적인 가치나 신념을 분명히 인식하고, 클라이언트에게 전문적인 도움을 주는 지렛대로서의 역할을 수행할 필요가 있다.

대부분의 사회복지사들은 아직도 실천윤리의 중요성을 크게 인식하지 못하고 있다. 사회복지실천에서 윤리적인 문제를 피하기란 불가능하다. 그러나 실천가의 전문적 권한을 우선 시하는 강한 전통으로 인해 도덕, 가치, 윤리적 문제들은 소홀히 다루어져 왔다(서미경 외, 2005).

전문직으로서의 사회복지사가 실천윤리를 발전시키게 되는 계기로는 먼저, 과학기술의 발전에 따른 윤리적인 결정이 필요한 다양한 상황에 노출되기 시작하였으며, 그러한 결정에 따른 사회적 책임으로부터 자신을 보호하기 위한 근거자료가 필요하게 되었다.

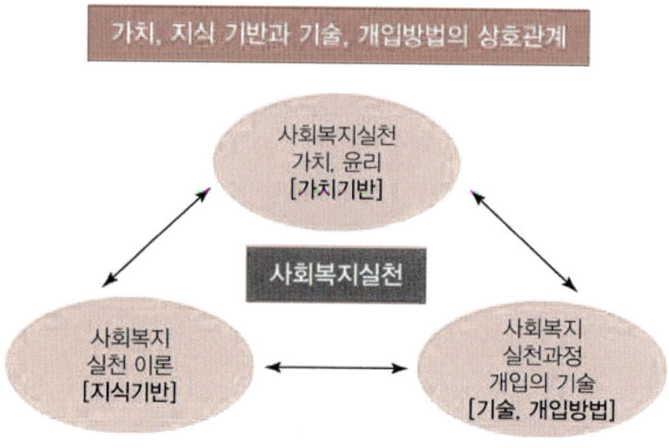

그림 1-1 사회복지실천의 토대 또는 기반

그림 1-1에서 보듯이 사회복지실천에 있어서 토대 또는 기반이 되는 것은 지식기반, 가치기반 그리고 개입기술기반이다. 이들 중 가치기반이란 사회복지실천의 사상, 가치, 윤리 등 인간이 가지고 있는 철학에서부터 시작한다. 사회복지실천에 종사하는 사회복지사는 과학적이고 전문적인 지식과 실천과정 상의 적절한 개입기술만을 갖추는 것만으로는 부족하고, 사회복지실천의 가치와 윤리에 대해 이해하는 것이 필요하다.

왜냐하면 사회복지실천의 가치와 윤리, 사회복지사 개인의 가치와 윤리, 클라이언트의 가치와 윤리들이 서로 얽히면서 나타날 수 있기 때문이다. 결국 이들 간의 문제는 사회복지사와 클라이언트와의 관계 그리고 서비스의 전달과정과 효과성에 중요한 영향을 준다(권구영 외, 2008).

특정 사례와 관련하여 윤리적, 법적 책임 간에 갈등이 없을 경우 사회복지사는 이 윤리강령에 명시된 적절한 윤리적 의무를 따라야 한다. 하지만 대부분의 사회복지실천에는 윤리적 딜레마가 존재하며, 아쉽게도 현재의 윤리강령은 강령 간에도 상충되는 가치를 추구하고 있어서 그대로 적용하기에는 많은 문제점들이 있다.

모든 윤리적 딜레마의 궁극적인 해결은 의사결정자가 내린 선택에 크게 의존하게 된다. 사회복지사는 윤리적 결정과정을 위한 자신의 개인적 기준을 명백히 해야 하며, 자신의 개인선호도가 윤리적 의사결정 방식에 인수되는 방법을 인식해야 한다(이팔환 외, 2000).

4) 사회복지사의 전문적 지식

사회복지실천기술은 원조과정에 있어서 인간의 심리와 행동, 사회현상에 관한 지식이 필요하다. 사회복지는 인간의 사회생활의 일탈문제와 해체문제 등과 관계가 있으며, 이러한 문제해결을 위하여 인간의 심리, 행동, 사회현상 등에 관한 지식을 습득해야 한다. 특히 인간의 심리나 행동을 이해하기 위해서는 심리학이나 정신의학의 이론이 필요하고, 사회생활의 형태나 기능을 이해하기 위해서는 사회학이나 인류학, 법학 등의 지식습득이 필요하다. 사회복지의 제반제도에 대한 존재성, 특성, 이용방법 등을 숙지해야 하며, 지역사회의 자원, 주민의 특성, 민간단체, 자원봉사 등에 대한 정보도 획득할 필요가 있다.

그러므로 사회복지실천기술은 사회복지의 원조기술로서 다른 학문들을 활용하며, 이러한 지식을 겸비한 사회복지사는 전문가로서의 위치를 확립하는 데 매우 중요하다.

5) 사회복지실천기술

사회복지실천기술은 일반적으로 개별원조기술, 집단원조기술, 지역원조기술 등을 포함하는 통합적인 실천기술을 의미한다. 원조기술의 이론에 근거하여 현장에서 활용할 수 있는 능력을 갖추기 위해서는 실제적인 실천경험을 가져야 한다. 또한 사회복지기관이나 시설, 단체 등에서 현장실습을 통한 이론과 지식을 실제로 활용하는 체험학습의 기회가 제공되어야 한다. 사회복지실천기술은 인간에 대한 과학적인 지식의 바탕에 근거하여 끊임없는 교육과 훈련을 통하여 습득되고 있다. 사회복지실천에서 필요한 기술적 요소를 제시해보면 다음과 같다.

(1) 이해와 목적을 가지고 다른 사람을 경청하는 기술

클라이언트가 처한 문제상황을 이해하기 위해서 그리고 이를 해결하기 위해 클라이언트 및 관련된 모든 사람의 말을 충분히, 적극적으로 들어주는 기술이다. 경청을 한다는 것은 상대방과 눈을 맞추며, 적절한 순간에 “네~ 그렇군요”, “아! 그래요”라는 식으로 적극적인 반응을 보이며 듣는 것이다.

(2) 정보를 끌어내고 사회력(social history), 사정 및 보고서를 준비하기 위한 사실적인 정보를 모으는 기술

클라이언트의 문제를 해결하기 위해 클라이언트 개인 및 가족, 기타 관련된 정보들 중 추측이나 소문이 아닌 '사실'인 정보를 파악하는 기술이다. 정보를 수집하기 위해 필요한 경우 가정방문이나 주변인과의 만남을 통해 클라이언트를 입체적으로 평가하는 능력이다.

(3) 전문적인 관계를 만들고 유지하며, 관계 안에서 자신을 활용하는 기술

사회복지사는 전문가로서 클라이언트와 관계를 맺으며, 그러한 관계 속에서 때때로 사회복지사 자신을 교사로서, 치료자로서 혹은 옹호자로서, 조언자로서, 매개자로서 활용하는 기술이다. 사회복지사는 클라이언트의 문제를 해결하고 욕구를 충족시켜 주기 위해 자신을 도구로 적절히 활용할 줄 알아야 한다.

(4) 언어적, 비언어적 행동을 관찰하고 해석하며 성격 이론과 진단적 방법에 관한 지식을 활용하는 기술

클라이언트가 사용하는 단어, 말투, 몸짓, 웃음, 표정 등을 주의 깊게 살펴보고 그것이 주는 의미가 무엇인지를 해석하는 것이다. 예를 들면, 어머니와 사이가 나쁜 딸이 어머니란 단어를 말할 때마다 입술을 씰룩거리는 것을 발견한다든지 혹은 가출 청소년이 학교에 관한 이야기만 나오면 갑자기 목소리가 작아진다는 것을 발견한다든지 등이다. 이를 해석하기 위해 '성격이론'과 '진단적 방법'에서 설명하는 이론들을 참고하여 클라이언트의 언어적, 비언어적 행동에 대해 전문적으로 해석하는 기술이다.

(5) 클라이언트가 자신의 문제를 해결하는 노력과 신뢰를 얻도록 하는 기술

클라이언트가 자신의 문제에 대해 자포자기하지 않고 해결을 위한 노력을 하도록 용기를 주는 것이다. 즉, 사회복지사가 도와주겠다고 지지를 해주고, 함께 노력하여 문제를 해결했을 때 성취감을 느끼면서 클라이언트가 스스로에 대해 '나도 내 힘으로 문제를 해결할 수 있는 사람이다'라고 신뢰감을 갖게 하는 기술이다. 뿐만 아니라 클라이언트가 사회복지사에 대해서도 '나를 도와주기 위해 노력하는 사람이구나'라는 신뢰감을 갖게 만드는 기술이다.

(6) 비위협적인 지지방식으로 민감한 정서적 주제들을 논의하는 기술

클라이언트의 문제 중에는 때로는 쉽게 다루기 곤란한 민감한 주제들이 있다. 예를 들어, 동성연애자인 클라이언트와의 관계에서 사회복지사가 동성연애에 대해 매우 비판적이며 죄악시하는 태도를 취한다면 클라이언트의 문제를 논의하기는 어렵다. 편안하고 부드러운 말투와 표정으로 지지적인 태도를 취하여 클라이언트로 하여금 사회복지사가 자신을 이해하고 있다는 느낌을 갖도록 하여 클라이언트의 문제를 충분히 논의할 수 있게 하는 것이다.

(7) 치료적 관계의 종결과 어떻게 종결한 것인가를 경청하는 기술

치료적 관계를 맺다 보면 클라이언트가 사회복지사에게 지나치게 의존하기 쉽다. 따라서 사회복지사는 클라이언트에게 '우리의 만남이 앞으로 몇 번 남았다'는 식으로 예정된 종결의 시간을 미리 준비시킬 수 있다. 또한 종결을 의미하는 일종의 의식 행위를 통해(예를 들어, 간단한 다과를 나눈다든지, 집단활동의 경우에는 작은 파티를 한다든지) 클라이언트로 하여금 종결을 받아들이게 할 수 있다.

(8) 조사연구의 결과와 전문적 문헌을 해석하는 기술

클라이언트의 문제해결과 관련된 조사연구들의 결과나 전문 서적 및 보고서 등을 읽고 이해하는 능력을 말한다. 이것은 사회복지사의 지적인 능력과 관련된 것으로서, 사회복지사는 자신의 전문 분야에 관한 충분한 지식을 갖추어야 한다.

(9) 갈등 부분을 화해시키거나 협상하는 기술

클라이언트와 사회복지사 간의 혹은 클라이언트와 주위 관련자들 간의 갈등이 있는 경우 화해시키고 해결 방안을 함께 모색하는 능력이다.

(10) 조직 간의 연락서비스를 제공하는 기술

클라이언트의 문제해결과 관련하여 다른 조직과 연결해야 할 필요가 있는 경우 적절한 조직과 연결시켜 주는 능력이다.

(11) 후원자, 시민 또는 법률가들에게 사회적 욕구를 해석하고 전달하는 기술

기관의 후원자, 지역사회의 일반 시민들 그리고 정책 및 법과 관련된 사람들에게 클라이언트와 관련하여, 혹은 지역사회에 필요한 사항들을 이해시키고 전달하는 능력을 말한다. 사회복지사들은 “마음으로부터의 언어”를 말하는 기술을 가져야 한다(Borkman, 1990; 이윤로외 역, 2005 재인용).

사회복지사는 실천가로서의 기술을 갖추기 위해서 먼저 자기 자신에 대해 명확하게 아는 것을 기본 지식으로 하며, 자신이 속한 기관의 정책과 행정적인 부분을 제대로 알고 활용하는 기술, 대인관계에 관련한 기술 그리고 클라이언트의 문제에 직접 관여하기 위해 필요한 전문 지식과 기술을 갖춰야 함을 알 수 있다.

사회복지사의 전문성을 통해서 사회복지사의 처우개선이 이루어져야 한다. 어떤 어려운 일을 오랫동안 한다고 해서 처우개선이 필요한 것이 아니라, 전문가로서 좋은 휴먼서비스를 팔아서 그에 대한 반대급부로 좋은 처우를 보장받는 것이 필요하다. 사회복지전문가로서 자신들의 처우개선이 먼저가 아니라, 클라이언트의 긍정적 또는 바람직한 변화에 대한 당연한 보상이 논의되어야 한다.

2 전문적 원조관계

1) 원조관계의 기본 원칙

원조관계의 특성은 감정이입, 긍정적 고려, 개인적 온화함 그리고 진실성이다. 감정적 이입은 클라이언트가 갖는 어려움이나 감정 및 태도를 공감하는 것으로 클라이언트의 입장이 되는 것이다. 그러나 공감한다고 해서 사회복지사가 클라이언트와 같은 생각을 하며 같은 감정을 갖는 것은 아니며 클라이언트가 모두 옳다고 생각하는 것도 아니다. 그보다는 클라이언트의 입장에서 그 사람의 방식대로 그대로 수용하고 지각한다는 것을 말한다. 이렇게 공감하고 있다는 것을 표현하기 위해서 바꿔 말하기 또는 반영 등의 기법을 사용한다(김혜란: 192~193). 긍정적 고려는 클라이언트의 개인적이고 환경적인 특성과는 상관없이 인간적인 존엄성과 가치를 인정하고 클라이언트의 입장에서 도와주는 것을 말한다. 온화함은 사회복지사의 개인적 태도로 클라이언트가 편안하고 이해받으며 수용되고 있다는 느낌을 받는 것을 말한다. 더 나아가서 이러한 느낌은 말로서 뿐만 아니라 태도, 몸짓 그리고 느낌으로 전달된다. 진실성은 어떤 경우에도 클라이언트에게 해를 끼치지 않으며 긍정적으로 도움을 제공하려는 태도로, 사회복지사가 믿을 만한 사람으로 여겨져야 한다.

비에스텍(Biestek)은 클라이언트를 이해하고 전문적인 관계를 형성하기 위해서 요구되는 사회복지사와 클라이언트 간의 전문적 관계의 기본원칙들을 포괄적으로 제시하고 있다.

2) 관계형성기술

사회복지실천은 사회복지사가 클라이언트에게 직접 관여하여 문제를 해결하고 클라이언트의 능력 향상을 지원하는 것이다. 따라서 사회복지실천에서의 사회복지사와 클라이언트와의 관계는 전문적 원조관계로서, 공감하고 신뢰할 수 있는 관계가 형성되어야 효율적인 원조관계가 이루어질 수 있다. 이러한 과정을 좀 더 용이하도록 도와주기 위해서는 사회복지사의 전문적인 관계형성기술과 분위기조성기술 등이 요구된다. 사회복지사와 클라이언트는 서로에 대해서 개방적인 태도를 취함으로써 이해하고 공감하며, 사회복지사는 클라이언트의 감정을 수용하고 클라이언트도 사회복지사를 신뢰할 수 있어야 한다(오봉욱 외, 2013).

(1) 관계의 기본원리

사회복지실천의 기술에서는 사회복지사와 클라이언트의 원조관계가 기본이 된다. 다음은 전문적 원조관계의 기본원리이다.

표 1-1 클라이언트의 욕구와 사회복지실천관계의 원리

클라이언트의 욕구	관계의 원리
독특한 특성을 가진 한 개인으로 처우받기 바라는 욕구	개별화
자신의 감정을 자유롭게 표현하고자 하는 욕구	의도적인 감정표현
문제에 대한 공감적 반응을 얻으려는 욕구	통제된 정서적 관여
가치 있는 인간으로 인정받고자 하는 욕구	수용
판단받고 싶지 않은 욕구	비심판적 태도
자기 스스로 결정하고자 하는 욕구	클라이언트의 자기결정
자기비밀을 간직하고 싶은 욕구	비밀보장

① 개별화(Individualization)

모든 인간이 개별적으로 취급되기를 원한다는 기본적인 욕구에 바탕을 둔 것이다. 각 클라이언트들을 독특한 개성과 특성을 가진 개인으로 개별화할 수 있어야 한다. 즉, 모든 클라이언트는 다른 사람과 다르며 각 클라이언트 자신만의 감정, 사고, 태도, 행동, 독특한 생활양식, 경험 등은 각기 존중되어야 할 권리가 있다는 것이다. 사회복지사가 클라이언트를 원조함에 있어서 개인적인 편견이나 주관적인 경험의 한계를 극복할 수 있어야 한다. 개개인에게 상이한 원리나 방법을 활용하는 것이며, 개별성을 지닌 특정한 인간으로 대우받아야 한다는 것이다.

② 의도적 감정표현(Purposive expression of feeling)

의도적 감정표현은 클라이언트가 자신이 비판받게 될지도 모르는 감정, 특히 부정적인 감정을 자유롭게 표현하려는 욕구에 대한 인식에서 출발한다. 클라이언트가 자신의 감정을 적극적으로 표현할 수 있도록 격려하고 도와주는 것이다. 어려움에 직면해 있는 클라이언트에게 문제 자체보다는 문제에 대한 감정문제로 인해서 야기되는 정서가 더 큰 어려움을 주는 경우도 많다. 그러므로 자신의 감정을 털어놓고 이야기한다는 것 자체가 치료적 효과를 가져 오기도 한다.

사회복지사는 클라이언트가 표현하는 감정에 의도적으로 귀를 기울이고 비난하거나 실망시키지 않아야 한다. 때로 클라이언트가 감정을 자유롭게 표현할 수 있도록 자극하고 격려해 주어야 한다. 클라이언트에게 도움을 주고자 하는 마음을 전달하고, 편안한 환경을 제공하며, 상황을 충분히 이해하기 전에 충고나 해결책을 제시하는 오류를 방지한다.

③ 통제된 정서적 관여(Controlled emotional response)

통제된 정서적 관여는 클라이언트가 자신의 문제에 대해 공감을 얻고자 하는 욕구에 기초한다. 클라이언트의 감정적 표현에 공감하는 등의 반응을 보이는 것으로 정서적으로 관여하는 것을 말한다. 정서적 관여는 이해할 수 있다는 것을 표현해 주는 것을 넘어서서 적극적으로 이해하려는 노력이다. 사회복지사의 정서적 관여는 목적의식을 가진 것으로 클라이언트는 자신의 감정을 적극적으로 언어적으로 표현하지 못하는 경우가 있으며, 속마음을 감추는 경우도 있다. 그러므로 클라이언트가 표현하는 것을 예민하게 인식할 줄 아는 민감성이 요구되며, 숨겨진 정서에 대해서도 반응해 주어야 한다.

그러나 이러한 정서적 관여는 사회복지사에 의해 그 정도와 방향이 통제될 수 있어야 한다. 클라이언트의 감정에 대한 사회복지사의 민감성과 그 감정들이 의미하는 것에 대한 이해 그리고 클라이언트의 감정에 대한 의도적이고 적절한 반응으로 대하는 것이다.

④ 수용(Acceptance)

수용은 사회복지사의 행동상의 원칙이자 기본적으로 갖추어야 할 태도이다. 수용한다는 것은 사회복지사가 클라이언트의 강점과 약점, 바람직한 성격과 그렇지 못한 성격, 부정적인 감정, 비판적인 태도와 행동 등 모든 것을 있는 그대로의 모습을 인정하고 존중해 주는 것을 말한다. 그렇다고 해서 수용한다는 것을 클라이언트가 한 일이 모두 옳다고 인정하거나 일탈적인 태도나 행동을 허용한다는 것은 아니다.

잘잘못을 따지거나 심판하려는 태도에서 벗어나 인간적인 존엄성을 인정하고 클라이언트를 있는 그대로 수용하며, 정중한 태도와 경청하는 자세를 유지하며, 객관적이고 중립적인 태도로 도와주려는 태도이다.

클라이언트를 있는 그대로 수용하기 위해서는 클라이언트가 있는 그 위치에서 출발해야 하며, 클라이언트와 사회복지사 간의 가치나 태도의 차이를 극복하려는 노력과 다양성을 인정하려는 노력이 요구된다.

수용을 통하여 클라이언트를 바람직하지 못한 자기방어로부터 자유롭게 하며, 현재 있는 그대로의 자기를 내세울 수 있고 그런 자신에 대한 안도감, 신뢰감을 가질 수 있게 한다.

⑤ 비심판적인 태도(Non-judgemental attitude)

비심판적 태도는 클라이언트가 심판받지 않으려는 욕구에 대한 것으로 클라이언트가 가진 문제나 욕구의 발생 원인에 대해서 클라이언트의 잘못 때문인지, 클라이언트에게 책임이 있는지 등을 심판하지 않으며 클라이언트의 특성 및 가치관을 비난하고 심판하지 않는다는 원칙이다. 사회복지사를 찾아오는 많은 사람들은 개인적 실패나 문제를 가진 사람들이 대부분이다. 사회복지사는 자신의 기준으로 클라이언트를 단죄하거나 판단하는 사람이 아니라 어려움에 직면해 있는 사람들을 도와주기 위한 사람이며, 이들을 돕는 것이 존재 이유다. 그러므로 실패나 문제를 판단하고 비난하는 것에서 벗어나서 이들의 욕구를 해결할 수 있도록 도와줄 수 있어야 한다.

⑥ 클라이언트의 자기결정(Client self-determination)

클라이언트의 자기결정이란 클라이언트가 모든 의사결정에 참여하여 스스로 선택하고 결정하는 것이다. 사회복지실천의 개입과정에서 클라이언트가 자신의 삶에 대해 스스로 선택하고 결정할 수 있는 권리와 욕구를 존중하고 인정해야 하며, 최대한 사용토록 권장해야 한다. 사회복지사는 스스로 해결하지 못하는 문제를 가진 클라이언트의 해결사가 아니며, 클라이언트가 최선의 결정을 할 수 있도록 도와줄 뿐이다.

자기결정권을 최대화하기 위해서는 클라이언트의 실수나 한계보다 장점과 능력을 강조한다. 사회복지사가 클라이언트를 위해 무엇을 해 주는 것이 아니라 클라이언트와 함께 해결해 나가는 것을 의미하므로 전문적 관계의 파트너십을 강조하게 된다.

⑦ 비밀보장(Confidentiality)

비밀보장은 클라이언트가 자신의 비밀을 간직하려는 욕구에 대한 것이다. 클라이언트의 기본적 권리이자 사회복지사의 윤리적 의무, 사회복지실천의 가장 기본 원칙이다. 클라이언트가 전문적 관계에서 노출한 비밀스런 정보를 사회복지사가 전문적 치료 목적 외에 타인에게 알려서는 안 된다는 원리에 근거하고 있다.

그러나 타인이나 클라이언트의 생명을 위협하는 경우 생명의 보호가 우선이 되므로 비밀보장의 원리는 유보될 수밖에 없다. 사전에 클라이언트에게 비밀보장의 한계를 분명히 말해주어서 양해를 구해야 된다(엄명용 외, 2009).

3 기본적인 원조기술

사회복지사는 면담 및 의사소통기술을 통하여 클라이언트의 감정, 사고, 기대 등을 알 수 있게 되며 동시에 클라이언트에 대한 존중과 관심을 전달하게 된다.

면담이 효과적으로 되기 위해서는 의사소통기술이 필수적이다.

사회복지사가 클라이언트를 돕는다는 것은 계획되고 목적적인 하나의 과정이라 할 수 있다. 사회복지사는 도움을 필요로 하는 사람 내지 변화를 요구하는 상황을 발견하고, 새로운 시각에서 문제를 해결하는 실천기술을 발전시켜야 한다. 전문가와 클라이언트 간에 관계를 발전시키는 것은 그들 현존문제의 원인을 밝혀내는 데 있고, 궁극적으로 문제해결에 접근하는 것이 원조기술(Helping Skill)의 기본적인 과제이다. 즉, 전문가는 긍정적인 효과와 영향을 주려면 좋은 관계성을 발전시켜야 한다.

1) 행동변화기술

특히 클라이언트가 아동이거나 정신지체인일 경우 잘못 길들여진 습관이나 행동이 문제의 원인이거나 문제해결을 방해하는 요인일 수 있다. 이 기술들은 클라이언트의 행동을 변화시키려 할 때 주로 사용된다.

(1) 강화(Reinforcement)

특정 행동에 대해 보상을 할 경우 그 행동을 다시 유발할 가능성이 높다는 원리를 이용한 것이다. 예를 들면, 하루 종일 소리를 질러대는 아동에게 소리를 지르지 않은 날짜를 달력에 작은 표시(token)를 해주면 그것이 보상으로 작용해서 소리를 지르고 싶은 충동을 억제시킬 수 있다.

(2) 처벌(Punishment)

강화기술과는 반대로 특정한 행동이 불유쾌한 결과를 초래하면 그 행동은 약화되거나 없어진다는 원리에서 도입되었다. 이 기법은 사회복지실천의 장 뿐만 아니라 일상생활에서도 흔히 사용되고 있다.

(3) 소거(Extinction)

벌을 사용하는 대신 특정 행동에 대한 강화를 해주지 않음으로써 자연히 그 행동이 소멸되도록 하는 기법이다. 부모의 관심을 끌기 위해 오줌을 싸는 퇴행적 행동을 하는 아이에게 오줌을 싸는 그 행동에 대해 부모가 전혀 관심을 보이지 않으면 그 아이는 옷이 축축하게 젖는 불유쾌한 감촉을 감수해야 할 아무런 이유가 없기 때문에 자연히 그 행동을 하지 않게 된다.

(4) 모델링(Modeling)

자신이 행해야 할 적절한 역할이나 행동을 하지 못하거나 인식조차 하지 않고 있는 클라이언트에게 주로 사용된다. 바람직한 행동을 타인이 하는 것을 보고 그대로 모방함으로써 행동을 변화시키도록 하는 것이다. 비디오의 사용이나 역할극 등을 통해서 시행할 수 있다.

2) 환경변화기술

환경변화기술이란 클라이언트의 긴장과 압력을 감소시키기 위하여 사회적 상황을 교정하거나 개선하는 것을 말한다. 다시 말하면, 이것은 클라이언트를 유해한 환경으로부터 옮기거나 환경의 본질을 변화시키는 환경조정을 의미한다. 환경조정은 아동과 청소년의 경우 그가 처한 환경이 문제해결에 심각한 장애를 초래할 때 효과적일 수 있고, 노인이나 장애인 등에 대한 사례관리에서도 많이 활용될 수 있는 기술이다.

(1) 가족 내적 관계의 증진

아동 학대 및 방임 또는 부모가 행하는 역할이 적절하지 못할 때, 가족 간의 상호작용이 역기능적일 때 가족기능을 확대 혹은 개선시키기 위하여 사회복지사가 행하는 다양한 개입이 이에 속한다. 이러한 개입들은 가족치료를 통해 제공될 수도 있고, 부모들의 사회화, 아동의 집단활동 등을 통하여 이루어질 수 있으며 부모교육 프로그램을 활용할 수도 있다.

(2) 가정환경 내의 자원의 보충

열악한 가정환경이 클라이언트 문제의 원인이거나 적어도 그 문제를 악화시키는 경향이 있을 때 그 가정에 자원을 보충해 줌으로써 클라이언트의 문제를 완화시킬 수 있다. 예를 들면, 거동이 불편해서 현재의 상태로는 도저히 혼자 생활을 꾸려 갈 수 없기 때문에 그토록 꺼리던 시설입소를 하지 않을 수 없게 된 노인의 경우 사례관리를 통하여 쇼핑, 세탁, 청소, 예산편성 등을 포함한 가사를 돕도록 홈헬퍼를 파견할 수 있다. 가정 내에 필수품이 부족하거나 없을 경우 공급해 줄 수 있는 자원을 연결하는 것도 이에 해당한다.

(3) 지지체계의 개발과 강화

클라이언트의 문제를 해결하는 데 도움을 줄 수 있거나 사회복지실천

과정에서 획득한 클라이언트의 역량을 유지하고 강화시키는 데 도움을 주는 지지체계를 개발하고 강화하는 것은 사회복지실천에서 매우 중요한 간접적 기술의 하나이다. 여기서 활용 가능한 지지체계로는 ① 친척, 친구, 이웃 등의 자연적 지지체계, ② 공통된 조건이나 경험을 공유한다든지 유사한 문제상황에 처해 있는 자조집단, ③ 다양한 자원봉사자, ④ 클라이언트에게 수급자격이 있는 지역사회 내의 각종 공식적 지지체계 등이 있다.

(4) 클라이언트를 다른 환경으로 이동시킴

이 기술을 활용하는 것은 극단적인 경우에 한정된다. 즉, 이 전략은 클라이언트의 일상적인 환경, 즉 익숙해 있던 환경으로부터 떠나게 하는 것이므로 상당한 주의를 기울여야 하며, 다른 방법으로 문제해결이 잘 되지 않을 때 마지막 수단으로 행해져야 한다. 예를 들면, 신체적·성적 학대를 당하고 있는 아동, 가적폭력에 시달리는 여성 또는 노인, 다루기 어려운 아동, 보호자도 없고 신체적으로 자립 생활이 불가능한 고령장애인 등은 그 환경에 그대로 머물 경우 심각한 결과를 초래할 수 있으므로 특별한 보호를 할 수 있는 다른 환경으로의 이동이 불가피하며, 이동을 통해 이들이 상실하는 것보다 얻을 수 있는 것이 더 크기 때문에 이동이 오히려 이들의 삶의 질을 높이는 결과를 가져올 수 있다.

3) 계약기술(Engagement Skill)

사회복지사는 클라이언트를 도움의 상황에 효과적으로 참여시키도록 약속하고, 계약이 성립되도록 노력해야 한다.

계약기술은 클라이언트와 사회복지사가 각자의 역할, 책임, 기대 및 수행할 업무의 목적을 공식화하고 구조화하는 것이다. 이를 위해 클라이언트와 사회복지사는 성취하고자 하는 목표에 대한 합의점을 모색해야 한다. 계약은 클라이언트의 욕구에 기반하기 때문에 말로써 혹은 문서로써 합의되며, 때로는 편지의 형식을 띠기도 한다. 합의사항은 가급적 문서로 보관하는 것이 좋다.

계약을 하는 데 있어 클라이언트와 사회복지사는 상호 간의 이해를 필요로 하며, 계약 시 분명하고 명확한 언어로 표현되어야 한다. 또한 계약서에는 충분한 정보를 담고 있어야 한다.

계약과 동시에 행동계획을 작성하는 것은 계약을 구체적인 실천으로 옮기는 방법을 도모하는 것이다. 그리고 계약서는 클라이언트와 사회복지사의 파트너십 관계를 공식화하는 기회를 제공하며, 업무수행의 목적을 분명히 하는 것이다. 계약서를 작성하는 데 익숙하지 않은 클라이언트에게는 계약서가 하나의 사슬처럼 느껴질 수 있기 때문에 계약서 작성과 관련된 클라이언트의 반응을 잘 살펴볼 필요가 있다. 특히 이를 작성하는 과정에서 클라이언트의 자유를 최대한 보장하여 문제설정과 목표설정 및 해결방법에 있어 클라이언트의 참여를 촉구할 필요가 있다 (엄명용 외, 2009).

CHAPTER 02

사회복지실천기술의 기초

이번 장에서는 사회복지사와 사회복지학 전공 학생 등 어떤 형태로든 사회복지실천가가 되기로 결정한 사람들에게 다시 한 번 사회복지실천가가 되기로 결정했던 동기를 공고히 하는 기회를 제공하고자 한다. 이와 함께 보다 전문적이고 효율적인 사회복지실천기술의 기초로써 사회복지실천기술의 개념과 용어정의, 사회복지실천기술의 위치와 준거 틀, 사회복지실천 개입방법에 대해 전반적인 소개를 하고자 한다.

1 사회복지실천기술의 개념과 용어정의

사회복지서비스에 있어 원조(help)란 도움을 주는 것, 보조하는 것, 구제하는 것, 편안함을 주는 것, 보다 나아지도록 변화시키는 것이라 정의할 수 있다(The American Heritage College 사전, 1997). 현대사회의 개인, 가족, 집단, 지역사회는 다양한 이유로 인해 외부로부터의 도움을 요청하게 된다. 때로는 신뢰할 수 있는 원조자의 투입 없이는 문제해결이 어려운 경우도 많이 발생하고 있다. 성폭력, 아동학대, 노인학대 및 폭력 등은 최근 들어 많이 발생되는 사회문제이다. 지역사회 내의 노인 인구는 폭발적으로 증가하고 있으며, 탈 시설화의 영향으로 시설에서 보호하기보다 지역사회에서 보호하는 정신장애인, 만성적 신체질환자 및 지체장애인이 늘고 있는 추세이다. 빈곤, 범죄, 폭력 조직, 한부모가정은 이제 매우 흔한 사회문제이다. 그러므로 이러한 상황에서 사회복지서비스를 통한 다양한 원조활동 및 기술은 그 어느 때보다 중요하게 되었다. 지난 30년간 정신보건, 사회복지서비스, 상담을 통한 원조가 급격히 증가하여 왔다. 전통적으로 문제를 가진 사람들은 첫 번째 해결방법으로 친구나 이웃, 가족의 도움을 찾고 그것이 충분하지 못할 때 사회복지서비스나 사회복지사를 찾는다. 왜 그 많은 사람들이 위로나 도움, 새로운 해결방법이 필요할 때 다른 사람을 찾는 것인가?

인간은 사회적 동물이며 감정적 스트레스를 감소시킬 수 있는 수용적인 사회적 지지 속에서 안정감을 느낀다(Berkman, 1984; Cohen, 1983; Cohen & Wills, 1985; Gottliet, 1985; Pearlin, 1985; Sandler & Barrera, 1984). 실제로 특수한 욕구를 가진 자녀를 돌보는 부모들은 개인의 자원 중 가장 중요한 자원으로 심리적 지지를 꼽았다(Friesan, 1989; McCubbin, McCubbin, Patterson, Cauble, Wilson & Warwick, 1983). 또한 사회적 지지망에 속해 있지 않은 경우보다 사회적 지지망 속의 관계에 있을 때 육체적 · 심리적 · 사회적 부적응이 적다고 밝혀졌다(Germain & Patterson, 1988: 79).

실제로 남녀 노인을 대상으로 한 연구에 의하면 한두 명의 사람과만 지속적으로 관계를 유지해 온 집단이 보다 많은 사회관계를 가지고 규칙적으로 상호작용해 온 집단보다 빨리 사망하는 비율이 높았다(Bower, 1997). 또한 거의 사회적 접촉을 하지 않는 사람들은 사회접촉이 많은 사람들보다 고혈압을 가진 비율이 훨씬 높은 것으로 나타났다(Bower, 1997). 뿐만 아니라 사회적 지지는 아동학대와 방임의 위험을 줄이고 예방하는 보호요인으로서도 작용할 수 있다는 설득력 있는 결과가 보고되고 있다(Tompson, 1997). 그러므로 사람들로부터 제공받는 "기꺼이 받아들일 만한(welcomed) 지지"는 개인에게 치료와 힘을 줄 수 있다는 차원에서 원조(help)를 생각해야 할 것이다.

다시 말해, 원조의 의미는 '기꺼이 받아들일 만한 사회적 지지'여야 한다는 부분에 주목해야만 한다. 만약 개인, 가족, 집단, 지역사회가 사회복지서비스의 투입을 기꺼이 받아들이지 않는다면 그것은 진정한 원조라 할 수 없다.

하나의 예를 들어 보기로 하자. 하루 종일 선행을 행했다고 보고하는 보이스카웃 단원이 있었다. 보이스카웃 단장은 무슨 일을 했느냐고 물었다. 단원은 너무나 당연스레 찻길 건너는 할머니를 도와드렸다고 답했고, 단장은 그 일을 하는 데 그렇게 오랜 시간이 걸리는지를 반문했다. 그러자 그 소년은 "네, 할머니가 건너기를 원치 않아서요."라고 대답했다. 이 일화는 그저 짧은 유머이긴 하지만 "원조"의 참뜻은 진정한 동반자 관계 안에서만 일어날 수 있음을 보여준 것이라 할 수 있다. 이것은 매우 중요한 개념이다. 이 지침을 잊음으로 인해 사회복지사들은 많은 실수와 실책을 범하게 된다.

우리가 만나는 대상자 중에 어떤 이들은 법정에서 명령에 의해 그들의 의사와 상관없이 서비스 기관을 찾게 되는 경우를 보게 된다. 이때 우리는 이런 유형의 클라이언트를 비자발적 클라이언트로 분류한다. 그러나 아무리 우리의 사회복지 서비스를 받아야만 하는 의무를 가진 대상자라 할지라도 우리의 사회복지 도움을 기꺼이 받기를 강요할 수는 없음을 명심해야만 할 것이다.

1) 기술의 전수성(Transferability of Skills)

사회복지실천가들이 실천에 그들의 지적 기반이 어떻게 영향을 미치고 있는지를 일관되고 포괄적이며 확신에 찬 방법으로 설명하고, 각 상황에서 보편적인 것과 특수한 것에 대한 평가를 통해 그들의 지식과 학습 내용을 새로운 상황에 적용할 수 있게 되는 것을 기술의 전수성

(Transferability of Skills)이라고 한다(CCE-TSW, 1995a: 19). 그러나 사회복지기술이 모든 사항에 적용될 수 있기 위해서는 특정 사회적 상황에서의 인간 행동에 대한 이론적 이해가 전제되어 있어야 한다. '타당성이 있고 전수될 수 있는 사회복지실천기술 발달의 최종 요인은 인간 행동이론에 대한 이해로서, 이를 통해 사회복지실천기술이 개별 클라이언트에 관련될 수 있게 된다'(Parsloe, 1998: 8).

다시 말해, 클라이언트가 공격적 혹은 위협적인 상황에 직면해 있을 경우, 어떤 개입기술을 사용해야 할지, 평가를 할 수 있기 위해서는 무엇이, 왜 일어나고 있는지를 설명해 주는 지식체계가 사회복지실천가에게 있어야 한다(Howe, 1997: 175).

사회복지실천가는 많은 문제에 직면한다. 문제가 복잡할수록 이론과 조사의 활용이 도움이 된다. 이론과 조사는 질문, 즉 '(서비스 이용자에게) 영향을 미치기 위해 우리는 무엇을 말하고 무엇을 할 수 있는가'라는 질문을 해결하게 한다. 이 문제와 관련하여, 이론은 다음의 5가지 주된 영역에서 인간과 그들 상황을 보다 잘 이해할 수 있게 한다(Howe, 1997: 17).

1. 관찰: 우리가 보고 찾고 있는 것에 대해 말해 준다.
2. 기술(묘사): 관찰한 것들을 배열하고 조직하는 개념적 어휘와 틀을 제공한다.
3. 설명: 서로 다른 관찰이 어떻게 연결되고 연관되는지를 보여주며, 한 사건과 다른 사건 간에 있을 수 있는 인과적 관계를 제공한다.
4. 예측: 다음번에 무엇이 일어날 수 있는지를 지적한다.
5. 개입: 변화를 초래하기 위해 어떻게 해야 되는지를 제시한다.

2) 실천용어

사회복지실천 내에 존재하는 이론과 실천 간의 긴장은 이론, 가설, 방법, 모델, 실천접근, 관점, 개입, 기술과 같은 용어를 학자들마다 서로 다르게 사용하는 데 기인된다. 따라서 용어 사용의 차이를 확인하고, 그 개념과 정의를 분명히 하는 것은 매우 중요하다.

(1) 이론(Theory)

사회복지실천의 지적 기반은 그 출처가 다양하다. 그러나, 무엇이 이론인지, 특히 이론을 구성하는 것이 무엇인지는 여전히 논쟁거리이다(Marshall, 1994: 532). 이론을 정의하는 방법 중 하나는 '사실과 관찰에 기반하여 특정 현상을 설명하는 가설들, 개념들, 구성물들의 집합체'(Barker, 1995: 336)를 이론으로 보는 것이다. 세계 혹은 특정 사건에 대해 의미를 찾으려고 하는 모든 시도가 이론을 구성한다고 볼 수 있는데, 그 이유는 이론을 단순히 현상을 기술하는 차원을 넘어서 어떤 일이 왜 일어났는지에 대한 설명을 제공하기 때문이다. 이러한 설명은 이론과 이론화 작업은 누구나 할 수 있는 일로, 의도적이든 아니든 간에 우리 모두가 행하는 어떤 것으로 생각할 수 있게 한다. 이론은 다음과 같은 내용으로 이루어져야 한다(Thompson, 1995: 23).

- 잠재적 논박가능성
- 예측성
- 검증가능성
- 논리적 일관성
- 표현의 명료성
- 적용가능성
- 단순성
- '아직 알려지지 않은 중요한 것' 혹은 '어떤 확실한 설명도 가능하지 않는' 상황을 다루려고 시도하는 잠재력

(2) 가설(Hypothesis)

이론과 실천 사이에는 작업가설을 세우고 그것을 검증하는 활동이 놓여 있다. 가설의 사전적 정의는 '더 입증되어야 할 기반으로서 수용되든(작업가설) 참일 것으로 수용되든 간에, 사실이나 현상에 대한 제안적 설명으로 아직 입증되지 않은 이론'(Hanks, 1979)이다. 이런 식의 정의는 가설이 합의된 행동과정에 도달할 목적으로 특정 사건들의 정의, 설명, 예측하려는 시도라는 측면을 강조한다. 가설을 정의하는 또 한 방법은 검증되어야 할 '비공식 이론의 형태'로 바라보는 것이다(Pinker, 1990: 24). 가설은 숀(Schon)의 '행동 중의 반성(reflection-in-action)'이란 개념을 구성하는 중요한 부분으로, 가설을 입증하기 위해서는 '각각의 가설에서 나온 조건들이 관찰되지 않았음을 보여줌으로써' 각각의 가설을 확증 혹은 반박하는 반대 증거들을 '검증'하는 것이다(Schon, 1991: 143). 따라서 입증의 노력은 매우 중요한데, 직관이나 상식에 기초한 확증되지 않는 자료만으로는 실천에 충분하지 않다(Coulshed, 1991: 24).

(3) 방법 혹은 실천 지향(Method or Practice Orientation)

방법이란 용어 사용에서도 혼돈이 있다. 특히 미국에서의 방법은 다음의 4가지 일반적인 실천 형태를 의미한다(Haynes & Holmes, 1994).

- 개인활동
- 집단활동
- 가족사회복지실천
- 지역사회복지활동

방법은 또한 특정 개입유형을 설명하기도 한다. 핀커(Pinker)는 과업중심적, 문제해결적 방법을 포함하고 위기개입, 행동수정개입과 같이 실천

접근으로 부르는 것을 기술하기 위해 이 용어를 사용했다(Pinker, 1990: 24). 그것은 '행동하는 방식이자, 체계적 방법으로 사실과 개념들을 갖고 일하는 방식'(Reber, 1985: 439)을 기술한다. 때로 방법은 적절한 행동계획을 수립하는 방식으로서 개입이란 용어와 상호교환적으로 사용되기도 한다.

(4) 모델(Models)

하디커와 바커(Hardiker & Barker, 1981)처럼 하우(Howe) 또한 모델과 이론을 구분했는데, 모델은 현상에 대한 설명이라기보다 기술이며, 현상에 대한 완벽한 제시라기보다는 관찰된 현상이나 현상 산의 관세 유형을 조명하여 정보를 순서짓거나 단순화시키려는 초보적인 시도로 보았다. '유추물로서 작용하는 모델은 현상을 규정하고 기술하기 위해 사용될 수 있다. 모델은 보여진 것을 설명하지는 않는다. 그러나 모델은 뒤죽박죽된 정보들에 대해 낮은 수준의 순서를 부과하기 시작한다. 모델은 이론을 구축하는 데 사용되는 벽돌과 같다'(Howe, 1987: 10). 그러나 모델이라는 용어 또한 학자들마다 다르게 사용된다.

(5) 실천접근(Practice Approach)

실천접근이란 용어는 때로 이론적 접근으로 불리기도 하며, 일반적으로 교과서에서 사용될 때는 실천에 대한 체계적 접근을 의미한다. 실천접근은 하나의 분명한 이론에 기반하고 있으며, 그 자체의 특정 실천 용어와 개입들을 갖고 있다. 사회복지실천에서 활용되는 주요한 실천접근에는 다음과 같은 것이 있다.

- 클라이언트 중심 접근
- 인지행동적 접근

- 과제중심적 접근
- 위기개입적 접근
- 심리역동적 혹은 심리사회적 접근
- 체계적 가족치료접근

(6) 절충적 접근(An Eclectic Approach)

절충주의는 문제의 복잡성과 다양성에 대한 반응의 결과이다(Cheetham et al., 1992: 51).

절충주의는 다음과 같은 중요한 장점을 갖는다. '절충주의는 유사한 제안을 하는 사회복지실천이론들을 합병시킬 수 있게 하며, 복잡한 상황을 더 잘 다룰 수 있게 하고, 특정 이론이 갖는 부적절성을 보완할 수 있게 한다'(Payne, 1998: 130). 많은 실천가들은 그들 자신을 '절충주의자' 라고 생각한다. 그러나 모두가 그들이 실제 활용하는 특정 실천 접근, 특정 실천 용어, 개입, 그리고 그것을 활용하는 이유에 대해 다 잘 알고 있는 것은 아니다. 사실, 절충주의는 실천에 관련된 것을 명확하게 해주기보다는 오히려 혼란만 더 가중시키는 경향이 있다. 왜냐하면, 현실적으로 수많은 실천 접근들을 깊이 있게 알 수 있을 정도의 전문성을 갖춘 실천가들은 거의 없기 때문이다(Thompson, 1998: 304). 사회복지실천은 항상 어느 정도 절충주의와 관련되며, 일부 실천가들은 실제로 다양한 실천 접근과 방법들을 활용한다.

(7) 관점(Perspective)

관점은 사회복지실천 교재에서 자주 등장하는 용어이지만 명확하게 정의된 적은 거의 없다. 관점은 '세계관'으로 정의될 수도 있으나(Payne, 1997: 290) 이 또한 부분적인 견해일 뿐이다. 관점은 현상 및 그 현상이 전체로서의 사회와 어떻게 관계 맺고 있는지에 대한 중요한 생각, 관찰, 순서 정하는 방식을 의미하는 것으로 사용된다. 사회복지실천에 관련된 대표적인 관점들을 소개하면 다음과 같다.

- 반 차별적 관점(anti-discriminatory perspective)
- 반 억압적 관점(anti-oppressive perspective)
- 반 인종차별적 관점(anti-racist perspective)
- 페미니스트 관점(feminist perspective)
- 이용자 관점(user's perspective)
- 급진주의적 사회복지실천 관점(radical social work perspective)

이들 관점들은 좀 더 직접적인 방법으로 실천에 영향을 미친다. 이중 일부는 사실 정치적인 관점인데(Langan & Lee, 1989: 176), 도미넬리(Dominelli)에게 반억압적 실천이란 용어는 실천접근, 실천방법, 관점이 하나의 '새로운 실천 패러다임' 안에 통합된 것을 의미한다(Dominelli, 1998: 7). 사회복지실천 교재에 등장하는 또 다른 관점은 소수 집단 혹은 취약 집단의 눈에는 세계가 어떻게 보이는지를 설명하기도 한다. 즉, 아동의 관점, 장애인 혹은 노인의 관점, 레즈비언 · 게이의 관점 등이 그것이다. 그 외 다른 관점들은 윤리, 가치, 기관, 경제 등과 같이 하나의 특정 관점에서 사실들을 바라본다. 대부분의 실천가들은 하나 이상의 관점으로 사정한다. 때로 그 과정에서 상이한 관점이 충돌하기도 한다.

(8) 개입(Intervention)

개입을 할 것인지 말 것인지, 언제, 어떻게 개입할 것인지는 복잡한 문제이다. 개입에 앞서 분명히 해두어야 할 것은 워커가 개입의 권한을 위임받았다는 사실로, 서비스 이용자가 자발적으로 요청하지 않았을 때는 특히 이 점을 분명히 해야 한다. 사회복지실천에서 개입은 '의사들이 사용하는 치료라는 용어에 비유'(Barker, 1995: 195)되는데, '사건 혹은 사건의 결과를 수정하거나 정하기 위해 결정적인 역할'을 취하는 것으로 정의된다(Hanks, 1979). 개입은 상황 및 제시된 문제에 대한 이해에 기반하여 이루어지는 직접적 활동 혹은 특정 사회복지실천 투입으로, '클라이언트의 편에서 사회 환경 내의 힘의 균형을'(Kadushin, 1990: 14) 변화시키기 위해 조직 등 사회 환경에서의 변화를 초래하려는 노력과 직접적 서비스를 제공하는 것을 포함할 수 있다. 여기에는 서비스 이용자를 대신하는 옹호자 혹은 중재자의 역할도 포함된다.

또한 우리의 관여가 그 시점에서 정당화됨을 확실히 해둘 필요가 있다(Doel, 1994: 24). 이는 실천가, 서비스 이용자들 그리고 다른 사람들이 그 상황을 어떻게 판단하는가에 기반해야만 한다. 이때 고려되어야 할 요인들은 다음과 같다(Doel, 1994: 27).

1. 문제의 위급성
2. 문제를 경감시키지 않았을 때의 결과
3. 문제를 줄이는 데 성공할 기회
4. 문제와 관련해 워커와 기관이 도움을 줄 수 있는 능력
5. 문제해결에 참여하려는 클라이언트의 동기
6. 클라이언트가 다른 사람으로부터 받을 수 있는 지지
7. 문제의 구체적 특성

(9) 기술(Skills)

오하겐(O'Hagan)은 사전적 정의를 인용하면서 기술을 '능력…명료성, 전문성…어떤 것에 대한 이해나 지식과 결합된 실천적 지식'으로서 설명했다(O'Hagan, 1996: 13). 그러나 기술이 개입, 능력, 실천, 기법 등 다른 용어들과 상호 교환적으로 사용되기 때문에, 사회복지실천기술을 정의내리기란 매우 어렵다(O'Hagan, 1996: 12). 기술이란 용어는 주어진 상황

내에서, 행동이나 개입 과정에서 작용하는 지식, 전문적 능력, 판단, 경험의 정도를 의미한다. 여기에는 몇 가지 요소들이 관련된다. 즉, 실천현장을 선택한다든가, 특정 환경에서 최상의 방법이 무엇인지에 관한 올바른 판단을 내리는 데 기술이 필요하다. 다시 말해 기술은 일의 강도, 걸리는 기간 등에 대해서 판단을 잘 내릴 수 있도록 한다. 그것은 또한 일에 요구되는 기술 수준을 판단하는 데도 관련될 수 있으며, 실천의 초기, 중간, 종결 부분에서 무엇을 강조해야 하는지에 대해서도 관련된다.

2 사회복지실천기술의 위치와 준거 틀

클라이언트들은 자신에게 다가온 어려움이나 도전을 해결하기 위해 사회복지실천가를 찾게 된다. 따라서 실천가들은 그들에게 정서적이고 실질적인 도움을 주기 위하여 훈련을 받아야만 한다. 사회복지실천가들은 다양한 시설에서 다양한 활동을 하고 있다. 정신장애인의 보호시설에서 활동하기도 하고, 성폭력이나 학대를 당하고 경찰이나 시설에 보호된 어린아이들을 돌보기도 한다. 육체적 질병을 앓고 있는 사람들을 관리해 주기도 하고 폭력을 당한 가정을 돌보기도 한다. 보육센터나 주간보호센터 등에서 활동하기도 한다. 또는 학교에 나가 부모와 자녀 간의 의사소통을 돕기 위해 상담과 교육을 하기도 하고, 자살과 같은 위기에 개입하기도 한다.

어떤 사회복지사는 석·박사학위를 획득하여 보다 전문성을 살려 일하기도 한다. 여러분의 미래의 계획이 어떻든 간에 여러분의 최대 목적은 도움이 필요한 이에게 여러분이 가진 인간에 대한 존경과 신뢰를 가지고 비심판적이고 친절하게 도움을 주는 것이다. 사회복지실천가들은

"마음으로부터의 언어"로 말하는 기술이 있어야 한다(Borkman, 1990).

여러분들은 서비스를 주는 사람(사회복지사)과 서비스를 찾고 있는 사람(클라이언트), 서비스를 주는 사람과 서비스를 원하는 사람, 모두가 문제해결에 있어 중요한 파트너란 사실을 다시 한 번 강조하고 싶다. 진정한 사회복지실천은 상호 노력이 있어야 한다. 이에 대한 사회복지실천기술의 두 가지 이유를 들어보겠다.

첫째, 여러분과 여러분의 기관에 도움을 요청하는 사람들은 그들 나름대로의 욕구, 목표와 생활이 있다. 서비스를 주는 사람의 역할은 클라이언트가 자신의 해결방법을 발견하도록 지원하는 것이다. 이는 그들에게 단순히 어떻게 해야 할지를 지시해 주는 것 이상의 기술이 필요하다. 사회복지실천가는 물론 권위를 소유하고 있긴 하지만, 다른 누구의 의사결정을 대신해 줄 권리는 없다. 우리들은 자신이 속한 법적 및 윤리적 범위 내에서 우리 스스로가 어떻게 살아갈지를 결정할 권리를 가지고 있다. 사회복지실천가는 각 개인이 자신의 욕구와 관점에 근거하여 스스로 선택할 권리가 있음을 깨달아야만 한다. 타인의 선택이 여러분의 선택과 항상 같지는 않다는 점이다.

둘째, 모든 사람은 위엄과 존경을 받을 가치가 있다. 때때로 서비스를 제공하는 역할을 수행하는 사람들은 도움을 찾는 사람들을 친절하게 대하고 존중해야 함을 잊을 때가 있다. 그러나 입장을 바꾸어 생각해 보라. 여러분이 위기에 처해 도움이 필요할 때, 다른 사람으로부터 나쁜 사람으로 또는 단순히 치료대상으로 취급받는 것을 원치는 않을 것이다. 여러분이 잠시 다른 사람과의 유용한 연결을 통해 도움을 받지만 여전히 가치 있고 고귀한 사람으로 대접받기를 원할 것이다. 또한 사려 깊고 동정심이 많고 남의 입장을 배려하며, 여러분의 문제에 관심을 보이며, 따뜻하고 비판적이지 않은 사람을 만나기 원할 것이다. 그러므로 사회복지실천가는 심지어 화를 내고 우유부단하고 동기가 없어 보이는 클라이언트를 만나더라도 끝까지 존중감을 가지고 그들을 대해야 한다.

이상에서 언급한 두 가지 이유는 사회복지실천기술을 적용하는 데 있어서 매우 중요한 위치이자 좌표 역할을 해야 할 것이다. 특히 다음의 네 가지 준거 틀 즉, 첫째, 인간-첫 번째 언어, 둘째, 진실한 자아의 사용, 셋째, 다양성에 대한 존중, 넷째, 강점의 발견 등은 사회복지실천기술을 적용하는 데 있어서 기본적인 준거 틀이 되어야 할 것이다.

(1) 인간-첫 번째 언어

개인 또는 집단을 일컬을 때는 항상 휴머니티가 조건, 이슈, 문제, 질병 이전에 먼저 고려되어야 한다. 여러분은 정신지체여성(mentally retarded woman), 혈우병환자(hemophiliac), AIDS아동(AIDS babies)이라는 용어보다는 정신지체를 가진 여성(woman with mental retardation), 혈우병을 가진 사람(person with hemophilia), HIV를 가지고 있는 아동(children living with HIV)과 같은 용어를 사용하는 것을 볼 수 있을 것이다. 낙인은 강력한 사회적·정치적 결과를 가져온다. 따라서 사회복지사는 그런 용어의 사용에 있어 사람을 우선으로 하고 그의 특성을 부차적으로 보아야 한다고 제안한다. 이것은 사회복지사에게 중요한 가치이고, 동시에 사회복지사는 언어 사용에 있어서도 사회복지의 신념을 표현해야만 한다.

(2) 진실한 자아의 사용

사회복지실천기술이나 과업만큼 원조관계, 의사소통, 존경과 라포를 강조한다. 지금까지 살펴본 바와 같이 진정한 사회복지실천은 사려 깊고 적절한 의사소통을 하며 진실하게 염려하는 사회복지사와 함께 동반자 관계를 형성한 클라이언트 사이에서만 일어난다. 인간을 대상으로 하는 서비스 분야에서, 관심은 치료만큼 중요하다. 여러분은 항상 입장을 바꾸어, 자신이 도움이 필요할 경우 어떻게 대접받기를 원하는지, 여러분이 사랑하는 사람이 어떻게 대접받기를 원할 것인지를 늘 기억해야 한다. 그리고 도움을 받는다는 것이 어떻게 느껴질 것인지를 기억해야 한다. 적절하게 행해질 때 사회복지실천기술은 더욱 풍성해질 것이다.

(3) 다양성에 대한 존중

도움을 찾는 사람들 간의 보편성과 다양성은 매우 중요하다. 개인들 사이의 공통적인 욕구나 유형을 파악하는 것은 실천가에게 유용한 정보를 주는 것이 사실이다. 그러나 보편성(commonalities)만 추구하는 것은 개인, 그룹 또는 문화를 고정관념화할 수 있고, 일반적 차원에 근거하여 이해하려는 한계를 가진다. 다시 말해 개인들 간의 다양성이 규명되고 이해되고 확인되어야 한다는 점이다. 따라서 도움을 요청하게 될 사람들 간에는 무엇이 공통적이며 다른지를 제시해 보아야 한다. 다양성에 대한 존중과 이해는 사회복지실천기술에서 매우 중요한 가치로 자리매김되고 있다.

(4) 강점의 발견

개인, 부부, 가족, 그룹 그리고 지역사회의 자원과 강점에 우선적으로 초점을 맞추는 것이 부족한 부분, 장애, 약점에 초점을 맞추는 것보다 문제해결과정을 보다 활기차게 한다. 사람들이 자신의 강점을 깨달을수록 자신의 강점을 보다 잘 강화시켜 나갈 수 있다. 더욱이 강점이 규명되고, 인정되면서 사람들은 자신에 대해 좋은 느낌을 갖게 되고 장애와 약점을 극복할 수 있게 된다. 사회복지사는 사람들이 자신의 강점을 깨닫도록 도와주어야 하며, 내적 · 외적 자원을 규명하도록 노력해야 한다. 문제나 위기를 가진 사람들은 자신들의 장애나 실패를 깨닫는 데만 익숙해져 있다. 그런 사람들에게 성공과 강점에 대해 인지할 수 있도록 돕는 사람이 바로 사회복지사라 할 수 있다. 사회복지사는 사람들로 하여금 자신들이 가지고 있으리라고는 전혀 인지하지 못했던 강점을 규명해 내야 한다. 강점에 초점을 두는 것이 클라이언트가 만나는 어려움이나 도전을 무시한다는 것은 아니다. 그러나 샐리베이(Saleebey)가 언급한 것처럼 문제를 부정하는 것만큼 가능성을 부정하는 것도 잘못된 것이다.

강점관점에 의거한 사회복지실천은 타인의 삶을 잘못된 것, 부족한 것, 비정상적인 것으로 보는 시도, 즉 부정적 측면에 초점을 두는 것을 수정하려는 시도라고 할 수 있다.

3 사회복지실천 개입방법과 사정

1) 사회복지실천 개입방법

클라이언트들은 실질적 도움 또는 정서적 지지를 요구한다. 실질적 서비스란 음식, 의복, 쉼터, 일일보호, 운송수단 등을 제공하는 것을 말한다. 아프거나 거동능력이 없는 사람들은 목욕, 화장실 가기, 옷 입기, 약 먹기 등 보다 개인적인 도움을 원할 것이다. 사회복지실천가들은 직접 그러한 도움을 제공하거나 다른 자원들을 연결시켜 준다.

클라이언트들은 실질적 도움은 물론 정서적 지지로부터도 많은 이익을 얻는다. 정서적 지지는 적극적으로 듣고, 비심판적인 태도로 클라이언트와 함께 하는 것이다. 정서적 지지는 중요한 자원의 하나로 간주된다. 사회복지사들은 직접·간접적으로 정서적 지지를 제공한다.

사회복지실천기술 개입방법은 ① 개인, ② 부부나 가족, ③ 집단, ④ 이웃과 지역사회와 함께 이뤄진다. 이를 통해 사회복지실천가들이 관여하여 일하는 영역 및 개입방법을 간략히 소개하고자 한다.

(1) 개인을 대상으로 하는 실천기술

사회복지사는 정서적 지지 및 실질적 지원 그리고 사례관리(서비스 조정, service coordination이라고도 함)를 통해서 개인에게 서비스를 제공한다. 이러한 세 개의 카테고리는 상호 연관되어 있으며 중복되기도 한다. 위의 세 가지 요소에 관해 설명하면 다음과 같다.

- 정서적 지지: 개인을 대상으로 하는 서비스는 서비스를 필요로 하는 욕구가 있는 사람과의 일대일 관계에서 이뤄진다. 이런 경우 서비스는 들어 주기, 감정적 지지, 카운슬링을 통해 이뤄진다.
- 실질적 지원(practical assistance): 사회복지실천가들은 기관(병원, 주간보호센터, 쉼터, 정신지체인을 위한 시설, 발달장애 및 정신질환자를 위한 시설, 노인보호시설, 아동보호시설, 청소년보호시설 등)에서 실질적 지원을 제공하게 된다. 즉, 이용자의 개인적 욕구에 맞는 서비스의 제공 및 여가활동을 진행하는 것이다. 클라이언트들의 욕구와 흥미, 관심, 능력에 맞게 목욕서비스는 물론 카드게임, 음악감상, 텔레비전 시청 등 다양한 지원을 한다.
- 사례관리(서비스 조정): 사회복지사의 또 다른 서비스 전달 유형은 사례관리이다. 사례관리자의 과업은 개인의 욕구를 알아내고 그에 대해 어떤 서비스를 연결할 것인지를 고려하여 연결하고 기관 간의 서비스를 조정하고, 서비스 전달 상황을 모니터링한다. 예를 들어, 사례관리자는 개인의 보호를 위한 실질적 자원과 욕구를 결정한 후에 대상자의 욕구해결을 위해 자기기관의 사회복지사와는 물론 다른 기관과도 접촉을 시도한다. 때로는 노인가정에 음식 배달을 시도하기도 하고 가정방문 간호사, 교통편, 가정방문자, 집 지키는 도우미, 집안 수선, 전화방문, 목욕 돕기, 옷 입기, 화장실 가기 등을 도와줄 자원을 연결하기도 한다. 뿐만 아니라 한 달에 한 번씩 노인 또는 가족에게 전화를 걸어 모든 서비스가 잘 연결되고 진행되는지를 확인하기도 한다.

(2) 가족을 위한 실천기술

사회복지실천가들은 위기에 처한 부부나 가족으로부터 지원을 요청받게 된다. 부부라면 그들 관계 속에서 경험하고 있는 스트레스 때문에, 부모라면 자녀의 이상행동이나 발달로 인해 혼동되고 긴장되어 사회복지사를 찾아올 수 있다. 가족의 경우는 함께 어우러져 지내는 최선의 방법을 얻기 위해 사회복지사를 찾게 된다. 때로 부부, 부모, 가족들은 실업, 폭력과 같이 엄청난 어려움을 경험하기도 한다. 이때 사회복지사나 기관의 도움이 필요하게 된다.

(3) 집단을 대상으로 하는 실천기술

각종 지원과 도움 서비스들은 자조그룹, 지지그룹, 심리교육적 그룹과 같이 집단 설정에서도 주어질 수 있다. 집단은 공통의 목적을 가진 3명 이상의 사람이 모여 형성된다. 모든 사람이 개인의 정보를 공유하는 것을 편안하게 느끼지는 않는다. 그러나 많은 사람에게 있어 집단은 비슷한 어려움을 경험하는 사람들로부터 지지와 격려를 얻어 내는 가장 좋은 방법이다. 집단성원들은 집단 활동을 통해서 자신들의 문제유형이나 문제의 심각성, 문제가 진행된 기간, 그들의 문제에 관한 그들의 감정적 반응 등에 관해 서로 대화하면서 피드백을 주고 해결방안을 모색해 간다 (Medvene, 1990).

집단은 알코올 의존문제, 자신의 자녀를 학대한 부모, 부모와 떨어진 아동, 암이나 에이즈를 앓고 있는 사람, 가까운 이의 죽음을 경험한 사람, 자신의 아내를 구타한 사람, 근친상간을 경험한 아동, 불임부부, 입양가족, 장애인, 노인, 특정 질병을 가진 가족을 돌보는 가족원 등 다양한 이유로 형성된다. 집단은 때로는 전문가에 의해 운영되기보다는 위와 같은 문제를 경험하고 회복된 바 있는 예전의 클라이언트에 의해 그

룹이 조직, 운영되기도 한다.

(4) 지역사회를 대상으로 하는 실천기술

사회복지실천가들은 지역사회, 이웃, 조직이 변화하도록 영향을 주는 역할을 한다. 때로 문제가 광범위하여 보다 큰 체계의 변화 없이는 개체의 변화가 충분치 않을 경우가 있는데, 이때 지역사회실천기술이 부각된다. 예를 들면, 지역사회복지관의 사회복지사가 지역사회 청소년들이 지역 내의 폭력에 노출되어 있다는 것을 깨달았을 때, 청소년들의 안전을 위해 '부모 보호자 모임'을 조직할 수 있으며, 토론을 통해 "지역사회 감시 프로그램" 및 맞벌이 부모의 아동을 위해 "방과후 활동 프로그램"을 만들 수도 있다.

사회복지실천 개입방법은 매우 다양하다. 실천 현장과 역할 또한 다양하다. 많은 사회복지서비스 기관이나 의료기관들은 개인, 집단, 가족 그리고 지역사회에 정서적 지지와 실질적 서비스를 제공하기 위해서 다양한 능력을 가진 사회복지사를 고용한다.

사회복지사는 각종 중독자를 상담하고, 정신건강기관에서 입원 및 외래 대상자를 다루기도 한다. 또한 아동 쉼터에서 부모 역할을 하기도 하고 시설 운영자의 역할을 하기도 한다. 폭력을 경험한 여성의 카운슬러가 되기도 한다. 사회복지사는 또한 법적 지원, 법적 옹호, 부모들의 지원 및 교육자의 역할을 한다. 또는 신체적 · 정신적 장애를 가진 사람과 일할 수 있고, 시민단체나 교정기관에서 일할 수 있다. 교도소에서 초기 상담을 할 수도 있고 위기개입 상담가로 일할 수도 있다.

2) 사회복지실천 사정

전문적 수준에 이른 실천가들은 독립적인 실천이 가능하다. 즉, 그들은 자신의 클라이언트를 어떻게 치료할지 결정할 수 있으며 가장 효과적이라고 믿는 접근방식을 활용할 수 있다. 그런데 이런 결정은 어떻게 내려지는 걸까? 사회복지사들은 자신이 선택한 접근법이 클라이언트와 잘 맞는다는 것을 어떻게 아는가? 이런 결정에 영향을 주는 요소는 무엇인가? 구체적인 선택을 하는 데 도움이 되는 모델과 지침이 있는가? 이러한 질문에 대한 답을 모색해 보기 위해 클라이언트와 사회복지사의 연결, 선택에 영향을 주는 요인들, 그리고 개입방법의 선택을 위한 지침 등에 대해 살펴볼 것이다.

(1) 클라이언트와 사회복지사의 연결

사회복지실천가에게 필수적인 요소는 치료자와 클라이언트의 속성을 분리하여 독립적으로 사정하는 것이다. 그 속성에는 고려해야 할 치료의 유형뿐만 아니라, 사회복지사와 클라이언트 모두의 환경, 생활사건, 태도 및 행동이 포함된다. 이에 관련된 여러 측면들에 대해 수행된 수많은 연구들은 상당히 유용하다(Bergin & Garfield, 1994a; Hill, 1989). 임상 조사연구들은 방법론 면에서 점점 더 엄격해지고, 그 목적과 설계 면에서도 정교해져 왔다. 따라서 사회복지실천가들의 활용성 또한 증진되어 왔다. 그럼에도 불구하고 사회복지실천가들은 어떤 것이 자신의 클라이언트에게 정말 최선인지를 찾는 일에 어려움을 느끼곤 한다.

Beutler, Craig와 Arizmindi(1986)는 이런 조사연구들에 대한 메타분석을 통해 내부적 특성 대 외부적 특성과 치료에 국한된 특성에 비해 계획되지 않은 것에 영향을 더 많이 받는다. 치료에 국한된 특성들에는 행동주의적 기법을 쓰기로 결정을 내리는 것과 같이, 사회복지실천가에 의해 계획된 요소나 의식적으로 변화를 가져오기 위한 훈련 등이 포함된다. 치료 외적인 요소로는 실직으로 인해 우울했던 클라이언트가 다시 일자리를 찾게 된 것, 또는 클라이언트가 폭력적인 배우자를 떠나기로 독자적으로 결정을 내린 것 등을 들 수 있다. 치료에 국한된 속성은 사회복지실천가의 통제하에 있는 것으로 볼 수 있지만, 치료 외적인 특성은 사회복지실천가에 의해 통제받지 않는다.

방법론적으로 엄밀한 조사연구의 사정을 통해, 실천가와 클라이언트가 어떻게 만나는 것이 좋은지 다음과 같은 결과들이 제시되어왔다.

- 연령: 나이 차이가 어떤 클라이언트에게는 문제가 될 수 있다. 조사연구에 의하면, 나이가 많은 클라이언트는 좀 더 성숙한 사회복지실천가를 선호하며, 적어도 어린 치료자는 만나지 않기를 바란다고 한다. 단, 다소 젊더라도 높은 지위에 있거나 신뢰성을 인정받은 사회복지실천가는 좀 더 받아들여지기가 쉬운 것으로 나타나고 있다. 이와 대조적으로 어린 클라이언트는 상대적으로 젊은 사회복지실천가를 선호한다고 한다.
- 성별: 성별은 최근에 좀 더 많은 주목을 받게 된 영역이다. 다양한 연구들이 성별에 대한 다양한 결과들을 제시하고 있다. 그 이유는 성별과 관련된 경험, 환경적 요인들, 인구학적 요소들 또한 상당히 다양하기 때문이다. 그러나 성별이 환자의 선택이나 치료의 성격 그리고 그 결과에 어느 정도 영향을 미친다는 의견에는 동의가 이루어지고 있다. 일반적으로 동성으로 이루어진 치료적 관계가 이성과 짝을 이루어 치료를 하는 경우보다 좀 더 도움이 되는 것으로 나타나고 있다. 특히 여성 클라이언트는 여성 치료자들에게 좀 더 긍정적으로 반응한다고 보고하는 연구들이 있다.
- 민족과 인종: 이 요소 역시 집중적으로 연구되어 온 부분이다. 아마도 가장 주목을 끄는 발견은 조사연구자의 인종이 결과에 대한 많은 부분을 설명하고 있다는 것이다. 버틀러, 크래이그와 아리츠민디(Beutler, Craig & Arizmindi, 1986)는 연구에서 다음과 같이 언급하였다. 아프리카계 미국인 연구종사자들이 인종이 하나의 요인이라고 결론지은

것과 달리, 코카시안계 사람들에게는 인종이 결과에 영향을 주는 일반적 요인은 아닌 것으로 나타났다는 것이다. 조사연구 중에서 같은 인종 내에서 치료자와 클라이언트가 만나는 것이 중도탈락의 비율을 감소시킬 수 있다는 사실을 지지하는 것도 있다. 그러나 이런 결과가 분명한 차이를 보여주지는 못하고 있다. 단, 인종, 민족 그리고 이런 결과가 분명한 차이에 대한 민감성은 사회복지실천 개입의 핵심요소로 보고 있다(Feit, Cuevas & Hann-Dowdy, 1998).

- 사회경제적 지위(SES): 사회경제적 지위와 관련된 부분은 덜 명료하다. 현재의 사회경제적 지위와 수입, 교육, 전문적 지위를 역사적 배경이나 문화 및 계층의 이슈와 분리하는 것이 어렵기 때문이다. 따라서 이 영역에 대한 결과는 어떤 결론에 이르지 못하고 있다.
- 성격: 성격유형 역시 아직 결정적인 요소로 취급되지는 않는다. 어떤 연구에서는 성격이나 인지 스타일이 서로 다른 경우에 가장 효과가 좋다고 제안한다. 이와 관련된 이슈로는 치료자가 치료를 받는 것이다. 역사적으로 사회복지실천가들이 정신치료를 받는 것에 대해 호의적이고, 특히 정신분석학파에서는 이를 더욱 지지하였다. 그러나 최근 조사연구들은 단순히 치료나 분석 자체가 사회복지실천가를 좀 더 유능한 치료자로 발전시킨다는 견해를 지지하지는 않는다.
- 태도와 가치: 태도와 가치를 치료에서 별도의 요소로 구분하거나 규명하기는 어렵다.

이 요소들은 사람에 따라 변화하며, 치료의 상호과정 속에서도 바뀔 수 있기 때문이다. 환자 선택의 측면에서 특별히 종교적인 경우를 제외하고, 클라이언트가 유사한 가치를 가진 치료자를 원한다는 증거를 찾아보긴 어렵다. 단, 일단 치료가 시작되면, 클라이언트는 도덕, 종교에 대해 치료자의 신념체계를 수용하는 경향이 지속적으로 발견하고 있다. 치료자가 최대의 효과를 가져 오기 위해 클라이언트의 가치를 수용하고, 클라이언트의 신념과 가치에 맞춰서 치료를 제공하는 것이 바람직하다는 조사 연구도 있다.

- 관계 태도: 여기에는 1950년대 후반부터 1960년대에 거쳐 수행된 인본주의와 클라이언트 중심 치료에 대한 다양한 연구들이 많은 영향을 미쳤다. 이 당시에 훈련받은 치료자들은 한 조사연구에 따라 치료자의 감정이입, 진실, 따뜻한 또는 무조건적 · 긍정적 관심 등과 같은 태도가 클라이언트의 긍정적인 결과를 성취하기 위한 '필요충분조건'이라고 교육받았다. 그러나 후속 연구들은 이런 요소들이 로저스의 인본주의 치료가 아닌 경우에는 그렇게 유용하지 않다는 것을 가리키고 있다. 그럼에도 불구하고 자신의 치료자가 긍정적이고 도와주려는 태도를 갖고 있다고 인식하는 클라이언트는 그렇게 인식하지 않은 클라이언트에 비해 더 좋은 결과를 나타낸다고 보고되고 있다.
- 사회적 영향: 임상조사연구 영역에서 사회적 영향요소는 사회심리학적으로부터 채택된 것이다. 이 속성들에는 전문성, 진실성, 매력, 신뢰성, 설득력이 포함된다. 전문성에 대한 지각은 계속해서 긍정적인 것으로 드러나고 있다. 예를 들어, 통제된 연구에서 클라이언트에게 어떤 사회복지실천가들이 다른 사회복지실천가들에 비해 훨씬 더 전문성을 갖추고 있다는 말을 해 주었을 때, 그 결과에 영향을 미쳤다. 설득력과 신뢰성도 몇몇 연구에서 긍정적인 결과가 유사하게 나타났다.
- 치료자의 기대: 클라이언트와 사회복지실천가가 결과에 대한 기대에 있어서 의견일치가 이루어지지 않았다 하더라도, 사회복지실천가는 클라이언트가 결과에 대해 좀 더 긍정적인 기대를 하도록 설득할 수 있으며, 클라이언트의 이런 변화는 유익한 영향을 미칠 수 있다는 것이다.

(2) 사정에 영향을 주는 요인들

개입의 선택에 영향을 주는 주요 요인들로는 교육과 훈련, 가치와 윤리 그리고 경험이 있다. 여기에서는 이들을 살펴본 후에 적절한 개입모델을 선택하기 위한 가이드라인을 제공할 것이다.

① 교육과 훈련

개입 유형의 선택은 실천가의 훈련과 이론적 지향(orientation)에 의해 규정되는 부분이다. 다시 말해 사회복지실천가의 학문배경과 훈련에 따라 우울증도 다르게 해석될 수 있다. 학문적 배경이 생물학적 모델인 실천가는 우울증의 원인을 신경전달체계의 역기능, 다양한 생물학 및 자연생물학적으로 관련된 문제 또는 어떤 약물의 반응으로 본다. 따라서 우선적으로 클라이언트를 적절한 투약을 위해 의사나 내과의사에게 의뢰할 것이다. 이에 비해 정신역동적으로 훈련을 받은 사회복지사는 분노를 속에 쌓아둔 결과나 자아이상을 성취하지 못한 무능력으로 인해 자존감을 상실한 결과가 문제의 원인이라 본다. 행동주의적인 사회복지사는 우울증이 혐오스러운 사회적·경제적 자극에 대해 강화가 주어지지 않은 문제로 인식한다. 체계론적인 사회복지실천가는 우울증이 사회체계나 지역사회 내의 역할 및 지위의 상실에서 비롯된 것으로 볼 수도 있다.

존재론적 관점에 기반을 둔 훈련과 교육을 받은 사회복지사는 클라이언트의 우울증을 생활환경의 주요 변화로 인해, 또는 인생 단계의 전환기 동안 삶의 의미를 발견하지 못한 위기와 관련된 것으로 볼 것이다. 인도주의적으로 교육받은 사회복지사는 클라이언트가 자신이 직접 관련되지 않은 상황에서조차 자기 비난의 사고 유형을 갖고 있기 때문에 우울증이 나타난 것으로 본다. 즉, 이것은 자신의 삶, 주변 환경, 미래에 대해 부정적인 견해가 전반적으로 퍼져 있기 때문이라는 것이다. 한편,

또다른 사회복지실천가들은 문제의 원인론을 이해하는 데 단일화된 접근을 사용하도록 교육받기도 한다. 여기에서는 모든 이론들을 '사회적 차이트게버(zeitgeber: 영향을 미치는 모든 요소)' – 사람, 사회적 요구 또는 생물학적 시계를 결정하는 과업 등 – 의 상실이라는 개념으로 결합시킨다. 즉, 다양한 심리사회 및 생물학적이론들이 사회적 리듬의 분열이라는 한 요인으로 합해진다는 것이다(Ehlers, Frank & Kupfer, 1988).

사회복지사들이 사회복지, 정신보건 및 심리사회적 치료 및 상담이론을 모두 섭렵하는 전문가가 되기를 기대하는 것은 비현실적이다. 최선의 경우라도 전문적 실천을 행하는 사회복지사에게 현실적으로 기대할 수 있다는 것은 다음과 같다. 즉, 자신이 속한 조직에 충분히 숙달되어 적절한 개입을 활용할 수 있으며, 필요한 경우에는 좀 더 전문적으로 적절한 개입을 사용할 수 있는 실천가에게 의뢰할 수 있는 것이다. 궁극적으로 모든 사회복지실천가들을 개입을 선택하고 적용함에 있어서 조사연구, 추측, 지식 및 과학을 결합하여 사용한다(Bromley, 1986). 전문가들은 클라이언트의 관심사를 우선시 하며, 실천가는 모든 경험적 증거에 개방적이어야 한다는 사실을 인식할 필요가 있다.

② 가치와 윤리

가치는 개입을 선택하는 데 상당한 역할을 수행한다. 가치는 어떤 유형의 개입에서도 중심적인 기능을 한다. 임상가가 고려하는 가치에는 윤리, 클라이언트의 권리, 비밀보장, 클라이언트의 선택 및 자기 결정, 가족과 사회의 역할 그리고 개입이 이런 체계들에 어떻게 영향을 미치는지에 대한 것들이 포함된다. 윤리 자체에는 사회복지실천가의 행동, 태도, 클라이언트에 대한 느낌과 같은 주제들이 들어간다. 사회복지실천가와 클라이언트가 서로 공유하고 친밀한 정도는 직면의 정도가 그런 것과 마찬가지로 이런 요소들이 반영된 것이다.

윤리적 이슈들은 신체 접촉에 관한 것에도 관심을 기울인다. 어떠한 신체 접촉도 잠재적인 해가 된다고 보는 사회복지실천가가 있는가 하면, 이것이 지지와 관심의 자연스러운 표현방법이라고 보는 사회복지실천가도 있다. 여기서는 문화적 차이도 중요하다. 그러므로 윤리적으로나 문화적으로 가벼운 포옹이나 입맞춤 정도는 허용된다고 생각하는 사회복지사들은 상황에 따라 클라이언트에게 이런 행동을 하는 것을 당연시해 왔다. 그러나 사회복지실천가가 클라이언트의 문화에 민감하지 못한 경우에는 문제가 될 수 있다. 어떤 문화에서는 그런 행동이 공격적이거나, 부적절하거나, 성적인 암시가 있는 것으로 보일 수 있기 때문이다.

클라이언트에게 적절한 개입과 구체적인 기법을 선택함에 있어서, 사회복지실천가의 가치기반보다 클라이언트의 가치기반이 더 우위에 있다는 것을 기억해야 한다. 사회복지실천가는 손을 잡거나 안아주는 것이 클라이언트에게 치료적이며 건강한 행동이라고 미리 짐작하기 전에, 클라이언드의 개인력과 문화 스타일과 관련하며 신중하게 점검해야 한다.

윤리적 이슈는 최근 사회복지실천가들에게 점점 더 중요한 것이 되고 있다. 이는 인종적이고 문화적인 다양성에 대한 인식 증가와 더불어 소송이 증가하고 있는 현상과도 부분적으로 관련이 있다. 거대도시의 길거리에 자라난 도심의 아이들은 대부분의 사회복지사들이 사용하는 중산층의 용어를 사용하지 않는다.

③ 경험

경험은 세월이 흐름에 따라 어떤 사람의 삶 그리고 자기 자신과 관련하여 발전시켜온 배움과 그로 인해 삶에 대해 갖게 된 결과적인 관점 모두를 내포하고 있다. 타인과 상호작용의 경험을 통해 얻은 이러한 경험에 치료적 초점이 맞춰질 수 있다. 즉, 집단 과정에서 이러한 대인관계 측면에 배움은 가장 중요하고도 일반적인 치료 요소 중 하나이다.

사회복지사들은 자기 삶의 경험을 중시해 온 긴 역사를 갖고 있다. 그뿐만 아니라 특히 정신분석적으로 훈련을 받는 사회복지실천가들은 자기 경험에 대해 보다 더 잘 이해하기 위해 개인 치료를 받기도 한다. 이런 분석이 더 좋은 사회복지실천가로 발전하는 것으로 이어지느냐 하는 문제에 대해서는 의문이 존재한다(Bergin & Garfield, 1994a). 하지만 자기 인식, 통찰, 높은 수준의 깨달음을 지닌 사회복지실천가가 자신의 개입에 미치는 영향을 더 잘 인식할 수 있음에 주목해야 한다.

사회복지실천가가 거쳐 온 생활경험과 대인관계에서 배운 내용은 치료적 개입을 선택하는 데에 영향을 줄 수 있다. 너무 혼란스럽고, 나태하며, 학대적인 가족 환경에서 성장한 사회복지사나 지나치게 엄격하고, 권위적이며, 과도하게 보수적인 가족에서 성장한 사회복지사는 통제, 자기결정 및 임파워먼트와 같은 주제에 대한 어떤 개인적 태도를 가질 것이 분명하다. 이러한 태도를 좋거나 나쁘다고 판단하기는 어렵지만, 세상을 바라보는 관점에 강하게 영향을 주고 어떤 유형의 개입으로 기울어지게 하는 삶의 경험적 요인이 있다면 이를 의식적으로 인식해야 할 필요가 있다.

(3) 개입방법 선택을 위한 지침

개입방법 선택은 사회복지실천가들에게 점차 중요한 관심사가 되고 있다. '생태체계이론의 우산 아래, 체계적인 절충적 실천'을 제시한 헵워스와 라센(Hepworth & Larsen, 1993)은 개입방법 선택을 다음과 같이 제공하였다.

- 경험적 조사연구를 통해 확실히 입증된 개입을 선택하라.
- 만약 두 가지 모두가 효과적으로 입증되었다면, 시간, 자금 그리고 노력의 지출이 최소인 것이 좀 더 효율적이고 바람직하다.

- 확실하게 설명되는 이론에 포함된 개입과 기법을 선택하라. 분명하고 구체적으로 실천에 응용할 수 있는 이론이 적용하기 어려운 추상적인 이론보다 바람직하다.
- 윤리적 기반을 갖춘 개입을 선택하라.
- 실천가에게 적절한 훈련과 기술을 요구하는 개입만을 선택하라.

사회복지사가 적절한 개입을 선택하는 것과 관련된 문제는 실천현장이 존재해 온 기간만큼이나 오래 존재해 온 것이다. 애덤스(Jane Adams)와 헐 하우스(Hull House)에 있던 그녀의 동료들은 19세기 후반, 수많은 이민자 및 빈민들의 엄청나게 다양한 욕구들에 부응할 수 있는 전문직을 개발해야 했다. 그들은 적절한 개입을 개발하기 위한 기반으로서 '과학적인 박애주의'를 사용하였다. 이후에 리치몬드(Mary Richmond)는 독창적인 책 <사회진단(Socail Diagnosis)>(1917)에서 사회복지실천을 조직하고 이를 통해 사회복지를 전문직화하였다.

초기 사회복지사들은 자신의 직업 기반을 프로이트, 랭크, 스키너 또는 신 프로이트 학파(neo-Freudians)의 이론에 두고, 이들을 다양한 클라이언트와 사회복지 기관 설정에 적용하였다. 현재 사회복지실천가들은 좀 더 최근의 사회복지실천가들로부터 나온 이론과 연구조사연구에 기반을 두고 개입방법을 개발하고 있다. 그 사회복지실천가들이 반드시 사회복지사가 아닌 경우도 있으며, 그 지식과 조사연구는 절충적으로 선택된 내용에 속한다고 할 수 있다. 사회복지전문직은 역사적으로 극히 방대한 지식 및 조사연구의 기반을 빌려와서 사용한 경험이 풍부하다. 사회복지사들은 종합적인 실천을 개발하기 위해 사회학, 경제학, 심리학, 역사학, 정치학 그리고 심지어 경영학에 의존해 왔다.

사회복지전문직은 어떤 의미에서 점차 더 일반 사회복지적이고, 생태학적이며, 체계론적 접근을 지향하게 되었을 뿐 아니라, 매우 절충적이기도 하다. 또한 장기적이고 통찰 지향적인 접근에서부터 경험적으로 지지되는 행동주의 접근과 인지주의 개입으로의 이동이 관찰된다(Thyer & Wodarski, 1998). 예를 들어, 코코란(Corcoran, 1992)은 <구조적인 변화(Structuring Change)>(1992)에서 이런 개입들에 해당하는 강력한 사례들을 개발하였을 뿐만 아니라 우울증에 대한 페미니스트 관점을 옹호하는 내용(Van Den Bergh, 1992)도 포함시켰다. 가족이나 집단 체계론도 개입 선택을 위한 또 다른 제안들에 많은 영향을 미쳤다. 이런 여러 가지 가능한 선택 중에서, 적어도 1970년 이후부터 지금까지 '최선의' 접근이라고 알려진 것은 경험적으로 입증된 것이다(Thyer & Wodarski, 1998; Corcoran & Fischer, 2000; Ivanoff & Briar, 1987).

생리 · 사회 · 심리적 기반을 지닌 전체적 이론(Holostic Theory)은 너무 방대하며, 일반사회복지사들도 결국 집중적인 실천 접근으로 좁히게 된다는 주장도 합리적으로 제기되고 있다. 전체적 이론은 점차 단지 넓은 기반의 불특정한 개입으로 개념화되고 있으며, 따라서 다양한 임상적 접근을 분석하는 데에 활용되지 못하고 있다(Meyer, 1983).

임상실천에 대한 우수한 교재들을 편집해온 사회복지학자 터너(Tumer, 1996)는 실천가들이 다음과 같은 사실을 계속해서 인식해야 한다고 주장한다. 즉, 이론은 실천의 핵심적이며 중요하다는 것, 여러 가지 다양한 실천이론들이 타당성을 갖고 있다는 것 그리고 실천가가 만나는 다양한 클라이언트에게 어떤 단일한 이론만을 활용할 수 없다는 것이다.

이것은 다양한 이론들이 서로 맞물려 서로에게 영향을 주는 현상을 보여주는 것이다. 이런 상태는 실천현장에 맞는 이론을 찾아보기 힘들었던 초창기나 오로지 정신분석이론에 의지했던 시대에 비해 훨씬 바람직하다. 사실, 터너(Tuner, 1986)는 정신분석의 지배에 대한 반향으로 1950년대와 1960년대에 여러 주요 이론들이 발전하던 시기에 실천현장이 강화되었다고 보았다.

개입을 선택하기 위한 기반으로서 임상조사연구를 사용하는 것은 가장 객관적인 방법이다.

현대의 사회복지사들은 조사연구가 특정 클라이언트와 어떻게 일할 것인지를 결정하는 최우선적 요소라고 생각한다. 그러나 이런 자료들은 클라이언트와 관련하여 좀 더 넓은 문화적 · 정치적 · 경제적 · 사회적 상황의 맥락에 비추어 평가되어야 한다.

현대의 사회복지사들은 그들의 교육, 가치, 윤리, 생활경험 및 조사연구에 의해 영향을 받고 있다. 의식적으로 이런 모든 요소들 간에 균형을 잡으면서, 지속적으로 자신의 기술을 개선시키고 실천 조사연구의 흐름을 놓치지 않는 것은 클라이언트에게 적절한 개입을 선택하는 데 있어서 가장 필요한 방법이다.

PART II

사회복지실천 개입모델

CHAPTER 03 정신역동모델
CHAPTER 04 인지행동모델
CHAPTER 05 해결중심모델
CHAPTER 06 과업중심모델
CHAPTER 07 위기개입모델
CHAPTER 08 동기강화모델

CHAPTER 03

정신역동모델

'정신역동모델'에서 사람은 정신적 발달단계(예: 구강기, 항문기, 성기기, 잠복기, 생식기)에서 어떤 외상이나 어려움을 경험하게 된다고 가정한다. 여기서는 사회적 환경을 고려하기는 하지만, 강조점은 여전히 정신 내부적 요인에 두고 있다. 정신적인 문제의 근원은 개인 내부에 존재하므로 성격의 어번 측면을 변화시김으로써, 특히 의식 아래 숨겨진 갈등적 문제를 유지시키는 방어와 저항을 발견하고 극복함으로써, 그런 문제를 감소시키거나 달라지게 할 수 있다고 본다. 따라서 이 장에서는 정신역동모델의 실천기술, 기법 등에 대하여 알아보고자 한다.

1 정신역동모델의 철학과 기본개념

1) 정신역동모델의 철학

정신역동모델은 인간 행동의 원인으로 마음 깊은 곳에서 일어나는 서로 다른 다양한 힘의 역동적인 상호작용을 강조하는 입장으로 자유연상과 꿈의 해석 등을 통해 무의식 세계를 밝히고자 하는 프로이트와 그의 동료들의 정신분석 연구에 기반을 두고 있다. 이 모델은 인간 행동의 동기가 되는 정신을 다양한 힘이 상호작용하는 에너지 체계로 보았다. 정신이 행동을 자극하는 방식 그리고 정신과 행동이 인간의 사회환경으로부터 영향을 받는 방식을 강조하고 있기 때문에 정신역동적이라 불린다. 정신역동모델의 근간이 되는 정신분석이론에서는 우선적으로 정신결정론과 무의식론의 두 가지를 전제하고 있다. 정신결정론은 인과론과 같은 개념으로 인간의 모든 생각, 정서, 행동에는 원인이 있다는 주장이다. 즉 인간의 현재 생각, 정서, 행동의 원인은 과거의 경험에서 나온다는 이론이다. 과거의 여러 가지 경험이 상호작용하여 현재의 행동을 야기하며, 상호작용하는 다양한 힘 중 무의식에 의한 동기에 의해 행동이 가장 크게 좌우된다고 보았다. 무의식 속의 욕구와 충동이 인간의 생각, 정서, 행동에 영향을 미치고 동기화시키므로 의식적이라고 생각하는 인간의 행동이 실은 무의식에 의해 좌우된다는 이론이 무의식론이다.

따라서 개인이 현재의 행동을 이해하기 위해서는 이미 형성된 무의식적 동기를 이해해야 한다고 하였으며, 무의식적 동기를 형성하는 어린 시절과 같은 과거의 충족되거나 충족되지 못한 경험, 특히 성적 욕구와 같은 생물학적 욕구의 중요성을 강조하였다. 무의식적 동기에 의해 이끌어지는 행동은 쾌락을 최대화하고 고통은 최소화하는 '쾌락원리'를 따르며, 쾌락원리는 현실원리에 의해 통제된다고 하였다. 현실원리는 자아(ego)의 행동을 안내한다. 개인은 쾌락원리에 의해 정신 내부의 역동적인 상호작용과정에서 에너지를 방출하고 긴장을 줄임으로써 즐거움을 얻고자 하는데 사회가 개인이 방출하는 에너지의 일부에 대해 일정 정도의 통제와 제약을 가하기 때문에 개인과 사회 간 갈등이 필연적이라고 보았다.

정신역동모델에서는 이러한 갈등에 대하여 치료자는 클라이언트에게 현재의 문제에 대한 해결책을 제시하기보다 클라이언트 스스로가 과거의 경험과 충동에 대하여 통찰력을 갖고 이해하여 현재 문제에 대한 문제인식 능력과 이해력을 향상시키도록 하는 것에 개입의 목적을 둔다. 정신역동모델은 심리사회모델, 위기개입모델과 같은 사회복지모델에도 많은 영향을 끼쳤다. 예를 들면, 무의식, 통찰, 갈등, 불안, 전이와 같은 사회복지실천현장에서 많이 사용되는 용어가 정신역동모델의 영향이라 할 수 있으며, 개방적이고 수용적이며 경청하는 관계 형성에 대한 강조 역시 정신역동모델의 영향이라고 볼 수 있다.

2) 정신역동모델의 철학과 기본개념

프로이트는 인간의 의식을 지형학적 관점의 자각 수준에 따라 의식, 전의식, 무의식으로 구분하였으며, 구조적 관점의 성격구조에 따라 원초아, 자아, 초자아로 구분하였다. 개인의 정신은 무의식에 의해 가장 크게 좌우되며 원초아와 초자아가 무의식 영역에 속하는 것으로 보았다. 또한 성격은 심리성적 발달단계에 의해서 형성된다고 보았다.

(1) 지형학적 모형: 의식, 전의식, 무의식

지형학적 모형에 의해 인간의 의식은 그 위치에 따라 의식, 전의식, 무의식으로 구분할 수 있다.

'의식'은 지각의 가장 앞부분에 위치하고 있으며, 보고 듣고 만지고 냄새 맡고 맛보는 것과 같은 여러 가지 감각을 인식하고, 슬픔과 고통 같은 것을 쉽게 알아차릴 수 있는 정신생활의 영역이다. 의식은 깨어 있는 동안 작용하며, 우리가 자신에게 주의를 기울이는 바로 그 순간에 알아차릴 수 있는 경험과 감각을 뜻한다.

의식의 다음 수준은 '전의식'이다. 전의식은 지형학적으로 의식과 무의식의 중간 지점에 있으면서 이 두 가지의 교량 역할을 한다. 전의식은 깨어 있고 활동하는 현재는 의식하지 못하고 있지만 조금만 노력하여 회상하려고 마음을 집중하면 의식 수준으로 가져올 수 있는 기억이나 지각, 생각을 뜻한다.

지형학적 위치상 정신의 가장 깊은 곳에 위치해 있으며 우리가 자각하지 못하는 경험과 기억으로 구성된 부분이 '무의식'이다. 사고, 감정, 본능, 충동, 동기로 채워져 있는 인간의 마음에서 대부분이 무의식 혹은 전의식에 위치하고 있다고 보았다. 그리고 '전의식'에 해당하는 부분은 의식 수준으로 바뀔 수 있으나 무의식은 의식 영역으로 쉽게 바뀌지 않으며 더 많은 부분의 정신 내용이 대부분 무의식에 해당되고 인간 행동의 동기가 된다고 하였다.

지형학적 모형에 의한 의식의 영역 중 정신역동모델에서 가장 중요시하는 부분은 무의식의 영역으로 분석의 초점이 된다. 무의식은 의식적 사고와 행동을 전적으로 통제하는 힘으로 주로 원초아(id)와 초자아(superego)로 구성되어 있다. 방어기제 또한 무의식의 일부분으로 나타난다.

(2) 구조적 모형: 원초아, 자아, 초자아

인간 정신의 기능은 구조적 모형에 의해서 각각 원초아, 자아, 초자아에 의해 좌우되는 부분으로 구분될 수 있다. 원초아(id)는 가장 유아적인 정신기능 수준으로, 무의식 안에 감추어진 일차적인 정신의 힘인 쾌락원리(pleasure principle)의 지배를 받는, 생존에 필요한 기본적인 본능을 말한다. 인간 성격의 기초가 되는 무의식적인 기본 욕구와 충동이 원초아에 해당한다.

자아(ego)는 원초아에 비해 조직적이고 구체적인 정신구조이며, 원초아의 욕구를 현실적인 방법으로 충족시키기 위해 기능한다. 자아는 마음의 이차적인 사고를 활용하는 이성적인 요소에 해당하며, 출생하면서부터 경험을 통해 발달하여 본능적 욕구 충족을 유보하고 현실원리(reality principle)에 따라 사회적으로 수용될 수 있는 방법을 발견할 때까지 만족을 유보하거나 연기하는 기능을 한다.

초자아(superego)는 3~5세 사이에 발달하며, 부모가 아이에게 전달하는 사회의 가치와 관습을 말한다. 초자아는 정신구조의 최고 단계로 '양심'이라고도 하며, 쾌락보다는 안정을 추구하고 현실적인 것보다는 이상적인 것을 추구한다. 초자아는 자아로부터 발달하는데 그것에서 한 단계 더 나아가 옳고 그른 것을 결정하며, 개인이 스스로 자신의 행동을 조절하게 해 준다.

(3) 심리성적 발달단계

정신역동이론에서는 인간의 성격이 성적인 욕구와 관련하여 발달한다고 믿으며, 이를 심리성적(psychosexual) 발달이라고 하였다. 프로이트는 리비도(libido)의 성 개념이 신체적 사랑, 정서적 충동, 자기애, 부모의 자식에 대한 사랑, 그리고 우정의 감정까지도 포함한다고 생각하였다. 심리성적 발달단계의 각 단계는 리비도가 신체의 어느 부위에 집중되느냐에 따라 유아기부터 청소년기까지의 5단계에 걸쳐 이루어진다.

각 발달단계에서 개인은 특정 신체 부위에 에너지를 투입하고 집중하게 되는데, 각 발달단계를 성공적으로 통과하기 위해서는 적절한 정도의 만족감을 얻어야 한다. 특정 단계에서 지나친 만족감을 얻거나 과도한 에너지를 얻은 경우에는 상위 발달단계로 넘어가지 못하고 특정 단계에 머무르게 되는 고착(fixation)이 일어나는데, 이러한 고착은 개인이 완전한 성장에 도달할 수 있는 능력을 방해한다. 청소년기 이후의 단계에 대해서는 그다지 중요하게 생각하지 않았으며, 구강기, 항문기, 남근기가 성격 형성에 가장 중요한 역할을 한다고 보았다.

심리성적 발달단계의 구성을 자세히 살펴보면 다음과 같다.

① 구강기(oral stage, 출생~18개월)

구강기에서 유아의 일차적 활동은 젖을 먹는 것에 집중되어 있으며, 그 활동은 입, 입술, 혀 같은 기관에 집중된다. 주로 빠는 행위에서 쾌감을 느끼고, 이후에는 깨무는 것으로 쾌감을 느낀다. 리비도가 추구하는 방향은 타인이 아닌 자신에게만 국한되어 있으나 이 시기에는 생존을 위해 타인에게 전적으로 의존하며, 원초아가 지배적으로 기능한다.

구강기 동안 욕구를 적절히 충족시킨 경우는 타인과 친밀한 관계를 형성할 수 있다. 그러나 이 시기에 신체적·정서적으로 무시당하거나 박탈당한 아이는 성인이 된 후 충족되지 못한 보살핌에 대한 강한 갈망을 경험하기 쉬우며, 극도의 의존성으로 보이거나 타인에 대한 불신으로 대인관계가 어려울 수 있다. 구강기에 고착된 경우 우선 유아기에 먹는 것이 너무 과도하거나 불충분한 경우 구강 수동적 성격을 보일 수 있다. 구강 수동적 성격의 소유자는 타인에게 의존적이며, 희생을 감수하면서도 인정받고 싶어 한다. 이런 유형의 사람은 수동적, 미성숙, 과도한 의타심을 보이고 잘 속는 경향이 있다. 또한 구강기 후반에 고착된 경우 구강 공격적 혹은 구강 가학적 성격을 보일 수 있으며, 깨물고 물어뜯음으로써 불쾌 또는 불만족을 표현한다. 구강 공격적 혹은 구강 가학적 성격의 사람은 논쟁적이고 비판적이며 비꼬기를 잘 하며 타인을 이용하거나 지배하려 한다.

② 항문기(anal stage, 18개월~3세)

항문기에는 에너지의 초점이 구강 영역에서 항문 영역으로 옮겨 간다. 이 시기에 유아는 배변으로 생기는 항문 자극에 의해 쾌감을 얻으려 하며, 변을 참거나 내보내는 배설과 관계된 활동은 즐거움을 주는 동시에 공격의 무기가 된다. 한편 유아는 자신이 원할 때 즉각적으로 배변하려는 욕구를 배변훈련으로 통제하려는 부모와 갈등을 겪게 되며, 배변훈련이 너무 엄격하면 일부러 지저분한 행동을 하기도 한다. 배변훈련과정에서 부모의 현실적 요구에 적절히 대응하면서 자아가 발달하게 된다.

항문기의 성취 경험은 구강기의 전적인 의존에서 벗어나 자기조절, 자립, 자부, 자존 등을 경험하고 배우게 한다. 또한 적절한 배변훈련은 창조성과 생산성의 기초가 된다. 부모의 지나치게 엄격한 배변훈련 등으로 인해 항문기에 고착된 항문 보유적 성격(anal retentive)의 성인은 고집이 세고, 인색하며, 복종적이고, 시간을 엄수하며, 지나치게 청결한 특징을 보인다. 반대로 항문 폭발적 성격(anal explosive)의 성인은 권위에 대한 불만을 불결, 무책임, 무질서, 고집, 인색함, 난폭, 분노, 적개심을 보이는 행동으로 표출하기도 한다.

③ 남근기(phallic stage, 3~6세)

남근기는 성정체성의 기초를 형성하는 단계이다. 아동의 관심은 성기에 집중되어 성기를 자극하고 자신의 몸을 보여 주거나 다른 사람의 몸을 보면서 쾌감을 얻는다. 남근기 아동은 자기중심적인 성향을 가지며 사랑하고 사랑받기를 원하며 특히 칭찬을 갈망한다. 이 시기에 남아와 여아는 서로 다른 콤플렉스를 경험한다. 남아는 오이디푸스 콤플렉스(Oedipus complex)를 경험하는데, 이는 남아가 어머니를 성적으로 사랑하게 되면서 경험하는 딜레마다. 이때 남아는 아버지를 경쟁자로 생각하고 적대적인 감정을 갖는다. 또한 아버지와의 관계 때문에 남아는 점차 거세불안(castration anxiety)을 느낀다. 여아는 남아와 반대로 엘렉트라 콤플렉스(Electra complex)를 경험한다. 이 시기의 여아는 아버지와 성적으로 사랑에 빠지고 그 때문에 어머니에게 적개심을 품는다. 남아는 자신이 어머니를 사랑하기 때문에 아버지가 자신의 성기를 제거할지도 모른다는 두려움으로 거세불안을 느낀다. 여아도 거세불안을 느끼는데, 여아가 느끼는 거세불안은 남근이 없다는 인식에서 출발하기 때문에 남아가 느끼는 것과는 다르다. 여아는 유아기 때 자신의 남근이 거세되었다고 믿고 그 때문에 어머니를 비난한다. 그리고 남아보다 열등하다고 생각하는데, 이를 남근선망(penis envy)이라고 한다. 남근기는 초자아가 발달하는 시기다. 아동은 억압(repression)이라는 방어기제를 통해 이성부모에 대한 사랑과 동성부모에 대한 적개심을 억압하고, 반동형성(reaction formation)이라는 방어기제를 통해 동성부모를 오히려 긍정적으로 인식하려고 노력한다.

남근기에 고착된 남성은 경솔하고 과장이 심하고 야심이 강하며, 여성은 난잡하고 유혹적이고 경박한 성향을 보인다.

④ 잠재기 (latency stage, 6세~사춘기)

잠재기에 성적 관심은 수면 상태로 들어가 활동하지 않으며, 초자아가 강화되면서 오이디푸스적 욕망을 억제한다. 성적 에너지인 리비도는 승화되어 지적 관심, 운동, 동성 간의 우정, 공부 등으로 표출된다. 이 시기에는 부모와의 삼각관계나 동성부모에 대한 동일시가 중단되며, 동성인 또래와 어울림으로써 동성 간의 동일화와 자기성 확립 등 지속적인 사회화가 이루어진다. 한편 이 시기에는 신체의 발육과 성장에 에너지가 집중되므로 본능적 욕구인 성적 관심이 약한데, 이 시기의 과도한 성적 억압은 수치심, 도덕적 반동형성, 혐오감에 빠지게 할 수 있다.

잠재기에 고착되면 성인이 되어서도 이성에 대한 정상적인 친밀감을 갖지 못하게 되는데, 특히 프로이트는 잠재기에 동성 간의 우정에 고착되면 동성애로 발전할 수 있다고 하였다.

⑤ 생식기(genital stage, 사춘기~성인기 이전)

이 시기에는 남근기에 나타났던 오이디푸스적 관심과 엘렉트라 콤플렉스의 생리학적 역동이 다시 나타나게 된다. 사춘기에는 부모와 다른 성인에 대해 양가감정을 갖고, 성적 관심이 되살아나며, 관심 대상은 또래의 이성친구에게로 옮겨 간다. 남녀 모두에게서 2차 성징이 나타나며 이전 시기에 확립했던 성적 주체성에 의해 성인으로 성장하며 성역할 정체감이 발달한다.

생식기를 성공적으로 지낼 경우 성실하고 책임감 있는 사회적 · 성적 관계를 유지하게 되고, 이성과의 사랑에도 만족감을 느끼게 된다.

2 정신역동모델의 개입목표 및 과정

정신분석이론과 치료에 기초하고 있는 정신역동모델에서 행동의 정신역동적 해석은 기본적으로 대부분의 행동은 숨겨진 목적이 있다는 무의식적인 동기와 신념에 기초한다. 정신역동이론에 기초한 실천을 위해서 사회복지사는 무의식적 동기와 신념에 의한 개인의 내적 사고와 갈등을 더 잘 이해하도록 도움으로써 개인의 자아개념과 대상관계 개념을 변화시키고 사회적 기능을 향상시킨다.

정신역동모델에서 자아개념은 원초적인 충동과 외부 현실의 요구 및, 사회적 규범 사이를 중재하는 다양한 인간 내부의 과정을 일컫는다. 자아는 또한 인성의 문제해결 부분이기도 하다. 그리고 대상관계(object relation) 개념은 어떻게 현재의 사고방식, 느낌, 행동이 아동기의 타인, 특히 부모와의 관계를 반영하는지를 설명한다. 자아개념의 통찰과 대상관계 개념의 변화는 내적인 감정과 갈등을 정화하여 표현하는 경험과 함께 현재의 문제를 야기한 이전의 경험과 생각, 느낌, 행동을 통찰하는 과정을 통해 일어난다. 변화과정을 이끌어 내기 위해서는 클라이언트가 사적인 생각과 느낌을 탐색하고 표현하는 데 안정감을 느낄 수 있어야 하고, 장기적이고 깊이 있는 치료적 관계가 이루어져야 한다.

1) 개입대상

정신역동모델로 접근할 대상은 규칙적으로 짜인 일련의 상담기간에 적극적으로 참여하고자 하고, 할 능력이 있으며, 동기가 있고, 언어능력을 갖춘 클라이언트이다. 지적 능력이 제한되어 있거나 약물 의존적이거나 당장 해결이 필요한 사회적·경제적 문제로 인해 지나친 부담을 가진 클라이언트에게는 유용성이 떨어진다.

2) 개입목표

정신역동모델의 개입목표는 클라이언트가 과거의 경험에서 갖게 된 불안한 감정이나 무의식적 갈등을 의식하여 그것들이 현재 자신의 행동에 영향을 주고 있는지를 통찰하도록 돕는 것이다.

3) 개입과정

정신역동모델에서의 개입과정은 사회복지사와 클라이언트의 원조관계의' 진행에 따라

① 관계형성 단계
② 동일시를 통한 자아구축 단계
③ 클라이언트가 독립된 정체감을 형성하도록 원조하는 단계
④ 클라이언트의 자기 이해를 원조하는 단계로 나눌 수 있다.

첫째, 관계형성 단계는 본격적인 원조과정으로 들어가기 위해 치료자인 사회복지사와 클라이언트가 신뢰관계를 형성하는 단계이다. 불안에 직면한 클라이언트에게 명확한 해석이나 통찰 기법을 적용하는 것은 어려우므로 신뢰관계를 우선 형성하여 클라이언트의 방어적인 태도를 완

화시키는 것에 중점을 둔다.

둘째, 동일시를 통한 자아구축 단계에서는 점차 사회복지사와 클라이언트의 관계가 형성되면서 클라이언트가 자신을 사회복지사와 동일시하기 시작하여 사회복지사의 생각과 태도 중 많은 부분을 받아들이며 자아를 구축하게 된다. 사회복지사는 클라이언트에게 현실감을 부여함으로써 세상을 현실적으로 볼 수 있게 한다.

셋째 단계는 클라이언트가 독립된 정체감을 확립할 수 있도록 원조하는 단계이다. 클라이언트는 독립된 정체감을 확립하는 성장을 위한 투쟁과정에서 퇴행을 보일 수 있으며, 이에 사회복지사는 클라이언트를 이해해 주는 강하고 공정하며 일관성 있는 부모의 모습을 보여 주어야 한다.

마지막으로 클라이언트의 자기 이해를 원조하는 단계에서는 클라이언트가 자신의 행동과 그것의 과거 뿌리를 이해할 수 있도록 원조하여 스스로 자신의 방어기제를 의식하도록 한다. 또한 자기 이해과정에서 좌절과 실패에 대응하는 방법을 생각할 수 있게 한다.

정신역동모델의 개입과정에서는 자유연상과정을 통해 클라이언트에게 자유롭게 말하도록 하며 관계를 형성한다. 자유연상과정에서 클라이언트가 어떤 주제에 대해 이야기를 꺼리거나 방어기제를 활용하며 회피하는 현상을 보인다면 클라이언트의 저항과 방어기제를 알아차리고 해석해 나가면서 사회복지사와 클라이언트 간의 관계가 진전되는 과정에서 나타날 수 있는 전이와 역전이를 해석하고, 또 클라이언트 스스로 통찰하도록 한다.

4) 실천과정

(1) 초기단계

사회복지사와 클라이언트가 상호 의존적이며 서로 신뢰하는 인간관계를 맺는다. 사회복지사는 클라이언트가 분석적 상담과정에 적응할 수 있는지를 평가하여 치료계약을 맺고 전이관계를 형성하기 전까지의 단계를 말한다. 원조과정의 초기에 발생하는 불안에 직면한 클라이언트에게 편안함을 제공하여 사회복지사와 원조에 대한 저항을 줄이고, 방어적이지 않게 만들어 주는 것이 중요하다.

(2) 중기단계

사회복지사와 클라이언트가 상호신뢰를 바탕으로 본격적인 문제해결을 하는 단계로 내담자가 상담자의 도움으로 자신의 과거와 무의식에 대한 통찰을 경험하는 한편, 통찰을 방해하는 저항을 경험하기도 한다(이장호, 1998; 노안영, 2006; 배은숙 외, 2013 재인용). 상담이 진행되어 가는 과정에서 클라이언트는 사회복지사의 생각과 태도 중 많은 부분을 받아들이기도 하고, 자신의 갈등과 관련 있는 과거의 어떤 중요한 인물에 대한 정서적 반응을 사회복지사에게 옮기게 되는 전이현상을 보인다.

또한 클라이언트가 자신의 문제에 대한 통찰이 깊어지는 단계로 클라이언트가 독립된 하나의 인격체로서 세상을 향해 나아가야 하기 때문에 독립된 정체감을 확립하는 것이 필요하다. 이때 사회복지사는 독립된 정체감을 확립하는 성장을 위한 투쟁과정에서 퇴행을 보일 수 있으므로 강하고 공정하며 일관성 있는 부모의 모습으로 클라이언트가 독립된 인격체로 성장하는 도전을 이해하고 도와줘야 한다(장인협, 2005).

(3) 종결단계

상담목표에 도달했다고 판단될 때 상담의 종결이 이루어지는데, 클라이언트가 전이를 이해하고 자신의 문제에 대한 통찰력을 얻게 되어 결과적으로 문제를 이해하게 되었을 때이다.

자신의 행동과 그것의 과거 뿌리를 이해할 수 있도록 원조하여 스스로의 방어기제를 의식하도록 하고 또한 좌절과 실패에 대응하는 방법을 생각할 수 있게 한다.

3 정신역동모델의 개입기법

현대 사회복지실천에서 '정신역동적 개입'은 과거에 비해 훨씬 간단하고, 직접적이고, 현실적이며, 자아에 초점을 두게 되었다. 사회복지사는 클라이언트가 새로운 통찰을 통해 좀 더 자기 자신을 이해하도록 돕는다. 이때 새로운 통찰(insight)은 감정과 느낌의 정신적 의미를 명료화하는 데서 생기는 것이다. 치료적 변화는 통찰을 통해 일어나는 경우가 많다. 예를 들어, 어떤 클라이언트는 자신의 수동적-공격적 성격이 공격적이고 적대적인 어머니에게 양육 받은 데서 비롯되었다는 것을 깨닫기도 하고, 또 어떤 클라이언트는 자신의 과도한 성취욕이 사실은 부모의 거부와 관련된 불안정성에 뿌리를 두고 있다는 것을 깨닫기도 한다. 많은 것을 성취했지만 우울하고 불안해하는 젊은 여성에게 정신역동적 접근을 사용하는 사회복지사가 있다면, 현재의 느낌과 행동에 영향을 미치고 있는 초기 발달기에 억압된 기억을 점차 깨달아 가도록 도와줄 수 있다. 이런 통찰을 통해 더 나은 이해를 하게 될 수 있고, 이 새로운 이해를 기반으로 하여 궁극적으로 다르게 느끼고 행동하게 될 수 있다.

또한 사회복지사는 전이(transference)를 인식하고 더 나아가 이를 장려하기도 한다. 이를 통해 클라이언트는 치료자와의 관계를 마치 자신의 어머니나 아버지인 것처럼 형성하는 과정을 경험한다. 긍정적인 방식으로 초기의 병리적 역동을 다시 다룸으로써 클라이언트는 변화와 성장이 가능해진다.

1) 자유연상

자유연상(free association)은 무의식을 탐구하기 위한 방법이자 정신분석의 주요 치료기술로, 클라이언트의 마음속에 떠오르는 것을 자유롭게 말하게 하는 것이다. 우선 클라이언트가 편안히 쉬는 자세에서 눈을 감게 한 다음 특정한 자극을 주지 않고 마음에 떠오르는 것을 차례차례 말하게 한다. 마음에 떠오르는 생각에 대해 일어나는 모든 비판을 중지하도록 지침을 주고, 떠오르는 모든 것을 있는 그대로 말하도록 한다. 편안한 상태에서 자유롭게 연상하다 보면 방어도 줄어들고, 고통스러운 무의식이 의식 수준으로 드러나게 된다. 보통 편안한 의자에 누워 치료자를 보지 않고 하게 된다. 자유연상 후에는 치료자가 그 내용을 해석해 주어 고통에 대한 통찰력을 갖게 한다. 자유연상 기법을 통해 클라이언트는 자기 꿈의 기저에 깔려 있는 의미에 도달하게 되며, 무의식 혹은 무의식적 갈등에 접근할 수 있다.

2) 자아방어기제 해석

자아방어기제 개념은 정신역동이론의 한 부분으로, 대부분 무의식적인 자아방어기제는 두려움과 심리 내부의 갈등을 조절하기 위해 사용된다. 사회적 · 도덕적으로 용납되지 못하는 성적 충동, 공격적 욕구, 미움, 원한 등은 어떤 위험으로 간주되어 갈등이나 불안을 느끼게 하는데, 이러한 갈등이나 불안을 처리하려는 자아의 무의식적 노력을 방어기제라 한다. 불안은 인간에게 닥친 위험을 알리는 신호로서, 인간은 원치 않는 불안에서 벗어나고 자신을 보호하기 위해 무의식의 영역으로부터 방어기제를 사용한다. 갈등이나 불안, 좌절, 죄책감 등과 같은 심리적 불균형이 초래될 때 심리 내부의 평형 상태를 유지하기 위해 방어기제를 사용하는데, 어떤 방어기제는 매우 긍정적이고 유용하나, 또 어떤 것은 인간이 갈등에 직면하는 것을 회피하게 하는 부정적인 면도 있다. 방어기제는 고통에서 우리를 보호한다는 점에서 유용하지만 무분별하고 충동적으로 사용될 때는 병리적이 된다.

방어기제의 병리성에 대하여 콜먼(Coleman, 1993)은 "사람은 꽤 지속적으로 그런 방어기제를 구체적으로 사용하는 경향이 있다. 그들의 반응이 방어적인 기능을 하는 데 유용하게 쓰이기도 하지만, 보통 자기기만과 현실 왜곡이 포함된다. 그리고 그것이 스트레스에 대처하기 위한 현저한 수단이 될 때 부적응적으로 된다."라고 설명하였다. 이처럼 방어기제의 병리성은 강도, 균형, 연령, 철회 가능성 등에 의해 판단할 수 있다. 여기서 방어기제의 강도, 균형은 한 가지 방어기제를 사용하는지 혹은 여러 가지 방어기제를 사용하는지, 사용한 방어기제가 연령의 측면에서 적절한지 그렇지 않은지, 그리고 철회 가능성은 위험이 사라지고 나서도 방어기제가 사용되는지 혹은 사용되지 않는지를 의미한다.

방어기제의 종류를 살펴보면 다음과 같다.

(1) 합리화

합리화(rationalization)는 자신의 문제행동에 대해 그럴듯한 핑계를 사용하여 받아들여질 수 있게끔 재해석하는 것을 말한다. 합리화의 방어기제를 사용하는 사람은 무의식의 차원에서 문제행동에 대한 핑계를 합리적이고 이성적이며 자아가 받아들일 수 있는 내용으로 꾸민다. 부정과 합리화는 의존적인 사람이 무의식에서 현저하게 사용하는 방어기제로, 비록 명확한 진실을 왜곡한 것이지만 의식적인 수준의 의도가 없다는 점에서 거짓과는 다르다. 예를 들면, 입사시험에 떨어진 경우 자신이 준비를 제대로 하지 않은 것은 의식하지 않고 시험문제가 이상한 곳에서 출제되었다거나 배경이 있는 사람이 합격했다는 등의 이유를 대는 경우이다.

(2) 부정

부정(denial)은 현실에서 일어났던 위협적이거나 외상적인 사건을 받아들이지 않고 거절하는 것으로, 의식화하기에는 불쾌한 생각, 욕구, 충동, 현실 등을 무의식적으로 부정함으로써 불안으로부터 자신을 방어하는 것을 의미한다. 부정의 방어기제를 사용하는 사람은 어떤 현실을 무의식적으로 인정하지 않고 거부함으로써 현실을 차단한다. 부정은 흔히 합리화와 혼합되어 사용되는데 부적절한 행동에 대해서 논리적으로나 사회적으로 수용 가능한 이유를 만들어서 정당화하는 것을 의미한다. 예를 들어, 갑자기 배가 아파 병원에 갔더니 말기 암에 1개월밖에 살지 못한다는 말을 들으면 모두가 아니라고 부정하는 경우이다.

(3) 억압

억압(repression)이란 현실세계에서 충족되기가 어렵거나 힘든 내용을 무의식의 본능이 의식화되는 것을 막기 위해서 더 깊은 무의식 속으로 눌러 버리는 것을 말한다. 일단 의식계로 올라온 본능의 내용을 무의식 속으로 눌러버리는 억제와는 달리 무의식적 작업이기 때문에 자신이 그러한 본능을 가지고 있는지, 또 그 본능을 억압했는지를 본인조차도 모른다. 예를 들어, 귀찮은 과제를 하지 않고 '깜박 잊었다'고 말하는 경우이다.

(4) 투사

자신의 결점이나 받아들여질 수 없는 행동에 대한 책임을 다른 사람에게 돌리는 것이다. 예를 들어, 자신의 실수를 인정치 않고 주위의 사람들을 비난하는 경우이다.

(5) 반동형성

반동형성은 겉으로 나타나는 태도나 언행이 마음속의 생각이나 욕구와는 정반대인 경우의 방어기제이다. 즉, 위협적인 충동에 대처하기 위해 적극적으로 그런 충동에 반대되는 행동을 하는 것이다. 반동형성은 흔히 두 단계를 거쳐서 일어나는데, 먼저 받아들일 수 없는 충동을 일단 억압하고 그 다음에 충동에 반대되는 행동을 의식적으로 한다.

이러한 반동형성은 불안을 감소시키기 위한 방어기제이지만 그것은 비합리적이고, 기만적이고, 위선적이다. 그렇기 때문에 반동형성이 자주 나타나는 사람은 현실을 왜곡해서 보거나 엄격하고 융통성 없는 성격으로 발달할 수 있다.

예를 들어, 누군가를 미워하거나 싫어하는 감정이 생길 때 거꾸로 그 사람과 친해지려고 하거나 친절하게 대하려고 한다. 또한, 어떤 부모들은 의붓자식들을 미워하고 있다는 사실을 숨기기 위해 과잉보호를 진정한 사랑으로 보이고자 한다.

(6) 전치

전치는 본능적 욕구나 충동의 표현을 재조정해서 자신의 감정을 표출하여도 덜 위험하거나 편안한 대상 혹은 사람을 향해 에너지를 분출함으로써 긴장을 완화시키는 방법이다. 그렇다고 본능적 욕구나 충동의 원천과 목표가 바뀌는 것이 아니라 다만 대상이 변하는 것뿐이다. 예를 들어, 아버지에게 혼이 난 뒤 동생을 쥐어박는 경우이다.

그러나 본래의 대상과 유사하더라도 원래의 대상이 주는 만족보다는 못하기 때문에 긴장이 완전히 해소되지는 않는다.

(7) 퇴행

퇴행은 좌절을 심하게 당했을 때, 아주 심한 스트레스를 받았을 때, 과도한 긴장이나 도전에 직면할 때 미성숙하거나 부적절한 행동을 함으로써 어려움을 피하거나 불안에 대처하는 것을 말한다. 예를 들어, 착하고 똑똑하던 꼬마가 동생이 생기자 고집도 세어지고, 말도 안 듣고, 대소변을 가리지 않는 경우이다. 그러나 퇴행이 두려움이나 불안정을 덜어 주기는 하겠지만, 결코 건설적인 해결은 못된다.

(8) 동일시

동일시는 부모 등 주위의 영향력 있는 사람이나 중요한 인물이 갖고 있는 특성을 자신의 성격 속에 흡수하여 일체화하는 과정이다. 다른 사람을 본받고 모방하려는 동일시는 성격발달을 결정하는 중요한 요소가 되며, 특히 아이들의 성격발달에서 매우 중요한 위치를 차지한다. 남자아이가 아버지를, 여자아이가 어머니를 동일시하는 것은 아동이 성역할을 배워나가는 발달적 과정의 한 부분이지만 이것 역시 방어기제의 하나인 것이다. 예를 들어, 폭력적인 부모를 가진 아동이 학교에서 친구들에게 폭력적인 태도를 보이는 것이다.

동일시는 어떤 두려움을 극복하려는 측면에서는 방어기제이지만 규율을 배우고 자기보다 나은 사람을 모방하는 과정을 통해 세상을 배워 나간다는 측면에서는 중요한 발달기제일 수 있다.

(9) 승화

승화는 직접 표현되면 문제가 될 수 있는 본능적 욕구나 성적에너지, 참기 어려운 충동에너지를 사회규범에 맞게, 양심에 어긋나지 않게 사회적으로 용납되고 인정받으며 존경받는 방향으로 바꾸어 사용하는 가장 건전하고 건설적인 방어기제이다. 승화는 다른 방어기제와는 달리 원초아를 반대하지 않으며 자아의 억압이 없고 충동에너지를 그대로 유용하게 전용하는 것이 특징이다. 예를 들어, 스트레스가 극에 달하여 집 안에 있는 물건들을 부수고 누군가와 싸우고 싶은 공격적 충동이 들 때 운동장에 가서 달리기를 하거나 운동으로 전환하여 승화시키는 경우이다.

그러나 승화가 이루어진다고 해서 본능적인 욕구나 충동이 완전히 사라지는 것은 아니다. 다만 긴장을 감소시켜 주는 대상이나 수단이 바뀔 뿐이다.

(10) 취소

반동형성과 밀접한 관계가 있는 방어기제로서, 죄책감을 느끼는 일을 하고 나서 안 한 것처럼 원상복귀라도 하듯이 또는 죄의식을 완화라도 하듯이 상징적인 행동이나 생각을 하는 경우이다. 즉, 타인에게 피해를 주었다고 느낄 때 그 피해적 행동에 대한 일종의 속죄행위이다. 예를 들어, 바쁠 때 보채는 아이를 한 대 쥐어박은 어머니가 하던 일을 제쳐 두고 달려가 구석에서 서럽게 울고 있는 아이를 안아 주면서 “아가, 내가 잘못했다! 울지 마”라고 말하며 달래 주는 경우이다.

(11) 보상

자신의 결점이나 열등한 부분을 다른 것으로 채우려는 것을 말한다.

남보다 못하다는 생각이나 느낌이 사실 여부를 떠나 스스로의 결점으로 인식하여 이를 해결하고자 하는 행동이나 말로 나타날 경우가 이에 속한다. 예를 들어, 키가 작은 사람이 목소리가 큰 경우이다. 또한 성적이 좋지 못한 학생이 운동으로 명성을 얻는 경우 등을 말한다.

(12) 해리

마음을 편하지 않게 하는 성격의 일부가 그 사람 자신의 지배를 벗어나 하나의 독립된 성격인 것처럼 행동하는 방어기제이다. 예를 들어, 지킬박사와 하이드 같은 이중인격자, 몽유병, 잠꼬대 등이 있다. 주로 현실적인 고통을 참고 처리할 만큼 성숙되지 못한 사람이 감당할 수 없는 큰 고통에 직면했을 때 보이게 된다.

한편 방어기제를 사정하고 반응하도록 돕기 위해서는 몇 가지 유의해야 할 점이 있다. 우선 방어기제 자체보다는 그 이면에 클라이언트가 방어기제에 의존하게 된 원인, 즉 충족되지 않은 욕구와 개인적 고통을 확인해야 한다. 또한 방어기제로 분류한 유형은 사람들이 행동하는 방식에서 추론한 가설적 개념 구성일 뿐이므로, 클라이언트의 행동을 특정 방어기제로 규정하거나 낙인찍어 해석하지 않도록 유의해야 한다.

이 외에도 함입, 전환, 거부, 고립, 환상형성, 원상복귀, 저항, 분리 상환, 유리, 지성화, 대리형성, 압축, 환상, 억제, 고착, 격리, 주지화, 자기로의 전향, 상징화 등이 있다.

3) 전이의 활용

정신역동모델에서 전이의 활용은 개인의 현재 행동은 특히 관계 형성면에서 과거의 관계 형성과 경험의 영향을 받는다는 전제에서 시작한다. 전이(ransference)는 클라이언트가 사회복지사를 자신의 과거 속 중요한 인물로 느끼는 것을 의미한다. 예를 들면, 클라이언트가 치료자를 마치 자신의 부모처럼 여겨 자신의 부모에 대한 무의식적 감정을 치료자에게 투사시킬 때 발생한다. 이런 경우 클라이언트는 마치 어린아이처럼 행동하고, 치료자는 클라이언트와 갈등을 겪었던 대상인 바로 그 부모 역할을 하게 된다. 전이를 통해 부모와의 초기 관계 형성의 어려움으로부터 발생하여 현재 어려움의 원인이 된 갈등이 드러나게 된다.

정신역동모델의 개입과정에서 보이는 전이는 클라이언트가 인생 초기의 의미 있는 대상(주로 부모)과의 관계에서 발생했으나 억압되어 무의식에 묻어 두었던 감정, 신념, 욕망을 자기도 모르게 사회복지사(혹은 치료자)에게 옮겨서 그 갈등을 재경험하는 것이다. 이러한 전이과정에서 클라이언트가 치료 상황 밖의 세상에서 인간관계를 어떻게 수립하며 어떻게 해석하고 있는지에 관한 무의식적인 생각을 드러내며 매우 중요한 실마리를 제공해 준다. 따라서 개입과정에서 전이현상을 해석하고 활용하는 것은 매우 중요하다. 사회복지사는 클라이언트가 전이한 사람에 대한 무의식적 사고나 감정을 인식하도록 돕고, 현재의 어려움의 기원에 대해 해석해 준다. 억압된 감정이 드러나고 어려움의 기원에 대해 통찰력을 얻게 되면서 클라이언트의 갈등적 감정은 대응되고 통제될 수 있게 된다.

한편 역전이(counter-transference)는 치료자가 감정적 객관성을 유지하지 못하고 오히려 자신에게 의미 있는 대상의 모습을 클라이언트의 모습에 대입할 때 발생하는 것이다.

역전이가 일어날 때 치료자는 관계 형성에 대한 과거 경험을 털어놓는 클라이언트에게 비합리적으로 대응하게 된다. 예를 들면, 사회복지사가 클라이언트를 과도하게 보호하려 하거나, 너무 긍정적인 측면만을 강조하거나, 클라이언트의 욕구가 너무 많다고 판단하여 거부하거나 클라이언트를 너무 승인 · 보상하려 하거나, 클라이언트와 애정관계를 발전시키거나 클라이언트에게 충고를 강요하려고 할 수 있다.

최근에는 인간 행동, 특히 '정신 질환'의 원인이나 원인론은 협소하거나 단정적인 의미로 풀기 어려운 문제라는 인식에 대해 동의가 이루어지고 있다. 이러한 현실은 정신과에서조차 분명히 나타나고 있다. 정신과는 사회복지보다 당면하는 문제의 유형에 있어서 더 협소한 것이 사실이다. DSM-IV-TR(2000)과 그와 관련된 지침에는 그 이전 버전들이 지나치게 특정 이론(특히 정신역동적) 중심적이었으며, 이런 경향이 더 이상 폭넓게 받아들여지지 않는다는 명확한 인식이 존재한다.

정신과 영역은 단일한 이론에 기반을 둔 진단 분류로부터 이동하여 이제 그 역사적 기원으로 돌아가고 있다. 따라서 최근의 분류체계는 "여러 가지 신호나 증상들을 채택하고 있으며, 원인론에 대한 가정은 사라져 가고 있다. 이와 같은 서술적 접근이 이전의 개념을 무효화시키는 것은 아니며, 그보다는 성급하게 원인을 결정짓지는 것을 경계하는 것이다" (Othmer & Othmer, 1989: 3). 대신 그 경향은 경험적으로 증명 가능한 요소들, 예를 들어 가족력과 역학 같은 것에 기반을 둔 분류로 향하고 있다. 심리학적이고 사회적인 관점뿐만 아니라 생물학적 관점과도 양립 가능한 원인론적 관점을 받아들이고 있는 것이다.

이 접근은 물론 전부는 아니지만 대부분의 사회복지사들이 현재 수용하고 있는 것이다. 이제는 정신분열증의 문제를 이중구속 대화유형이나 생애 초반의 며칠 동안 어머니상(像)과의 불충분한 유대에서 비롯된 것으로 보거나, 여러 가지 억압되거나, 미해결된 정신역동적 문제 때문이라고만 보고 치료하는 사회복지사는 고소를 당할 위기에 처하게 되었다. 급성적인 정신질환이나 양극성 질환을 정신약물학적 개입이 배제된 어떤 관점에 의해 치료하는 것은 부적절하다는 것이다. 왜냐하면 이런 질환들은 생화학적이고 유전학적인 요소에 의해 발생하며 지속적으로 영향을 받는다는 증거가 너무나 확실하기 때문이다.

대부분의 의학적 개입은 의사들에 의해 수행된다. 오로지 면허를 가진 의사들만이 약을 처방하거나 정신과적 시술을 시행할 수 있다. 이것은 당연히 합리적인 현상이다. 생물학적 모델에 대한 교육과 훈련이 이런 개입의 기반을 형성하는 것이고, 사회복지 교육에서는 이 모델을 강조하지 않는 것이 일반적이기 때문이다. 그러나 의학적 개입과 정신약물학의 중요성을 알고 이에 대한 기본적 지식을 갖는 것은 심각한 질환에 치료적으로 개입하는 사회복지사에게 필수적인 일이다.

정신증, 주요 우울증, 양극성 장애, 그리고 심각한 불안 장애는 모두 적절한 투약과 사회복지사의 개입으로 성공적으로 치료될 수 있다. 정신약물학적 개입이나 사회복지사의 치료적 개입 중 어느 한 가지만으로는 적절한 개입이라고 할 수 없다. 두 가지가 함께 주요 정신건강문제의 치료를 위해 활용되어야 한다. 투약, 용량, 빈도의 유형은 생화학과 약리학의 세부적 지식과 관련된다. 따라서 사회복지사는 의료적 의뢰가 필요한 경우 이를 적설히 수행하는 것과 클라이언트를 치료나 사례관리로 연결하는 과업을 수행하게 된다(Moseley & Deweaver, 1998).

CHAPTER 04

인지행동모델

1 인지행동모델의 철학과 기본개념

1) 인지행동모델의 배경과 철학

(1) 등장배경

인지행동모델의 뿌리는 고대 그리스 스토아 철학에서 그 근원을 찾을 수 있다. 에픽테토스(Epictetos)는 인간은 사물에 의해서가 아니라 그들이 그것을 어떻게 생각하느냐 하는 관념에 의해 방해를 받게 된다고 주장했다. 이어 파블로프(Pavlov)의 고전적 조건화 이론은 많은 인지행동적 개입들에 기초가 되었다. 고전적 조건화 이론은 울페(Wolpe)의 체계적 둔감법 개발에 많은 영향을 주었고, 체계적 둔감법은 인지행동모델의 주요기법으로 활용되게 되었다. 손다이크(Thorndike)의 조작적 조건화 이론은 이후 인지행동모델 발달에 중요한 역할을 한 스키너(Skinner)에 의해 계승되었다. 반두라(Bandura)를 위시한 사회학습이론도 중요한 기여를 하였으며 이외에도 바워(Bower)의 '기분과 기억의 연결망 이론', 켈리(Kelly)의 '개인적 구조', 셀리그만(Seligman)의 '학습된 무력감 이론', 라자루스

(Lazarus)의 행동변화에 미치는 사고와 정서의 영향, 보울비(Bowlby)의 '초기 애착 이론'을 비롯한 발달심리학 등이 인지행동모델에 많은 영향을 주었다.

(2) 기본철학

인지행동모델은 행동주의자들이 주장하는 환경결정주의와 프로이트 학파들의 정신 내적 결정주의를 통합시킨 모델이다. 인지행동모델 기법의 기본 전제는 대부분의 사회적·행동적 역기능이 자기 자신, 타인 그리고 삶의 상황들에 대해 갖고 있는 잘못된 생각에서 비롯된다는 것이다. 인지행동적 관점에서는 개인과 환경 사이의 상호적 영향이 대개 정보의 교환을 통해 발생한다고 보고 있다.

환경은 끊임없이 인간에게 경험과 정보를 제공해 주고 이러한 환경의 영향은 개인의 관심, 기대, 자극변형, 반응 레퍼토리와 같은 인지적 과정에 의해 중재된다. 인지적 중재과정을 결정하는 인지체계는 과거 및 환경이 주는 정보에 의해 일방적으로 영향을 받기만 하는 것이 아니라 환경에 나름대로 의미를 부여하거나 선택적 인지작용을 통해 환경을 변화시키려 하기도 한다. 이러한 인지행동적 접근에 기초해서 이용자의 사회심리적 적응현상에 개입할 경우 개입의 대상은 이용자 자신들뿐만 아니라 이용자의 인식체계 및 사고 체계 양상에 영향을 미치는 주변 환경에까지 확대된다. 한편 인지행동모델에서 인간의 행동을 이해하기 위해서는 행동주의 혹은 인지주의만으로는 부족하며, 행동주의와 인지주의를 통합한 이론적 기반하에서 이해하는 것이 필수적인 요소이다. 인지행동모델에서 인간에 대한 전제는 외적 자극에 단순히 반응하는 존재가 아니며 상징을 사용할 수 있는 비범한 능력을 가지고 있기 때문에 사고하고, 창조하며, 계획하는 것이 가능한 존재라고 본다.

인지행동모델에서 공유되는 기본적 가정은 다음과 같다. 첫째, 인지행동은 행동에 영향을 미친다. 둘째, 인지행동은 관찰될 수 있고 변경될 수 있다. 셋째, 바람직한 행동 변화는 인지 변화를 통해 영향을 받는다(길귀숙 외, 2015).

2) 인지행동모델의 이론적 배경

(1) 엘리스 합리적 정서치료

합리정서행동치료(Rational Emotive Behavior Therapy, REBT)란 정서적 및 행동적 문제와 장애를 해결하고 보다 행복하고 삶을 살 수 있도록 하는 포괄적이고 적극적인 지침, 철학적 및 경험적 근거를 가지는 정신요법이다. REBT는 인지행동치료(CBT)의 한 형태로써 1950년대 중반에 처음으로 엘리스에 의해 설명되었다.

엘리스는 인간은 이성에 따라 합리적이고 올바른 사고를 할 수 있는 동시에 왜곡된 사고를 할 수도 있는 잠재기능을 가지고 태어났다고 생각하였다. 합리정서행동치료의 근본적인 전제는 동일한 부정적 상황이라도 개인에 따라 자신과 타인을 둘러싼 세계에 대한 의미와 철학, 평가하는 신념 등에 따라서 각자 다르게 받아들일 수 있으며, 만약 비합리적으로 상황을 받아들일 경우 심리적 장애를 경험할 수 있다는 것이다.

REBT에서 피상담인은 심리적인 교란 및 변화에 대한 A-B-C-D-E 이론(ABC 인지행동모델)을 학습하여 이러한 전제를 배우고 자신의 상황에 적용한다. ABC 인지행동모델이란 선행사건(Activating event)과 그것을 받아들이는 신념(Belief) - 합리적 신념(Rational Belief: RB)과 비합리적 신념(Irrational Belief: IB) - 으로 인한 결과(Consequence)의 과정으로 사람이 어떤 일을 받아들이는 방식을 설명한 것이다. 여기에서 선행사건은 판단 이전에 일어난 사건으로 외부의 상황, 생각, 느낌 또는 다른 종류의 내부적 사건을 포함된다.

A-B-C 모델에서 가장 중요한 비합리적인 신념이란 개인이나 집단이 가지고 있는 비논리적이거나 비현실적인 신념을 의미한다. 합리정서행동치료에서는 사람들의 부정적 행동을 유발하는 모든 형태의 신념을 비합리적 신념이라고 지칭한다. 이것은 어떠한 방식으로도 타당화될 수 없고, 융통성 없는 사고방식으로 주로 "~을 절대 해서는 안 된다", "~을 하면 비참해질 것이다" 등의 형태를 띤다. 선행사건을 신념체계를 통해 해석함으로써 정서적 · 행동적 결과가 생긴다. 만약 비합리적 신념체계를 통해 선행사건을 받아들였을 경우 심리적 장애 또는 심할 경우 정신적 질환이 발생한다. A-B-C에 이르는 과정을 통해서 내담자가 가진 비합리적 신념이 드러났을 경우 내담자의 심리적 문제를 해결하기 위해서 논박(Dispute)이 이루어진다. 논박이란 내담자의 비합리적 신념체계의 문제점을 논리적 · 실용적 · 현실적으로 지적하고 의문을 제기하여 비합리적 신념을 합리적 신념으로 바꾸는 과정이다. 이 과정에서 형성된 합리적 신념체계를 통해 받아들인 사건은 긍정적인 효과(Effect)와 감정(Feeling)을 가져온다.

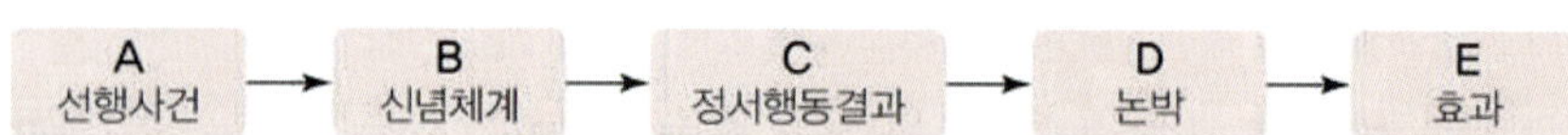

그림 4-1 엘리스의 ABCDE 모델

- ABCDE 모델의 사례

A: 지정된 기간 내에 과제물을 제출하지 못하여 스트레스를 받은 사건
B: 과제는 항상 완벽하게 해서 제때에 내야 해. 나는 그렇게 하지 못해서 무능력한 사람이고 사람들에게 인정받지 못할 거야.
C: 스트레스로 인한 결과로 과제물 제출을 포기하고 수업을 아예 빠져 버린다. 정서적으로 불안, 초조, 죄책감, 좌절감이 든다.
D: 나는 항상 완벽해야 하는가? 한번 제출하지 못했다고 해서 끝장나

는가? 완벽하게 해야 한다는 생각이 나의 정서와 행동에 어떤 영향을 미치는가? 등을 점검한다.

E: 어떤 사람도 모든 일을 항상 완벽하게 할 수는 없어. 한번 과제를 제출 안했다고 인생이 끝장나는가? 과제하는 과정에서 내가 최선을 다했다는 것이 중요해. 어떻게 하면 더 잘할 수 있을까? 등 합리적 신념으로 대치된 새로운 나를 수용한다(김혜숙 외, 2013).

합리정서행동치료에서는 모든 인간이 타고난 이성적(자기 자신과 스스로를 돕고 건설적인 일을 함)인 경향 및 기대감과 비합리적인 경향 및 기대감을 모두 갖고 있다고 가정한다. 또한 사람들이 자기 비난, 자기 연민, 임상적 분노, 상처, 죄의식, 우울증, 불안 등의 정서적 어려움과 지연, 강박, 회피, 중독과 같은 행동 및 행동 경향을 가지고 있다고 주장한다. 이것은 교육 과정에도 적용되어서 상담사가 비합리적 신념과 철학을 식별하는 방법을 내담자에게 가르친 다음 적극적으로 질문하고 논박하며 보다 합리적이고 자조적인 것으로 대체하기 위하여 종종 사용되기도 한다. 이를 통하여 내담자는 건설적인 합리적 사고와 감정 그리고 행동 방식을 얻을 수 있다. 합리정서행동치료의 주목적 중 하나는 부정적인 선행사건이 사람들의 삶에서 발생할 때마다 사람들에게 죄책감, 실망, 좌절감, 짜증 등의 감정을 느끼게 하는 선택권이 자기 자신에게 있음을 알려주는 것으로 사람들이 부정적 상황에 스스로 대처할 수 있는 능력을 길러준다.

합리정서행동치료에 따르면 일반적으로 개인이 가지고 있는 신념 중 많은 부분이 생물학적으로 어린 시절에 주입되었고 이후 성인으로 성장하는 과정에서 여러 가지 사건을 경험하면서 이러한 신념이 더 확고해진다고 한다. 이런 신념과 사람들의 심리 사이의 연관 관계를 이용하여 상담을 통해 내담자의 심리 질환을 해소하는 기법이 바로 합리정서행동치료이다(위키백과사전).

(2) 벡의 인지치료

벡(Beck)은 정신장애는 생활사건에 대한 왜곡된 사고 및 비현실적 인지 평가의 결과로 보고, 왜곡된 인지와 역기능적 도식을 파악하고 현실을 검증하며 수정하는 것을 개입의 목표로 하는 인지치료를 개발하였다. 벡은 한 개인이 자신과 세계에 대해 가지고 있는 인식이 자신의 심리사회적 문제나 행복을 결정하는 중요한 역할을 한다고 가정한다. 따라서 이용자의 심리사회적 문제를 해결하기 위해서는 인지적 측면의 왜곡을 수정하는 것이 가장 효과적이라고 주장한다.

벡의 인지치료는 능동적이고 지시적이고 시간제한적인 접근이라는 면에서 합리적 · 정서적 · 행동치료와 유사하지만, 인간은 부정적 사고와 부적응적 신념을 인식하고 그것을 변화시킬 수 있는 존재라는 것을 강조한 통찰치료이다. 벡의 인지치료에서 핵심이 되는 주요 개념은 자동적 사고, 역기능적 인지도식, 인지적 오류 등이다. 구체적으로 살펴보면 다음과 같다(김준환 외, 2016).

① 자동적 사고

자동적 사고란 어떤 사건에 당면하여 자동적으로 떠오르는 생각이다. 자동적 사고는 사고의 외형적인 흐름과 공존하고, 자발적으로 발생하며, 의도적이거나 심사숙고한다고 해서 형성되는 것이 아니라 흔히 간단하고, 빠르게 스쳐가며, 속기형으로 표현되고, 언어적 혹은 영상의 형태도 나타난다.

자동적 사고는 그 내용이나 의미에 따라 특별한 감정을 일으키는데 이러한 자동적 사고가 부정적일수록 심리적인 문제로 이어진다. 그러므로 사람들이 경험하는 심리적인 문제는 어떤 사건 자체가 아니라 그 사건을 대하면서 자동적으로 떠올리게 되는 부정적인 생각 때문이다.

② 역기능적 인지도식

인지도식이란 사람이 살아가면서 나름대로 발달시키는 자기와 세상을 이해하는 틀을 말하며 역기능적 인지도식이란 한 개인의 기본적인 생각의 틀과 내용이 현실적응에 도움이 되지 않는 것을 의미한다. 즉, 한 개인이 오랜 경험을 통해서 가지게 된 믿음의 내용이 부정적인 성질의 것들로 채워진 경우를 역기능적 인지도식이라 한다. 부정적인 내용의 자동적 사고를 활성화하는 것은 바로 역기능적 인지도식의 내용이다. 역기능적 인지도식을 가지고 있는 사람이 환경적 스트레스와 부정적 생활환경에 처하게 되면 자기도 모르게 부정적인 내용을 자동적 사고로 떠올리게 되어 심리적 문제가 발생하게 된다.

③ 인지적 오류

인지적 오류란 어떤 경험이나 사건을 해석하고 받아들이는 과정에서 생기는 추론 혹은 판단의 오류를 말한다. 외부로부터의 자극들이 스키마를 침해할 때 그 자극들이 오류를 불러일으키는데, 이것이 정신병리에 주요 요인이 된다. 인지적 오류의 예는 다음과 같다.

- 근거 없는 추론: 지지할 만한 적절한 증거 없이 부정적 결론에 도달하는 것이다. 예를 들어, 모든 사람들이 당신이 한 행동을 꿰뚫어 보고 있다고 확신하는 것이다.
- 선택적 추론: 사상의 부분적인 세부사항을 근거로 결론을 내리는 것이다. 이 과정에서 다른 정보가 무시되고 전체적 맥락이 간과되기도 한다. 긍정적인 요소를 무시하고 부정적인 요소만을 토대로 추론한다. 예를 들어, 당신에게 여러 가지 장점이 있는데도 불구하고 당신이 갖고 있는 약점과 실수를 토대로 스스로를 무가치한 학생이라 생각하는 것이다.

- 과잉 일반화: 단 하나의 사건을 근거로 형성된 극단적인 신념을 유사하지도 않은 다른 사상이나 장면에 부적절하게 적용하는 과정이다. 예를 들어, 한 청소년의 심리상담 · 치료에서 어려움을 경험하였다면, 나는 청소년 심리상담 · 치료에는 소질이 없다고 결론 내릴 수도 있다. 더 나아가 그 어떤 내담자와의 심리상담 · 치료도 효과적이지 않을 것이라고 결론 내릴지도 모른다.
- 확대와 축소: 어떤 경우나 상황을 실제 가치보다 더 크게 또는 더 작게 지각하는 것이다. 부정적인 요소를 확대하고 긍정적 요소는 축소한다.
- 개인화: 관련지을 만한 근거가 없을 때조차 외적 사상들과 자기 자신을 관련짓는 경향이다. 일종의 망상과 비슷하다. 예를 들어, 길을 가다가 어떤 모르는 사람들이 웃고 있다면, 자신과 그 사람들은 아무런 관련이 없음에도 불구하고, 그 사람들이 자신을 욕하면서 비웃고 있다고 생각하는 것이다.
- 라벨 붙이기와 잘못된 라벨 붙이기(잘못된 명명화): 불완전성과 과거의 실수에 근거해서 자신의 정체감을 묘사하고 이를 자신의 진정한 정체감으로 정의하는 것이다. 예를 들어 피아노를 배운다고 할 때 조금이라도 실수하면 자신은 피아노에 가망이 없는 사람이라고 판단하는 것이다.
- 이분법적 사고(극단적 사고): 흑백논리로 사고하고 해석하거나, 경험을 어느 한 극단으로 범주화하는 것이다. 이러한 사고를 가진 사람은 인간관계를 수평적으로 못보고 수직적으로 본다(김광조 http://cafe.daum.net/kjoukim).

(3) 글래서의 현실치료

현실치료 접근은 상담을 통해 자신은 물론 다른 사람들도 성공적인 정체감(success identity)을 얻을 수 있도록 도와주려는 행위이다. 현재와 행동에 초점을 두고 있는 이 접근은 상담자와 내담자가 자신을 정확하게 볼 수 있도록 현실에 직면하게 하며, 자신이나 다른 사람들을 해치지 않고 자신의 욕구를 충족시키도록 도와주는 데 중점을 둔다. 이 접근의 핵심은 책임과 정신 건강을 같은 것으로 보고 있다.

현실치료적 접근에서는 자기 스스로에 의해 결정된다는 입장을 취하고 있으며, 현재의 행동에 초점을 맞추는 시스템으로 핵심은 인격적인 책임에 대한 수용이다. 글래서의 인간관은 결정론적인 입장을 반대한다. 글래서는 우리들 각자가 궁극적으로는 자기결정을 한다는 기본신념을 가지고 있다. 그에 따르면 불만족스러운 현실 생활에서 변화를 가져오게 하는 것은 행동을 바꾸려는 결심에서 비롯된다고 한다. 또 이 접근에서는 인간은 자신의 정체감을 개발하려는 기본적 욕구를 가졌다는 것이다. 개인은 성공적인 정체감을 가질 수도 있고 패배적인 정체감을 가질 수도 있다고 본다.

성공적 정체감을 가진 사람에게는 일관성있게 나타나는 두 가지 특징이 있다. 첫째는 자신이 어떤 인간이든 이 세상 어느 곳에서 자기를 사랑하는 한 사람이 존재하며, 자기도 역시 사랑할 한 사람이 있다고 믿는다. 둘째는 거의 언제든지 자기 자신을 가치 있는 인간으로 알고 이해하며, 뿐만 아니라 많은 사람들이 자신을 가치 있는 사람으로 여긴다고 알고 이해한다. 현실치료의 상담 목표는 내담자가 정체감을 갖도록 도와주고, 책임지도록 하며, 장단기에 걸쳐 자신의 구체적인 삶의 목적을 설정하도록 돕는 것으로 궁극적으로는 개인의 자율성을 신장시키도록 하는 과정이다. 성공적 정체감은 자신에게 큰 의미를 가지는 사람들을 통해서 크게 발달할 수 있다. 내담자에게 개인적 독특감을 갖도록 하는 것이 정체감의 신장에 도움을 줄 수 있다. 개인적 독특감을 일깨워 성공적인 정체감을 갖도록 해야 한다.

상담의 과정과 기술로는 관여, 책임의 소재 확인, 재학습이다. 이 접근의 장점은 단기치료이며 의식적인 현재의 행동문제를 다룬다는 것이다. 내담자는 현실적 맥락에서 행동을 계획하고 그대로 실행한다. 변명을 받아주지 않으며 내담자가 한 행동에 대해 내담자가 책임질 것을 강조한다. 그렇기 때문에 내담자는 먼저 자신에 대해 관심을 가지고 자신을 돌아보게 되며, 그러는 중에 계획된 행동을 실행하거나 현실적 맥락에서 새로운 대안을 찾아야만 한다.

(4) 인지이론

인지이론은 이용자의 생각을 점검하고, 정서와 행동에 대해 이용자가 가지고 있는 인지 경향과 타당성을 인정 · 평가한 후, 이용자의 역기능적인 태도, 신념, 가정들을 수정할 수 있는 객관적인 방법을 가르치는 모델이다. 인지치료의 목적은 이용자의 정서적 · 행동적 어려움과 대처 문제의 근원인 인지와 인지구조를 파악 · 검토 · 시험해 보고, 이를 바로 교정하도록 도와주는 데 있다.

■ 인지이론의 기본 가정

① 인간의 행동은 무의식적인 힘이 아닌 의지에 의해 결정된다.

② 인간의 행동은 사고에 의해 결정되며, 부정확한 지각과 생각이 부적응적인 행동을 초래한다.

③ 잘못된 인지, 왜곡된 생각, 비합리적인 신념은 개인의 의식수준 밖에서 일어난다. 특히 잘못된 생각을 학습하고 이를 지속적으로 사용하면서 인지적 신념들이 '자동적'으로 활용되게 되어 자신도 모르게 역기능적인 정서가 형성된다.

④ 인간의 감정은 자기 자신과 사회적 상황에 대해 생각하고, 말하고, 가정하고, 믿는 것으로부터 초래된다. 인간이 가지는 감정의 대부분은 사람들의 생각, 자기 스스로에게 하는 말 그리고 자신이나 자

신의 환경에 대해서 믿거나 가정하는 바에서 직접적으로 파생되는 결과이다.

⑤ 인간은 창조적이고 성장의 욕구를 가지고 자신의 능력을 최대한 개발하고 목표달성을 추구하는 기본적인 경향을 가지고 있다.

(5) 행동주의이론

행동은 관찰되고 측정되는 것만을 의미하는 것이 아니라, 느끼고 생각하는 것까지를 포함하는 포괄적 활동이다. 행동주의자들은 인간의 행동이 심리적 상태와는 아무런 관계가 없는 외적자극 및 환경의 영향에 의해 변한다고 주장한다. 이런 고전적 행동주의의 시정을 요구하면서 그 이후 나타난 신행동주의는 톨만과 헐에 의해 두 가지 특징으로 나누어졌다. 톨만은 스스로를 목적적 행동주의자라 부르며 게슈탈트 심리학의 영향을 받아 행동주의와 인지론을 절충시켰다. 여기에 부가하여 헐은 자극과 반응 사이의 매개변수로 유기체를 삽입시켰다. 행동주의이론은 이후 스키너에 이르러 크게 변화하게 되었는데, 그의 주장을 급진적 행동주의라 부른다. 급진적 행동주의는 행동과학의 입장, 결정론적 입장, 비생리학적 입장, 비현상학적 입장, 조작 조건화의 입장으로 특징지어진다.

■ 행동주의이론의 기본 가정

① 인간에 의해 일어나는 모든 현상들(분명한 행동과 언어, 숨겨진 사고와 인지, 느낌, 꿈 등)은 관찰이 가능하건 불가능하건 모두 행동으로 간주한다.

② 인간 행동은 생활경험에서 광범위하게 학습되며, 이러한 학습은 전 생애 걸쳐 일어난다.

③ 기본적인 학습은 여러 문화와 생활환경을 통하여 개인의 행동으로

나타나며, 정상적이거나 역기능적인 행동, 느낌, 사고 등은 학습의 결과이다.

④ 대인적 행동 역시 학습과정에 의한 기능이며, 개별관계나 집단, 조직, 지역사회, 사회현상 모두에서 일어난다. 이러한 행동은 범위가 커질수록 기본적인 학습기제가 보다 복잡하게 작용한다.

⑤ 주요 학습과정은 반응적 조건화, 조작적 조건화, 관찰학습의 세 가지로 대표된다.

3) 인지행동모델의 특징 및 주요개념

인지행동모델은 행동주의자들이 주장하는 환경결정주의와 프로이트주의자들의 정신 내적 결정주의를 통합시킨 모델이다. 인지행동관점에서는 행동이 보상과 처벌에 의해 자동적으로 형성된다고 가정하기보다 환경이 제공한 정보와 개인의 인지적 과정이 상호작용한 결과 형성된다고 본다. 인지행동모델에서는 비록 인지적 중재과정이 역기능적이고, 그 결과 부적응적인 행위를 자극한다 할지라도, 그 과정을 모델링, 연습, 강화, 등급 과제할당과 같은 행동수정 절차를 다양하게 결합·이용함으로써 수정될 수 있다고 전제한다.

(1) 인지행동모델의 특징

① 문제중심적이며 목표지향적이다

이용자에게는 해결하고자 하는 문제와 이루고자 하는 목표가 있기 때문에 치료법을 찾는다. 따라서 인지적 행동 치료의 우선 목표는 구체적 문제를 해결하는 것이고, 그 다음이 자신과 다른 사람들에 대한 기능 장애적 믿음과 인식을 수정하는 것이다.

② 협력적이다

치료사는 단지 이용자를 고치거나 문제를 해결하는 것이 아니라 이용자의 어려움에 대한 해결책을 찾기 위해 함께 협력한다.

③ 치료사는 적극적이며 직접적으로 개입한다

이용자들은 그들 스스로 문제를 해결할 수 없기 때문에 치료를 받으러 온다. 이때 치료사의 역할은 적극적이고 직접적인 도움을 제공하는 것이다.

④ 과제중심적이다

과제는 인지행동모델의 중요한 특징이다. 과제의 역할은 치료사의 적극적이고 교수적 역할과 일치한다. 즉, 인지행동모델은 환자에게 새로운 기술을 배워서 새로운 행동을 시도해 보게 한다. 새로운 기술은 연습을 필요로 하고, 과제는 연습 기회를 제공하며, 새로운 행동을 수행할 구조를 제공한다(전에는 피했던 고속도로 운전 상황에 접근해 보기, 일주일에 두 번 재정 문제나 조깅에 관해 배우자와 이야기해 보기 등).

⑤ 현재에 초점을 맞춘다

인지행동모델은 우선 과거가 아니라 현재의 일에 초점을 맞춘다. 치료기간 중 대부분은 최근 문제를 논의하고 그에 대한 해결책 강구로 보낸다. 과거는 현재 문제의 근원을 이해하기 위해서만 논의하게 되며, '바로 지금 여기(Here & Now)'를 강조한다.

(2) 인지행동모델의 주요개념

① 주관적인 경험의 독특성

각 개인이 갖는 삶의 사건과 정서반응의 독특한 의미, 현실을 조직하는 데 작용하는 정보전달과정, 신념, 신념구조와 같은 주관적 경험의 독특성을 의미한다. 또한 이용자는 정서적 · 행동적 반응에 관계된 인지적 기능에 대해 경험적으로 탐구하도록 사회복지사와 협력함을 의미한다(김준환 외, 2016).

② 협력적인 노력

이용자의 문제해결은 이용자와 치료자의 협력적인 노력에 의해서 이루어진다고 가정한다. 이용자는 자신과 타인, 세계에 대한 견해와 관련된 특정한 내용을 가져온다. 치료자는 이용자의 문제와 치료, 개입전략에 관련된 개입의 구조화, 사정, 지침, 특정한 정보들을 제공한다.

③ 자신과 타인을 위한 무조건적 관심

이는 인간은 누구나 강점과 제한점, 기술과 재능, 지식과 주지, 예외적인 특성과 흐름을 가지고 있다는 자기수용을 기반으로 하고 있다. 어떤 것이든 가치가 있고 이를 무조건적으로 수용하는 이유는 인간의 불완전성 때문이다.

④ 구조화되고 직접적인 접근

인지적, 정서적, 행동적, 신체 · 생리적, 사회 · 환경적 영역에서 복합적으로 발생하는 특정 문제에 초점을 둔다. 또한 치료자는 문제해결을 위한 구조화된 절차를 갖고 있다. 즉, 치료자는 일정한 절차가 있는 치료과정을 유지하고 비협조, 힘의 갈등, 종결 등과 같은 이슈를 관리하고, 표적이 되는 문제에 전략적인 초점을 유지한다.

⑤ 적극적인 접근

이용자는 적극적인 역할을 수행하도록 기대된다. 이용자가 치료되려고 오는 것이 아니라 문제를 해결하기 위해 적극적으로 참여하는 것이다.

⑥ 교육적 모델

인지행동모델은 문헌치료, 쓰기 과제, 오디오와 비디오테이프 사용, 강의와 세미나 참여 등 직접적인 교육을 포함한다.

⑦ 소크라테스식 방법

소크라테스식의 기술적인 질문은 중요한 인지현상을 용이하게 밝혀주며, 이용자로 하여금 자기발견과 타당화의 과정을 갖게 해 준다. 소크라테스식 방법은 이용자의 자기인식과 자기발견을 자극하고, 모호하고 병적으로 정의된 관심에서 문제의 정의로 초점을 두게 하며, 치료자가 이용자의 특징적인 지각, 합리, 정보수집, 문제해결 패턴에 접근하게 하고, 이용자의 신념체계를 드러내며, 이용자의 적응기전과 스트레스에 대한 인내를 드러내며, 치료자가 타당화, 불합리한 신념에의 도전, 문제해결의 모델이 되는 데 효과적이다.

⑧ 경험적 초점

이용자와 치료자는 이용자가 자신의 정서적 · 행동적 반응에 관계된 인지적 기능에 대해 경험적으로 탐구하도록 협력한다. 일단 지각, 아이디어, 신념, 태도, 기대가 확인되고 나면 체계적으로 검증하는 시도가 이루어지고, 그 과정은 가설을 세우고, 조사하며, 표적된 조건이 타당하거나 합리적인지, 적응적이거나 지지가 부족한지 검증된다. 이는 논리를 세우고, 타당성을 찾고, 과거의 경험을 회상하는 과정으로 세션에서 이루어지거나, 집에서의 과제도 주어진다.

2 인지행동모델의 개입목표 및 과정

1) 개입목표

인지행동모델은 개인의 행동과 정서의 변화를 유도하기 위해서 이용자의 사고와 사고과정을 변화시킨다는 목적을 가진다. 인지행동모델은 사고나 인지로 불리는 개인의 내면에서 은밀하게 일어나는 과정이 행동변화를 중재한다는 이론적 입장을 취하는 모든 치료접근법을 의미한다(설진화, 2009). 개인이 가지고 있는 비합리적 신념이나 인지적 오류, 자기패배적인 사고를 변화하게 함으로써 그의 감정이나 행동을 수정하게 한다. 이용자가 자신과 다른 사람들, 그리고 삶에 대해 정확하게 객관적인 평가를 내리게 함으로써 좀 더 건설적인 인지들을 창출하거나 발견해낼 수 있도록 원조하는 것이 개입목표이다(양정남 외, 2014).

2) 개입특징

(1) 이용자의 주관적 경험의 독특성 중시

이용자의 주관적 경험, 문제 및 관련 상황에 대해 느끼는 주관적인 의미를 중요시한다. 또한 이용자의 경험이나 의미를 치료자의 관점에서 해석하고 이해하는 것이 아니라 이용자가 경험하고 느끼고 해석하는 방식, 신념체계 등을 존중하고 이해해야 한다.

(2) 이용자와 사회복지사의 협조적인 노력

기본적으로 이용자와 사회복지사의 협조적인 노력이 요구된다. 이용자는 자기 자신, 다른 사람들, 세계를 보는 시각 등을 사회복지사에게 제공한다. 사회복지사는 문제와 치료, 개입, 사정, 전략, 도구 등에 대한 정보를 이용자에게 제공한다. 치료에 중요한 요소인 신뢰는 협조적인 노력 및 관계를 통해서 성립될 수 있다.

(3) 구조화되고 방향적(직접적)인 접근

개입은 구조화된 절차를 거치면서 이루어지며, 일정한 방향성을 가지고 문제해결과정을 수행한다. 개입에 있어 두 사람 간 협력이 중요하지만 궁극적 책임은 사회복지사에게 있다.

(4) 이용자의 능동적인(적극적인) 참여

이용자는 사회복지사에 의해서 치료되는 수동적인 존재가 아니라, 스스로가 능동적으로 문제해결에 참여해야 한다. 개입전략 형성 이후에 이용자는 치료 상황에서뿐만 아니라 일상생활에서도 변화를 위해 노력해야 하며 이를 위해 과업을 수행해야 한다.

(5) 교육적 접근

개입 초기에 인지행동치료에 대해 이용자가 이해하고 협조할 수 있도록 충분히 설명하고 교육하며 이에 대해 논의한다. 이용자가 문제에 대해 파악하고 인지행동치료의 개념을 이해하는 것이 효과적인 개입에 중요하다. 대처기제를 학습하기 위해 독서요법, 문서, 오디오 테이프나 비디오테이프의 사용, 강의와 세미나 참가와 같은 교육적인 방법이 활용된다.

(6) 경험적인 초점

이용자의 인지적 기능은 정서적 · 행동적 반응과 연관되므로 인지적 기능에 대해 경험적으로 탐색한다. 이용자의 개념, 생각, 신념, 태도, 기대가 밝혀지면 표적이 되는 인지가 유용한지, 합리적이며 적용 가능한지 검증한다.

(7) 시간제한적인 개입

인지행동모델 및 개입에 대하여 설명과 논의 등을 통해 이용자가 이해하게 되면 개입기간은 단축되고 효과성은 커진다. 목표지향적이고 구조화된 접근방식으로 인해 개입이 단기화될 수 있다.

(8) 문제중심, 목표지향, 현재중심

기본적으로 단기접근이기 때문에 이용자가 호소하는 문제중심으로 개입하며, 목표지향적으로 접근한다. 문제해결과 원인탐색을 위해 과거의 경험이나 무의식 등을 탐색하거나 강조하지 않으며 현재가 중심이 된다(사회복지교육연구센터, 2019).

3) 개입과정

인지이론에 바탕을 둔 실천의 초점은 이용자의 사고와 행동에서 관찰되는 편협성과 왜곡 현상이다. 따라서 치료와 사정은 밀접히 관련되어 있다. 사회복지사의 임무는 ① 이용자로 하여금 그들의 비논리적 사고를 떨쳐버리게 하고, ② 사고의 부정확성을 깨닫게 하며, ③ 자기파괴적인 자세를 변화시키며, ④ 자신들이 처한 상황에 대해 보다 현실적인 견해를 갖도록 유도하는 것이다. 치료의 목적은 이용자로 하여금 자기 자신, 다른 사람들 그리고 삶에 대한 정확하고 객관적인 평가를 통해서, 보다 건설적인 인지들을 이용자 스스로가 창출해 내거나 발견해 낼 수 있도록 도와주는 것이다. 하지만 이러한 과정에서 주의해야 할 것은 사회복지사가 갖고 있는 가치체계를 이용자에게 강요해서는 안 된다. 인지행동모델의 개입과정인 초기단계, 개입단계, 종결단계를 구체적으로 살펴보면 다음과 같다.

(1) 초기단계

초기단계에는 접수, 문제 청취, 문제 우선순위의 설정, 부정적 인지 및 사고 체계 탐색, 자료(정보)수집 등이 이루어진다. 이 단계는 인지행동모델에 대한 오리엔테이션과 개입을 구조화하는 과정이다. 이용자 관점에서 문제를 이해하고 받아들이려고 노력하고, 개입에 우선적으로 다루어져야 할 문제의 우선순위를 정한다. 또한 평가를 위해 문제의 발생빈도, 정도나 강도, 지속시간 등의 형태 등에 관해 정보를 수집한다. 초기단계에는 문제의 원인이 되는 비합리적인 신념과 인지적 왜곡이나 오류 등을 찾아내도록 원조한다(양정남 외, 2014).

① 접수

접수단계에서는 심신의 이완상태를 유도하는 대화 및 간단한 호흡을 시행하여 이용자가 편안한 상태에서 치료자와 대화를 할 수 있는 상태를 만든다. 이와 함께 인지치료의 재구성 원리 및 절차를 간략히 설명한다. 인간은 자신의 믿음과 생각으로 인해 인생을 살면서 문제를 경험하는 것이 지극히 자연스러운 것이라는 것을 충분히 인식시킨다.

② 문제 청취

이용자에게 자신의 문제와 목적을 정확하게 기술하도록 요청한다. 이용자와 사회복지사 사이에 충분한 라포가 형성되도록 이용자의 사고와 논리체계에 문제가 있더라도 일단 이용자가 호소하는 어려움을 그대로 받아들이면서 이용자 입장에서 문제를 이해하도록 노력한다.

③ 문제 우선순위의 설정

이용자의 복잡하고 다양한 문제 가운데 우선적으로 개입할 우선순위를 정한다. 문제의 우선순위를 정할 때는 이용자 입장에서 쉽게 성취 가능한 작은 변화를 목표로 하는 문제를 선정하는 것이 좋다. 이때, 변화에 필요한 이용자의 기술 습득의 용이성, 변화를 촉진하는 주변 여건의 변화 가능성, 이용자의 노력의 결과가 쉽게 관찰되며 그에 대한 보상을 적절히 제공할 수 있는지의 여부를 고려해야 한다. 또한 이용자가 선택한 변화를 달성하기 위해 이용자와 사회복지사의 치료관계는 동반자적 관계로 신뢰하고 존중할 수 있는 친구와 같은 관계가 되어야 한다.

④ 부정적 인지 및 사고 체계 탐색

문제 속에 내재하는 역기능적 믿음, 사고 체계, 인식체계 등을 찾아내도록 돕는 단계이다. 잘못된 인식체계를 찾아내는 과정에서 사회복지사와 이용자는 이용자가 갖고 있는 인식 및 사고 체계가 어떻게 작용하여 어떤 결과를 낳게 하였으며, 그 인식 및 사고 체계를 변화시켜야 하는 이유는 무엇인가에 대해 충분히 토의한 후 동의해야 한다.

⑤ 자료(정보) 수집

사회복지사의 개입 후 이용자의 문제상황이 해결되었는지를 사후에 평가하기 위해서는 개입 전의 문제상황에 대한 자료 수집이 필요하다. 문제의 발생빈도, 문제의 정도나 강도, 문제의 지속기간 등을 알아본다.

(2) 개입단계

개입단계는 역기능적 인지 및 부정적 사고 체계 탐색과 정황 분석, 순기능적 인지 및 사고 체계로 전환, 과제 내주기 등이 이루어진다. 개입단계는 개인의 대처능력을 증대시키고 긴장을 감소시키는 방향으로 이루어진다. 이용자의 역기능적 문제가 이용자 자신과 환경에 대한 왜곡된 인지체계에서 출발한다고 가정하고, 이용자의 왜곡된 인지를 재구성하기 위한 기법을 사용한다. 개입단계는 인지적 전략, 행동적 전략, 정서적 전략, 사회환경적 전략 등이 있다. 구체적인 내용을 살펴보면 다음과 같다.

① 인지적 전략

- 역기능적 인지 및 부정적 사고 체계 탐색과 정황 분석

이 단계에서는 이용자의 문제 속에 내재하는 비합리적 신념, 왜곡된 인지 및 사고 체계를 인식하도록 돕는 단계이다. 이용자가 잘못된 인지 및 사고 체계를 갖게 한 상황의 구체적 장소, 관련된 인물, 구체적 정황, 이용자의 행동 등으로 나누어 묘사하도록 한다. 이용자가 자신에게 하는 대화, 그로 인해 갖게 되는 감정과 행동, 타인의 반응 등의 상호관계를 이용자 스스로 인식하도록 돕는다. 이용자가 사물을 실제 있는 그대로 보고 이용자의 인지 및 사고 체계가 어떻게 작용하여 어떤 결과를 초래했는지, 변화되어야 하는 이유는

무엇인지를 충분하게 토의하며 동의해야 한다. 이 과정에서 이용자 자신이 과거의 잘못된 인지 및 사고 체계를 버리고, 새로운 체계로 변화시키는 문제를 극복할 수 있도록 주요 타인의 지속적인 지지와 격려가 필요하다.

- 순기능적 인지 및 사고 체계로 전환

이용자 문제의 무의식적 원인보다는 이용자의 행동, 진술된 생각, 감정, 목적에 기초하여 개입한다. 이용자의 행위가 자신의 목적에 부합되지 않을 때 이용자에게 알려 준다. 예전과 다른 새로운 사고를 하게 됨으로써 나타나는 갈등, 불안 현상이 나타날 수 있으므로 자기구술(self-statements)로 바꾸도록 연습하고 사회복지사가 모델링을 통해 도와준다. 이 과정에서 이용자의 병리적인 면보다 강점을 찾아 그것을 이용하고, 이용자의 작은 성공에 대하여 칭찬해 준다.

- 기법

비합리적 신념 논박하기, 인지적 과제부여, 소크라테스식 대화법, 합리적 자기진술 연습하기, 독서 및 시청각 치료기법, 자신의 상담을 녹음한 내용 들어보기 등이 있다.

② 행동적 전략

- 행동변화의 일반적 원칙을 설명해 준다
- 이용자의 학습목표를 성취 가능한 과업으로 조직하고 각 과업에 상응하는 행동규칙을 구체적으로 설명한다.
- 이용자의 행동연습을 가르치고 격려하며 성공을 확신시켜주고 실수를 교정하는 것에 대한 적절한 제안을 한다.
- 기법: 역할연기, 역할 바꾸기, 과제부여, 벌과 강화사용, 기술훈련 등

이 있다.

③ 정서적 전략

- 이용자가 자신의 감정을 객관적으로 인식하기 위해서는 그러한 상황을 떨어져서 관찰해 볼 필요가 있으며, 그것은 부인이나 회피가 아닌 분류와 방치의 의미임을 설명해 주어야 한다.
- 분리된 인식(detached awareness)은 자신의 감정을 칭찬이나 비난 없이 관찰 가능하게 하고, 그러한 감정에 대한 몰두가 적응적 기능에 어떻게 방해가 되었는지를 깨닫게 한다.
- 정서적 장애를 제거하는 다른 방법으로, 이용사에세 숨을 깊이 들이쉬고 근육을 이완시키는 법 등을 가르친다. 먼저 불안과 관련된 신체적 단서를 인식하는 법을 배우고 다음으로 근육긴장과 불안을 줄이는 이완절차를 배운다.
- 기법: 합리적 · 정서적 상상법, 이용자를 무조건적 수용하기, 치료자의 자기개방, 유머 기법의 활용, 수치감 공격 연습 등이 있다(사회복지교육연구센터, 2019).

④ 사회환경적 전략

- 모든 문제가 개인의 대처방식이나 노력의 결과는 아니다.
- 사회복지사는 문제를 초래한 원인인 사회환경을 변화시키려는 조직적 · 교육적 · 정치적 노력에 참여할 필요성이 있다(김혜숙, 2013).

(3) 종결단계

이용자의 문제로서 역기능적 인지 및 부정적 사고 체계에 대한 개입을 종결하면서, 얼마나 순기능적인 인지 및 사고 체계로 전환되었는가하는 개입의 목표달성 정도를 확인하는 단계이다. 또한 이용자 자신, 다른 사람, 그를 둘러싸고 있는 세상에 대한 의식을 확장시킴으로써 그가 원하는 변화를 달성하는 궁극적인 책임자는 이용자 자신이며, 어떤 과거의 사건이나 무의식이 현재 행위를 변명해 줄 수 없음을 인식시킨다(김혜숙 외, 2013).

3 인지행동모델의 개입기법

1) 내적 의사소통의 명료화

이용자가 자신에 대해 독백하고 사고하는 것에 대해 사회복지사가 피드백을 제공함으로써 자신의 생각과 이야기 속에 숨겨진 인지적 오류와 비합리적 신념에 대한 통찰과 인지적 검토를 통하여 인지적 변화를 돕는다.

2) 설명

이용자가 잘못된 생각들을 변화시키도록 돕는 기법으로 엘리스(Ellis)가 제시한 ABC모델(사건 - 인지 - 정서적 결과)에서 이용자 자신의 정서가 어떻게 작용하는가를 가르쳐 주는 일련의 치료 기술이다. 예를 들면, 맛있게 음식을 먹은 후에(A) 친구가 장난으로 그 음식에 독이 들었다는 말을 하는 순간(B) 갑자기 구토를 하거나 어지럼증을 느끼게 된다(C). 이러한 예는 생각의 차이가 감정과 신체에 영향을 깨닫도록 한다(최선화, 2016).

3) 과제기록

이용자로 자신의 비합리적 사고와 문제에 대한 인식을 향상시켜 새로운 행동이나 변화를 돕는 데 유용한 방법이다. 엘리스의 ABC모델에 근거해서 서면과제물의 양식을 만들었는데, 이는 다음과 같다(Lantz, 1996).

A: 무슨 사건인가?
B: 그 사건에 대한 나의 잘못된 생각들은 무엇인가?
C: 나의 느낌은 어떠한가?
D1: A에 대한 나의 묘사는 정확한가?
D2: 앞의 B부분은 합리적인가? 그렇지 않다면 그에 대해 도전하시오.
E: D1과 D2로부터 어떤 새로운 정서가 초래될 것인가?

등의 질문으로 구성되어 있다.

앞의 양식과 더불어 사회복지실천에서 많이 사용되는 또 다른 과제물 양식으로 역기능적 사고기록이 있다. 이 기법은 주로 원조자와의 만남 밖의 이용자 생활에서 발생하는 자동적 사고를 감시하고 이에 도전하기 위해 사용된다. 다음의 표 4-1은 이 양식의 한 예다(김기태 외, 2007).

표 4-1 역기능적 사고기록 양식

날짜	상황	정서	자동적 사고	합리적 반응	결과

4) 경험적 학습

경험적 학습은 왜곡된 인지에 도전하고, 변화하도록 유도하는 것으로 인지적 오류 또는 불일치(cognitive dissonance principle)로 설명된다. 인지적 오류(불일치)란 자신의 행동, 행위 또는 생활양식에 부합되지 않는 태도나 신념을 변화시키려는 경향을 의미한다(김준환 외, 2016). 이용자에게 자신의 인지적 오류에 부합하지 않는 특정한 행동을 하도록 함으로써 이용자가 자신의 인지적 오류를 발견하고 수정하도록 한다. 자기주장훈련, 모델링, 역할극, 사회기술훈련, 심리극 등을 활용할 수 있다.

5) 역설적 의도

특정 행동이 발생할 것에 대하여 이용자가 불안해하는 나머지 오히려 더 그 행동을 유발할 때, 이용자가 두려워하는 행동을 하도록 지시함으로써 이용자의 인지적 오류에 도전하고 불안을 감소시킨다. 예를 들어, 심하지 않지만 직장에서 회의 중에 혹시 여러 사람 앞에서 말더듬과 떨림을 일으키지 않을까 하는 불안이 실제 말더듬과 떨림을 야기하는 요인이 된다. 이 경우 사회복지사는 이용자에게 매 회의가 시작될 때마다 말더듬과 떨림을 의도적으로 시도해 볼 것을 지시한다. 이용자가 시도하더라도 그렇게 되지 않았다는 사실은 이용자로 하여금 과거의 끔직한 불안감을 중단시키는 데 도움을 준다. 그러나 자살의사를 지닌 이용자가의 경우나 실제로 육체적 원인에 기인한 증상을 다룰 때 역설적 의도의 기법은 결코 사용되어서는 안 된다. 그리고 이 기법의 사용이 적절한 때에도 이용자에게 이러한 치료기법에 대해 충분히 이해시킨 다음 동의를 얻은 후 실행되어야 한다.

6) 역동적·실존적 숙고 치료활동

객관적이고 물질적인 세계에 초점을 두고 실제적인 문제에 대한 답을 찾아가는 것에 강조를 두는 역동적 숙고와 삶에 대한 의미와 잠재적 의미에 대해 숙고하는 실존적 숙고를 통해 인지재구조화를 촉진시킨다.

7) 인지재구조화

역기능적인 사고나 인식을 순기능적으로 교정시켜 주는 것이다. 이용자의 역기능적 사고와 관념을 인식하고 이를 현실적인 사고와 관념으로 대치하고 순기능적일 수 있도록 돕는다. 사회복지사는 문제를 일으키는 잘못된 가정이나 사고의 유형을 확인·점검하고 재평가하여 수정하도록 격려하고 원조한다.

8) 모델링

관찰학습 과정을 통해 이용자가 시행착오학습을 거치지 않고 원하는 행동을 학습할 수 있도록 모델행동을 따라하도록 한다. 즉석 모델링, 상징적 모델링, 복합 모델링, 참여자 모델링 등이 있다.

9) 행동시연

행동시연은 심리치료에서 이용자로 하여금 치료실 내에서 어떤 역할을 시험적으로 해 보도록 함으로써 인간관계의 형성과 유지에 필요한 태도나 행동특징을 습득할 수 있도록 하는 행동수정기법이다. 흔히 치료자가 시범을 보이고 이용자가 이를 모방한다. 역할놀이와 같은 뜻으로 쓰이기도 한다(이영실 외, 2015). 이 기술은 집단상담을 통해 여러 사람의 피드백을 동시에 받을 수 있다는 점이 매우 효용가치가 높다.

10) 자기지시훈련

목표선택, 목적행동 형성, 자기탐지, 계획의 실천 등의 과정을 통해 이용자가 자신의 목표나 변화하기를 원하는 구체적인 행동에 대한 지침과 계획들을 세우는 것으로 자기 언어화(self verbalization)를 활용한다. 이용자는 사회복지사로부터 모델링이나 언어적 도움을 받을 수도 있고, 자기 자신에게 말하면서 수행할 수도 있다. 자기지시훈련은 학업성취나 시험불안, 대중연설의 두려움 극복, 문제해결기술 향상에 효과가 있다.

11) 체계적 둔감법

이용자에게 가장 덜 위협적인 상황에서 가장 위협적인 상황까지 상황들을 순서대로 제시하면서, 불안자극과 불안반응 간의 연결이 없어질 때까지 불안을 일으키는 자극들을 반복적으로 이완상태와 짝짓는 것이다(Lantz, 1996). 이용자의 심신이 모두 이완된 후, 체계적 둔감법의 과정이 시작된다. 가장 약한 불안유발 상황부터 점차적으로 강한 불안유발 상황까지 장면이 제시되고 각 장면은 연습했던 조용하고 이완된 심상과 짝지어진다.

12) 이완훈련

근육의 수축과 이완, 깊고 규칙적인 호흡, 즐거운 사고나 심상 등을 훈련함으로써 일상생활에서 유발되는 스트레스에 대처할 수 있도록 가르친다. 이 방법은 일반적으로 널리 활용되고 있다. 가장 널리 사용되는 방법은 심호흡을 하게 하거나 호흡을 하면서 숫자를 세도록 하는 방법이다(최선화, 2016).

13) 긍정적 배려

인지이론치료에서 낮은 자긍심은 부정적 생각으로부터 나오는 자신에 대한 잘못된 정서적 반응으로 본다. 사회복지사가 치료과정 동안 이용자에게 존중과 지지 그리고 격려를 제공함으로써 이용자가 가치 있는 중요한 존재임을 나타낼 수 있고, 이때 비로소 왜곡된 인지를 새로운 방식으로 인지하는 기회가 제공된다.

14) 소크라테스 문답법

소크라테스식 대화는 사회복지사가 이용자의 관점을 이해하고 이용자가 논리적인 결론에 도달하도록 사회복지사가 제시한 질문이다. 질문은 환자를 함정에 빠뜨리거나 공격하지 않으며, 이용자가 객관적이고도 방어적이지 않은 태도로 자신을 볼 수 있도록 한다.

15) 자기대화

자기대화란 스스로에게 주는 메시지를 말하며, 자기대화의 왜곡을 수정하도록 도움으로써 습관적인 사고방식을 변화시켜, 문제가 되는 감정이나 행동을 효과적으로 통제할 수 있다(김혜숙 외, 2013).

16) 역할연기

역할연기는 내담자의 관심이 되는 특정 상황을 그가 있는 자리에서 재현되도록 요청하는 행동기법이다. 이것은 발생한 사건을 상담자가 더 잘 이해하는 데 도움이 된다(이영실 외, 2015).

CHAPTER

05 해결중심모델

1970년대 말 드세이저(de Shazer)는 단기가족치료센터를 설립하였고, 정신건강연구소의 문제해결치료모델을 해결중심모델로 확장시켰다. 이곳에서 개발된 치료모델은 1982년에 해결중심모델이라는 이름이 붙여졌다. 이는 문제중심의 관점에서 벗어나 문제해결에 초점을 맞추는 관점으로 최근에 대중적으로 광범위하게 적용되는 접근이다.

1 해결중심모델의 철학과 기본개념

1) 해결중심모델의 철학

해결중심모델은 문제의 원인을 분석하고 설명하는 것이 아닌 강점에 기초하여 문제해결에 초점을 맞춘다. 클라이언트가 자신의 문제에 대해 해결책을 가지고 있고, 문제해결을 위한 지식과 자원을 가지고 있다는 믿음을 바탕으로 한다. 사회복지사가 혼자 문제를 해결하는 것이 아닌 클라이언트와 함께 동등한 위치에 서서 클라이언트가 해결책을 찾을 수 있게 도와준다. 그리고 상담자는 클라이언트가 처한 상황을 다른 시각으로 볼 수 있도록 조력한다는 점이 특징이다.

(1) 에릭슨의 치료적 접근

드세이저는 더 효율적인 치료를 위하여 에릭슨의 수정구슬 기법과 최면술 등 단기최면치료의 접근방법과 기법을 응용하였으며, 클라이언트가 갖고 있는 자원을 활용하는 것, 심리적 장애의 원인을 규명하기보다는 해결책과 새로운 행동유형을 구축하는 방식을 자신의 치료에 사용하였다. 여기서, 드세이저의 수정구슬 기법은 해결중심모델에서 많이 사용하는 기적 질문의 원형이다. 또한, 수정구슬 기법은 해결중심모델의 주요 원칙으로 발전하였다(정문자 외, 2008).

(2) 사회구성주의

사회구성주의는 사람들이 사실을 보는 관점과 과정을 설명하고 있으며, 구성주의는 개인이 알고 있는 현실은 사회적 상호작용을 통하여 구성되는 것이라고 설명한다(장수미 외, 2017).

사회구성주의는 개인의 정신보다 사회적 과정이 현실 구성에서의 주요 역할을 한다고 주장한다. 구성주의에서는 인간을 배경적인 것에 상관없이 통일되고 안정된 실체로 보지만, 사회구성주의에서는 인간을 유동적이고 변화에 반응하는 존재로 보고 있다(Gergen, 1999).

(3) 강점관점

해결중심모델의 기본 관점은 강점관점과 일치하며, 강점관점에 대한 개념을 가지고 접근할 때 해결중심 접근기술의 효율성을 좀 더 높일 수 있다고 본다(장수미 외, 2018).

강점관점에서 보는 인간 행동의 기본 특성은 장기간 심각한 문제를 가진 사람의 경우일지라도 인간에게는 항상 변화가 일어난다는 점이다. 또한, 강점관점은 전통적인 접근법에서 주장하는 변화 또는 문제해결에 대한 패러다임을 적용하지 않을 뿐 아니라, 문제중심의 접근법이 아닌 새로운 차원에서의 접근법을 시도할 수 있는 근거를 제시한다(송성자, 2003).

사실상 사회복지에서는 전통적으로 클라이언트의 결함을 고침으로써 문제를 해결하는 것 이외에도 클라이언트가 변화과정에서 활용할 수 있는 강점, 자원, 역량을 소유하고 있다고 가정해 왔다. 전통적인 사회복지실천의 모델인 심리사회모델에서 "환경 속의 개인"이라는 관점에서도 클라이언트의 문제를 개인이 가진 결함의 결과로만 보지 않고, 클라이언트의 사회기능 향상에 중점을 두어 왔다(장수미 외, 2018).

강점관점의 주요 개념들은 개인의 다양한 견해, 관점, 의미, 경험 등을 존중한다. 상담자는 클라이언트의 견해, 관점, 의미, 경험 등을 중요시하며, 자신이 클라이언트를 전적으로 알지 못한다는 사실을 알고 인정하려고 노력한다. 그렇기 때문에 상담자의 지식이나 사정기술보다는 클라이언트의 문제와 경험과 관련된 지식, 강점과 자원을 기초로 문제해결의 동기를 강화시키고 능력을 향상시킨다. 해결중심 접근에서의 강점관점 활용은 다음과 같다(정문자 외, 2008).

① 클라이언트의 강점과 자원을 존중하고 치료과정에서 활용한다.
② 문제와 강점에 대한 클라이언트의 의미 변화에 초점을 둔다.
③ 강점의 발견은 협동적 관계 형성과 동기 강화를 돕는다.
④ 질문의 목적을 분명하게 하고 질문기법을 사용한다.
⑤ 강점과 자원을 사정하고 치료과정을 평가한다.

사회복지실천의 효과를 평가하는 데 있어 장기 혹은 단기간의 개입(혹은 치료) 가운데 어느 것이 더 효과적인가에 대한 끊임없는 논란이 있어 왔다. 앞서 제시한 정신역동모델의 경우, 장기간의 치료를 요한다면 해결중심모델은 단기 치료의 대표적인 개입방법을 제시해 주고 있다. 해결중심모델은 특히 클라이언트 지향적인 접근방법으로, 클라이언트가 문제를 가장 잘 아는 전문가로 인정함과 동시에 문제해결의 주체로서 전문적 관계의 동반자로 인정한다. 해결중심모델의 주요 가정과 원칙, 기술 및 한계점을 중심으로 살펴보면 다음과 같다.

2) 해결중심모델의 기본개념

멧칼프(Metcalf, 1998), 오크넬과 팔머(O'Connell & Palmer, 2003), 펠러와 월터(Peller & Walter, 1998)는 해결중심모델의 문제해결과정에 있어 다음과 같은 몇 가지 기본 과정을 제시하고 있다.

첫째, 클라이언트는 자신이 무엇을 원하고 삶에서 어떤 변화가 일어나기 바라는지를 가장 잘 알고 있는 전문가(expert)다. 따라서 사회복지사는 클라이언트의 문제해결능력을 인정하고 이를 중요시할 필요가 있다. 이는 클라이언트가 자신에게 유용한 것과 그렇지 않은 것을 구분할 수 있는 능력이 있으며, 자신의 삶에서 무엇이 변화하기를 원하는지 생각할 수 있는 힘을 가지고 있음을 의미한다. 따라서 치료의 목적은 클라이언트가 원하는 것이어야 한다.

둘째, 해결중심모델을 활용하는 사회복지사는 클라이언트를 변화시키는 전문가가 아니라 클라이언트의 변화에 도움을 주는 자문가(consultant)의 역할을 한다. 따라서 사회복지사는 클라이언트가 원하는 것에 대한 이야기를 경청하는 과정에서 클라이언트와 함께 문제의 해결 가능성 및 기회를 파악하고, 탐색하며, 이를 공동의 노력으로 해결하도록 한다. 그러므로 치료는 사회복지사와 클라이언트 간의 상호존중, 대화, 탐구, 확인, 시도와 관련된 상담과정으로 간주된다.

셋째, 해결중심모델을 기반으로 한 개입과정에서는 문제 내용 자체보다는 문제해결 방안과 새로운 행동유형을 시작하는 데 초점을 든다. 즉, 문제의 원인과 문제의 발전과정에 관심을 두기보다는 해결방안 구축과정에 초점을 둔다. 이는 문제에 관한 많은 정보를 수집하는 대신에 클라이언트에게 적절한 해결방안을 모색하는 것이 문제해결에 더 효과적이라고 믿는다. 따라서 문제 관련 정보수집에 필요한 오랜 시간이 불필요하게 되므로 개입시간을 줄일 수 있는 이점이 있다. 그리고 문제내용 자체에 초점을 두지 않기 때문에 클라이언트가 문제의 원인에 대한 통찰력을 가질 필요가 없다.

넷째, 해결중심모델은 클라이언트의 잠재적인 변화 욕구를 인정하고 중요시 한다. 특히 이 이론에서는 대부분의 클라이언트가 진정으로 변화하고 협조하기를 원한다고 믿기 때문에 클라이언트가 변화과정에서 저항을 보일 것이라고 간주하지 않는다. 그리고 클라이언트들이 저항하는 것은 사회복지사의 해석이나 개입이 클라이언트에게 적합하지 않다고 생각하기 때문이라고 본다.

다섯째, 사회복지사의 역할은 클라이언트가 문제해결을 위한 열쇠를 사용하도록 돕는 데 있다. 따라서 사회복지사의 역할은 클라이언트에게 무엇을 달리 해야 하는지 직접 가르치거나 행동변화를 하도록 새로운 전략을 가르치지 않으며, 자신이 이미 알고 있는 문제해결방안을 생각해 내도록 돕는 역할을 한다. 그리고 클라이언트들이 자신의 목표를 알 수 있도록 돕기 위한 상황을 제공하고, 클라이언트들이 성공적인 경험을 하도록 돕는다.

여섯째, 사회복지사-클라이언트 관계는 협력적인 동료관계이다. 이는 클라이언트가 자신의 문제에 관하여 가장 많이 안다고 여기고 클라이언트의 변화 욕구를 인정하고 중요시하므로 클라이언트에게 좀 더 나은 해결방안과 최선의 것을 탐색하고 선택하는 데 있어서 함께 작업을 해야 하기 때문이다.

이상과 같은 해결중심모델의 기본 가정은 현대 사회복지실천 가운데 임파워먼트의 개념을 많이 내포하고 있으면서 강점에 초점을 두고 있다는 점에서 이전의 병리적 모델을 탈피하고 새로운 관점을 추구하는 사회복지사들에게 의해 적극적으로 활용되어 왔다. 또한 사회복지실천에서 추구하는 클라이언트의 자기결정권을 존중하며, 이를 사회복지사가 수용한다. 나아가 클라이언트의 잠재력 향상과 독특성을 인정한다는 점에서 시회복지실천의 목적에도 부합한다.

3) 기존 접근법과의 차이

전통적인 상담과 해결중심모델의 가장 큰 차이점은 전통적 상담은 문제를 발견하는 것에 초점을 두는 문제해결모델에 바탕을 두고 있는 반면, 해결중심모델은 문제보다는 해결책에 관심을 둔다.

기존 치료 접근에서는 원인과 과거에 초점을 맞추어 정체성 문제나 성격문제를 찾는 데 강조점을 둔다. 따라서 사회복지사는 문제에 대한 정보를 많이 수집할 필요가 있어 문제에 대한 개인력이나 사회력 조사에 많은 노력을 기울인다. 또한, 진단기준이나 평가틀을 필요로 한다. 또한, 인간은 악하다는 것을 배경으로 하여 클라이언트의 손상과 결점을 찾는다(장수미 외, 2018).

반면, 해결중심모델은 변화와 미래에 초점을 둔다. 그리고 문제에 대한 사정보다는 클라이언트의 강점이나 문제가 일어나지 않았던 예외 상황에 대한 탐색이 중요하다고 본다. 그렇기 때문에 문제가 해결된 예외 상황이나 문제가 없었던 상황에 관한 질문을 하여 문제해결에 직접적으로 관여하여, 클라이언트가 자신감을 찾을 수 있도록 돕는다. 이러한 변화를 일으키기 위해 작은 변화가 연쇄적으로 나타날 수 있게 한다. 상담자와 클라이언트는 모두 전문가라는 관점에서 협동을 중요시하였다(장수미 외, 2018).

4) 주요 원칙

해결중심모델의 주요 원칙은 다음과 같다.

클라이언트가 문제해결의 답을 가지고 있는 전문가임을 바탕으로 클라이언트의 장점과 자원, 능력, 경험에 일차적으로 초점을 둔다. 클라이언트와의 의사소통 시 지시보다는 질문을 이용하여 클라이언트의 자율적 협력이 가능하게 한다. 또한 상담자는 클라이언트의 중심에서 해결책을 구축하기 때문에 둘 사이에 갈등이 있을 수 없으며 신념, 의미부여에 대해 무지의 자세로 클라이언트의 개성과 욕구, 견해를 존중한다. 클라이언트에게 변화는 항상 일어나고, 해결책이 반드시 문제와 직접 관련되어 있지 않다(장수미 외, 2018).

클라이언트의 잠재력과 문제해결능력 그리고 그 가능성에 초점을 두고 있는 해결중심모델은 클라이언트와의 협력적 관계를 중요시하며, 사회복지사의 개입은 단지 클라이언트의 문제해결과정에서 자문가 역할을 하는 것이다. 따라서 해결중심모델은 다음과 같은 몇 가지 원칙에 기반을 두고 있다(Berg & Miller, 1992; 송성자, 1995 재인용).

① 병리적인 것 대신에 건강한 것에 초점을 둔다. 따라서 클라이언트의 실패보다는 성공 경험 및 그 방법에 초점을 두고 이를 치료에 활용한다. 이는 클라이언트가 삶에 대해 몇 가지 불평이 있는 것이지 증상을 가진 환자로 여기지 않음을 의미한다. 그리고 문제가 있다 하여도 이를 병리적인 관점에서 볼 것이 아니라 해결가능성이 있는 관점에서 재진술하도록 한다.

② 클라이언트의 강점, 자원, 건강한 특성을 발견하여 치료에 활용한다. 이는 클라이언트가 원하는 결과를 성취하기 위해 클라이언트가 이미 가지고 있는 자원, 기술, 지식, 믿음, 동기, 행동, 증상, 사회관

계망, 환경, 개인적인 특성들을 활용할 수 있도록 돕는 것을 의미한다.

③ 탈 이론적이고 비규범적이며 클라이언트의 견해를 존중한다. 타 이론에서와 같이 인간 행동에 대한 가설적 이론의 틀에 맞추어 클라이언트를 사정, 평가하지 않는다. 그리고 클라이언트가 포현하는 견해와 불평방법을 그대로 수용하며, 개별성을 최대한 존중한다.

④ 변화는 항상 일어나며 불가피한 것이다. 즉, 일상생활에서 변화는 있게 마련이다. 그리고 어떠한 문제라도 문제가 발생할 때가 있고, 문제가 발생하지 않을 때가 있다. 그러나 클라이언트는 문제에만 관심을 두기 때문에 예외적인 것, 즉 문제가 발생하지 않는 상황은 인식하지 못하고 무시한다. 이는 해결중심모델에서 매우 중요한 부분을 차지하는 것으로 문제가 발생하지 않는 상황, 예외적인 상황이 발생하는 이유를 파악함으로써 클라이언트가 갖고 있는 장점을 파악하는 것이다.

⑤ 현재와 미래를 지향한다. 해결중심모델에서는 과거에 관하여 깊이 연구하지 않으며, 현재와 미래에 적응하는 것을 돕는 데 관심을 둔다. 즉, 클라이언트를 과거와 문제로부터 멀리 하고, 미래와 해결방안을 구축하는 데 도움이 될 경우에 매우 제한적으로 시도한다.

⑥ 클라이언트의 자율적인 협력을 중요시한다. 클라이언트의 목표성취를 위해서는 협력이 중요하며, 이는 사회복지사와 클라이언트가 함께 해결방안을 발견하고 구축하는 과정에서 특히 중요시된다. 이러한 이유로 인해 비자발적인 클라이언트에게 요청하는 것이 어려운 과제로 떠오르게 된다.

5) 클라이언트 유형

(1) 방문형

방문형은 주로 타인에 의해서 치료를 받는 유형으로 자신이 가진 문제에 대한 의식이 없어 변화하고자 하는 동기가 매우 약한 편이다. 상담자는 먼저 클라이언트에게 겸손하고 성실한 태도를 보이고 상담소에 온 것 자체를 칭찬한다. 또 만약 상담소를 방문하지 않았다면 무슨 일이 생길 수 있고, 어떤 어려움이 있는지를 말한다. 중요한 것은 클라이언트의 동기와 문제에 대한 인식을 스스로 알 수 있도록 협조하는 것이다.

방문형 관계에서는 과세를 주지 않는 대신 클라이언드의 의사결정과 자율성을 존중 및 인정하여 다음 만남에 대해 이야기한다. 사회복지사가 클라이언트를 배려하고 인간적으로 인정해 주는 등 클라이언트와 한 팀이라는 것을 강조하고 보여줄 때 클라이언트는 다음 만남에서 불평형 혹은 고객형의 유형으로 변할 수 있다(장수미 외, 2017).

(2) 불평형

불평형은 문제에 대해 인식하고 있지만 그 문제를 자기 책임이 아닌 남의 책임으로 돌리는 유형이다. 즉, 문제의 해결을 위해서는 자신보다 타인이 변해야 한다는 입장이다. 이 가족은 증상을 보이는 다른 가족구성원 때문에 자신이 희생되었다고 생각하여 자신의 힘든 입장과 역할을 이해해 주길 원한다. 그들은 문제해결을 위해 자신의 위치나 역할이 변화해야 한다고 생각하지 않는다. 따라서 사회복지사는 이러한 가족을 치료대상이 아닌 치료에 활용할 수 있는 자원으로 보며, 스스로 자기가 문제의 주인임을 깨닫도록 이끌어야 한다.

불평형의 클라이언트를 대할 때는 해결책을 제시하는 것보다 문제를 생각하고 관찰할 수 있는 과제를 주는 것이 효과적이다. 과제는 클라이언트의 예외적 상황에 따라 다르게 주어진다. 첫 번째, 기적 질문에 분명한 대답을 하고 예외적 상황이 의도적으로 분명하게 일어난 클라이언트에게는 타인의 예외적인 행동을 관찰하여 어떤 일이 일어났고 무엇이 다른지 알아오게 한다. 두 번째, 기적 질문에는 분명히 대답을 하지만 예외적인 상황이 불분명한 클라이언트에게는 다음 회기 때까지 누가 조금이라도 개선된 모습을 보이는지 관찰하도록 한다. 세 번째, 기적 질문과 예외적 질문에 대해 모두 불분명한 클라이언트에게는 어떤 사람이 개선된 행동을 하는지 관찰하게 할 뿐만 아니라 가족 내에서 어떤 것이 개선되었는지 관찰하는 과제를 준다(장수미 외, 2017).

(3) 고객형

고객형은 문제를 분명히 인식하고 있고 변화를 위해 자발적인 동기와 적극성을 표현하는 유형이다. 또한 구체적인 치료 목표와 해결책을 찾는 준비된 유형이며, 자기 자신이 문제해결의 주인이라는 것을 잘 알고 있다. 따라서 상담자와 클라이언트는 서로 협력적인 치료 관계로 쉽게 발전할 수 있다. 이 유형은 이상적이지만 비율은 높지 않다.

고객형의 클라이언트에게는 행동과제가 주어진다. 기적 질문과 예외적 상황에 대해 분명한 대답을 하고 의도적인 노력으로 일어난 예외적 상황을 경험한 클라이언트에게는 그 행동을 더 많이 하도록 한다. 반면 예외적 상황이 우연히 일어나는 클라이언트에게는 내일이 좋을지 나쁠지 예측하거나 동전던지기 등으로 좋고 나쁜 날을 지정하게 하여 좋은 날은 바람직한 행동을 하는 과제를 주고 무엇이 다르고 어떻게 그런 일이 일어났는지를 보고하게 한다. 또한 최근 예외적 상황을 경험하지 못한 클라이언트에게는 날을 정해서 기적이 일어났다고 가정하고 다른 사람에게 알리지 않고 기적이 일어난 것처럼 행동하는 과제를 준다(장수미 외, 2017).

2 해결중심모델의 개입목표 및 과정

해결중심이론을 활용하는 사회복지사는 상담의 목표를 잘 정의하는 것이 중요하다. 목적이 잘 정의되어 있다는 것은 사회복지사와 클라이언트가 클라이언트의 목표를 달성하기 위하여 노력하는 것을 의미하고, 상담의 종결 시기를 알 수 있도록 하며, 그 결과를 측정할 수 있도록 한다. 잘 정의된 목표는 긍정적이고 과거의 형태로 이루어지며, 지금-여기(here and now)에 초점을 맞추고, 가능한 한 상세하다. 목표설정과정은 상담을 문제-해결의 구조에서 클라이언트의 삶이 문제에서 벗어난 가설적인 이야기로 전환시킨다. 목표설정은 클라이언트가 이전과 다르고 좀 더 바람직한 방향으로 자신의 삶을 경험할 수 있도록 하는 의미를 포함하고 그 가능성을 높이는 과정이다.

목표설정과정에서 사회복지사는 네 가지 영역을 다루는데, ① 클라이언트가 상담을 통하여 원하는 것이 무엇이라고 말하는가? ② 클라이언트기 원하는 것이 그들에게 어떻게 변화를 줄 수 있는가? ③ 클라이언트가 자신이 원하는 것을 위해 노력하고 있다는 것을 어떻게 알 수 있는가? ④ 클라이언트는 그들이 지금 원하는 것을 얼마나 경험하고 있는가?가 이에 포함된다(Peller & Walter, 1998). 이러한 목표설정은 특히 클라이언트에게 중요한 것을 목표로 설정하고, 작고 구체적이며 행동적인 것을 목표로 설정할 필요가 있다. 나아가 클라이언트가 갖고 있지 않은 것보다는 갖고 있는 것에 관심을 둘 필요가 있으며, 목표를 문제해결과정의 마지막이라고 보기보다는 시작으로 간주하는 것이다(송성자, 1995).

1) 메시지 작성과 전달, 과제 부여

해결중심이론에서 사회복지사는 짧은 시간을 이용하여 메시지를 준비

한다. 이는 사회복지사가 클라이언트에게 즉각적으로 반응하는 것으로부터 벗어나 객관적인 사고를 하고 사회복지사의 메시지를 수용할 수 있는 방법으로 클라이언트를 준비시키는 데 도움을 준다. 사회복지사가 함께 일하는 치료팀이 없는 경우에도 사회복지사는 상담시간 도중에 잠시 중단하고, 치료과정을 검토하면서 적절한 메시지와 과제를 준비하는 것이 효과적이다.

(1) 메시지 작성과 전달

사회복지사는 메모지에 기록한 내용을 천천히 신중하게 읽고 설명하면서 전달한다. 이때 사회복지사는 메시지 내용이 클라이언트에게 도움이 되고 좋은 것임을 알게 해야 하고, 칭찬을 할 때는 관계성과 근거를 가지고 해야 한다. 사회복지사는 클라이언트의 목표에 동의하고 긍정적인 방법으로 말한다. 또한 사회복지사는 클라이언트가 적절한 시기에 치료를 받으러 왔음을 강조하고 목표를 성취하는 것이 매우 힘든 것이라는 점을 지적한다. 나아가 사회복지사는 클라이언트에게 잠재적인 능력과 가능성이 있음을 강조한다. 메시지를 작성 · 전달하는 방법에는 ① 클라이언트가 이미 실시하고 있는 것이 클라이언트에게 도움이 되고 좋은 것임을 알게 하고, ② 가능한 한 클라이언트가 사용한 단어를 사용하여 클라이언트의 협조를 증가시키며, ③ 사회복지사는 클라이언트의 목표에 동의하고, ④ 적절한 시기에 도움을 받으러 왔으며 목표성취가 어려울 것이라는 점을 인식할 수 있도록 도우며, ⑤ 적절한 문장으로 시작을 하고, ⑥ 명확하게 과제와 그 목표를 설명할 것 등이 포함된다.

(2) 과제부여

사회복지사는 클라이언트에게 생각, 관찰, 확인, 작은 것 행동하기 등과 같은 과제를 내 줄 수 있다. 이때 과제는 항상 잠재적인 문제나 해결해야 하는 문제가 해결되는 방향으로 이끄는 것이어야 한다. 해결중심모델에서는 클라이언트와 상담자의 관계 유형에 따라 과제가 달라지며 기적에 대한 질문에 분명한 답을 하는지, 그리고 예외적 상황은 어떻게 발생하는지에 따라 과제가 다르게 주어진다.

또한 사회복지사는 첫 면담에서 클라이언트가 어느 유형에 해당하는지 구분한다. 해결중심모델은 다른 치료모델에 비해 사회복지사와 클라이언트의 협조적 관계를 강조하므로 초기에 관계 유형을 정확히 파악하는 것이 중요하다. 사회복지사와 가족의 관계는 가족이 치료에 오게 된 동기와 상황 등을 고려하여 고객형, 불평형, 방문형 등의 세 가지로 구분할 수 있다. 이 세 가지 관계 유형은 클라이언트의 개인적 특성이 아닌 클라이언트와 사회복지사 사이의 상호작용의 본질을 서술한 것이다. 이렇게 상호작용을 강조하는 이유는 치료의 효과가 사회복지사와 클라이인드 모두에게 있다는 사실을 사회복지사에게 상기시키기 위한 것이다. 이 세 가지 유형은 유동적으로, 사회복지사는 변화하는 여러 가지 상황에 따라 끊임없이 다르게 반응해야 한다(장수미 외, 2017).

3 해결중심모델의 개입기법

펠러와 월터(Peller와 Walter, 1998)는 해결중심모델에서 제시하는 주요 기술을 크게 ① 일반적인 상담 기술, ② 해결중심적인 기술, ③ 목표설정, ④ 메시지 작성 및 전달 등으로 구분하여 논의하였다. 이를 간략하게 표로 나타내면 표 5-1과 같고, 차례대로 살펴보면 다음과 같다.

1) 상담기법

상담기법은 사회복지사로서 기본적으로 갖추어야 할 기술을 의미하는데, 이에는 경청기술, 인정하기, 호기심 갖기, 안내하기, 격려하기 등이 있다.

(1) 경청과 인정

경청과 인정(listening & acknowledging)기술은 상담에 있어서 가장 기본적인 요소로 사회복지사와 클라이언트 간의 신뢰형성의 기초가 된다. 해결중심이론을 활용하는 사회복지사는 클라이언트의 강점(strengths)과 능력(competencies)에 귀를 기울이며, 이를 인정하고 클라이언트가 원하는 것을 계속할 수 있도록 돕는 데 초점을 둔다.

(2) 호기심 갖기

사회복지사는 클라이언트를 진단하거나 무엇을 하도록 시도하지 않는다. 따라서 해결중심이론을 활용하는 사회복지사는 병리적 관점보다는 문제해결에 초점을 두기 때문에 진단, 치료 등의 용어를 사용하지 않는다. 그리고 사회복지사는 클라이언트의 문제해결에 있어 전문가가 아니며 평가를 위해 정보를 수집하거나 질문하지 않는다. 대신에 사회복지사가 클라이언트의 대답에 호기심(being curious)을 갖는다.

(3) 초대하기

사회복지사는 클라이언트가 미래의 삶과 인생을 어떻게 살고 싶은지 대화할 수 있도록 초대(invite)하는 역할을 한다. 그리고 사회복지사는 클라이언트가 상담을 통해 원하는 것이 무엇인지, 목적이 달성되고 문제가 해결되면 진전되었다는 것을 나타내는 표시가 무엇인지 파악할 수 있도록 대화에 초대한다.

(4) 격려하기

격려하기(encouraging) 기술은 사회복지사가 클라이언트가 효과 있는 것을 하도록 용기를 북돋아 주는 것을 중요하게 여긴다. 또한 상담과정에 있어 무엇이 효과가 있는지 회고하기 위하여 상담 중 휴식시간을 활용한다.

2) 해결 지향적 질문

타 이론의 기술과 비교해 볼 때 해결중심모델의 핵심 기술은 크게 다섯 가지 핵심 기술로 분류될 수 있는데, 이에는 ① 첫 면담 이전의 변화에 관한 질문, ② 예외질문, ③ 기적질문, ④ 척도질문, ⑤ 대처질문이 활용된다(O'Connell & Palmer, 2003). 대처질문은 타 이론에서도 많이 활용되고 있으며, 그 외의 질문들은 해결중심모델에서 독특하게 활용되는 기술들이다.

첫째, 첫 면담 이전의 변화에 관한 질문은 클라이언트가 처음 변화된 것이 있는지를 묻는 것이다(송성자, 1995). 이는 클라이언트가 문제가 심각할 때 혹은 더 이상 참거나 견디지 못할 때 도움을 요청하며, 이후 첫 면담까지의 시간 동안에 변화가 발생할 수 있기 때문에 이러한 변화를 파악하는 것이다. 특히 긍정적인 변화가 있어났다면 그렇게 될 수 있었던 방안이 무엇인지를 파악하여 이를 강화하려는 의도가 있는 것이다.

표 5-1 해결중심모델의 주요 기술

치료기술	설명
1. 경청과 인정	클라이언트의 강점과 능력에 대해 경청하고 이러한 강점을 인정해 줌으로써 클라이언트가 사회복지사로부터 존중받고 있다는 느낌을 가지도록 함
2. 호기심 갖기	클라이언트를 진단하거나 특정한 어떤 것을 하도록 강요하는 것이 아니라 클라이언트가 원하는 것, 그것을 성취하기 위해 어떻게 해야 하는가를 명확히 하도록 질문하고 그에 대한 반응에 호기심을 갖는 것
3. 초대하기	목적이 성취되고 상담으로부터 기대하는 것이 무엇인지, 클라이언트의 목적이 성취되고 문제가 해결되는 것 또는 발전을 나타내는 징조가 무엇인가에 대해 대화하도록 초대함
4. 기적질문	문제가 해결된 미래에 대해 상상하도록 함으로써 클라이언트가 안도감, 희망, 용기를 갖도록 하는 것
5. 예외질문	문제해결을 위해 성공적으로 잘 하고 있으면서도 의식하지 못하고 있거나 가치를 두고 있지 못하는 것을 발견하고, 사회복지사가 의식적이고 의도적으로 성공하였던 클라이언트의 행동을 강화시키는 기술
6. 척도질문	문제의 심각한 정도를 사정하고, 치료목표 성취 정도를 측정하고, 결과를 구체적으로 평가하는 데 있어 구체적인 수치를 사용하여 그 정도를 표현할 수 있도록 하는 질문
7. 대처질문	클라이언트가 절망적인 상황에서도 잘 견디어 내어 더 나빠지지 않은 것을 강조하고, 위기에서 살아남기 위해 대처해 온 방법을 파악하고, 그것을 인식, 강화, 확대하기 위해 활용하는 기술

출처: 송성자(1995), 가족과 가족치료, 학문사; O'Connel, B., & Palmer, S. (eds.)(2003), Handbook of Solution-Focused Therapy, Thousand Oaks, CA: Sage의 내용을 표로 작성한 것임.

둘째, 예외질문(exception question)은 클라이언트의 성공 경험과 현재 잘하고 있는 것을 발견할 목적으로 활용되는 질문이다. 예외질문은 문제해결을 위해 성공적으로 잘 하고 있으면서도 의식하지 못하고 있거나 가치를 두고 있지 못하는 것을 발견하고, 사회복지사가 의식적이고 의도적으로 성공하였던 클라이언트의 행동을 강화시키는 기술이라고 할 수 있다. 결과적으로 클라이언트가 문제에 관한 부정적인 생각과 문제의 제거와 감소에 몰두하는 사고방식으로부터 벗어나 해결방안을 모색하는 것에 관심을 집중하도록 하는 방법이다.

예시: 문제가 발생하지 않았던 때는 언제인가요?

문제가 발생하지 않았다는 것을 어떻게 알 수 있나요?
문제가 발생하는 상황과 발생하지 않는 상황이 어떻게 다른가요?
문제가 발생하지 않을 때는 무엇을 하나요?
어떻게 하면 문제가 발생하지 않을 것 같나요?

셋째, 기적질문(miracle question)은 문제가 해결된 상태를 상상해 보고, 해결하기 원하는 것들을 구체화하고 명료화하며, 치료목표를 현실적이며 구체적으로 설정하기 위한 질문기법이다. 이 기술은 클라이언트의 마음 상태를 문제중심에서 해결중심으로 전환하도록 하여 바뀐 현실을 꿈꾸고 희망을 갖게 하는 역할을 한다.

예시: 밤에 잠자는 동안에 기적이 일어나 염려하였던 문제가 해결되었다고 합시다. 그러나 잠자는 동안에 기적이 발생하였기 때문에 무슨 일이 생겼는지 아무도 모르지요. 그러나 가족들이 당신의 어떤 행동을 보면 지난밤에 기적이 일어나 문제가 해결된 것을 알 수 있을까요?

예시: 부모-자녀의 갈등을 겪고 있는 청소년과 어머니를 대상으로 상담한다고 할 때 다음과 같이 기적질문을 활용할 수 있다.
(청소년에게) 어머니가 너에게 더 이상 잔소리를 하지 않고 가만히 둔다고 가정해 보자. 그리고 어머니는 너와의 관계가 긍정적으로 해결되어 매우 기뻐하고 있다고 가정해 보자. 어머니가 그렇게 된 이유가 어디에 있을까? 무슨 일이 발생하였기에 어머니가 너에게 더 이상 잔소리를 하지 않아도 되며, 너와의 관계에 매우 만족해하고 있을까?
어머니가 그렇게 되기 위해서 너는 무엇을 하였나? 혹은 무엇을 하면 그렇게 될까?

넷째, 척도질문(scaling question)은 문제의 심각한 정도를 사정하고, 치료목표 성취 정도를 측정하고, 결과를 구체적으로 평가하는 데 있어 구체적인 수치를 사용하여 그 정도를 표현할 수 있도록 하기 때문에 매우 유용한 질문이다. 이는 매우 창의적으로 사용할 수 있으며, 사용할 때 주의할 것은 '오늘', '지난주', '지난달'과 같이 시간을 제한해 주어야 클라이언트가 혼돈하지 않는다. 그리고 현재와 미래에 관하여 초점을 두고, 과거에 초점을 두지는 않는다.

예시: 치료 받으러 왔을 당시의 우울한 상태를 0점이라고 하고, 10점을 치료목표가 성취된 상태라고 한다면, 오늘의 상태는 몇 점인가요? 1점을 높이기 위해 무엇을 다르게 행동해야 할까요?

다섯째, 대처질문(coping question)은 자신의 미래를 절망적으로 보아 희망이 없다고 하는 클라이언트에게 사용하는 기술이다. 이 기술은 클라이언트가 절망적인 상황에서도 잘 견디어 내어 더 나빠지지 않은 것을 강조하고, 위기에서 살아남기 위해 대처해 온 방법을 파악하며, 그것을 인식, 강화, 확대하기 위해 활용되는 것이다. 이 질문을 통해 클라이언트는 자신의 노력과 위지, 자원을 발견하게 되고 이를 활용하여 스스로 문제해결을 위해 노력할 힘과 용기를 가지게 된다.

예시: 어떻게 모든 것을 포기하지 않고 오늘까지 지탱해 왔습니까? 어려운 상황 속에서도 견디어 낼 수 있었던 것은 무엇이라 생각합니까?

이상에서 살펴보았듯이 해결중심모델은 단기치료 접근방법이면서 장기치료와 비슷한 치료의 효과가 있는 점과 클라이언트 중심의 관계 및 협조를 활용하고 클라이언트의 장점을 파악한다는 점에서 많은 유용성을 갖고 있다. 하지만 이 모델에 대한 비판도 적지 않은 것을 볼 수 있으며 다음과 같은 비판이나 한계점이 있다.

우선 사회복지사들 가운데는 해결중심모델에 근거한 접근방법을 클라이언트와 대화를 나누는 철학적인 접근방법으로 보기보다는 여러 기법의 배합 혹은 절충주의적 접근으로 보려는 경향이 있다. 그리고 일부 사회복지사들은 해결중심모델이 문제의 원인을 해결하기보다는 임시대응적인 응급책으로 여긴다. 나아가 이 이론을 활용할 때 비용효과성에 대하여 비현실적인 기대를 갖고 있다. 즉, 해결중심모델을 활용하면 단시간에 더 효과적인 문제해결을 가져올 수 있을 것이라 여기지만 실제로 이 이론을 활용하려는 사회복지사들은 이 모델을 적용하는 데 많은 시간과 노력이 필요하다(Peller & Walter, 1998).

그리고 과거에 대한 이해를 중요시하지는 않지만 사회복지사는 여전히 클라이언트에 대하여 사정하고 진단할 필요가 있다. 이 이론을 활용하는 사회복지사는 클라이언트와 변화에 대하여 기술하고 이야기할 때 병리적인 것에 초점을 두는 모델과는 다른 용어를 사용하므로 다른 전문가들과 협력하는 것이 쉽지 않다. 마지막으로 이 모델에서는 클라이언트가 추후상담과 종결을 결정하기 쉽지 않다. 마지막으로 이 모델에서는 클라이언트가 추후상담과 종결을 결정하기 쉽기 때문에 클라이언트에 따라 상담하러 오는 시간 간격이 다르므로 사회복지사의 업무일정을 계획하고 실행하는 데 어려움을 경험할 수 있다(Peller & Walter, 1998).

CHAPTER 06

과업중심모델

과업중심모델은 1960년대 미국 뉴욕에서 리드와 앱스테인(Reid & Epstein)에 의해 개발된 사회복지실천의 한 모델이다. 이 모델은 시간제한적이며 명확한 목표, 초점화된 면접, 체계적인 수행을 특징으로 가지고 있는 모델로 하나의 단순한 이론이 아닌 다양한 이론들이 통합된 복합적인 이론이다. 이처럼 단기치료의 영향과 경험적 조사연구를 바탕으로 형성된 과업중심모델은 클라이언트가 문제를 더욱 명확히 인식하도록 돕는다. 또한 문제를 해결하기 위한 활동을 확인하고 수행하도록 돕는다. 서비스는 6~12회 정도의 짧은 기간 동안 제공되며, 사회복지사와 클라이언트의 협력적인 관계를 중심으로 클라이언트의 적극적 참여와 동기를 중요시한다(Reid, 1998: 133-134). 변화를 이끄는 것은 사회복지사가 아닌 클라이언트이며, 사회복지사의 역할은 클라이언트가 동기를 가지고 변화를 이룰 수 있도록 돕는 데 있다.

1 과업중심모델의 철학과 기본개념

1) 과업중심모델의 철학

과업중심모델은 1960년대 미국 뉴욕에서 리드와 앱스테인(Reid & Epstein)에 의해 개발된 사회복지실천의 한 모델이다. 이 모델이 형성되던 1960년대 후반에는 정신분석이론에 기초한 장시간의 치료가 비판을 받으면서 시간제한적인 단기치료에 대한 관심이 높아졌다. 따라서 과업중심모델 형성의 기초가 되었던 리더, 샤인, 스텃 등의 시카고 대학교 연구자들은 장기치료와 단기치료의 효과를 비교하는 실험연구를 진행하였고, 그 결과 단기치료도 오랫동안 지속적인 치료 효과를 볼 수 있다는 우수성을 입증하였다. 이러한 연구 결과를 토대로 단기간의 치료를 강조하는 모델이 사회복지실천 방법으로 점차 확대되기 시작하였다. 그렇게 리드와 앱스테인은 개인과 가족을 돕는 데 있어 오랜 시간을 요구하는 심리 · 사회적 접근 방법이 아닌, 단기간의 심리 · 사회적 접근 방법이 보다 효율적이라는 것을 발견하고 단기치료모델로서 '과제중심모델'을 개발하게 되었다.

과제중심모델의 모티브는 같은 시카고 대학교의 펄만(Perlman)이 개발한 문제해결중심의 '행동주의이론'과 스텃(Studt)의 '과업'에 대한 개념을 접목시킨 것이다. 또한 시대적 흐름에 따라 단기치료에 적합한 모델로 개방적 · 체계적 · 효과적인 이론이라고 할 수 있다. 즉, 제한된 시간 안에 효율적인 목표를 달성하기 위해 사회복지사가 개입전략으로 클라이언트에게 행동적 과업을 부여함으로써 주체적으로 문제를 해결할 수 있도록 도움을 준다. 이 모델이 개발되었을 초기에는 그 영역이 개별사회복지실천기술을 중심으로 적용되어 왔었다. 하지만 현재에 이르러서는 그 영역이 의료기관이나 공립학교, 교정, 노인복지서비스, 공공복지, 가족서비스, 아동복지 그리고 근로자지원 프로그램 등에 걸쳐서 거의 모든 사회복지실천분야에 적용되고 있다.

과업중심모델은 클라이언트가 인식한 문제에 초점을 두는 문제해결 접근이며, 시간제한적 접근이다. 또한 각 단계마다 특정한 과업 수행을 요구하는 다음과 같은 구조화된 전략을 갖추고 있다.

① 현재 중심적이다.
② 문제해결 접근이다.
③ 시간제한적이다.
④ 클라이언트가 인식한 문제에 초점을 둔다.
⑤ 모델의 각 단계마다 특정한 과업 수행을 요구하는 구조화된 접근이다.
⑥ 이론적으로 개방되어 있고 다양한 이론을 활용할 수 있다.
⑦ 변화는 과업의 수행을 통해 발생하고, 과업은 확인된 문제의 발생을 감소시키는 활동이다. 과업은 다양한 실천기법을 통합적으로 활용할 수 있고 클라이언트와 함께 수행하는 문제해결 중심적 활동이다.
⑧ 실천에 대한 경험적 접근을 중시한다. 즉, 조사연구를 통해 발견되거나 조사 가능한 개념을 통해 구성되고 효과성이 검증된 접근과 실천의 성과에 대한 평가과정이 분명히 포함된 실천을 중시한다.

2) 과업중심모델의 기본개념

과업중심모델은 클라이언트의 문제를 정의하는 것부터 과업 수행까지 클라이언트의 참여를 적극적으로 유도하고, 클라이언트의 자기결정권을 존중하면서 동시에 문제해결 기술과 능력을 강화시키는 데 초점을 둔다 (Reid, 1996: 620-621). 이러한 과업중심모델은 클라이언트가 인식한 문제에 초점을 두는 문제해결접근이며 시간제한적 접근이므로 주요개념은 매우 중요하다.

(1) 표적문제

표적문제(target problem)란 클라이언트가 직면하고 있는 다양한 문제 중에서 시급히 해결해야 할 문제, 즉 클라이언트 스스로가 문제를 인식하고 변화하기를 원하며 사회복지사의 전문적 판단에 의해 인정된 문제로 클라이언트와 사회복지사가 변화시키기로 동의한 문제를 말한다(Epstein & Brown, 2002: 6-8) (장수미 외, 2018).

(2) 과업

과업이란 목표를 달성하기 위하여 클라이언트와 사회복지사가 해야 하는 활동으로 클라이언트와 사회복지사가 함께 계획하고 동의한 후에 수행하는 문제해결 활동을 말한다(Epstein & Brown, 2002: 101). 즉, 과업은 클라이언트가 자신의 문제를 해결하기 위하여 어떤 일을 수행하는 것을 의미하며, 문제를 완화시키고 해결하기 위해 클라이언트와 사회복지사가 수행하기로 합의한 활동 목표 및 과정이다. 따라서 과업은 사회복지사가 일방적으로 클라이언트에게 과제를 부여하여 클라이언트만 과제를 수행하는 것이 아니라, 사회복지사도 함께 그것을 수행한다. 클라이언트는 문제해결을 위한 혹은 문제해결에 도움이 되는 활동을 수행하게 되고, 사회복지사는 클라이언트의 과업 수행을 지원하기 위한 활동을 한다.

① 과업의 유형

㉠ 일반적 과제: 목적달성과 관련된 상위과제로 행동의 방향을 제시하지만 무엇을 해야 하는가에 대해 정확하게 언급하지는 않음

㉡ 조작적 과제

- 클라이언트가 수행해야 하는 구체적인 활동

- 명확한 활동에 대한 정보를 포함하고 있기 때문에 일종의 하위 과제의 형태
- 대개 조작적 과제는 일반적 과제로부터 나옴

ⓒ 과제의 다른 유형들

- 유일과제: 한 번의 수행을 위해 계획된 것
- 되풀이과제: 반복적인 활동을 위해 계획된 것
- 단일과제: 여러 단계들이 필요한 하나의 활동
- 복잡한 과제: 매우 밀접하게 관련된 둘 또는 그 이상의 구분된 활동들
- 개인적 과제: 한 사람이 수행하는 것
- 상호적 과제: 둘 또는 그 이상의 사람들이 수행해야 하는 과제로서 구분되지만 서로 연관되어 있는 과제
- 공유과제: 둘 또는 그 이상의 사람이 같은 과제를 하는 것
- 인지적 과제: 정신적인 활동들을 검토하여 명확히 히기
- 하위과제 & 복수과제: 단 한 가지의 표적문제와 한 가지의 하위과제가 있을 수 있으나 하나의 과제에서도 하위과제들이 있을 수 있으며, 하나의 문제에 대해서 두 개 이상의 복수 과제들도 생길 수 있다.
- 개방과제 & 폐쇄과제: 종결시점이 없으면 개방과제이고 종결점이 있으면 폐쇄과제이다.

2 과업중심모델의 개입 목표 및 과정

1) 개입 목적

과업중심모델은 2가지 개입목적을 가진다. 하나는 클라이언트의 문제를 해결하도록 클라이언트를 돕는 것이고, 다른 하나는 클라이언트가 자신의 문제를 성공적으로 해결한 경험을 통하여 미래에 부딪히는 어려움을 극복할 수 있는 능력을 향상시키고자 하는 것이다(Payne, 1991) (장수미 외, 「사회복지실천기술론」, 학지사, 2018).

2) 개입 원칙

과업중심모델의 기본 특성과 원칙은 실증적 결과에 기반, 통합적 자세, 클라이언트가 인식한 문제에 초점, 체계와 맥락 강조, 계획된 단기개입, 협력적 관계, 구조화, 문제해결 활동(과업) 등이 있다(Reid, 1996: 618-620) (장수미 외, 「사회복지실천기술론」, 학지사, 2018).

(1) 실증적 결과에 기반

과업중심모델은 실증적 연구에 의해 검증되고 지지된 방법과 이론을 선호한다. 클라이언트 체계에 대한 가설과 개념은 실제 자료에 근거한 것이어야 하며, 사정 · 과정 · 성과 자료는 개별 사례에서 체계적으로 수집되어야 한다. 또한 모델의 개선을 위해 지속적인 프로그램의 연구가 이루어진다.

(2) 통합적 자세

과업중심모델은 다양한 접근방법, 즉 문제해결적 · 인지행동적 · 인지적 · 가족구조적 접근방법 등 양립 가능한 접근 방법 가운데 경험적 기초가 있는 이론과 방법을 선별적으로 선택하여 사용한다.

(3) 클라이언트가 인식한 문제에 초점

클라이언트가 관심을 가지고 정확하게 인식하는 특정 문제에 서비스 초점을 둔다.

(4) 체계와 맥락 강조

문제의 해결이나 재발의 예방을 위해 맥락적 변화가 필요하며, 문제의 해결은 문제가 발생한 맥락에 긍정적으로 영향을 미칠 수 있다.

(5) 계획된 단기개입

일반적으로 서비스는 계획된 단기간 동안 실행된다(4개월 이내에 6~12회기).

(6) 협력적 관계

클라이언트와의 관계는 돌봄(caring)보다 협력적 노력을 강조한다. 치료를 하는 과정에 있어 클라이언트를 최대한 참여시킴으로써 보다 효과적인 개입을 생각하고 클라이언트의 문제해결능력을 개발한다.

(7) 구조화

치료 회기를 비롯한 전체 개입 프로그램은 연속된 활동으로 구조화한다.

(8) 문제해결 과업

클라이언트의 변화는 기본적으로 클라이언트가 회기 중이나 회기 외의 시간에 문제해결 과업을 수행함으로써 달성된다. 클라이언트가 자신의 환경 속에서 스스로 행동을 동기화하는 것에 초점이 있다. 또한 사회복지사의 과업은 클라이언트의 환경 변화에 영향을 미치는 수단을 제공하는 것이다.

3) 과업중심모델의 개입과정

과업중심모델은 4개월 이내에 6~12회의 개입으로 설계된다. 일반적으로 이 기간 동안 클라이언트가 가장 중요하다고 생각하는 표적문제 중 두세 가지의 문제만을 선택하여 집중적인 노력을 기울이게 된다.

과업중심모델에서 제시하는 실천의 틀은 '시작단계(Starting Up) – 문제규명단계(Problem Identification) – 계약단계(Contracting) – 실행단계(Implementation) – 종결단계(Termination)'의 총 다섯 단계로 이어진다.

① 시작단계(Starting Up): 본 단계는 과업중심모델의 첫 단계로 클라이언트의 기본 정보를 확인하여, 다음 단계로 넘어가기 위한 준비단계 이다. 여기에서 주의해야 할 것은 클라이언트가 자발적인지, 타 기관 등에 의하여 의뢰된 경우인지를 명확히 하는 것이다. 클라이언트가 자발적으로 참여한 경우에는 다음 단계로 바로 진행하면 되겠지만, 타 기관 등에서 의뢰된 경우에는 클라이언트를 의뢰한 경위가 무엇인지, 의뢰기관에서 제시하는 클라이언트의 문제와 목

표는 무엇인지, 클라이언트가 생각하는 문제와 목표는 무엇인지 등을 확인하게 된다. 이 과정을 통하여 클라이언트와 기관에서 제시하는 문제와 목표가 상이할 경우, 사회복지사는 이에 대한 협의와 조정과정을 통하여 문제와 목표를 일치시켜야 한다.

② 문제규명 단계(Problem Identification): 본 단계에서 사회복지사는 클라이언트가 제시하는 문제를 탐색하는 것에서 출발하여 초점이 되는 표적문제를 설정한다. 표적문제를 설정하는 과정에서 사회복지사는 클라이언트의 견해를 최대한 반영하여야 하며, 설정한 표적문제가 무엇인지 사회복지사와 클라이언트 모두가 분명하게 이해하고 있어야 한다. 본 과정에서 클라이언트의 문제는 클라이언트 자신의 말로 표현되는 것이 좋지만, 그렇다고 해서 클라이언트가 말하는 그대로를 받아 들여야 하는 것은 아니다. 클라이언트가 말하는 문제는 사회복지사의 전문 지식과 경험에 의해 확인되는 과정을 거쳐야 한다. 과제중심모델의 전체 과정에서 문제의 규정은 가장 핵심적인 작업이다.

표적문제가 설정되면 문제를 나열화한 뒤, 클라이언트가 가장 중요하게 생각하고 있으며 현실적으로 변화의 가능성이 높을 것을 기준으로 우선순위를 정한다. 이를 기준으로 본 과정에서 개입될 표적문제를 세 가지 이내로 설정한다. 이후 사회복지사는 계약을 위한 초기 사정을 진행한다.

③ 계약단계(Contracting): 계약은 문제해결 방향에 대한 클라이언트와 사회복지사의 동의로서, 서면 혹은 구두로 이루어진다. 계약을 하는 이유는 개입에 대한 동의가 클라이언트의 자기결정에 의한 것임을 강조하기 위해서다. 계약의 기본정신은 계약 당사자(클라이언트)가 개입과정에 참여하겠다는 동의인 것이다. 계약에 포함하는 내용은 표적문제, 목표, 클라이언트의 과제, 사회복지사의 과제, 개입기간과 일정, 면접일정, 클라이언트와 사회복지사 외의 참여자

등이다. 일반적으로 하나의 표적문제에 대해 하나의 목표를 설정하며, 표적문제와 목표는 클라이언트 입장에서 '누가 무엇을 어떻게 한다'는 것이 분명히 드러나도록 구체적으로 서술한다. 과제는 클라이언트와 사회복지사가 해야 하는 활동으로서, 클라이언트와 사회복지사가 함께 계획하고 동의한 후 수행하는 문제해결 활동을 말한다. 과제는 사회복지사가 클라이언트에게 일방적으로 부과하는 숙제와 차이가 있으며, 클라이언트만 과제를 수행하는 것이 아니라 사회복지사도 이를 수행하는 경우가 일반적이다. 사회복지사는 주로 클라이언트의 과제수행을 지원하기 위한 활동을 하는데, 다른 기관 혹은 클라이언트의 가족, 친구, 이웃 등과 협의하고 협상하는 과제를 수행한다.

④ 실행단계(Implementation): 실행단계는 개입과정에서 가장 많은 시간을 할애하는 단계로서, 문제에 대해 집중적으로 사정하고 과제수행의 정도를 점검 · 모니터하며 필요에 따라 과제를 수정한다. 사정은 초기 단계의 사정을 보다 정교화하는 과정으로 표적문제와 사회적 맥락, 클라이언트의 장점을 포함한 것인지 · 정서적 상황에 대해 포괄적으로 이루어진다. 사회적 맥락으로는 직장 혹은 학교 상황, 사회 · 경제적 지위, 재정상태, 주거상태, 건강, 가족, 또래집단, 문화적 배경 등을 포함하며, 클라이언트의 성격과 기능양식, 문제를 해결하기 위한 과거의 노력과 결과 등에 대해 탐색한다. 문제해결을 위한 대안들을 실행하기 위해 클라이언트와 사회복지사는 과제들을 개발하고 수행하며, 과제를 수행하는 과정에서 예견되는 어려움과 장애물을 검토해 보고 이를 제거, 감소, 변경하기 위한 활동을 계획한다. 과제수행의 실제적인 장애물로는 클라이언트의 기술 부족, 다른 사람들의 협력과 지지의 부족, 자원부족 등으로서 이들을 개선하도록 노력한다. 사회복지사는 회기마다 과제수행을 확인하고 문제의 상태와 변화를 점검하며, 구조화된 표기

법, 차트, 그래프, 간결한 이야기체 코멘트 등을 사용하여 과제수행과정을 모니터한다.

⑤ 종결단계(Termination): 종결단계는 이미 계약단계에서 개입일정에 대한 동의, 실행단계를 통한 문제해결의 정도를 확인하였기 때문에 클라이언트와 사회복지사가 모두 예상하고 있는 가운데에서 이루어진다. 종결단계에서 사회복지사는 클라이언트에게 피드백을 요청하고 사회복지사 자신의 활동에 대해 평가할 필요가 있다.

단계	내용
1단계: 시작	• 클라이언트의 자발적 참여 또는 다른 기관으로부터의 의뢰
2단계: 문제규명	• 클라이언트의 표적 문제 확인 설정 • 신속한 초기 사정
3단계: 계약	• 계약체결(목표, 표적문제, 과제, 치료기간, 치료일정, 참가자 등)
4단계: 실행	• 사정하기 • 과제의 개발과 수립 • 과제의 수행 • 점검 및 모니터링
5단계: 종결	• 표적문제와 전체 문제상황에 대한 검토 • 성공적인 문제해결 전략 규명 • 남아있는 문제에 대한 논의

3 과업중심모델의 개입기법

과업중심모델은 사회복지사의 관찰과 전문적인 판단, 초점화된 개입의 방향에 따라 어떤 기법을 사용할 것인지 판단한다. 과업중심모델의 개입과정을 보다 실제적으로 이끌어 가는 데 필요한 전략적 측면의 기법은 표적문제 설정, 목표 설정, 과업 개발과 검토 등이 있다.

1) 표적문제 설정

표적문제는 시간제한적 단기개입이 가능하도록 진행해야 하기 때문에 우선순위를 고려하여 최대한 3개까지 선정한다. 또한 표적문제의 선정 시 클라이언트의 의견이 최대한 반영되어야 하며, 선정된 표적문제에 대해 사회복지사와 클라이언트가 분명하게 이해하고 있어야 한다. 클라이언트와 사회복지사의 의견이 다를 경우 논의와 타협이 요구된다.

(1) 우선순위의 판단기준

- 클라이언트의 상황에서 가장 비중이 있는 문제
- 가장 부정적인 영향을 미치는 문제
- 변화를 통해 가장 긍정적인 영향을 미칠 수 있는 문제
- 클라이언트가 가장 관심을 가지는 문제
- 가장 변화 가능성이 큰 문제

(2) 우선순위 선택 과정

- 클라이언트가 가장 높은 관심을 보이고, 해결하고 싶어 하며, 상황을 개선하는 데 가장 어려울 수 있는 문제를 선택한다.
- 클라이언트와 사회복지사 간의 성립된 판단에 따라 결정한다.

2) 목표 설정

사회복지서비스 과정에서 목표는 개입의 방향을 설정하는 강력한 도구이다. 과업중심모델에서의 목표 설정은 클라이언트의 동기를 강화시키고 바람직한 방법으로 문제를 해결해 나갈 수 있는 방향으로 설정한다.

- 목표설정을 위한 기본조건

① 클라이언트가 원하는 요구로서 동기가 있어야 한다.
② 제한된 시간에 수행 가능해야 한다.
③ 목표가 구체적이어야 한다.
④ 반드시 문제와 관련된 것이어야 한다(Marsh & Dole, 2005).
⑤ 행동적인 용어로(~하기 등) 표시되는 것이 바람직하다.
⑥ 성취한 후에 성취 여부를 측정할 수 있어야 한다.
⑦ 하나의 표적문제에 대해 하나의 목표를 설정한다.
⑧ 표적문제와 목표는 클라이언트의 입장에서 주어와 서술어의 형식으로 시술한다.

3) 과업 개발과 검토

과업은 특별한 유형의 문제해결 활동으로 클라이언트와 사회복지가 간의 합의에 의해 계획되고 면접의 안팎에서 수행된다. 과업은 구체적으로(무엇을, 언제, 어떻게, 누구와, 어떤 조건으로) 구성되어야 클라이언트가 완수할 가능성이 높아진다.

| 과업계획 시 필요한 정보의 원천 |

- 클라이언트의 경험: 과업계획의 첫 단계는 표적문제 완화를 위해 클라이언트 자신이 할 수 있다고 생각하는 것에서부터 시작한다.
- 브레인스토밍을 통한 과업계획: 과업과 관련된 선택 가능한 아이디어가 부족할 경우 문제해결 기술의 학습과 증진을 위해 다양하고 선택 가능한 대안을 제시한다.
- 문제해결 활동과 관련된 전문적 지식: 일반적인 치료기법, 전문자료 및 사례회의, 슈퍼바이저의 의견 등을 활용한다.

출처: Epstein & Brown (2002), pp. 152, 177-178, (장수미 외, 2018).

4) 행동변화 기법

(1) 간접적 행동변화 기법

- 의사소통기술: 과제중심 접근은 단기 계약 기간 동안에 클라이언트가 선택한 목표를 성취할 수 있도록 원조하는 서비스이다. 따라서 클라이언트가 무엇을 추구하고 바라고 있는가를 클라이언트와 함께 언어화하는 것이 이 모델에서 가장 중요하다.
- 탐색: 탐색은 모든 대인관계 치료모델에서 사용하는 기본적인 기법으로 클라이언트로부터 자료 및 정보를 이끌어 내려는 실천가들의 노력을 말한다. 탐색은 두 가지 목적을 가지는데 하나는 클라이언트에 관한 정보를 얻어내는 것이고, 또 하나는 의사소통의 내용을 문제와 관련시켜 초점화하는 것이다.
- 구조화: 클라이언트와의 상호작용 구조와 방향에 대한 사회복지사의 의사소통으로 구성된다. 구조화의 첫 단계는 치료 시작 시기에 시행했던 치료의 성격과 목적, 치료의 조직화와 관련된 문제, 과제, 시간제한 등 클라이언트에게 다시 들려주는 작업으로부터 시작된다. 구조화의 두 번째 단계는 클라이언트를 위한 특별 치료 계획을 구체화하는 사회복지사의 노력으로 구성된다. 세 번째 단계는 사회복지사가 클라이언트의 의사소통에 대한 명확한 지침을 제공하는 것 등과 같이 조작적 과제들을 구조화하는 작업들로 구성된다.
- 상황분석: 문제의 상황은 문제를 유지시키는 원인과 문제를 다룰 때 동원될 수 있는 자원으로 구성된다. 상황요인은 물리적, 인지적, 가족, 지역사회 체계가 포함된 다차원적 틀 속에서 이루어지며 표적문제와 관련하여 검토된다. 상황분석에서 실천가는 클라이언트로 하여금 자원을 찾아내고 활용할 뿐만 아니라, 장애물을 확인하여 해결하도록 돕는다.

(2) 직접적 행동변화 기법

직접적 기법으로는 인식증진, 지시, 격려가 활용된다. 탐색과 구조화는 잠재적·간접적인 행동변화를 가져오지만, 직접적인 기법은 클라이언트의 인지, 태도, 감정, 행동수정에 분명히 영향을 준다.

- 인식증진: 과제중심모델의 인식의 증진은 심리치료의 해석, 명료화, 직면, 반성 등과 같은 수준의 기법에 해당된다. 인식증진은 클라이언트로 하여금 과제를 수행할 수 있도록 지원하는 데 큰 도움을 준다.
- 격려: 클라이언트가 세운 계획이나 실행하려는 계획, 수행한 행동에 대해 찬성을 표하거나 긍정적 반응을 표현하는 것을 말한다. 격려는 과제 클라이언트의 행동을 강화하고 자극하기 위해 사회복지사가 클라이언트의 행동에 대해 선택적으로 활용한다.
- 지시: 사회복지사가 과제와 관련된 가능한 행동에 대해 클라이언트에게 조언, 충고를 하는 것을 말한다. 지시는 격려와 달리 클라이언트가 생각하지 못했던 가능한 행동을 제안하거나 클라이언트가 생각하고 있는 내용에 대한 조언으로 이루어진다. 지시는 단기치료에 많이 사용되며, 오직 클라이언트의 과제의 진보를 촉진할 목적으로 사용된다.

이상의 과업중심모델의 사회복지현장에서 적용의 장·단점을 살펴보면 다음과 같다.

① 장점

사회복지실천현장에서 과업중심모델을 적용하는 것은 3가지 측면에서 그 기대효과를 분석할 수 있다.

첫째, 서비스를 제공받는 클라이언트의 입장이다. 과업중심모델은 클라이언트가 직접 동의하고 참여하는 것에 큰 의의가 있으며, 클라이언트 스스로 자신의 문제 및 어려운 점에 대한 인식과 문제해결을 위한 과제를 수행해 나가야 한다. 그렇기에 클라이언트는 단순히 서비스만을 제공받는 것이 아니라 주체적으로 자신의 삶을 개선해 나갈 수 있다.

둘째, 사회사업을 진행하는 사회복지사의 입장이다. 복지서비스를 진행하는 데 있어서 과업중심모델을 적용하는 것은 신입 사회복지사가 서비스 제공방법을 터득하고 기술을 습득하는 데 도움이 될 수 있다. 신입 사회복지사는 과업중심모델을 적용하면서 이론적 학습을 할 기회를 얻게 된다. 물질적 서비스만 제공하는 것에서 벗어나 심리적 · 사회적 · 환경적 측면의 통합적 접근을 할 수 있다. 또한 모델을 적용하는 과정을 통해 사회복지사는 자신감과 적극성을 갖게 될 것이다. 아울러 사회복지사는 다른 모델을 적용하고 접근하고자 하는 노력도 할 수 있다. 이는 결과적으로 사회복지사에게는 자신을 성장시키는 기회를 주고, 클라이언트는 보다 질 높은 서비스를 받을 수 있게 한다.

셋째, 기관의 입장이다. 기관의 입장에서 과업중심모델의 적용을 통해 사회복지사 개개인의 잠재역량을 개발하는 교육훈련의 기능을 할 수 있다. 하나의 사회복지실천모델을 실제로 적용함으로써 사회복지사 개개인의 실천능력이 향상될 뿐만 아니라 기관에서 제공하는 서비스의 질이 향상되고, 기관 내부적으로 서비스 전달체계를 체계화하는 계기가 될 수 있다. 이러한 결과는 대외적으로는 서비스의 경쟁력을 확보함으로써 기관의 위상을 강화하는 데에도 기여할 것으로 보인다.

따라서 사회복지실천현장에서 과업중심모델의 장점을 정리하면 다음과 같다.

- 과제와 목표를 달성할 수 있는 것으로 선택함으로써 성공확률과 자신감을 증진시켜 클라이언트의 강점과 능력을 높여준다.

- 과제중심모델은 시간제한적으로써 단기간에 이루어지므로 결과와 효과성에 대한 평가가 어렵지 않다.
- 과제중심모델은 사회복지사와 클라이언트 간의 긴밀한 협력 관계 및 의사결정과정에서 클라이언트의 자기결정을 중요하게 인식한다.
- 단기간의 치료와 클라이언트와의 협력적인 계약으로 의도하지 않는 조기종결로 인한 개입 실패를 예방할 수 있다.
- 경제적 · 시간적으로 여유가 없는 클라이언트에게 부담을 줄여줄 수 있고, 사회복지사의 업무 부담에서도 어느 정도 해방될 수 있다.
- 과제수행과정을 통해서 클라이언트의 참여도를 향상시킬 수 있다.

② 단점 및 한계점

과업중심모델은 특정한 문제행동을 해결하는 직접적인 치료기법을 제공해 주는 것은 아니며, 특정한 문제에 대해 그것을 해결하기 위한 적절한 기법을 선택하여 그것을 클라이언트 스스로 실행할 수 있는 과제로 대치하여 클라이언트가 수행할 수 있도록 지도하거나 절차를 마련해 주는 모델이다. 단기과제중심으로 진행되기 때문에 클라이언트가 문제해결의 책임을 지고 동기화가 잘 되어 있다면 효과적일 수 있으나, 그렇지 못한 경우 성공하기 힘들 수 있다. 특히 문제가 청소년의 중증상태의 만성적 과다행동, 지역사회 내의 반사회적 행동이나 부모-자녀 간의 갈등 혹은 부부간의 갈등일 경우 적용하기가 어렵다.

또한 이 모델은 과제가 변화를 가져오는 도구라는 증거가 상당히 있기는 하지만 어떤 문제와 과제가 클라이언트에게 가장 적절한지에 대해서는 아직 더 연구가 필요하다.

과업중심모델의 성과는 서비스 기간의 제한을 얼마나 효과적으로 활용하느냐에 따라서 달라진다. 많은 연구에서 단기적 · 시간제한적 치료가 적어도 장기적 · 개방적 치료만큼이나 효과가 있다는 것으로 입증되었다. 일반적으로 클라이언트는 단기치료 결과에 만족하는 것으로 보이지만 강제성에 대한 불만족이 문제가 되기도 한다.

따라서 사회복지실천현장에서 과업중심모델의 단점을 정리하면 다음과 같다.

- 과업중심모델은 서비스를 거부하는 클라이언트와 함께 일할 때 쉽게 이용될 수 없다.
- 일부 사람들은 그들이 직면하고 있는 문제에 압도되어 있으며, 이 접근에 헌신적으로 참여할만한 정서적 에너지를 갖고 있지 못한 경우가 있다. 그렇기 때문에 이 접근은 클라이언트의 입장에서 보면 상당한 노력을 요구하는 것이 된다.
- 과업중심적 접근은 문제의 원인이 빈곤, 실업, 불량주택과 같은 사회적 요인이 원인이라면 정치적 · 사회적 변화 없이는 극복되기가 어렵다.

CHAPTER

07 위기개입모델

때때로 사회복지사는 위기(자살 위협 포함)에 대처해야 한다. 이 장에서는 사회복지사가 위기에 대처하는 필수적인 개입기술로써 위기개입모델에 대하여 소개하고자 한다.

1 위기개입모델의 철학과 기본개념

1) 위기개입모델의 철학

위기란 곤경에 처한 사람이 성장 또는 더욱 악화될 가능성을 지닌 변환의 시기라고 정의된다. 이 말은 “위기”는 위험하지만 동시에 기회의 전환점이라는 뜻을 내포한다. 위기는 구체적이고 확인될 수 있는 사건에 의해 야기된다. 한 가지 사건에 의해 발생하기도 하고 사건이 누적되어 발생하기도 한다. 개인이 상황이나 사건을 지각하는 방법에 따라 그 사건을 위기로 경험하는지 안 하는지를 결정해 준다. 물론 어떤 사건들은 매우 외상적(성폭력, 잔인한 죽음의 목격, 유괴당함 등)이기 때문에 이와 같은 사건을 경험한 사람들은 대부분 위기를 겪는다. 반면, 이혼, 새로운 곳으로의 이주, 자동차 사고 등의 사건이나 경험들은 개인이 상황을 어떻게 해석하느냐의 여부에 따라 위기의 반응을 야기하기도 하고 야기하지 않을 수도 있다.

대부분 위기는 일시적인 경험으로 간주된다. 매우 감정적인 혼란을 일으키는 급성 위기의 상태는 보통 한두 달 정도 지속된다. 이 기간이 지나면 곧 일상으로 돌아가게 되는데, 사람들은 전보다 더욱 적응적이 되거나 비적응적이 된다. 그러므로 이 기간 동안 신속히 개입해 주는 것이 필요하다. 위기를 경험한 대부분의 사람들은 자신의 익숙한 방법들을 통해 그들의 불안함을 진정시키고 문제를 해결하려고 시도한다. 종종, 이러한 습관적인 수단들은 유용하게 작용하지 못하기 때문에 결과적으로 불안이 커지곤 한다.

위기 가운데 있는 사람들은 도움에 더 개방적인데, 그 이유는 내적인 고통이 너무 커서 다른 이에게 의지하려 하기 때문이다. 그러므로 위기 동안의 개입이 매우 유용한 경우가 많다. 사람들은 그들의 인생 속에서 외상(traumatic)의 시기 동안은 빠르게 반응하고 변화하는 경향이 있다. 이전의 사고방식이나 생활방식을 재고하게 되고 새로운 방식을 추구하게 된다. 이러한 이유로 위기개입 동안 클라이언트와 워커는 빠르게 긴밀한 관계형성을 맺게 되는 경향이 있다.

위기를 경험하는 사람들은 많은 순간 혼동과 혼란을 느낀다. 이러한 혼란은 직장, 가정, 사회활동과 각종 관계형성상의 개인의 기능에 영향을 미친다. 때때로 위기는 두통, 위통, 요통, 피로, 메스꺼움, 설사와 같은 신체적인 증상을 야기한다. 또한 위기를 경험하는 사람들은 불안, 공황, 슬픔, 혼돈, 무기력을 느낀다. 먹고 자는 데 있어서도 문제가 발생한다.

급성 위기상태가 지나감에 따라 적응적 또는 비적응적 반응이 개인의 일상적인 행동양식이 되는데, 이전보다 더욱 기능적이 되는 사람도 있고 기능수준이 더욱 떨어지는 사람도 있다. 훌륭한 위기개입은 클라이언트로 하여금 더 나은 대처기술과 더 깊은 개인의 통찰력의 개발을 용이하게 한다.

위기는 발달적 위기, 상황적 위기, 사회적 위기, 복합적 위기로 분류된다. 발달적 위기는 성숙과 발달단계(예: 졸업, 결혼, 첫 번째 취업, 조부모가 되는 것)에 따른 과업과 연관이 있다. 상황적인 위기는 특별한 외상을 일으키는 사건에 의해 야기된다(예: 실직, 친구의 죽음, 이혼, 성폭행, 천재지변). 사회적인 위기는 사회 혹은 문화와의 갈등(예: 차별, 낙인, 불공정)과 관련된다. 복합적 위기는 이전의 사건이나 손실의 기억에 의해 더욱 강화된 현재의 외상을 말한다(예: 말기 암 환자가 과거의 근친상간의 경험에 의해 더욱 힘들어 함).

많은 사람들이 위기 상황에 처해 있는 동안 사회사업기관에 접촉하기 때문에 위기개입의 원칙을 이해하는 것은 매우 중요하다고 할 수 있다.

2) 위기개입모델의 기본개념

위기의 유형은 학자들에 따라 다양하게 분류되고 있다. 위기를 발달과정상의 위기와 상황적 위기 및 과도기적 위기의 세 가지로 분류하기도 하고, 상황적 위기, 생활변화의 위기, 외상적 스트레스에 의한 위기, 성숙상 혹은 발달과정상의 위기, 정신병리에 기인한 위기 등 다섯 가지로 분류하기도 한다. 그러나 일반적으로 위기는 다음과 같이 상황적 위기의 네 가지 유형으로 분류한다.

(1) 발달적 위기

인간이 성장하고 발달해 나가는 흐름에서 발생하는 극적인 변화나 전환으로 인하여 비정상적인 반응이 발생하는 사건을 말한다. 발달과정상의 위기들은 모든 사람들이 성장과정에서 경험하기 때문에 정상적 위기하고 보는 견해가 많으며, 이 위기들은 프로이트의 정신성적발달이론과 에릭슨의 아동으로부터 노년까지의 인간생활주기에 대한 8단계의 계통적 설명에 근거한다. 예를 들어, 아이의 출생이나 대학 졸업, 중년기의 직업변화, 은퇴, 노화과정과 같은 사건들의 반응으로 발달적 위기가 나타날 수 있다. 발달적 위기는 정상적인 것으로 볼 수 있으나 모든 개인과 모든 발달적 위기는 독특하며 독특한 방식으로 사정하고 다루어야 한다.

(2) 상황적 위기

상황적 위기는 사람이 예견하거나 통제할 수 없는 드물고도 이례적인 사건이 발생할 때 나타난다. Oaest(1966)은 다음과 같은 것들은 상황적 위기의 범주에 포함시킨다. 실직, 질병 혹은 외과적 수술, 자녀사망, 결혼생활에서의 부정과 이혼, 정신병 혹은 알코올 중독, 신체장애, 원치 않는 임신 혹은 결혼 외 임신, 전쟁이나 불경기와 같은 거대한 사회적 재난 등이다. 상황적 위기는 예견할 수 없고, 갑작스럽고 충격적이며 맹렬하고, 많은 경우 비극적이라는 점에서 다른 위기와 차이가 있다.

(3) 실존적 위기

실존적 위기는 내적 갈등이나 불안을 포함하는 것으로 이는 삶의 목표나 책임감, 독립성, 자유, 의무와 같은 중요한 인간적 이슈와 함께 일어난다. 실존적 위기는 40세의 어떤 사람이 자신이 특정 전문직이나 조직에 중요한 영향력이 없음을 깨달으면서 경험하는 위기일 수도 있다. 또 결혼을 하지 않고 부모와 함께 사는 것을 선택한 사람이 50세에 자신이 진정으로 독립적인 삶을 꾸리지 못하였고 완전히 행복하고도 가치 있는 인간이 될 기회를 놓쳤다는 후회일 수도 있다. 60세의 사람이 자신의 삶이 의미가 없고, 의미 있게 삶을 충족시킬 수 없다고 느끼는 만연한 공허감일 수도 있다.

(4) 환경적 위기

환경적 위기는 일반적으로 자연이나 인간이 야기한 재해가 어떤 잘못이나 행동을 취하지 않은 개인이나 집단성원들에게 갑작스럽게 닥칠 때 발생하는 것으로 같은 환경에 사는 사람 모두에게 사건의 부정적 여파가 미친다. 이러한 위기는 허리케인이나 홍수, 폭풍, 지진, 화산, 폭발, 회오리바람, 눈보라, 산불과 같은 자연재해일 수도 있으며, 전염병이나 민족말살 등 난민이 경험하는 정치적인 문제일 수도 있다. 또는 심리적 우울과 대립되는 심각한 경제불황일 수도 있다(Richard K. James & Burl E. Gilliland).

3) 위기상황의 구성요소

골란(Golan)은 위기상황을 ① 위험한 사건(hazardous event), ② 긴박상태(vulnerable state; 취약한 상태), ③ 위험을 촉진시키는 요인(precipitating factor), ④ 실제의 위기상태(actual crisis state), ⑤ 재통합(reintegration) 등의 다섯 가지로 분류하고 있다.

(1) 위험한 사건

골란에 의하면 위험한 사건에는 예기될 수 있는 사건(당연히 일어날 수 있는 것)과 예기될 수 없는 사건(돌발적으로 발생할 수 있는 것)으로 분류될 수 있다. 예기될 수 있는 사건에는 일반적으로 에릭슨이 지적하는 것과 같은 정상적 발달단계나 생활주기의 전환단계에서 생겨날 수 있는 위기들로 인간은 이러한 위기를 잘 극복해 나감으로써 성장·변화해 나가는 것이다. 예기되지 않는 위기란 예상할 수 없는 것으로 누구에게나 뜻하지 않는 시기에 닥쳐올 수 있는 돌연한 변화이다.

(2) 긴박상태(취약한 상태; 붕괴되기 쉬운 상태)

긴박상태 속에서 대부분의 사람들은 크든 작든 간에 사건으로 초래된 사태들을 잘 처리하여 위기의 가능성이 진정되어 비교적 안정된 상태로 회복되지만, 그 중에는 긴장이 고조되는 사례들이 나타나기도 한다. 이러한 경우 클라이언트는 점점 혼란에 빠져 대처기제의 힘이 약화되며 불균형이 심화된다.

(3) 위험을 촉진시키는 요인

비록 작은 일이라도 한도를 넘으면 큰일이 될 수 있다. 즉, 하나의 사건이 불균형화로의 회귀가 될 수도 있는 것이다. 클라이언트가 말하는 내용이 하등의 뚜렷한 관련이 없는 듯이 생각될지 모르며, 그가 의식적으로 관련하지 않을지도 모르지만 중요한 것은 사소한 일이 개인이나 가족의 항상성을 허물 수 있다는 것이다. 이때 항상성 유지는 매우 어려워지며 긴장은 절정에 달해 긴박 상태는 심각한 위기로 이행하기 시작한다.

(4) 실제의 위기상태

실제로 심한 위기상태는 개인의 주관적 상태를 말하게 되는데, 이는 그의 항상성 기제가 붕괴되고 긴장이 고조되며 불균형이 작동되는 상황이다. 이러한 상태는 위기이론에서 매우 중요한 측면으로 선택적인 치료로서 위기접근법을 활용할 것인가 아닌가를 결정하는 중요요소이다.

(5) 재통합

재통합 혹은 불균형의 회복단계는 실제상으로는 위기상태의 연장이라고 볼 수 있다. 이 단계에서는 긴장이나 불안이 점차 감소하며, 기능할 수 있는 개인의 능력의 재구조화가 생겨난다. 불균형상태는 무한정 지속될 수는 없으며 어떠한 새로운 형태의 적응이 모색되어야만 한다.

2 위기개입모델의 개입목표 및 과정

위기개입은 기본적으로 두 가지 목표를 가지고 있다(Parad & Seldy). 첫째, 파괴적인 스트레스적 사건의 직접적인 영향을 감소시키는 것이며 둘째, 직접적으로 영향을 받는 사람뿐만 아니라 사회 환경에서 그와 유의미한 관계를 맺고 있는 사람들을 돕고, 부적응적이기보다는 적응적으로 대처하기 위한 사회자원, 대한 관계기술 및 그들의 심리적 능력을 동원하고 활용하게 하는 것이다. 또한, 라포포트(Rapoport)는 위기 지향적 단기치료의 목표를 여섯 가지로 분류하고 있는데, 최소한 이 중 네 가지는 꼭 다뤄져야 할 목표라고 했다. 이 최소한도의 꼭 다뤄져야 할 목표는 ① 증상의 제거, ② 위기 전의 상태로 기능을 회복하는 것, ③ 불균형상태에 기여하는 촉진적 요인의 이해, ④ 클라이언트와 그의 가족 및 지역사회의 자원을 통하여 가능한 치료방법의 모색이다. 그리고 이외의 두 가지는 ⑤ 현재의 스트레스와 과거생활경험에서의 스트레스의 기원 및 갈등을 인식할 것, ⑥ 당면한 위기해결의 범위를 능가해서 사용될 새로운 적응유형의 개발과 동시에 지각 · 사고 · 감정에 대한 새로운 유형을 형성하도록 할 것 등이다.

1) 위기개입의 대상

위기이론에서는 인간은 발달과정상의 위기나 상황적인 위기를 겪게 되는데, 이러한 위기에 처한 사람은 모두 치료의 대상이 될 수 있다고 본다. 일반적으로 위기개입이 가장 효과적으로 적용되는 클라이언트는 심리적인 문제의 발단이 분명하고, 위기에 직면하기 이전의 적응이 비교적 잘 된 사람이라고 본다. 위기접근법을 적용하는 데 세 가지의 핵심지표는 ① 클라이언트의 현재 불균형상태에 직접적으로 관계가 있는 분명한 위험적 사건이 있을 것, ② 클라이언트가 변화를 위한 동기와 잠재적 능력을 가졌으며 불안과 고통이 심할 것, ③ 최근에 문제해결이 되지 않은 흔적이 있을 것 등이다.

2) 위기개입의 단계

위기해결을 위해 필요한 주요 과제는 정서적(자신의 감정을 인정하고 수용하고 방출시키기), 인지적(상황을 정확히 현실적으로 보기), 문제해결(가능한 옵션을 고려하고 적응적 행동을 개발하며 공식적 및 비공식적 자원을 찾고 활용) 측면으로 나뉜다(이윤로, 2010).

(1) 인테이크(Intake)

워커는 자신의 이름과 역할을 소개하고 즉각 요점으로 들어간다. 그 다음 클라이언트가 워커에게 정확히 무슨 일이 있었는지 말하고 무엇을 원하는지 말하도록 한다. 이렇게 함으로써 클라이언트는 자신의 문제를 구체화하게 된다.

(2) 환기(Ventilation)

클라이언트의 행동에 대해 단지 반응하는 것이 아니라 클라이언트의 감정을 발견해내야 하는 것이다. 감정이 일단 해결이 되어야 나중에 합리적인 행동대안을 결정할 수 있기 때문이다. 위기개입의 시작단계에서 중요한 것은 바로 클라이언트의 감정을 잘 다루어주어야 한다는 것이다.

(3) 위기를 발생시킨 사건의 역동성 이해

상황에 대한 이해에 도달(인지적 재구조화)이 필요하다. 워커가 위기에 대해 이해하고 있는 바와 해석을 진달하고 이를 클리이언트와 함께 체크한다.

(4) 항상성 회복을 위한 구체적 조치

클라이언트의 삶을 재정리하도록 돕는 행동대안을 찾아나가는 것이다. 클라이언트가 무엇을 하고 싶어 하며 해 오고 싶어 했는지를 파악하고 필요한 경우 조언과 추천을 해야 한다. 그러나 주의할 점은 클라이언트의 삶은 그 결정을 통해 좌우될 것이며, 그 결정으로 인해 워커의 삶이 좌우되는 것이 아니기 때문에 클라이언트 스스로 결정해야 한다.

(5) 결정된 대안을 시행하도록 돕고, 필요하면 새로운 대처방법을 소개한다.

(6) 목표가 실현되면 종결한다.

뿐만 아니라 사람들이 위기와 내적인 불안을 겪을 때, 지지적인 사회복지사의 즉각적이고도 집중적이며 잦은 접촉은 매우 도움이 된다. 한

모델로서 위기개입은 장기간의 서비스와 달리 집중적이고 잦은 접촉이 필요하다. 위기개입의 첫 번째 원칙은 즉각적으로 그리고 자주 활용할 수 있는 지지체계를(예: 자원봉사자, 지지그룹, 전화상담서비스) 만들어 주는 것이다. 그러면 위기개입 사회복지사는 무엇을 하는지 간략히 소개해 보겠다.

- 경청: 적극적 경청 기술은 위기개입에 있어서 매우 중요하다. 특히 클라이언트의 감정을 파악하고 인정해 주는 데 있어 중요하다.
- 위기 강도의 사정: 위기가 너무 크고 통제하기가 어렵다고 느낀다면 위기에 처한 사람을 더욱 전문적인 사회복지사에게 의뢰할 필요가 있다.
- 강점 확인: 위기개입 과정 동안 사회복지사는 클라이언트가 역량이 있고, 다만 일시적으로 어려운 상황에 놓여 있는 것이며, 극도의 스트레스 때문에 압도되었을 뿐이라는 점을 클라이언트에게 전달해야 한다.
- 정상화: 사회복지사는 클라이언트에게 그들의 위기가 정신질환이나 병리의 징후가 아니라 누구나 경험할 수 있는 것이라는 것을 알게 해야 한다.
- 방향을 제시하기: 사회복지사들은 종종 위기개입의 관계형성 초기에 다소 지시적일 필요가 있다. 왜냐하면 위기에 처한 사람들은 통제감을 잃고 어찌할 줄을 모르기 때문이다. 그러나 클라이언트가 안정감과 자신감을 회복함에 따라 사회복지사는 한 걸음 물러나서 클라이언트 스스로가 더 많은 문제를 해결할 수 있도록 격려해야 한다.
- 문제해결: 문제해결을 가르치는 것은 위기개입에 있어 매우 중요하다. 압도적인 문제를 운용해 나갈 만한 수준으로 나누는 것을 가르치는 것은 매우 가치 있는 개입이다.
- 도움의 적절성을 결정: 때때로 원래의 이유와 상관없는 또 다른 위기가 개입 도중 동시에 발생하기도 한다. 사회복지사는 최초의 문제와

는 관계가 없는 위기를 다루는 것이 적절한가를 사정해야 한다. 이 경우에 슈퍼바이저와 기관의 지침에 자문을 구하는 것이 도움이 될 것이다. 워커인 여러분이 어떤 특수한 위기에 처한 클라이언트를 도울 수 없다고 결정한다면 다른 워커나 기관에 위탁해야 한다.

- 사후관리: 여러분이 위기개입서비스를 제공하든지, 다른 치료자나 기관에 위탁하든지 간에 다음 몇 주간은 상황이 어떻게 진행되어 가는지 그 클라이언트와 자주 접촉을 시도하며 적절한 사후관리를 제공해야 한다.

3 위기개입모델의 개입기법

1) 위기개입 기법의 유형

위기개입의 유형은 개별위기개입, 행동위기개입, 체계위기개입, 생태계위기개입, 인지행동적 위기개입 등 다섯 가지로 범주화할 수 있다.

(1) 개별위기개입

개별위기개입모델에서는 위기를 기본적으로 개인의 불균형상태를 유발하는 스트레스로 본다. 위기에서 해체의 강도와 폭은 개인의 과거기능수준과 생활상황에 대처하는 그의 일반적 능력에 의해 좌우된다. 그러므로 위기에 관한 이 개념에서 취급하는 주요변수는 개인의 성격이다. 이 모델에서 치료의 최저목표는 개인을 위기이전의 기능수준으로 회복시키는 것이다. 치료는 구체적으로 퇴행을 저지하고 지지를 제공하는 데 목표를 둔다. 또한 치료는 통찰력을 가지게 하고 문제를 해결하는 방법을 습득하게 함으로써 유사한 스트레스에 대한 저항력을 강화시키는 데 목표를 둔다.

(2) 행동위기개입

행동위기개입모델의 지지자들은 위기는 일상적인 대처방법으로 처리할 수 없는 새로운 자극에 의하여 유발된다고 본다. 그리고 성공적인 위기해결을 위하여 구체적인 위기와 관련된 과업이 숙달되어야 한다고 본다. 행동위기개입모델은 의학적 혹은 병리학 지향적인 틀을 활용하는 개별모델과는 달리 1차적으로 교육적(과업숙달) 틀 내에서 위기해결을 시도한다.

개입은 실패의 가능성과 성격해체의 가능성을 저하시키기 위하여 구체적인 과업을 숙달함에 있어 개인을 돕는 것을 목표로 한다. 이 모델의 치료는 위기발생 후(2차적 예방)나 위기발생 이전(1차적 예방)에 시도될 수 있다. 2차적 차원에서의 예방은 구체적으로 현재 위기상황을 만족스럽게 해결하는 관점에서 이루어진다. 개입은 자극을 유발하는 주요위기의 본질은 사정하고, 성공적으로 완성될 과업을 서술하며, 이와 같은 과업을 성취함에 있어 실제적 원조를 포함한다. 1차적 예방은 위기자극의 유발을 예방하거나 개인의 위기자극의 영향을 감소시키는 데 주안점을 둔다. 1차적 예방 프로그램은 지역의 모든 주민이나 특정 위험에 처한 집단에 대하여 광범위하게 적용된다.

(3) 체계위기개입

위기개입의 체계 모델은 개인 및 위기자극이 존재하고 있는 사회적 맥락을 강조한다. 이렇게 강조하는 것은 다음과 같은 두 가지 이유 때문이다.

첫째, 스트레스적 사건에 대한 개인의 지각은 사건이 유발하는 사회적 맥락에 의하여 좌우된다. 둘째, 위기를 성공적으로 해결하는 개인의 능력은 지지적인 사회적 맥락 여하에 달려 있는 것으로 본다.

체계적 개입의 보다 큰 목표는 체계 내에서 장차 위기상황을 더욱 효과적으로 처리하기 위한 수단을 가지도록 하는 것이다. 그리고 체계개입은 체계 내의 상호작용유형을 개발하는 데 초점을 둔다. 이같이 스트레스적 사건을 더욱 효과적으로 처리할 수 있도록 지지적인 사회적 맥락을 개발시키는 것이다.

(4) 생태계위기개입

제임스(James)와 길리랜드(Gilliland)는 위기개입의 새로운 이론으로서 생태계이론을 제시하고 있는데, 이들은 이 이론을 전자매체의 영향, 체계의 상호의존성, 거시 체계적 접근 등을 중심으로 설명하고 있다.

① 전자매체의 영향

전자매체는 통한 자연재난 등에 신속하고 효과적으로 대처하는 데 도움이 될 수 있는 다양한 정보체계에 접할 수 있도록 해 준다. 그리고 광범위한 전자 시스템을 통하여 위기개입에 필요한 정보를 수집할 수 있다.

② 체계의 상호의존성

사람들은 생태의 한 부분으로 영향을 주고받는다. 한 지역의 약물남용의 만연 그리고 한 도시의 붕괴는 그 영향이 그곳에 그치는 것이 아니라 다른 지역에도 영향을 미칠 수 있다. 이러한 지역에서 생활하지 않는 사람은 그 문제로부터 영향을 받지 않기를 바라며, 사회적 · 재정적 비용을 지불하기를 원치 않는다. 그러나 그 비용의 지불을 연기하면 할수록 장래에 더욱더 많은 비용을 지불할 수도 있다.

③ 거시체계적 접근

미해결된 위기는 클라이언트의 개인적 · 사회적 · 재정적 · 환경적 자원을 파괴시킬 뿐만 아니라 개인이 속하고 있는 전체의 생태체계에 영향을 미친다. 생태체계이론은 재난을 겪는 사람들의 정서적 외상만을 취급해서는 부족하고 전체체계의 안정과 회복을 위한 노력이 있어야 한다고 본다.

위기개입을 위한 체계접근법은 개인의 위기사건이 유발되고 있는 사회적 맥락을 강조한다. 이 접근법에서 위기에 대한 계통적 설명을 함에 있어서 사회 환경의 중요성을 강조하는 점은 정신역동적인 측면과 개인의 초점을 두는 전통적 모델과는 아주 대조적이다. 이는 생태계접근법이 개인의 내면적인 면을 무시한다는 것은 아니다. 이 접근법은 위기의 발생과 해결에서 개인과 가족의 영향을 소홀히 하는 것이 아니라 개인과 환경의 주요변수의 상호관련성에 관심을 기울인다(Panzer, 1983: 190). 즉 위기이론가들은 개인의 인지적 체계뿐만 아니라 사회관계와 문화 및 사회적 요인들을 다 같이 강조한다.

(5) 인지행동적 위기개입

인지행동적 접근법의 특성은 다음과 같다.

첫째, 정신 내면적인 것으로, 먼저 개인의 자율적 사고와 도식에 초점을 둔다. 이 부분의 치료 활동은 개인의 신념체계, 자아에 대한 가정, 세계, 경험 그리고 미래와 일반적인 지각을 다룬다. 치료의 두 번째 초점은 대인관계이며, 타인과 관련된 개인의 스타일을 다룬다. 치료의 세 번째의 초점은 외적인 것으로 행동변화가 더 낳은 대처에 영향을 미치는 것이다.

둘째, 치료자로 하여금 치료를 가이드함에 있어 활동적이 되고 지시적이 되도록 격려하기 때문에 모델의 지시성이 중요시된다. 치료자의 직무는 재진술하고 다시 계통적 설명을 하는 것 이상의 역할을 한다.

셋째, 치료의 공식화가 중요하다. 이것은 치료가 어느 방향으로 진행되는지에 대한 아이디어를 가지고 치료가 어떻게 진행되는지 아는 데 있어 클라이언트와 치료자에게 도움이 되는 개별문제 목록을 설정하게 한다. 이 구조는 위기에 처한 클라이언트에게는 필수적이다,

넷째, 위기개입을 위하여 치료의 단기적인 본질이 요구된다. 일반적으로 인지치료는 12~20세션으로 구성되며, 20주 이상 진행되지 않는 반면에 위기상황의 치료는 더욱 신속히 할 필요가 있지만 반드시 20주에 한정할 필요는 없다.

다섯째, 협동을 해나가는 것이다. 치료자와 클라이언트는 하나의 팀으로 함께 활동해야 한다. 협동은 항상 50 대 50이 아니고 위기에 직면한 클라이언트와는 30 대 70 대 혹은 90 대 10이 될 수도 있다. 역기능적인 클라이언트 일수록 치료에 있어 에너지가 덜 활용될 수 있다. 치료의 초점은 그들의 에너지를 최대한으로 활용하도록 하며 보다 많은 에너지를 창출하게 한다.

여섯째, 인지치료모델은 치료의 역동적 모델이라는 것이다. 필요에 있어서 역동적 · 인지적 접근법은 강화된 지식을 통하여 이해를 증진시키고, 사고, 신념, 태도에 대한 이해를 증진시키기 위하여 개인의 인지표현을 중요시한다.

일곱째, 인지치료는 정신교육적인 치료모델이다. 인지적 치료는 치유모델과는 반대되는 것으로서 기술의 구축 혹은 치료의 대처 모델이다.

여덟째, 인지 모델은 사회적 · 대인관계적 모델이다. 우리는 사회적 공백상태에 존재해 있지 않다. 클라이언트와 중요한 타인, 친구, 직장동료 등과의 관계는 모두 도식적으로 기반을 이루고 있으며, 치료의 중요한 초점이 된다.

2) 위기개입모델의 개입 원칙

위기개입을 하게 되면 종종 의뢰를 하는 경우가 많다. 의뢰 시 다음 몇 가지 원칙을 명심한다.

① 한 번에 3~4곳에 의뢰함으로써 클라이언트를 혼돈스럽게 하지 말아야 하며, 우선순위를 정하고 그 문제에 대해 한 곳에 의뢰한다.
② 클라이언트가 정보를 알고 있는지를 분명히 한다. 반복해 주거나 적도록 한다.
③ 클라이언트는 스스로 연락을 취할 수 없는 경우를 제외하고는 클라이언트가 스스로 의뢰된 기관과 연락하도록 고무한다.
④ 의뢰를 반드시 즉각적으로 할 필요는 없다. 시간을 갖고 생각할 필요도 있다.
⑤ 의뢰를 하기 전에 클라이언트가 치료에 적극적으로 참여할 것인지를 확인하고 클라이언트가 필요한 변화나 결정에 대해 두려움을 갖고 있으면 클라이언트는 도움에 대해 가치가 없다고 생각하고 있는 경우가 많다.
⑥ 가능하다면 의뢰 후 확인전화를 해서 연속성을 갖도록 한다. 워커의 관심을 표현하는 방안이며 의뢰가 얼마나 효과적이었는지 알 수 있다(이윤로, 2010).

3) 위기개입모델에서 자살 다루기

심각한 고통이나 우울증을 경험한 사람들은 그들의 삶에서 발생한 일의 의미를 생각하기보다는 삶이란 무엇인가에 대해서만 의문을 갖는다. 이것은 왜 그들이 살아 있고 살아야 하는가를 고려하는 본질적인 질문이 될 수 있다. 자살은 모든 이들에게 강렬한 감정과 철학적인 이슈를 야기하는 주제이다. 아마도 자살은 다른 어떤 문제보다도 워커를 두렵게 한다.

자살에 대한 여러분 자신의 가치, 두려움과 신념은 무엇인지를 명확히 인식하고 있어야 한다. 그리하여 여러분의 두려움이나 신념 때문에 사회복지사로서의 책임을 못 다하는 일이 없도록 해야 한다. 클라이언트가 자살을 생각하고 있다고 의심된다면 여러분은 즉시 슈퍼바이저에게 자문을 요청해야 한다. 위기개입의 사회복지사로서 여러분이 잘 훈련을 받았을지라도 자살의 상황에 대해 혼자서 모든 결정을 내리려고 해서는 안 된다.

(1) 자살에 있어서 사회복지사의 입장은 무엇인가?

어떤 사람들은 자신이 살아야 할지 죽어야 할지에 대한 결정의 권리를 가지고 있다고 생각하고 있다. 또 어떤 사람들은 자살은 어떤 상황에서도 받아들일 수 없다고 생각한다. 여러분이 자살이라는 주제를 어떻게 보든지 상관없이, 여러분은 각각의 잠재적인 자살 상황을 정확하게 사정하고 자살에 대한 모든 가능성이 있다면 개입해야 하는 윤리적인 책임을 가진다. 여러분이 사회복지사라는 임무 속에서 맡는 책임감은 바로 할 수 있다면 최선을 다해 생명을 구하는 일이다.

사회복지사인 여러분은 여러분이 속한 기관이나 조직의 자살에 관한 정책에 정통해야 한다. 이러한 규칙을 잘 준수한다면 법적 혹은 윤리적인 문제를 별로 갖지 않게 될 것이다.

(2) 자살의 본질

누구나 때에 따라 문제를 가질 수 있다는 것을 기억해야 한다. 자살하려는 사람은 그들의 문제에 대한 대응방법으로서 자살을 생각한다. 왜냐하면 마땅히 자살을 제외한 어떠한 선택의 가능성이 없기 때문이다. 자살하려는 사람은 아픈 것이 아니라 절망에 빠진 것이다. 자살을 시도하려는 몇몇 사람은 정신적 질환을 가지고 있지만 대다수의 경우는 그렇지 않다. 대부분에 있어서 자살하려는 생각이나 충동은, 비교적 기능을 잘 수행하고 안정적인 상태의 사람들이지만 완전히 절망의 상태를 느끼는 위기에 처해 있기 때문에 발생한다.

강렬한 자살의 충동을 느끼는 사람은 미래에 대한 진정한 희망이나 대안이 없고, 그리고 그들이 경험하는 강렬하고 견디기 힘든 감정적이고 육체적인 고통에서 벗어날 수 있는 어떠한 방법도 없다고 생각한다. 이러한 느낌들은 관계의 손실, 사랑하는 사람의 죽음, 수치, 고통 등의 압도적인 상황이나 감정에 의해 야기된다. 이전에 자살을 시도하였던 사람들, 가족들 중 자살한 사람이 있는 사람, 마약이나 술을 하는 사람, 일반적으로 충동적이고 공격적인 사람들은 상대적으로 자살을 시도할 가능성이 크다고 할 수 있다.

(3) 자살시도의 징후

모든 자살 위협은 심각하게 다뤄져야 한다. 자살의 가능성을 강화시키는 요소들은 자살수행 계획을 갖는 것, 계획된 방법의 치명성, 자살에 대한 생각의 빈도와 기간을 포함한다. 기타 경고의 사인은 다음을 포함한다(Maltsberger, 1986; Victoroff, 1983).

- 슬픔, 우울증 혹은 신경증
- 평소와는 다른 단정하지 못한 외모
- 어떤 명백한 이유 없이 흐느낌
- 비관적인 태도의 표현; 미래에 대한 절망감의 표현
- 평소 활동에 대한 관심의 손실
- 자신에 대한 나쁜 감정
- 자기가 없어지면 세상이 좋아질 것이라고 진술 또는 죽는 것이 낫다고 진술함

- 소중히 여겼던 소유물을 버림
- 논쟁하지도 않고 농담에 웃지도 않음
- 자신이 심하게 희생되었다고 느낌

충동적이고 공격적인 성향과 같은 어떤 개인적인 성격은 자살의 위험과 관련이 있다(Goodwin & Brown, 1990). 자살의 위험이 높은 사람들은 다음과 같다. ① 최근에 중요한 손실을 경험한 사람(예를 들어, 사랑하는 사람의 죽음, 실직, 건강의 악화), ② 이전에 자살을 시도한 경험이 있는 사람, ③ 가족 중 자살을 한 사람이 있는 사람, ④ 마약이나 술을 하는 사람

여러분이 누군가가 자살을 생각하고 있다고 의심된다면 이러한 위험요소들을 고려해야 한다. 그러나 때때로 절망에 빠진 사람들은 위의 요소에 부합되지 않는 경우도 있다.

(4) 자살에 대한 워커의 개입

자살예방에 대한 두 가지 중요한 규칙이 있다. ① 여러분은 누군가의 생명을 살리기 위해서 최선을 다해야 한다. ② 여러분은 클라이언트의 결정이나 행동에 책임이 없다. 이는 여러분이 철저한 사정을 하였고 적절하게 개입하였으나 클라이언트가 여전히 자살을 시도했다면 고통스럽고 슬플지라도 이러한 상황 그대로를 수용해야 한다는 뜻이다.

자살 개입의 단기 목적은 클라이언트가 심각한 위기 상황을 잘 넘기도록 하고, 지지집단이나 치료기관과 연결시키며 희망과 대처기능을 회복하도록 하는 것이다. 사회복지사에게 가장 중요한 목표는 자살충동을 느끼는 사람이 지금 당장 위험한가를 결정하는 것이다. 즉, "치명성의 사정"을 해야 하는데 이는 죽음의 가능성, 삶이 곧 위험해질 것이라는 가능성을 파악하는 것이다.

(5) 자살의 치명성 사정

클라이언트가 심각한 우울증을 보이면, 자살의 위험을 평가하여, 징후가 있으면 예방수단을 취하는 것이 중요하다. 성인에 있어 다음의 요소들은 자살위험성과 관련되어 있다.

- 절망, 희망이 없음
- 자살을 시도한 경험이 있음
- 자살할 구체적인 계획(언제, 어디서, 어떻게)
- 지지체계 부족
- 쓸모없다고 느낌
- 자신이 죽으면 남들은 더 좋아질 거라는 믿음
- 이미 죽은 사랑하는 사람과 결합하는 것에 대한 깊은 생각

위에 열거한 요소에 대한 세심한 조사는 자살 위험성을 사정하는 데 도움이 될 것이다. 게다가 자살 위험성을 평가하기 위해 다음의 척도들이 사용 가능할 것이다; 절망척도(Hopelessness scale; Beck, Resnik & Lettieri, 1974), 자살관념척도(Scale for suicide ideation; Beck, Kovacs & Weissman, 1979), 자살가능성 척도 (Suicide probability scale; Cull & Gill, 1991). 자살가능성이 분명할 때는 정신의학적 평가와 입원치료가 고려되어야 한다.

| 아동과 청소년의 우울증과 자살위험성 사정 |

> 아동과 청소년들 또한 우울증을 겪을 수 있다. 이 집단 내에서 자살의 위험성이 있다. 사실 지난 30년 동안 미국 청소년의 자살률은 세 배로 증가했다. 15세와 24세 사이의 50만 명의 젊은이들이 매년 자살을 시도하며, 5천 명이 자살에 성공한다. 그래서 청소년 우울증의 징후와 부모들이 보고하는 행동적 징후를 잘 아는 것이 중요하다. 심각한 우울증에 걸린 청소년에 대한 세밀한 연구에 기초하여, 연구자들은(Ryan et al., 1987) 공통적인 징후를 확인했다.
> 35% 이상의 경우인 것만 열거한 다음의 목록은 가장 높은 빈도(60%)부터 가장 낮은 빈도(35%)까지 정렬되어 있다.

1. 우울한 기분
2. 무쾌감증
3. 피로
4. 자신에 대한 부정적인 이미지
5. 분위기에 잘 좌우되는 것
6. 집중력 감소
7. 자살 관념
8. 수면부족

부모들은 자녀가 우울해 있다는 것을 깨닫지 못하는 경우가 많기 때문에, 부모들에게 아래의 추가적인 행동적 징후를 경고해 주는 것이 중요하다(Gold, 1986: 10).

- 개인적 습관이 나빠지는 것
- 학업성취도가 떨어지는 것
- 슬픔, 우울증, 갑작스럽게 눈물을 흘리는 반응이 눈에 띄게 증가하는 것
- 식욕저하
- 약물이나 알코올 사용
- 죽음에 대한 이야기(심지어 농담의 형식이라 하더라도)
- 친구나 가족과 갑자기 만나지 않는 것

기분상태의 동요나 거친 변화는 청소년기의 특징이기 때문에, 위에서 열거한 경고 신호들은 오직 10일 이상 지속될 때만 우울증의 징후로 간주할 수 있다. 만약 아이가 이 징후들 중 여러 가지를 보인다면, 정신의학적 상담을 받을 것을 권해야 한다. 위에서 열거한 심각한 우울증의 징후에 더불어 청소년이 절망적인 감정을 드러내거나, 최근 사랑하는 사람의 죽음을 경험했거나, 부모와 심각한 갈등을 겪었거나, 중요한 동료나 연인과의 밀접한 인간관계를 잃어 버리게 되거나, 그를 도와줄 원조 체계가 없을 때, 자살의 위험성이 가장 높다. 청소년 자살에 대한 연구는(Fowler, Rich & Young, 1986) 적어도 자살의 50%가 과도한 음주나 약물 남용과 연관되어 있다는 것을 밝히고 있다.
아동우울증에 관해서 이야기하자면, 빈도순서는 약간 다르긴 하지만, 아동의 우울증 징후는 앞에서 열거한 청소년의 징후와 별로 다르지 않다. 한 가지 주목할 만한 차이가 있는 것은 심각한 아동우울증의 30%에서 이별걱정(부모로부터 버림받을 것에 대한 공포)이 나타난다는 것이다.

다음의 단계별 가이드라인은 누군가가 자살을 생각하고 있다고 느끼는 상황에 적용할 수 있다.

- **1단계**

확인하라. 자살할 정도의 절망감이 엿보인다면 이를 확인해 보아야 한다. "혹시 자살을 생각하고 있습니까?"라고 물어 보아야 한다. 만일 여러분의 생각이 틀리다면 그는 아니라고 말할 것이다. 이러한 이야기를 꺼냈다는 것만으로 그 사람이 자

살을 시도하지는 않을 것이다. 만약 여러분이 필요하다고 진정으로 느낀다면 확인하는 질문을 두려워해서는 안 된다.
때로는 누군가가 매우 우울하고 압도되어 있고, 자살할 가능성도 있다는 것은 언어적 표현뿐만 아니라 비언어적 표현을 통해서도 힌트를 얻을 수 있다. 예를 들어, 아주 아팠거나 우울하거나 충격을 경험한 사람은 기분이나 행동에 눈에 띄는 변화를 보이는데, 이는 체크될 필요가 있다. 이러한 변화들은 소중한 물건을 버리거나 유서를 작성하거나 사람을 만나지 않는 것 등을 포함한다. 주변 사람들은 이러한 징후를 잘 알아차려야 한다. 예를 들어, 한 여성이 이혼 후, 부엌에 있는 모든 칼들을 눈에 띄지 않게 숨겨 두었다. 이는 자기자신을 자살 욕구로부터 보호하려는 상징적인 행동으로 아주 의미심장하다고 볼 수 있다.

• 2단계

치명성을 사정하라. 자살에 대한 생각과 행동은 3단계로 이루어진다. 이 단계들은 다음과 같다:
① 자살하려는 생각, 느낌. 목숨을 끊고 싶은 생각을 하는 것이다.
② 자살 계획, 위협. 누군가에게 자살의 생각이나 느낌에 관해 이야기하기 시작한다. 또는 어떻게 자살을 할지에 대해 상세히 계획하기 시작한다.
③ 자살 시도. 목숨을 위협하는 행위를 직접 시행한다. 실제로 죽으려 했건 아니건 이것은 아주 위험한 시도이다.

얼마나 치명적인가를 결정할 때는 자살의도와 함께 자살을 위해 선택된 방법의 위험성을 고려해야 한다. 다음의 **표 7-1**은 위험의 정도를 고려하는 한 방법이다.

표 7-1 자살의 치명성 분류

	높은 치명성	낮은 치명성
높은 의지	1	3
낮은 의지	2	4

레벨 1. 자살의지가 높고 위험한 방법을 사용하려 한다; 이 경우가 가장 위험하다. 예를 들어, 혼자 있거나 아무도 찾아올 사람이 없을 때 총을 쏘거나 목을 맨다.
레벨 2. 자살하려는 의지는 약하지만 방법이 치명적이라는 것을 모르고 있다. 예를 들어, 위험한 약물을 복용하거나 사고로 죽으려 한다.
레벨 3. 자살하려는 의지는 강하나 그 수단이 치명적이지 않다. 예를 들어, 치사량에 전혀 미치지 못하는 약물을 복용한다.
레벨 4. 자살하려는 의지가 약하고 치명성도 낮은 수단을 사용한다. 예를 들어, 도움을 요청하는 신호를 보내기 위한 제스처이다.

자살의 치명성을 사정하기 위해서 다음을 사정해야 한다.

- 위험성. 자살 위협이 얼마나 심각하다고 판단하는가? 사용하는 무기가 얼마나 치명적인가? 스트레스와 절망감이 얼마나 심각한가?
- 계 획. 누군가가 자살을 생각하고 있다면 계획이 있는가? 언제 그리고 어떻게 이 계획이 실행될 것인가? 그 계획이 얼마나 세부적이고 구체적인가? 그 계획대로라면 자살에 성공할 수 있는가? 클라이언트가 계획을 실행하기 위해서 어떻게 해야 할지를 알고 있는가? 자살 계획에 대한 질문의 예는 다음과 같다.
  - 어떻게 자살을 할지 생각해 본 적이 있습니까?
  - 무엇을 할 계획입니까?
  - 어떤 종류의 약을 먹을 생각이십니까? 얼마나 많이 복용할 것입니까? 이미 약을 확보해 놓으셨습니까? 충분한 양이 있습니까? 그 약에 대한 처방전을 가지고 있습니까? 잘 아는 약국이 있습니까?
- 긴급사태인가 아닌가. 자살과 같은 경우에는 긴급 상황인가를 즉각 판단해야 한다. 생명이 급박한 경우에 처했으면 신속하고 단호한 조치를 취해야 한다. 클라이언트가 이미 약물(수면제)을 삼켰는가, 총을 쏘거나 동맥을 끊었는가? 여러분이 경찰이나 구급차를 불러야 하는가? 아니면 그 사람과 이야기할 시간이 있는가? 이 시점에서의 질문의 예로는 “약을 삼켰습니까? 무슨 약입니까? 얼마나 많이 복용했습니까? 복용한 지 시간이 얼마나 됐나요? 술을 마셨습니까? 집에 아무도 없습니까? 올 사람도 없습니까?” 등이 있다.
- 언제 자살을 시도하려는가? 얼마 후에 자살하겠다고 클라이언트가 이야기한다면 (예를 들어, “나는 무능력해지면 자살할 거야” 또는 “아들이 죽기라도 하면 나는 내 자신한테 무슨 일을 저지를지 몰라”), 긴급한 사건은 아직 일어나지 않은 것이다. 이러한 상황에서는 적극적으로 들어 주는 것이 적절한 방법이다. 예를 들어, 한 남자가 에이즈에 감염된 후 직장을 그만두고는 자신을 도와주는 자원봉사자에게 스스로를 돌볼 수 없을 때가 되면 자살을 할 것이라고 말했다. 그 말을 들은 자원봉사자는 자살을 위한 즉각적인 계획이 없다는 것을 확실히 안 후, 그의 두려움에 대해 몇 시간씩이나 이야기를 들어 주었다. 이 사람은 곧바로 자살하지 않고 건강하게 7년을 더 살았다. 그러나 7년이 지나고 자신의 담당 의사로부터 절망적인 말을 들은 후 그는 불행히도 권총으로 자살을 했다. 그는 자신이 무엇을 할 것인지를 누구에게도 언급하지 않은 채 자살을 감행하였다.

• 3단계: 긴급개입 또는 적극적인 경청을 택하라

긴급사태란 여러분이 곧 자살을 시도할 사람과 같이 있거나 혹은 계획을 갖고 있는 사람 또는 이미 시도한 사람과 전화를 하고 있는 상황을 말한다.

- 긴급개입의 과정
  - 이 상황에서 여러분은 적극적이고 직접적이고 단호해야 한다.
  - 모르는 사람과 통화하고 있다면 개인의 신상을 알아야 한다. 이름과 주소, 전화번호, 현 위치를 조사하라. 혼자 있는지 그렇지 않은지도 알아본다. 적극적으로 정보를 알아낸다(그가 전화를 끊어버리지 않도록 주의하면서).

- 이미 알고 있는 사람과 통화하는 것이라면(이미 전화번호와 주소를 알고 있을 때), 현재 있는 위치와 누구와 함께 있는지 알아본다.
- 그 사람과 계속 전화 통화를 하고 있어야 한다. 그리고 절대로 그 사람을 혼자 두어서는 안 된다.
- 그 사람에게 경찰이나 구급차를 부르는 것을 허락하도록 설득해야 한다. 클라이언트가 의식을 잃거나 전화를 끊으면 그 사람의 허락이 없어도 경찰에게 신고해야 한다. 여러분이 통화 중이라면 동료에게 경찰에 연락하라고 쪽지를 써야 할 것이다.
- 매우 치명적인 상황에서는 의례적인 비밀보장은 적용되지 않는다. 생명을 구하는 것이 더 중요하다. 여러분이 경찰이나 구급차를 부른다면 여러분이 밝혀야 할 사실은 자살 시도가 있었다는 진술만 하면 된다. 여러분은 그 사람의 병력에 대한 진단 혹은 여러분의 기관과의 연관성에 대한 내용을 다 말할 필요는 없다.

• 긴급하지 않은 상황

여러분이 긴급 상황에 직면한 것이 아니라면 자살에 대한 대화나 전화 통화는 적극적 경청을 활용해야 한다. 클라이언트의 상황을 사정하고 감정에 반응해야 한다. 그 사람을 자살까지 생각하게 한 슬픔과 절망의 감정에 대해 그 사람 스스로가 이야기하도록 유도해야 한다. 클라이언트가 자신의 생각과 감정을 자유롭게 표현할 수 있도록 개방하고 수용해야 한다. 누구나 이해받고 싶어하며 자기의 이야기를 들어 주기 원한다. 많은 경우 자포자기한 사람들은 아무도 자신을 이해하지 못한다고 생각한다. 때로는 여러분이 그 사람을 완전히 이해하고 동의하거나 어떤 조언을 할 수 없을지라도 집중적인 관심과 적극적 청취를 해 준다면 그 사람은 자신이 이해받았다는 느낌을 갖게 된다. 자살을 시도하는 사람이 반드시 조언을 필요로 하는 것은 아니다.

(6) 자살에 대응하는 원칙

① 모든 자살의 징후들을 심각하게 받아들여라

때때로 클라이언트는 정말 죽으려는 시도가 아닌, 도움이 필요하다는 신호로 자살에 대한 암시를 보내기도 한다. 중요한 것은 클라이언트의 안전을 우선시해야 한다는 것이다. 의도하지 않았어도 우연히 죽음에 이르는 경우가 있기 때문이다.

자살의 시도가 반복됨에 따라 점점 더 그 강도가 위험해지기 때문에,

전에 자살을 시도해서 실패한 경험이 있는 사람은 그 다음 시도에서는 실제로 위험에 처할 수 있다는 점도 중요시해야 한다.

② 개인의 양가감정을 활용해라

사람들이 자살을 실제로 실행하지 않고 대신에 사회복지사에게 자살 이야기를 한다는 자체는 아직까지 자살에 대해 양가감정이 존재하는 것이고 결정을 내리지 못했기 때문이다. 따라서 워커는 클라이언트의 내면에 살고자 하는 욕구를 끄집어 내어 활용해야 한다. 누군가가 98% 죽기를 원한다고 확신한다 해도 그 나머지 살고 싶다는 2%를 끄집어 내기 위해서 노력해야 한다.

③ 대부분 자살에 관한 생각은 일시적인 것이다

위기는 클라이언트로 하여금 클라이언트의 깊고 격한 고통이 오래가지 않을 것이라는 것을 알게 할 수 있으며, 그 일시적인 충동을 이겨 내도록 할 수 있다는 점을 꼭 기억해야 한다. 그러나 자살에 관한 생각은 종종 위기가 닥치면 다시 표면화될 수도 있기에 워커는 이에 대해 클라이언트를 준비시켜야 한다.

④ 자살개입을 위한 특수한 기술

십대 청소년과 청년기, 노년층은 자살의 고위험군에 해당한다. 특히 우리나라에서 최근 나타나는 사회지도층의 자살과 중·고등학생의 성적 비관에 따른 자살 그리고 경제파탄으로 인한 가족동반 자살은 자살의 심각성과 독특한 문화적 특성을 반영한 것이다. 자살을 생각하거나 시도하는 클라이언트를 안전하게 보호하는 것은 사회복지사의 의무 가운데 하나다. 따라서 사회복지사는 클라이언트의 상황에 적절한 임상적·

법적 보호책을 마련해 놓아야 하며, 자살을 생각하거나 시도하려는 클라이언트를 보호할 개입전략을 숙지해야 할 필요가 있다.

셰퍼 등(Sheafor et al., 1997)은 자살위험이 있는 클라이언트를 위한 지침을 다음과 같이 제공하였다.

㉠ 자살에 관한 모든 메시지는 심각하게 받아들여야 한다. 잘못된 속설[1])을 믿지 않도록 한다.

㉡ 자살에 관한 간접적인 표현(예: 난 여기 오래 머물러 있지 못할 것 같다 등)에 주의를 기울인다.

㉢ 자살을 하려는 사람은 살려는 욕구와 죽음을 통해 고통을 벗어나고자 하는 양가감정을 경험하므로 이에 주의를 기울인다.

㉣ 자살을 생각하는 사람과 의사소통할 때 단순하고 직접적인 질문을 한다(예: 죽고 싶은 생각이 든 적이 있나요? 어떤 방법으로 자살하려고 합니까? 등).

㉤ 왜 그 사람에게 삶이 지금 그렇게 고통스럽고 하찮은 것으로 느껴지는지 이해하도록 노력한다.

㉥ 자살을 할 구체적인 방법을 선택했는지 판단한다. 또 그러한 방법에 클라이언트가 가까이 접근할 수 있는지 결정한다. 자살방법을 선택하고 그 방법에 접근할 수 있다면 그 위험이 높은 것이다.

㉦ 구체적인 자살계획을 수립했는지 판단한다.

㉧ 자살방법의 치명성을 판단한다.

㉨ 과거에 자살을 시도한 적이 있는지 판단한다. 과거에 시도한 경험이 있다면 위험성은 더 커진다.

㉩ 최근 자살을 생각하게 만드는 사건과 그 사건이 주는 의미를 파악한다.

1) '말로만 자살을 하겠다고 해 놓고 실제로 실천에 옮기지 않겠지', '미친 사람이나 자살을 하려고 한다'는 속설(10% 정도만이 정신이상자), '그까짓 문제를 가지고 자살을 하겠냐?'는 안이한 태도, '자살을 하려는 사람은 아무도 말리지 못한다'는 속설, '자살을 하면 모든 문제가 해결되리라'는 자살자의 잘못된 신념, '자살은 누구나, 특히 청소년기에는 한 번쯤 생각할 수 있다'는 생각, '자살을 함으로써 죽은 자의 곁에 가까이 가겠다'는 생각 등이 있다.

㉠ 자살 생각을 하는 사람은 '협소한 생각(tunnel vision)'을 가질 수 있으므로 이러한 고통을 다룰 대안적인 방법을 모색하도록 돕는다.

㉡ 자살하려는 삶이 위급한 시기에 의지할 사람이 있는지 파악한다. 특히 배우자와의 사별, 이혼, 이별은 자살의 위험성을 높인다. 주변 사람들의 지지는 자살예방에서 매우 중요한 역할을 한다.

㉢ 자살을 생각하는 사람들에게 자살이란 '일시적인 문제에 대한 영구적인 대책'이 된다는 점을 인식하고 다른 대안이나 해결책을 모색할 수 있도록 돕는다.

㉣ 진정으로 자살하려는 사람을 막는 것이 현실적으로 불가능할 수도 있지만 상담, 면밀한 점검, 입원 등은 자살을 늦출 수 있다. 하지만 항상 자살을 막을 수 있는 것은 아니다(서울대사회복지실천연구회 역, 1998).

이상의 개입전략 외에도 사회복지사는 자살예방과 관련된 위험요인과 보호요인을 파악하고, 자살과 관련된 많은 연구조사에서 밝혀진 내용을 토대로 자살의 예방 및 사후조치에 노력해야 한다.

(7) 의뢰

사회복지사는 자살을 생각하는 사람들을 자살 전문가에게 의뢰할 수 있는 준비가 되어 있어야 한다. 자살의 위기에 있는 사람이 이미 심리치료전문가(정신의학자, 정신의료사회복지사, 심리학자 또는 치료자)와 연관되어 있다면 그 전문가와 곧바로 상담하도록 권해야 한다. 이러한 전문가야말로 책임감 있게 그 상황의 심각성을 다룰 가장 적절한 사람이다.

대부분의 도시들은 위기에 처한 사람들을 돕기 위한 전화상담소를 갖추고 있다. 때때로 자살을 시도하는 사람은 어떤 결정도 내리기 힘들기 때문에 워커가 전화상담소나 치료자 또는 지역사회정신보건센터에 전화를 해야 하는 경우도 있다. 도움이 가능하다는 것과 사람들이 진정으로 관심을 가지고 있다는 것을 강조하는 것이 중요하다.

(8) 워커 자신을 보호하기

다른 어떤 상황보다도 자살의 문제를 다루는 경우, 사회복지사는 자신을 보호해야 하고 지지를 얻어야 한다. 만약 여러분이 자살의 경우를 해결하는 데 문제가 있었던 경험이 있었다면 동료 워커 혹은 슈퍼바이저에게 자문을 구해야 한다. 여러분의 슈퍼바이저가 가능한 한 빨리 자살 상황에 관여하도록 하는 것이 중요하다.

(9) 자살한 사람의 유가족

자살한 사람의 유가족에게 정서적 도움을 제공해야 할 경우가 있다. 유가족은 죽음 뒤에서 슬픔, 양심의 가책, 분노, 당혹감, 수치심을 느끼는 경향이 있다. 언제나 그렇듯이 여러분의 역할은 적극적으로 경청하고 고통을 인정해 주는 것이다.

만약 여러분이 아는 누군가가 자살했다면 여러분도 후회, 분노, 그리고 양심의 가책까지도 느낄 수 있을 것이다. 이러한 경우에 친구들이나 가족, 또는 동료 워커나 슈퍼바이저로부터 도움을 구해야 한다. 그가 자살한 것이 여러분의 책임은 아니라는 것을 인식해야 한다.

CHAPTER 08

동기강화모델

동기강화모델은 윌리엄 밀러에 의해 개발된 내담자 중심적인 변화를 위한 체계적인 사회복지 개입 접근법으로 이 장에서는 동기강화모델의 철학과 기본개념, 동기강화모델의 개입목표 및 과정, 동기강화모델의 개입 기법 등에 대해 간략히 소개해 보고자 한다.

1 동기강화모델의 철학과 기본개념

1) 동기강화모델의 철학

동기강화상담은 1982년 노르웨이에서 약물중독 심리치료사들의 슈퍼바이저 역할을 하던 윌리엄 밀러(William Miller)가 어느 날 잠시 들렀던 이발소에서 우연히 아이디어를 얻어 시작되었다. 노르웨이의 중독 심리 전문가들은 도전적 질문을 던지면서 배우는 것에 익숙했다. 그래서 이들은 미국 심리학자인 밀러에게도 대답하기 어려운 여러 가지 질문을 끊임없이 던지곤 했다. 끊임없이 던지는 “왜 그렇지요?”라는 질문에 답하기 위해 고민하는 과정에서 바로 “음주 문제를 가진 사람들을 위한 동기강화상담"이 발전되었다. 이러한 문제에 대한 새로운 통찰을 통해 시작된 동기강화상담의 개념과 방법은 그 이후 중독 재활 실무자들에게 매우 유용하게 사용되었다.

즉, 동기강화모델은 1980년대 초 밀러에 의해 소개된 이후 행동변화를 필요로 하는 사회복지실천현장의 다양한 클라이언트에게 적용되어 그 효과성이 보고되고 있는 증거기반 실천방법이다. 동기강화모델은 부정(denial)하는 특성을 가지며 단주 동기가 낮은 알코올중독자의 치료에 사용되면서 시작되었으나 점차 행동변화가 요구되는 흡연, 약물남용, 도박 등의 다양한 유형의 중독자, 폭력가해자 등의 비자발적 클라이언트와 일상생활에서 규칙적인 건강관리가 필요한 만성질환자에게 그 적용이 확대되고 있다. 사회복지영역에서 동기강화모델의 확산 추세는 기본적으로 동기강화모델이 로저스(Rogers)의 인간중심철학에 기반하고 있으며, 단기적으로 개입하고, 비교적 개입과정을 훈련받기 쉬운 특성 때문으로 판단되고 있다.

오늘날에는 밀러(Miller)와 롤닉(Rollnick)이 저술한 <동기강화상담>이 한국을 비롯한 다양한 국가의 언어로 번역되어 사용되고 있으며, 그 중 몇 나라에서는 중독 이외의 일반적인 문제에까지 적용되어 발전하고 있다. 북미를 비롯한 유럽 및 오세아니아의 상담 전문가들에게는 필독서로 통하고 있는 동기강화상담은 중독 전문가뿐만 아니라 행동 변화를 도와야 하는 대부분의 사회복지사들이 반드시 알아야 하는 접근방법으로 받아들여진다.

2) 동기강화모델의 기본개념

동기강화모델은 행동의 변화를 위하여 클라이언트가 경험하는 변화에 대한 양가감정을 탐색하고 해결해 가는 과정을 통해 개인에게 내재된 변화 동기를 강화하는 클라이언트 중심적인 접근이다. 즉, 클라이언트가 자신의 상황에 대해 갖고 있을 양가감정을 탐색, 해결하게 하고 클라이언트중심 상담기법을 사용하며, 이러한 전 과정을 구체적 방향성을 가지고 진행해 나가는 접근이라고 할 수 있다. 따라서 동기강화모델의 정의를 다음과 같이 세 가지로 설명할 수 있다.

첫째, 일반적 정의: 동기강화모델은 개인이 가진 자신의 변화동기와 변화결심을 강화하기 위한 협력적인 대화방식이다.

둘째, 전문가 정의: 동기강화모델은 변화에 대해서 일반적으로 나타날 수 있는 양가감정의 문제를 다루는 인간중심적인 모델방식이다.

셋째, 기술적 정의: 동기강화모델은 변화대화에 특별히 주의하는 의사소통 방식으로 협력적이며 목표지향적인 대화방식이다. 수용적이고 공감적인 분위기 속에서 개인이 가진 자신의 변화이유를 이끌어내고 탐색함으로써 특정한 목표에 대한 개인적 동기와 결심을 강화하도록 고안되었다. 따라서 동기강화모델의 핵심 용어 정리를 하면 다음과 같다.

(1) 양가감정

양가감정(ambivalence)이란 어떤 사물, 사람, 사건에 대해 동시에 두 가지가 양립 불가능한 느낌을 경험하는 것이다. 변화가 필요한 상황에 처하면 사람들은 변화하고 싶기도 하고 그렇지 않기도 하는 양가감정을 느끼게 된다. 동기강화상담을 통해 상담자는 내담자가 변화에 대해 느끼는 양가감정을 더욱 구체적으로 발견해 가도록 격려하고, 양가감정의 대립으로 인한 긴장 상태에서 벗어나게 한다. 그리고 여러 가지 방법으로 내담자가 자신의 바람직한 가치관에 맞는 행동을 선택하여 지속하도록 도와줌으로써 행동의 변화를 가져올 수 있게 한다.

(2) 내적 동기

내적 동기는 자기 스스로 무언가를 하려는 에너지이다. 지시나 강제 또는 성취의 결과가 주는 보상을 기대하는 것과 같이 학습과제를 성취해야 할 이유가 외부에 있는 것이 아니라 학습자 스스로 어떤 과제를 성취하고자 하는 동기이다. 일반적으로 외적 동기는 내적 동기에 비해 강도가 약하며, 행동을 비정상적으로 유도할 수 있으므로 효과적인 동기의 유발방법으로는 외적 동기보다 내적 동기를 유발하는 것이 효과적이다.

(3) 방향 지향적

방향 지향적이란 비지시적과 반대의 개념으로, 내담자가 변화를 향하여 나아가도록 하는 것을 의미한다. 로저스의 비지시적 내담자중심 상담과 차별화된 특징이다. 로저스의 이론을 기반으로 하고 있지만 이 부분에 있어서 큰 차이를 보인다.

(4) 변화 동기

변화 동기란 내담자가 변화하려는 이유, 욕구, 필요, 바람과 능력이 변화 동기에 포함된다. 변화 동기가 강해야지만 양가감정에도 흔들리지 않고 치료를 끝까지 이어 갈 수 있다.

3) 동기강화모델의 정신

사회복지사가 동기강화모델을 잘 이해하고 훈련받기 위해서는 동기강화모델을 잘 이해하고 훈련받기 위해서는 동기강화모델의 정신을 숙지해야 한다. 호먼(Hohman, 2012)은 ① 동기강화모델이 사회복지실천의 원칙과 가치와 유사한 점, ② 비자발적 클라이언트, 행동변화가 요구되는 클라이언트 등 사회복지사의 주요 개입 대상에 대한 동기강화모델의 효과에 대한 연구가 축적되고 있는 점, ③ 특정 영역 및 대상이 아니라 다양한 문화적 배경을 가진 클라이언트에게 다양한 실천현장에서 적용할 수 있는 점, ④ 다른 개입모델과 통합하여 활용할 수 있는 점을 제시하면서 사회복지실천현장에서 동기강화모델의 유용성을 주장하였다.

롤릭과 밀러(Rollnick & Miller, 1995)가 제시한 동기강화모델의 정신을 살펴보면, 동기강화모델이 사회복지실천의 원칙에 부합함을 알 수 있다. 동기강화모델의 정신은 다음과 같다.

첫째, 변화동기는 클라이언트로부터 나오는 것이지 외부로부터 부여되는 것이 아니다.

둘째, 양가감정을 분명히 인식하고 해결하는 것은 사회복지사가 아닌 클라이언트의 몫이다.

셋째, 사회복지사의 설득, 조언, 충고는 양가감정을 해결하는 데 효과적이지 않다.

넷째, 동기강화모델의 모델방식은 조용히 이끌어 내는 방식이다.

다섯째, 사회복지사는 클라이언트가 자신의 양가감정을 들여다보고 해결하도록 돕는다.

여섯째, 변화는 대인 간의 상호작용으로부터 발생한다.

일곱째, 사회복지사와 클라이언트의 관계는 파트너십 혹은 동반자의 관계다.

4) 동기강화모델의 원리

밀러와 롤릭(Miller & Rollunick, 2002)은 동기강화모델의 4가지 원리로서 ① 공감 표현하기, ② 불일치감 만들기, ③ 저항과 함께 구르기, ④ 자기효능감 지지하기를 제시하였다.

첫째, 공감 표현하기는 사회복지사와 클라이언트의 관계형성을 위해서 필수적이다. 클라이언트의 상황을 이해하고 있으며, 이를 공감하고 있음을 충분히 전달함으로써 신뢰관계가 형성되며, 이를 기반으로 개입이 원활하게 진행될 수 있다.

또한, 공감은 상담 과정에서 대단히 중요한 일반 요인(common factor)이며, 상대방의 입장에서 상대방이 경험하고 있는 것을 경험해 보는 것을 말한다. 공감 표현하기와 관련이 있는 상담자의 태도로 수용(acceptance)을 들 수 있다. 상담자의 수용적 태도의 핵심은 내담자의 말을 존중하는 자세로 귀 기울여 듣는 데에 있다. 내담자를 있는 그대로 수용할 때, 내담자는 스스로 변화하고 싶어 하지만, 반대로 변화를 강력하게 촉구하는 지시적인 말을 해 주면 내담자에게는 오히려 변화하지 않으려는 경향성이 생겨난다.

왜냐하면 인간의 독립성은 아동기 초기에서부터 성장과 발달의 주요 과업이고 성공적인 성인의 특징으로 간주되어 왔기 때문이다. 그래서 성인은 어떠한 이유에서건 독립감이 훼손되는 것을 원하지 않는다. 상담자의 수용과 존중의 태도는 내담자의 독립감을 훼손시키지 않고 내담자와 치료적 협력 관계를 형성시켜 주며 내담자의 자아 존중감을 지지하는 효과도 있다. 이러한 요소가 결국 자연스러운 변화를 촉진시킨다.

둘째, 불일치감 만들기는 클라이언트의 가치와 행동 간의 차이를 분명하게 드러내도록 하는 것이다. 불일치감 만들기는 전통적인 중독치료에서 해 왔던 '직면(confrontation)'기법을 사용하는 것이 아니라 스스로 자신의 양가감정을 파악하고 검토하게 하는 것이다.

상담자는 내담자의 행동과 신념, 가치관 사이의 불일치감을 더욱 만들어 내기 위해 이를 발견할 수 있도록 질문하고 돕는 역할을 맡아야 한다. 이때 상담자는 내담자의 행동과 가치관이 불일치함을 지적하거나 문제해결 방향을 지시하거나 판단과 비판을 하는 것은 내담자의 변화 동기를 방해한다는 점을 유의해야 하며, 내담자의 꿈과 희망 및 가치에 대해 진심으로 질문함으로써 내담자 스스로 상황을 볼 수 있도록 돕는 것이 중요하다.

셋째, 저항과 함께 구르기는 변화에 대한 클라이언트의 저항, 다시 말해서 주저함이나 망설임을 그대로 인정하고 존중하라는 의미로 볼 수 있다. 즉, 저항에 직면하거나 회피하지 말고 있는 그대로 받아들이고 개입함으로써 클라이언트의 방어 상태를 감소시키도록 한다.

넷째, 자기효능감 지지하기란 클라이언트가 변화의 주체이자 변화할 수 있는 능력이 있음을 스스로 확신하도록 지지하는 것이다(장수미 외, 2018).

2 동기강화모델의 개입목표 및 과정

1) 적용 대상

동기강화모델은 초기에 알코올 의존자에게 적용되었지만, 오늘날 다양한 건강 분야의 대상에게 적용되고 있다. 동기강화모델은 자신의 행동에 대해 부정하고, 변화에 대한 동기가 적다는 특징을 띠는 전형적인 중독행동을 가진 사람이 대상이 된다. 예를 들면, 알코올과 흡연, 약물, 도박, 가정폭력, 대인폭력 등에 중독 행동을 보이는 사람이 대상이 될 수 있다. 이외에도 만성질환, 이중장애, 비만, HIV, AIDS의 개입에도 활용되고 있다. 이처럼 동기강화모델은 다양한 대상에게 활용이 가능하다.

2) 적용 절차

동기강화모델은 단기 개입으로 하며, 대체로 3개월 이내의 개입을 기본으로 한다. 동기강화모델에 기반을 둔 1~2회기만으로도 10회기의 장기 심리적 개입의 효과를 낼 수 있다고 한다.

동기강화모델은 인지행동모델이나 해결중심모델과 같이 다른 모델과 통합적으로 시행되기도 한다. 보통 동기강화모델에 기반을 두고 집중적 단기 개입을 실시한 후 사후 개입으로 전화면담, 부모교육, 사례관리로 연결할 수 있고, 개별 및 집단을 활용한 개입이 가능하다.

동기강화모델 적용에 따른 클라이언트의 변화 단계를 소개하면 다음과 같다.

① 숙고 전 단계(precontemplation): 이 단계에서 클라이언트는 6개월 내에 현재의 행동양식을 변화시키는 것에 대해서 전혀 고려하고 있지 않는 상태이다.

② 숙고 단계(contemplation): 이 단계에서 클라이언트는 현재 행동양식 및 행동변화로 인한 이해관계를 검토한다.

③ 준비 단계(preparation): 이 단계에서 클라이언트는 행동양식을 변화시키기 위한 실행에 전념하리라는 약속을 하고 변화를 위한 계획과 전략을 개발한다.

④ 실행 단계(action): 이 단계에서 클라이언트는 계획을 실행하고, 행동양식을 변화시키고 새로운 행동양식을 만들기 위해 하나씩 실행한다.

⑤ 유지 단계(maintenance): 새로운 행동양식이 6개월 이상 유지되고, 이 행동양식이 개인의 생활양식 속으로 견고하게 통합된다.

3 동기강화모델의 개입기법

1) 모델의 원리

(1) 공감 표현하기

공감 표현하기는 사회복지사가 클라이언트의 상황을 이해하고, 공감하고 있음을 충분히 전달함으로써 사회복지사와 클라이언트 간의 신뢰관계의 형성에 도움을 주는 실천 기술이다. 사회복지사가 클라이언트의 상황에 공감을 해 주면 클라이언트는 나의 어려움을 누군가가 이해해 준다고 느끼게 되고, 마음을 열고 신뢰를 쌓기 시작한다.

(2) 불일치감 만들기

클라이언트가 이상적으로 생각하는 가치와 현재 나타나는 문제행동의 차이를 인식하게 하는 것이다. 클라이언트가 불일치감을 느끼게 되면 스스로의 변화 필요성을 느끼게 된다. 이는 '직면'기법이 아닌 상호대립되거나 모순되는 감정이 공존하는 것을 파악하고 검토하게 하는 것이다.

(3) 저항과 함께 구르기

저항과 함께 구르기는 변화에 대한 클라이언트의 저항, 즉 클라이언트의 주저함이나 망설임을 그대로 인정하고 존중하는 것이다. 저항은 변화의 자연스러운 과정으로 사회복지사가 클라이언트의 저항을 회피하지 않고 그대로 받아들이며 개입하면 클라이언트의 방어 상태를 감소시킬 수 있다.

(4) 자기 효능감 지지하기

클라이언트가 변화의 주체이자 변화할 수 있는 능력이 있음을 스스로 확신하도록 지지하는 것으로, 변화는 사회복지사의 충고, 조언, 설득에 의한 것이 아니라 클라이언트의 내재된 힘에서 나온다.

2) 모델의 개입기술

기본적인 동기강화모델의 개입기술기법은 개방형 질문하기(Open-ended Questions), 인정하기(Affirmations), 반영하기(Reflections), 요약하기(Summaries)로서, OARS로 부른다.

① 개방형 질문하기는 사회복지사가 아닌 클라이언트의 시각에서 클라이언트의 어려움에 대한 정보를 수집하는 데 도움이 되는 질문 형태로 질문하는 것을 말한다. 사회복지사는 열린 질문 혹은 개방된 질문을 통해 클라이언트가 자신의 상황을 클라이언트의 생각이 잘 반영되도록 대답할 수 있도록 하는 질문을 하여 클라이언트의 시각에서 정보를 수집하여야 한다.

② 인정하기는 클라이언트가 가지고 있는 강점, 과거의 행동이나 태도 중에서 긍정적인 측면, 좋아진 점, 개선된 점에 대해 인정함으로써 지지하는 것을 말한다. 이를 통해 오랜 어려움 속 클라이언트의 자존감을 높일 수 있고, 사회복지사와 클라이언트의 관계형성에 도움을 줄 수 있다. 인정하기 또는 긍정하기라고도 한다.

③ 반영하기는 사회복지사가 클라이언트의 말을 바꾸어서 한 번 더 말하거나, 클라이언트의 상황 속에서의 생각이나 감정 상태에 대해 말을 하므로 사회복지사가 클라이언트의 말을 집중해서 듣고 있고, 공감과 이해를 하고 있음을 보여주는 것을 말한다. 반영하기는 동기강화모델의 가장 핵심적인 기술이다.

④ 요약하기는 상담하는 동안 나눈 대화 내용을 상담이 진행되는 동안 간헐적으로, 또 마지막에 요약하여 전달하는 것이다. 이로 인해 클라이언트는 자신의 문제에 대해 객관적으로 인식할 수 있고, 사회복지사가 자신의 말을 잘 이해하고 있다는 것을 확인할 수도 있다.

이러한 "요약하기"에는 다음과 같이 세 종류가 있다.

- 수집 요약(collecting summary): 내담자와의 대화를 탐색하는 동안 내담자에게서 변화 대화에 관한 주제가 여러 번 나올 때 하는 것이다. 수집 요약은 보통 몇 문장만으로 구성되기 때문에 짧게 하고, 내담자의 이야기 흐름을 방해하는 것이 아니라 지속되게 해야 한다. 수집 요약을 한 끝에는 "그 밖에 하실 말씀은 무엇인가요?" 또는 말을 지속하게 만드는 몇 마디를 하는 것이 좋다. 수집 요약을 너무 자주 하면 내담자에게 오히려 인위적인 느낌을 줄 수 있고 자연스러운 탐색을 방해하기도 하므로 적절하게 사용하는 것이 중요하다.
- 연결 요약(linking summary): 연결 요약은 내담자와 이전에 이야기 했던 두 개나 그 이상의 내용들 간의 관계를 내담자가 다시 음미해 보도록 하기 위한 것으로, 특히 내담자의 양가감정을 명료화할 때 도움이 될 수 있다. 양가감정이 있는 경우 전형적으로 하게 되는 내적 경험은 변화해야 할 이유와 변하지 않고 그대로 있을 이유의 두 생각 사이를 왔다 갔다 하며 망설이는 것이다. 연결 요약은 내담자로 하여금 두 가지의 생각을 가지고 있음을 깨닫게 하고, 동시에 이 두 가지 생각의 장점과 단점을 점검하게 해 주는 방법이다. 연결 요약에는 다른 종류의 정보가 통합되어 들어갈 수 있는데, 객관적 검사 결과, 법원이나 가족에게서 나온 정보 등을 내담자 자신의 말에 연결할 수 있다.

- 전환 요약(transitional summary): 한 초점에서 다른 초점으로 이동을 알리고자 할 때 사용되고, 회기의 끝에 전체를 요약할 때도 사용된다. 특히 한 회기 끝에 전환 요약을 하면 그 회기를 통해 깨닫게 된 것을 한 곳에 모아 주기 때문에 실질적 도움이 된다. 전환 요약을 할 때는 그것 다음에 무엇이 이어지는지를 공식적으로 알리는 진술을 하는 것이 좋다. 전환 요약은 첫 회기를 마무리 짓는 좋은 방법이다. 내담자와 동반자적인 자세로 상담자가 요약을 하고, 내담자가 내용을 더하거나 수정하도록 하는 것이 좋다. 또한 다음 회기를 시작할 때 그전에 했던 요약을 간략하게 언급하여 상담이 더 앞으로 나아가게 할 수 있다.

기초기술(OARS)을 통하여 단기간 상담을 진행하면서 사회복지사는 클라이언트에게 스스로의 변화진술을 이끌어내야 한다. 위의 네 가지 기초 기술만을 이용한다면 클라이언트가 문제에 고착될 가능성이 있기 때문에, 마지막으로 변화진술 끌어내기를 하는 것이 양가감정을 해결하는데 좋다. 클라이언트 스스로 변화에 대한 스스로의 능력, 계획, 이유 등에 대해서 말하도록 하면, 클라이언트의 변화에 대한 의지를 끌어낼 수 있다. 또한 사회복지사는 클라이언트의 변화 진술을 통해 클라이언트의 향후 계획과 방향성에 대해 알 수 있으며, 이를 더 잘 도와줄 수 있다. 여기서 핵심적인 개입기법은 변화 대화(change talk)이다. 이는 치료자가 아닌 내담자 스스로가 변화에 대한 욕망, 능력, 이유, 필요성 등에 대해 이야기하는 것을 말한다. 변화 대화를 통해 내담자는 불일치감을 느끼게 되어 스스로 변화해야 한다고 느끼며, 이에 내면의 불일치감을 일치감으로 바꾸려는 변화동기가 유발된다. 이러한 변화 대화에는 현상 유지의 단점 말하기, 변화의 장점 말하기, 변화 가능성에 대한 낙관적인 자세에 대해 스스로가 생각하고 표현하기, 변화하고자 하는 의도와 열망, 의지력, 실천 의욕에 대해 표현하는 것이 포함된다.

이상에서 살펴보았듯이 어떠한 행동을 일으키게 하는 내적인 직접요인의 총칭을 동기라고 한다. 인간이 자유의지에 따라 행동하는 것에 대해 직접적으로 영향을 주는 중요한 요소인 만큼, 바람직한 동기는 인간의 삶에 있어서 중요하다. 특히, 스스로의 힘으로 치료하기 힘든 중독문제의 경우에는 바람직한 동기를 강화하기 어렵다. 따라서 동기강화모델은 주로 중독 문제, 우울증 문제를 가진 사람에게 적용되며, 외에도 만성질환, 이중장애, 비만, HIV, AIDS에 관한 개입에도 사용되고 있다. 동기강화모델의 적용 대상은 주로 스스로의 문제에 대해 부정(denial)하는 특성을 갖는다. 따라서 부정과 동반된 변화에 대한 저항을 이겨내도록 도와주는 것이 동기강화모델이다.

한 마디로 정리하면, 동기강화모델은 적용 목표가 클라이언트의 행동 변화이고, 행동 변화의 핵심은 변화 동기이며, 동기강화상담은 내담자가 이미 가진 변화를 향한 동기를 더욱 강화시키도록 도와주는 것이다. 사회복지사는 클라이언트가 스스로의 양가감정을 해결할 수 있는 내재적인 힘을 가지고 있다고 믿고, 클라이언트가 스스로 문제를 해결할 수 있는 힘을 가졌다는 강점관점으로 바라보아야 한다. 그래야만이 클라이언트가 스스로의 동기를 강화시킬 수 있도록 안내해 줄 수 있다.

동기강화모델의 주요 원리는 공감 표현하기, 불일치감 만들기, 저항과 함께 구르기, 자기 효능감 지지하기가 있다. 사회복지사는 클라이언트의 상황과 감정에 대하여 공감하며 신뢰 관계를 형성하고, 이후 본격적인 개입을 시작한다. 클라이언트 스스로가 생각과 행동이 불일치 하다는 것을 인지하도록 도우며, 클라이언트 스스로의 변화에 대한 저항과 함께 사회복지사는 클라이언트를 지지해야 한다. 이 단계 후 클라이언트에게 생긴 자존감, 자기효능감에 대해 사회복지사는 긍정적 반응, 지지를 표현해 주며 클라이언트의 동기 강화를 마무리 지어야 한다. 또한, 이 모델의 주요 기법으로는 개방형 질문하기, 인정하기, 반영하기, 요약하기, 변화진술 이끌어내기가 있다. 기초 기술은 앞의 네 가지 기술을 의미한다. 하지만 클라이언트의 확실한 의지확립을 위해서 변화진술 이끌어내기 단계 또한 매우 중요하게 여겨진다. 특히 다른 치료법에 비해 적은 시간이 투입되며, 중독 문제뿐만 아니라 식습관 개선, 규칙적인 운동 및 금연 등의 건강 행동의 변화, 불안 장애, 외상 후 스트레스 장애, 강박증, 우울증, 자살, 섭식장애, 정신분열증, 범죄 행동 등에도 효과가 있다.

위와 같은 원리와 기법을 통해 클라이언트는 숙고, 준비, 실행 단계를 거치며 강화된 동기를 유지하게 된다. 클라이언트의 내재적 힘을 믿고, 클라이언트 중심 개입모델인 동기강화모델은 다른 모델들과 통합하여 적용될 수 있고, 단시간에도 큰 효과성을 띠는 증거기반 실천 모델인 만큼 사회복지실천현장에서 유용하게 사용될 모델이다. 그러나 클라이언트와 사회복지사 간의 준비수준이 서로 맞지 않는 경우 효과를 기대하기 어렵다는 것이 단점으로 작용한다. 또한, 모델의 적용방식이 클라이언트 위주이기 때문에 저항행동이 심할 경우에도 효과를 기대하기 어렵다는 문제가 있다. 따라서 미래의 사회복지사인 우리는 이 모델의 적용기술을 익혀두어야 하겠다.

PART III

체계수준별 사회복지실천기술

CHAPTER 09 개인대상 사회복지실천기술

CHAPTER 10 가족대상 사회복지실천기술

CHAPTER 11 집단대상 사회복지실천기술

CHAPTER 12 지역사회대상 사회복지실천기술

CHAPTER

09 개인대상 사회복지실천기술

1 개인대상 사회복지실천기술의 정의

1) 개인대상 사회복지실천기술의 개념

전통적으로 사회복지실천의 개입방법은 이용자 체계의 수준에 따라 개인을 대상으로 한 개별지도, 집단을 대상으로 한 집단지도, 지역사회를 대상으로 한 지역사회조직으로 분류되어 왔다. 개인과의 일대일 관계를 통해 이루어지는 접근방법은 개별지도 또는 개별사회사업이라고도 불리며, 대부분의 사회복지실천현장에서 가장 빈번하게 활용되는 접근방법으로 알려져 왔다(이영호, 2014).

리치몬드(Richmond)는 사회진단(Social Diagnosis)에서 개별사회사업(Social Casework)을 "개인과 사회환경 간의 개별적인 의식적 조정을 통해 인격발달을 도모하는 과정"이라고 정의하였다. 이러한 초기 사회복지실천의 흐름은 다수가 경험하는 사회문제에 대한 거시적 관점보다는 개별화된 문제의 다양성과 적응방식에 초점을 둔 미시적 접근 중심으로 사회복지사의 역할을 한정하였다(김혜란 외, 2006 재인용).

그러나 개인의 문제를 사회적 환경과의 관련성 속에서 삶의 문제로 이해하고 다양한 수준에 체계적으로 개입할 것을 강조하는 통합적 접근이 등장하면서, 인간과 환경 간의 상호적인 변화를 가능하게 하는 개입방법에 관심을 갖게 된다. 이러한 개념적 변화에 따라, 개인에 대한 심리 내적 적응과 개입을 강조하는 '개별지도(casework)'로부터 대상체계의 수준을 강조하는 '개인대상의 실천(social work practice with individuals)'으로 전환되고 개인을 대상으로 개입하게 되는 실천영역이 확대되고 있다.

개인대상 실천기술의 일반적 성격 및 개념은 다음과 같다(장인협, 2013).

① 자기 스스로 해결하기 곤란한 문제를 가진 개인 및 그 가족이 대상이 된다.
② 문제에 대한 과학적 인식과 이에 대한 전문적 기술을 가진 전문가에 의해서 실시된다.
③ 개별적으로 이루어진다. 즉, 대상에 따라 그 방법이 여러 면으로 달라진다.
④ 환경에의 적응과 인격의 성장발달을 돕기 위한 의식적 노력이 지속적으로 이루어진다.
⑤ 사회복지실천가와 이용자와의 인간관계가 중요시된다. 사회복지사와 이용자의 협동적 활동이다.
⑥ 예방보다는 치료에 중점을 둔다.
⑦ 개인과 개인이 속하는 사회환경과의 상호작용이다.

또한, 도광조(2011)는 개인대상 사회복지실천은 사회복지사와 이용자가 직접 1:1로 만나서 이용자와 함께 이용자의 문제나 욕구를 분석하고, 그 해결책을 모색하며, 원조를 실행하는 것이라고 하였다.

이와 같은 내용을 정리해 보면, 개인대상 사회복지실천을 "개인의 인격존중을 전제로 한 전문적인 대인관계의 기반 위에서 이용자가 직면하고 있는 문제상황을 분석하고 검토하여 이용자의 생활상의 욕구를 조직적이고 체계적으로 충족시켜 나가는 전문적인 방법"이라고 할 수 있다.

2) 개인대상 사회복지실천의 개입목표 및 특징

(1) 개인대상 사회복지실천의 개입목표

개인대상 사회복지실천기술의 궁극적 목적은 이용자의 삶의 질을 향상시키기 위한 것이다. 이러한 목적을 달성하기 위해서 구체적으로 실행해야 하는 개입의 목표는 구체적이고 단순하며 세분화되어야 한다. 개입의 목표는 개입의 방향을 설정하는 역할을 하기 때문에 분명해야 한다. 일반적으로 개인대상 사회복지실천기술의 목표는 개입을 통해서 변화되기를 바라는 것을 말한다.

첫째, 주변 환경이 좀 더 이용자의 욕구에 반응하도록 변화시키는 것

둘째, 자신과 타인에게 혹은 환경에 부정적인 행동을 변화시키는 것

셋째, 관계 변화로 다른 사람과의 관계를 변화시키거나 그 사람에 대한 자신의 인식을 변화시키는 것

넷째, 기능적인 사회적 역할 수행에 필요한 기술을 익히는 것

다섯째, 필요한 자원이나 정보를 구하는 것

여섯째, 중대한 결정을 내리는 것 등이다(양옥경 외, 2018).

(2) 개인대상 사회복지실천의 특징

개인대상 사회복지실천의 특징은 첫째, 이용자체계가 1인의 이용자라는 점이다. 개별 이용자와의 협력적인 문제해결과정에서 이용자의 선택권을 중요시하며 개인의 개별적인 욕구와 특성, 상황에 맞는 알맞은 방법과 전략을 활용한다. 이를 위해서는 개인의 존엄성, 자기결정권, 개별적 욕구와 특성, 상황에 맞는 방법과 전략을 선택해야 한다.

둘째, 이용자의 문제를 해결하기 위해 사회복지사와의 전문적인 관계를 도구로 활용한다는 점이다. 이는 사회복지사와 이용자가 일대일 관계 속에서 대인관계기술을 활용하여 이용자의 문제해결을 돕게 되기 때문이다.

셋째, 개인의 적응과 변화를 위한 다양한 모델과 개입방법을 활용한다. 역동심리이론, 자아심리, 행동주의심리학, 역량강화이론, 페미니스트 이론, 정신치료 등 다양한 모델과 개입방법을 활용하여 개인의 변화 또는 개인과 환경의 상호작용을 변화시키기 위해 노력한다는 것이다.

넷째, 개별 이용자를 대상으로 한 개입활동은 이용자의 사회적 기능수행 향상 및 문제해결능력 향상을 위한 개인의 변화뿐만 아니라 개인과 환경 사이의 상호작용을 변화시키기 위한 개입노력을 기울인다.

그러므로 개인대상 사회복지실천의 대상은 문제를 가진 개인이고, 주체는 문제에 대한 과학적 지식과 전문적 기술을 가진 전문가이다. 그리고 그 방법은 대상에 따라 달라지는 개별적인 것이며, 개인 성격의 성장, 발달과 환경에의 적응을 다루는 의식적인 노력을 통해 사회복지사와 이용자 간의 인간관계를 중요시하는 협동적인 활동으로 문제해결 및 재조정을 하게 된다. 또한 이용자의 주체성을 인정한 측면적 도움으로 개인과 그의 사회환경과의 상호작용을 중요시하여 개인의 내면 강화와 환경조정을 한다(신성자, 2012).

2 개인대상 사회복지실천기술의 개입기술

사회복지사는 전문적인 대인관계를 통하여 이용자의 문제를 파악하고 해결하는 데 이용 가능한 지식과 기술을 적용하고 응용한다. 개인대상 사회복지실천과정에서 이용자의 감정, 문제, 변화과정 등을 사실적이고 객관적으로 이해하는 것은 실천의 밑거름이 된다.

이용자의 문제나 고통, 어려움을 해결하기 위해 필요한 기술은 ① 문제해결능력이나 적응능력을 향상시키기 위한 기술, ② 이용자의 성장과 발달을 위해 이용자의 능력을 향상시키고 회복시키는 기술, ③ 사회적 기능을 향상시킬 수 있는 자원, 서비스, 기회 등을 제공할 수 있는 지역사회체계로의 연결기술, ④ 사회적 정의 및 권익회복을 위해 그리고 소외된 사람들이 기회를 가질 수 있도록 돕는 기술, ⑤ 자원과 서비스, 기회 등을 제공할 수 있도록 지역사회체계의 효과적 기능을 향상시킬 수 있는 기술, ⑥ 이용자의 요구에 반응하여 새로운 서비스를 개발하거나 기존의 서비스 및 자원체계를 개선, 향상할 수 있도록 개입하는 기술 등을 포함한다(김혜란 외, 2006).

이러한 다양한 기술 중에서 관계기술, 면접기술, 의사소통기술, 관찰기술 등은 이용자에 대한 이해와 문제상황을 파악하는 데 필요한 실천기술이라 할 수 있다. 이 절에서는 개인대상 사회복지실천의 도움을 주는 네 가지 기본실천기술과 기타 개입기술을 중심으로 살펴보고자 한다.

1) 관계기술

학자들마다 원조과정에서 사회복지사들이 전문적 관계를 형성하기 위해 갖추어야 할 요소들이 약간의 차이는 있으나 기본적으로 주장하는 공통적 기반이 되는 기술들이 있다. 전문적 관계의 기술을 살펴보면 다음과 같다(Compton & Galaway, 1994).

(1) 타인에 대한 관심

이용자에게 일어난 일에 대해 진실된 관심을 가지며, 이들의 감정과 교류할 수 있어야 함을 의미한다. 사회복지사는 목적의식을 가지고 이용자와의 관계를 유지해 나가는 민감성과 책임성이 있어야 한다. 책임감, 배려, 존중, 타인에 대한 이해는 필수적인 요소이다. 하지만 다른 사람을 도우려고 할 때 깊이 있는 관계를 맺어야 하는 것이 사실이지만, 정서적으로 유대가 가까워질수록 해결해야 할 문제에 대해 과도하게 관여하게 될 위험이 있다. 전문적 관계에서 타인에 대한 진정한 관심은 자신의 기술과 지식, 그리고 자기 자신을 이용하여 목표를 달성하는 방향으로 나아가는 것을 의미한다. 따라서 항상 도움 받는 사람을 주체로서 존중하고, 봉사하며, 이용자가 자유로울 수 있도록 도와야 한다.

(2) 헌신과 의무

헌신(commitment)과 의무(obligation)는 돕는 과정에서의 책임감을 의미하는 것으로 일관성을 포함하는 개념이다. 전문적 관계에서 관계의 목적을 달성하기 위해서는 사회복지사뿐만 아니라 이용자도 관계에 대한 헌신과 의무를 가져야 한다.

사회복지사의 헌신과 의무는 관계를 맺을 때 필수적인 절차상의 조건들로써 시간약속, 이용자의 문제에 대한 초점을 유지하는 것, 성장과 변화를 가져오는 관계 유지를 지키는 것을 말한다. 이용자의 헌신과 의무는 자신의 문제에 대해서 정직하고 개방적으로 제시하고 전문적 관계에서 요구되는 시간약속 등을 지키는 것 등이 있다.

(3) 수용

수용(acceptance)이란 이용자를 자신의 감정과 사고에 대한 권리를 가진 독특한 개인으로서 배려하고 이용자에 대한 관심과 인식, 경청하는 태도, 그들의 행동에 대한 주의집중, 돕고자 하는 열망의 전달, 이용자에 대한 진실된 염려를 의미한다(Northen, 1995). 또한 이용자를 수용한다는 것은 이용자의 문화적 전통에 적절한 인사를 나누는 것, 편안하게 대하는 것, 이용 가능한 자원의 안내, 적절한 방식으로 호칭하는 것과 같은 소소한 행동까지도 포함한다(Schulman, 1992).

수용은 단순히 이용자의 행동에 대해 인정해 주는 것과는 의미가 다르다. 수용은 사회복지사가 그 사람이 한 행동에 대한 것이 아니라 그 사람 자신에 대한 수용을 전달하는 것을 의미한다. 수용된다는 느낌은 이용자로 하여금 사회복지사가 인정해 주지 않는다 해도 안전하고 존중받고 있다는 가치감을 느끼게 해 준다. 수용을 통해 이용자는 자기존중감을 회복하고 자기패배적 행동에서 자신의 잠재능력을 깨닫는 방향으로 움직일 수 있도록 희망을 갖게 되는 것이다.

(4) 감정이입

감정이입(empathy)은 수용과 매우 밀접한 관계가 있다. 감정이입은 타인이 경험한 것을 이해하기 위하여 타인의 감정과 생각에 자신을 투사시키는 능력이다. 감정이입은 지적인 것이 아니라 직관적인 것이다. 감정이입의 가장 뚜렷한 특징은 동료들에게서 갖는 감정과는 다른 것이며 동정심이나 통찰과는 다른 개념이다. 그것은 사회복지사가 이용자의 상황에 동정을 하면서도 그 짐의 무게에 눌리지 않도록 하면서 그들의 정서적 상태를 경험하도록 놓아두는 것을 말한다.

객관적으로 감정이입에 있어 필수적인 것은 편견 없이 그들을 있는 상태 그대로 바라보는 능력이다. 이럴 때 자기인식은 타인에 대한 그릇된 판단을 할 가능성을 감소시켜 주는 데 도움이 된다. 감정이입을 통하여 이용자는 사회복지사라는 중요한 타인으로부터 충분히 이해받고 있다고 느끼면서 자기인식이 확장됨과 동시에 자신의 문제를 탐색하고 정체성을 발견하며 자신에 대한 현실적 목표를 세우고 이를 달성하기 위해 나아가게 된다(양정남 · 최선령, 2014).

(5) 권위와 권한

권위(authority)는 이용자와 기관에 의해 사회복지사에게 위임된 권한(power)으로 정의된다. 사회복지사는 일정한 지식과 일정한 경험을 보유함으로써, 또한 일정한 지위에 있음으로써, 영향력을 미칠 수 있는 권한을 가진다.

전문적 관계에서의 권위는 제도적 측면에서는 사회복지기관 내에서 사회복지사의 위치와 기능으로부터의 권위를 말하는 것이며, 심리적 측면에서의 권위는 전문가인 사회복지사에게 정보와 조언을 구함으로써 이용자가 사회복지사에게 부여하는 권위를 말한다.

권위와 권한이 잘못 사용될 경우 이용자는 사회복지사에 대한 반감과 불신을 나타낼 수 있고, 이로 인해 관계 자체에 저항을 표출하게 되고 관계형성이 어려워진다. 사회복지사는 그들이 갖는 권위와 권한의 범위 및 사용방법 등을 이용자에게 설명해야 한다.

(6) 진실성

진실성(genuineness, authenticity)은 솔직성과 관련된 개념으로 정직성, 믿음직함, 가장되지 않은 것, 신뢰감 그리고 진실함과 같은 뜻을 함축하고 있다(Northen, 1995). 진실된 태도는 신뢰감 발달에 필수적이다. 신뢰는 이용자가 자신의 문제를 돕는 사회복지사의 정직성과 성실성을 시험하여 성공적인 경험을 함으로써 발달된다.

대부분의 정서적 어려움을 겪는 이용자들은 신뢰와 불신감이라는 기본적 문제에 대하여 성공적인 경험을 가질 기회를 갖지 못한 경우가 많다. 즉, 새로운 관계를 가질 기회가 생겼을 때 이용자는 신뢰보다는 불신의 태도를 가지고 대하게 된다. 그리고 신뢰의 능력이 적을수록 이용자는 사회복지사와의 관계에서, 또는 가족과 집단의 다른 성원들과의 관계에서 치료적 동맹관계로 들어가는 데 어려움이 많다. 따라서, 사회복지사가 이용자와 관계를 맺을 때 일관성이 있고 정직한 개방성을 유지하며, 대화의 내용과 행동이 항상 일치하면서도 전문가로서의 자아와 가치체계에 부합하여야 함을 의미한다.

(7) 그밖에 요구되는 전문가의 기술

사회복지사에게 요구되는 그 밖의 관계기술로는 창조성도 요구된다. 창조성은 이용자의 문제상황에 대한 해결책에 대해 개방성을 유지하며, 최선의 해결책을 찾기 위해 자신을 개방하는 것을 말한다. 또 사회복지사는 자기를 관칠하는 기술이 요구된다. 이는 자신의 목표에 관해 신중히 생각하고, 자신을 신뢰하며, 자신을 복잡한 개입활동의 한 부분으로 관찰할 수 있는 기술을 말한다. 또한 사회복지사는 도우려는 열망이 요구되는데, 이는 이용자로 하여금 스스로 자신의 삶을 선택하고 통제하는 능력을 향상시키도록 도우려는 헌신적인 자세라고 할 수 있다.

용기는 실패, 어려운 상황에 휘말리는 일, 통제할 수 없는 상황에 감정적으로 비난 또는 학대 받는 일, 예측할 수 없는 상황에 계속적으로 연관되는 일, 신체적으로 위협받는 일 등을 받아들일 수 있는 용기를 필요로 한다. 민감성 또한 필요한 전문가적 기술이다. 민감성은 특정한 단서 없이도 이용자의 내면세계를 느끼고 감지할 수 있는 능력으로, 사회복지사가 새로운 상황에 대한 개방성과 변화에 대한 준비 자세를 갖추고 있는지와 밀접하게 관련되어 있다(조미숙 외, 2018).

2) 면접기술

면접기술이라 함은 상담의 과정에서 내담자의 의도를 올바르게 파악하고 상담을 성공적으로 이끌어 줄 수 있는 방법, 즉 상담자가 내담자의 관계 속에서 지니고 있어야 할 의사소통기술이다.

면접기술은 초기면접(intake)에서부터 실천의 전 과정에 걸쳐 요구된다. 면접을 통해 사회복지사는 실천에서 이용자와의 신뢰관계를 유지하고 정보를 획득한다. 이용자는 면접을 통해 수용과 지지적인 경험, 억제되고 복잡한 감정의 표출과 정리가 가능해지므로 면접 그 자체가 이용자에게 치유의 효과를 가져다준다. 또한 면접은 실천의 진행단계에 따라 면접의 초점을 달리하는데, 예를 들어 초기단계에서는 신뢰 형성에, 사정단계에서는 정보수집에, 개입단계에서는 치료적 효과 등에 면접의 비중을 둔다. 면접기술을 구체적으로 살펴보면 다음과 같다.

(1) 경청기술

경청기술은 면접에서 가장 중요한 기술이다. 경청이란 사회복지사가 이용자의 말에 선택적으로 주목하는 것을 말한다. 즉, 이용자가 무엇을 말하는지, 면접자의 질문에 어떻게 반응하는지를 듣는 것이다. 이때 경청은 이용자의 어려움에 공감하고 그에게 필요한 반응을 해가면서 적극적으로 잘 듣는 것이다. 경험 없는 사회복지사의 공통된 실수는 자신이 이야기를 많이 하고 이용자가 말할 기회를 적게 주는 것이다. 이러한 태도는 전문적 관계형성을 방해할 뿐만 아니라 이용자로 하여금 사회복지사의 신뢰감을 떨어뜨리게 한다.

사회복지사가 효과적인 의사소통을 위한 중요한 관건은 상대적으로 더 비중을 두어야 할 내담자의 말과 행동을 선택하여 주목하는 것이다. 경청을 잘하기 위한 방법은 다음과 같다.

① 이용자가 말을 할 때에 적절한 반응을 보여 준다. 예를 들어, 고개를 끄덕거린다든지, 단순한 "아", "예" 등과 같은 음성적 반응 등을 보여 준다.

② 사회복지사가 궁금하거나 내용을 잘 이해하기 위하여 적절한 질문을 하면, 이용자는 자신의 말을 경청하고 있다는 느낌을 받게 된다.

③ 이용자가 한 말에 대하여 반복과 환언을 실시한다. 반복과 환언을 통해 이용자의 말을 충분히 경청하고 있음을 표현할 수 있다(조미숙 외, 2018).

(2) 요약기술

요약기술은 지금까지 이용자가 한 말의 내용과 그 속에 담겨 전해진 감정들을 전체적으로 묶어 정리하는 것을 의미한다. 요약은 면접 동안에 줄곧 사용할 수 있는 기술이며, 각각의 내담자를 개별화하고 특별하게 다루는 데 필수적 기술이다. 요약은 이용자의 생각, 행동, 감정들을 사회복지사의 언어로 정리해 줌으로써 사회복지사가 이용자의 말을 주의 깊게 듣고 있다는 확신을 주고 또한 이용자의 말을 정확히 이해했음을 확인시켜 준다.

대개 이용자의 이야기는 많은 사고와 느낌이 혼합되어 있으므로 그동안 나눈 대화의 느낌과 사고들을 하나의 문장으로 정리해 주는 것이다. 일반적으로 감정 요약보다는 내용 요약을 더 자주 사용한다.

사회복지사는 지금까지 행한 면접내용이나 지난번 면접내용을 요약한다. 사회복지사가 토의를 해 온 것과 면접의 방향을 제시한 것을 간략히 반복한다. 요약은 토의해 온 항목의 주제를 명확히 해 주게 되며 또 사회복지사가 계속된 토의의 내용을 알고 주의 깊게 들었다는 것을 의미하는 것이 된다.

트레비식(Trevithick, 2000)은 요약기술의 유용한 점을 다음과 같이 지적하고 있다.

① 사회복지사는 지난 면담시간 내용을 요약함으로써 새로운 면담기술을 시작할 수 있다.
② 이 기술은 이제까지 논의된 핵심적인 내용을 간략하고 정확하게 부분적으로 혹은 상세하게 정리해 준다.
③ 이용자와의 면담에서 방향을 잃었을 때 혹은 주제에서 벗어났을 때 한 주제를 정리하고 새로운 주제로 옮겨 갈 수 있도록 해 준다.
④ 이 기술은 면담시간을 만족스럽게 마감할 수 있도록 돕는다.

(3) 해석기술

해석기술은 이용자가 말한 것을 명확하게 설명하는 것이다. 즉, 이용자가 말한 내용을 확인하거나 명료화하거나 부연 설명하는 것과는 달리 이 기술은 사회복지사의 이론적 지식과 직관력, 사고적 유추가 통합되어 이용자의 상황, 특히 산재해 있는 행동과 사고, 감정 등의 유형을 이용자에게 설명하는 것으로 충분한 타당성을 확보한 상태에서 이루어져야 한다.

해석기술은 사회복지사가 이용자에게 그의 어떤 행동이나 사고, 감정이나 생각 등을 지적해 주는 것이기도 하지만, 거기에 대해서 그런 생각이나 감정이 본인에게 어떤 의미를 지니는지 그 의미에 관한 사회복지사 나름의 추리를 제시해 주는 것을 말하기도 한다.

해석은 면접자가 이용자의 현존 사태에 대해 이해하도록 인식시키는데 있다. 면접자는 이용자가 직면한 문제상황에 대해 해석을 내리는 것이 중요하다. 해석을 사용하는 전형적 목적은 이용자의 통찰을 촉진시키고자 하는 것이다. 해석을 통하여 새로운 대안, 좀 더 기능적 행동, 깊은 책임감을 갖도록 하는 데 도움을 준다. 즉, 이용자의 표현과 행동 상황 저변의 단서를 발견하고 그 요인들을 이해하여 이용자 스스로 자신의 문제를 해석하고 직면할 수 있도록 해 주는 방법이다.

사회복지실천현장에서 사회복지사는 수시로 하나의 사건과 다른 사건을 서로 연관 지으려 한다. 또한 비슷한 유형을 보이는 행동에 대해서도 이용자에 따라서는 그 의미와 경험이 다르기 때문에 똑같은 해석이 내려질 수 없으며, 이용자도 사회복지사의 해석을 자신의 관점에서 독특한 방식으로 받아들이게 된다. 이러한 점에서 사회복지사는 해석을 제공하기 위한 정보와 이론적 근거를 충분히 검토한 후 언제, 어떤 방법으로 해석을 제공할 것인지 결정하는 것이 중요하다. 이를 위해 이용자의 문제상황을 임시적인 가설로 설정하고 보다 덜 위협적이거나 불안을 덜 야기시키는 해석을 먼저 제공함으로써 이용자의 반응을 살펴볼 수 있다.

(4) 명료화기술

명료화기술은 이용자가 말하는 것을 반영하는 것인데 이해하기 쉽도록 보다 유사한 말로 바꾸어서 표현하는 것이다. 즉, 이용자가 표현을 분명하게 할 수 있도록 격려함과 동시에 이용자가 말한 내용을 사회복지사가 잘 이해하고 있는가를 확인하기 위한 질문을 말한다. 이용자가 한 말을 사회복지사가 보다 이해하기 쉬운 말과 생각으로 정리하는 것으로 특히 이용자가 겪고 있는 가장 중요한 문제나 어려움을 파악하고, 확인하고, 순위를 정할 때 사용된다. 명료화는 가끔 주관적 현실을 객관적 현실과 구별하고 고려하기 위하여 여러 가지 선택을 제시하고 상이한 선택의 결과에 관한 서술을 하는 데 관심을 가진다.

명료화기술의 장점은 사회복지사가 이용자의 이야기를 주의 깊게 경청하고 있으며, 한편으로는 이야기에 중요성을 부여하고 있음을 보여주는 것이다. 하지만 면담의 흐름을 방해할 수도 있다는 점에서 그리고 이용자가 혹시 잘못 설명하고 있을 수 있다는 점을 암시할 수 있다는 측면에서 주의해서 활용해야 할 필요가 있다. 명료화기술은 우선 내담자의 말이 모호하고 이해가 잘 되지 않는다는 것을 밝히고, 이용자에게 자신의 말을 재음미하거나 구체적 예를 들어 명확히 해 줄 것을 요청하는 것이다(백은령 외, 2008).

(5) 초점유지기술

초점(focus)유지기술은 현재 다루고 있는 주제에 주의를 집중하고 유지하기 위해 사용되는 기술이다. 초점이란 주의나 고려해야 할 어떤 핵심의 선택을 의미한다. 즉, 이 기술은 유용한 기술이지만 때로 강압적인 면을 갖고 있다.

면접이 본질을 이탈하였을 때 사회복지사는 논의했던 주제로 되돌아가거나 필요한 다른 주제를 논의하면서 초점을 다시 맞추게 된다. 비록 면접의 초점을 다시 맞추는 동안이라도 사회복지사는 면접 내용의 본질이 이탈하게 된 이유와 한 주제에서 다른 주제로 바꾼 이유를 이해하려고 노력한다(Brown, 1992).

라포 및 신뢰관계에 방해를 주지 않으면서 주제와 면담의 목적을 유지하는 데 활용된다. 초점 및 면담의 목적유지 이유를 살펴보면 다음과 같다.

① 이제까지의 논의가 특정문제에 지나치게 초점을 둔 나머지 다른 문제에 대해서는 다루지 못하였을 수 있다.
② 논의 내용이 소진되어 같은 내용이 반복적이다.
③ 논의 내용이 주변적이거나 관련성이 없어 핵심에서 벗어나 있다.
④ 어려운 주제에서 벗어나 이 주제에 다시 초점을 맞출 필요가 있다.
⑤ 논의 내용으로 인해 격한 정서적 감정을 불러일으켜서 진정하고 균형을 유지할 필요가 있다(Trevithick, 2000).

(6) 탐색기술

탐색기술은 보다 자세하고 구체적인 정보 혹은 특정 정보에 대해 자세하게 알고자 할 때 활용하며, 특히 의사소통과정에서 종종 주제에서 벗어나는 말을 하는 이용자를 대상으로 정확한 정보를 수집할 때 활용할 수 있다. 카두신 등(Kadushin & Kadushin)의 탐색기술 구분은 다음과 같다.

① 명료화 탐색: 보다 자세한 설명을 위한 탐색
② 완결을 위한 탐색: 빠트리거나 다루지 못한 혹은 지나쳐 버린 내용을 탐색
③ 반응적 탐색: 이용자의 생각과 감정에 초점을 두면서 이용자의 정서적 깊이를 향상시키기 위한 탐색

이용자가 자칫 방어적이거나 숨기려는 태도를 보일 수 있으며 이 기술을 잘못 사용하면 마치 이용자를 심문(혹은 반대심문)하는 느낌을 줄 수 있기 때문에 주의를 요하며 또한 사회복지사는 적극적이지만 이용자는 수동이 되는 단점도 가지고 있다(Kadushin & Kadushin, 1997).

(7) 분위기조성기술

분위기조성기술은 면접을 위해 심리적으로 편안한 분위기를 만드는 기술이다. 이를 위해 서로에 대한 이해와 개방성을 촉진시킬 수 있는 방향으로 분위기를 조성해야 한다. 면접 분위기를 조성하기 위해서는 일단 자연스럽게 자신의 관심사에 대해 이야기할 수 있도록 가벼운 일상 대화로부터 시작하여 이용자의 관심사와 문제에 초점을 두어 진행하도록 한다.

분위기조성의 중요한 요건은 공감, 진심, 온화함 등이 있다.

공감(empathy)은 동정과는 달리 이용자를 이해하면서 이용자가 느끼는 정서도 함께 느끼는 것을 말하며, 이는 이용자의 눈과 귀, 또한 심정을 느낄 수 있어야 한다. 공감은 이용자가 말하는 말 속에서 주요한 감정 · 태도 · 신념 · 가치기준을 포착하는 것과 내면적인 메시지도 이해하고 있다는 것을 이용자에게 전달해 주는 의사소통의 과정도 포함한다. 이러한 공감적 이해를 하게 되면 이용자는 편안한 분위기 속에서 이해받고 있다고 생각할 수 있으며, 관계형성에도 많은 도움을 얻을 수 있다.

진심(genuineness)은 이용자에게 사회복지사가 믿을 만한 사람임을 전달하는 것이다. 이는 사회복지사의 언어적 표현과 비언어적 표현이 일치함으로써 전달된다.

온화함(warmth)은 친밀하고자 하는 욕구를 전달하는 것으로 이러한 친밀감 속에서 이용자는 긍정적 또는 부정적 감정을 표현할 수 있고, 가치 있는 존재로 느낄 수 있게 된다. 이러한 온화함은 이용자에게 긍정적 존경과 친절을 보여줌으로써 그리고 이용자의 성장과 발전을 진심으로 기뻐함으로써 표현된다(양옥경 외, 2018).

3) 의사소통기술

의사소통이란 면접의 실질적인 내용을 구성하는 것으로 사회복지사와 이용자 간의 면접을 매개한다. 의사소통기술에는 언어적인 것과 비언어적인 것 두 가지로 대별된다.

(1) 비언어적 의사소통

의사소통은 언어를 통해서 성립되는 것만 아니라 서로의 태도, 시선, 자세 등이 언어를 보강하기도 파괴하기도 한다. 원조관계의 기본은 이용자가 그것을 받아들여야만 시작되는 것이기 때문에 비언어적인 것에도 주의와 배려가 필요하다. 비언어적 의사소통을 살펴보면 다음과 같다.

① 표정

따뜻하고 온유한 표정으로 공감적인 태도를 느낄 수 있도록 표현되어야 한다. 얼굴표정은 일반적으로 그 나름대로의 의미를 가감 없이 전달하게 된다. 따라서 사회복지사는 언어적 표현과 표정이 전달하는 내용과 서로 상반되는 일이 없도록 주의해야 한다.

② 시선

특히 눈을 맞추는 일은 문화에 따라 차이는 있지만, 대개 시선을 맞추는 것은 적극적인 표현을, 시선을 피하는 것은 소극적인 자세를 나타내게 된다. 특히 두려워하거나 불안할 경우, 또는 솔직하지 못한 의사소통을 할 때에는 시선을 피하게 된다.

③ 태도 및 자세

이용자에게 따뜻하고 수용적인 느낌을 가지게 하는 것이 기본이므로 딱딱하고, 권위적인 태도보다는 편안하고 자연스러운 태도와 자세로 대하는 것이 좋다. 이용사의 감정에 반응하며 열심히 들으려는 경청의 태도는 신뢰관계를 촉진시킨다. 하지만, 미처 라포가 형성되지 않은 상태에서의 친밀한 태도와 스킨십, 우위와 오만이 비치는 자세, 사회복지사의 불안·긴장을 나타내는 자세 등은 이용자에게 불쾌감과 위화감, 불안감을 조성하므로 주의해야 한다.

(2) 언어적 의사소통

언어적 의사소통의 대표적인 기술을 몇 가지 소개하면 다음과 같다.

① 촉진기술

이용자가 적극적으로 말할 수 있게 하는 기술로, 끄덕임, 맞장구, 적절한 질문 등이 있다. 촉진기술은 이용자로 하여금 자신의 말을 진지하게 잘 들어주고 있다는 기분을 갖게 하여 자유롭게 이야기할 수 있도록 한다. 하지만 필요 이상으로 많이 사용하면 이용자로 하여금 자신의 말을 가벼이 건성으로 넘겨버리는 것 같은 기분이 들게 하므로 내용의 요소에 주의해 가면서 사용해야 한다.

② 경청기술

의사소통의 기본은 경청하는 것으로 경청이란 단순한 듣기가 아니라 상대방의 사고와 감정을 이해하기 위한 적극적인 청취활동이다. 그러므로 경청이 되기 위해서는 이용자가 말한 내용과 감정을 사회복지사가 잘 듣고 이해했다는 것을 이용자에게 다시금 전달하고 증명하여 안도감을 주는 것이다. 이용자 역시 사회복지사가 자기 말을 얼마나 성의 있게 열심히 경청하는가를 평가하며 그 정도에 따라 마음을 열게 된다. 경청의 방법에는 이용자가 한 말을 일부분 또는 전부를 다시 말해 주는 '되풀이 기술', 말하고 싶은 것을 명확하게 언어로서 되돌려 말해 주는 '명료화 기술', 말한 내용의 인과관계를 생각하여 해석하여 되돌려 주는 '요약 기술' 등이 있다.

③ 침묵

이용자가 말을 하지 않을 때, 어떤 이유에 의해 말을 멈추었을 때, 다시 시작할 때까지 조용히 기다리는 것이 침묵이다. 침묵을 이어 줌으로써 이용자로 하여금 자신의 생각이나 감정을 정리할 수 있도록 하며, 쉬게 하거나 적절한 표현을 끌어낼 수 있도록 하는 기술이다. 이용자는 곤란한 상황이나 일찍이 경험하지 못한 감정에 직면했을 때 쉽사리 그것을 말로 표현하기 힘들 것이다. 이때 사회복지사는 침착히 의도적으로 침묵을 지키며 기다리는 것이 보다 심도 있는 의사소통을 촉진하기에 효과적임을 잘 이해해야 한다.

④ 질문기술

대부분의 의사소통은 질문을 하지 않고는 대화가 이루어지지 않는다. 질문은 면접의 중심이 되는 기술이다. 면접자는 몇 마디의 질문으로 이용자에게 많은 이야기를 하도록 해야 한다. 특히 이용자의 보조에 맞춰서 질문을 해야 하고, 우회적이며 도움을 주기 위한 질문을 해야 한다.

질문을 하는 목적은 필요한 정보를 얻기 위해, 그리고 이용자의 마음을 탐색하기 위해, 이용자의 말을 정확하게 이해하기 위해, 대화의 실마리를 풀기 위해 질문을 한다. 그리고 치료의 개입수단으로 질문을 하게 된다. 질문에는 여러 가지 기술이 있다. 질문의 형태를 살펴보면 다음과 같다(백은령 외, 2008).

가. 개방형 질문과 폐쇄형 질문

개방형 질문이란 자유로운 응답이 나올 수 있는 질문형태를 말한다. 반면 폐쇄형 질문이란 비교적 제한된 답이 나올 수 있는 질문의 형태를 말한다. 어떠한 질문의 형태가 좋다고 말할 수는 없지만, 이용자의 생각이나 감정이 어떠한지 폭넓게 들어 보고 싶은 경우에는 개방형 질문이 좋다고 할 수 있겠다. 특히 폐쇄형 질문을 많이 할 경우에 이용자는 조사당한다는 느낌이 들 수 있으며, 불쾌할 수 있다.

- 개방형 질문: “오늘 기분이 어떠니?”, “오늘 무엇을 느꼈니?”
- 폐쇄형 질문: “오늘 기분 좋으니?”, “오늘 약속의 중요성을 느꼈지?”

나. 간접질문과 직접질문

직접질문은 문장의 형태가 의문문이고, 간접질문은 서술문의 형태로 이루어진다. 간접질문은 이용자 자신이 질문을 받는다는 느낌을 덜 받으며, 질문공세를 받는다는 느낌을 주지 않는다.

- 직접질문: “이것, 네가 했지?”
- 간접질문: “이것, 누가했는지 모르겠네.”

다. ‘왜’ 질문

대부분 ‘왜’라는 질문은 면접의 과정에서 논란이 되고 있는 질문의 형태이다. 왜냐하면 책임추궁이나 비난 · 비판의 의미로 느껴지기 때문에 그 사용에 주의를 기울여야 한다. 그러나 이용자 행동의 이유 · 배경 · 원인 등을 알아보고자 할 때에는 ‘왜’ 질문을 사용할 수 있다. 다만 책임추궁 · 비난의 의미로 받아들여지지 않을 수 있도록 주의해야 한다.

사회복지사가 너무 ‘왜’라는 질문을 억지로 피하려다 보면 대화가 자연스럽지 못할 수 있으므로 강박적으로 이것을 피하려고 할 필요는 없다. 중요한 것은 이용자가 어떻게 받아들이느냐 하는 것이다. ‘왜’라는 말을 피할 수 있는 방법은 ‘왜’라는 말 대신 ‘이유’라는 말을 사용하는 것이다. 예를 들어 “왜 그런 행동을 했지요?”보다는 “그러한 행동을 한 이유를 말해 줄래요?”로 사용하는 것이다.

그림 9-1 의사소통의 과정
출처: 백은령 외, 사회복지실천론, 2008, p.228

4) 관찰기술

면접과 의사소통에서 기본적으로 선행되어야 하는 기술이 관찰기술일 것이다. 특히 비언어적 의사소통에 있어 표정, 시선, 태도 및 자세 등을 포착하는 것은 관찰의 결과이므로 기본적인 실천기술이라 할 수 있다. 관찰기술은 이용자가 말하고 행동하는 것에 주의를 기울여 그를 이해하는 것이다. 관찰은 초기면접 이전에 이용자가 대기실에서 기다리고 있는 상황에서부터 시작된다. 이용자의 대기실에서의 태도는 개입에 대한 태도와 평소 불안함과 두려움을 어떻게 다루어왔는지를 알 수 있게 한다.

면접 중에는 이용자의 언어적 표현뿐만 아니라 비언어적 표현에도 민감해야 한다. 일반적으로 의사소통은 언어적 표현보다는 비언어적 표현을 더 적극적으로 활용하여 이루어진다. 신체적 행동, 얼굴표정, 몸의 자세, 손놀림, 눈 맞춤, 얼굴 붉힘, 손과 발의 움직임, 옷차림 등으로 쉴 새 없이 의사소통을 한다. 사회복지사의 말에 웃거나, 눈동자를 굴리거나, 시선을 돌리거나, 의자에 푹 늘어져 있거나 한숨 쉬거나, 팔짱을 끼거나, 다리를 꼬거나, 어조를 바꾸거나 하는 비언어적 표현을 통해 마치 말을 하는 것과 같은 의사소통을 하고 있는 것이다. 그러므로 이용자의 비언어적 표현을 관찰하는 것은 면접에서 매우 중요한 정보의 근원이 되므로 사회복지사의 주의가 필요하다(한국전문대학 사회복지교육협의회, 2005).

비언어적 표현은 언어적 표현과 상반된 메시지를 전달하기도 하고 더 많이 진실된 정보를 주는 기능을 갖고 있어 이용자의 감정과 표현의 차이를 분명히 하고 이용자를 이해하는 데 비언어적 표현을 관찰하는 것이 매우 중요하다.

비언어적 표현을 관찰한 결과에 대한 판단은 사람에 따라 다를 수 있으므로 항상 신중해야 한다. 예를 들어 이용자가 고개를 숙이고 손가락을 만지작거리는 모습이 사람에 따라서는 불안한 것으로 보이기도 하고 혹은 면담에 대한 거부반응으로 보일 수도 있기 때문이다. 따라서 사회복지사는 항상 자신의 관찰이 완벽하다고 생각해서는 안 되며 쉽게 속단하지 않도록 관찰기술을 통해 얻은 정보나 다른 정보와 일치되는지를 판단하여 사용해야 한다(양옥경 외, 2018). 구체적인 관찰기술을 살펴보면 다음과 같다.

(1) 이용자의 신체적 상황

먼저, 이용자의 신체적 상황에 대한 관찰은 신체기능의 이상이나 장애 정도에 주의하여, 언어기능, 시각, 청각, 운동능력 등에 주시한다. 예를 들어, 이용자가 고령자인 경우, 청각장애, 시각장애 등을 고려하여 의사소통의 정도를 확인한다. 또한 체형을 관찰할 필요가 있는데, 과도의 체중초과나 미달일 경우, 심리적인 문제나 스트레스의 유무, 섭취장애 등의 신호가 될 수 있다. 그 외 얼굴상태, 복장, 헤어스타일, 화장 상태 등은 본인의 성격, 사회적 지위, 생활배경에 대한 정보를 제공해 준다.

(2) 이용자의 타인과의 관계 양상

이용자의 대인관계 양상을 관찰할 경우, 이용자의 다른 사람에 대한 말씨, 태도, 매너, 예의, 표정 등을 관찰하여 이용자가 대인관계에서 어떻게 행동하고 있는가를 관찰한다. 또한 이용자가 특정 인물들과 가지는 대인관계의 깊이, 넓이, 친밀감, 거리감 등이 현실에서 어떻게 나타나고 있는지 관찰할 필요가 있다.

(3) 이용자의 생활 · 문제상황

문제상황의 정확한 파악은 원조활동에 있어 중요하다. 이용자가 면접에서 이야기하는 문제나 상황의 설명이 반드시 객관적이고 정확하다고만은 할 수 없기 때문이다. 그러므로 사회복지사는 필요에 따라 문제나 상황 속에 들어가 관찰하여 사실 여부를 파악해야 한다. 관찰은 문제발생이 생활에 미친 영향, 어려움 정도, 문제를 둘러싼 주변사람들의 협력관계 등에 중점을 둔다.

(4) 이용자의 생활환경

이용자의 생활 장소와 문제가 발생하고 있는 거주공간에 관심을 두고 관찰을 한다. 이용자가 미처 생각지도 못한 곳에 생활환경조건이 스트레스나 피로를 악화시킬 수도 있다. 관찰 결과 알게 된 불량한 주거환경이 문제의 발생에 직접적으로 영향을 미치지 않았다 하더라도 문제가 환경 속에서 어떤 형태로 발생하게 되었는가에 대한 주거환경에 대한 방문과 관찰은 이용자에 대해 사실적이고 객관적인 이해를 추구한다는 점에서 중요하다 할 것이다(남일재 외, 2007).

5) 기타 개입기술

(1) 계약기술

이용자와 사회복지사가 각자의 역할, 책임, 기대 및 수행할 업무의 목적을 공식화하고 구조화하는 것이다(양옥경 외, 2018). 계약은 이용자의 욕구에 기반하기 때문에 말로써 혹은 문서로써 합의되며 때로는 편지의 형식을 띠기도 한다. 합의사항은 가급적 문서로 보관하는 것이 중요하며 계약서에는 충분한 정보를 담고 있어야 한다. 예를 들어 상담시간 및 기간, 장소, 기본적인 수칙, 비밀보장 및 사례기록 절차, 상담시간에 누가 참여하는지, 주요 염려나 문제의 요약, 응급 시 연락해야 할 사람, 업

무의 목적과 목표 및 성취방법 그리고 계약 파기 요건 등을 명시할 필요가 있다.

필요한 경우 계약서가 재작성될 수 있음을 표기하는 것도 좋다. 계약서를 작성하는 데 익숙하지 않은 이용자에게는 계약서가 하나의 사슬처럼 느껴질 수 있기 때문에 계약서 작성과 관련된 이용자의 반응을 잘 살펴볼 필요가 있으며 이용자의 참여를 촉구할 필요가 있다.

(2) 지지기술

사회복지사는 이용자의 감정, 내적 강점이나 반응방식, 혹은 의사결정 사항이나 행동, 그리고 관계 등과 같은 다양한 영역으로 어떤 면을 지지할 것인지 결정해야 한다. 여기에서는 지지기술이 정서적 지지, 격려하기, 인정하기, 재보증하기 기술을 포괄한다고 가정하고 이들을 차례로 살펴보면 다음과 같다.

① 정서적 지지

심리적 고통이나 스트레스 혹은 위기를 경험할 때 누군가에게 의지하려는 욕구에 반응하는 것이다. 이를 통해 이용자는 문제나 상황에 대처할 수 있는 것이다. 정서적 지지를 제공할 때 사회복지사는 이용자에게 어떠한 도움이 얼마 동안 그리고 어떤 목적으로 제공될 것인지에 대해 분명하게 설명할 필요가 있다. 또한 그러한 지지가 실제로 의도한 대로 제공받고 있는지 그리고 도움이 되는지 확인할 필요가 있다.

② 격려기술

초기단계에서는 면담을 활성화하기 위해 사용된다. 이용자에게 말을 하도록 격려하기 위해서는 사회복지사는 이용자를 수용하는 자세를 보여주고 이용자가 판단되지 않을 것이라는 관점을 나타내야 한다. 이에 비해 중간단계에서는 이용자가 특정한 행동이나 경험 혹은 생각으로부터 벗어나도록 하거나 그런 쪽으로 행동을 취할 수 있도록 도움을 주는 것을 의미한다.

이 기술의 장점은 사회복지사로부터 자신의 행동이나 사고, 감정에 대해 인정받으면서 자신감을 가질 뿐만 아니라 일부 위험한 행동을 중단하거나 긍정적인 행동을 취하는 계기가 되기도 한다. 반면 단점은 이용자의 의존감을 지속하거나 자기결정권을 침해할 것이라는 우려 때문에 사회복지사가 활용을 꺼려할 수도 있다.

③ 인정기술

이용자가 어떤 행동을 취하거나 벗어난 이후에 이에 대해 긍정적인 평가를 내려 주는 것을 의미한다. 이 기술은 이용자가 자신의 결정이나 독자적인 행동을 취하는 데 자신감이 결여되어 있을 때 도움이 되고 사회복지사가 이 기술을 사용할 때는 과장된 표현이 아닌 진실하고 솔직한 표현이 될 수 있도록 해야 한다.

④ 재보증기술

자신의 능력이나 자질에 대해 회의적인 이용자를 대상으로 이들의 자신감을 향상시키기 위해 활용하는 기술이다. 또한 이용자의 불안감이나 불확실한 감정을 줄이고 편안한 감정을 가질 수 있도록 돕기 위해 사용하는 기술이다. 특히 이용자가 자신의 삶에서 경험하는 사건이나 문제들로 인해 자신의 문제를 객관적으로 바라보지 못하거나 판단이 흐려질 때 매우 유용하게 활용될 수 있다. 나아가 적시에 재보증기술을 사용하면 사회복지사는 이용자에게 희망과 지지를 갖도록 도울 수 있다.

Woods & Hollis(1990)는 재보증을 “섬세하게 차별화하여 사용하여야만 한다"고 경고한다. 관계를 형성하기 위하여 또는 사회복지사가 이용자의 불안감을 견딜 수 없기 때문에 재보증을 지나치게 사용하는 것은 이용자로 하여금 사회복지사가 불안감이나 죄책감의 원인을 제대로 이해하지 못하였거나 도덕적인 분별력이 부족하여 사물을 판단할 능력이 없는 사람이라는 느낌을 갖게 할 뿐이다. 따라서 이 기술은 사회복지사가 이용자의 판단에 확신을 갖고 확인해 주는 것으로 사회복지사가 이용자의 상황 판단에 확신이 없으면 이 기술을 사용해서는 안 된다.

(3) 정보제공기술

정보제공은 사회복지사가 이용자에게 의사결정이나 과업수행에 필요한 정보를 제공하는 것으로 실천의 효과와 업무량의 효율을 증가시키기 위해 다양한 형태의 정보기술을 사용한다. 사회복지사는 이용자가 필요한 정보제공을 위해 이들 정보를 제공하는 기관의 위치와 연락처 그리고 담당자에 대해 알고 있어야 하며, 최신 정보를 갖고 있어야 한다. 정보제공은 문제해결과 의사결정 과정에 있어 매우 중요한 기술이다. 특히 타 기관으로 의뢰할 경우, 이용자의 동의하에 의뢰되는 기관과 사전 조율을 할 필요도 있다.

그리고 사람들의 개인차가 있기 때문에 이용자에게 정확하게 정보를 제공하고 이를 충분히 이해했는지 확인할 필요가 있다. 셰퍼 등(1997)은 정보제공에 있어 다음과 같은 지침을 제공하고 있다.

① 이용자의 현재 심리상태를 주의 깊게 고려해야 한다.
② 정보나 지시를 논리적 · 체계적 · 단계적으로 제공한다.
③ 복잡하고 다단계적인 지시사항은 서면으로 한다.
④ 대명사의 사용에 조심하고, 분명하고 명확하게 이해할 수 있도록 한다.

(4) 조언기술

조언은 이용자가 해야 할 것을 추천하거나 제안하는 사회복지사의 진술을 의미한다. 셰퍼 등(1997)과 트래비식(2000)은 조언기술이 초기단계에서 사회복지사가 이용자를 대상으로 이용자의 문제를 명확하게 파악할 수 있도록 돕거나 문제해결을 위한 해결책을 파악할 수 있도록 돕는데 활용된다고 하였다. 나아가 이 기술은 더 이상 다른 선택이나 개입의 여지가 없을 때 최후의 수단으로 활용될 것을 권하고 있다. 특히 단순하게 조언을 해 주는 것으로 끝나는 것이 아니라 사회복지사가 조언을 하게 되는 배경이나 논리적 근거를 분명하게 제시할 것을 요구하고 있다. 조언하기에 대한 지침은 다음과 같다.

① 조언하기 전에, 누군가가 당신에게 조언을 해 주었을 때 당신이 어떻게 느끼는지를 생각해 봐야 한다.
② 조언이 적절한가의 여부는, 이용자와 사회복지사가 상호작용하는 목적에 주로 달려 있다.
③ 이용자가 당신의 조언을 원한다고 판단되지 않으면, 조언을 제공하지 않는다.
④ 조언을 해 줄 때 "나는 이렇게 했는데" 또는 "다른 사람은 이렇게 했었는데"와 같이 표현한다.
⑤ 당신이 이용자에게 조언을 했고 이후에 당신이 추천한 결과 때문에 이용자가 개인적 · 재정적으로 불리한 고통을 겪게 된다면 법적 책임성의 문제를 고려해야 한다.
⑥ 일이 잘 되지 않을 때 당신에게 책임을 지우는 조종적인 이용자에게 조언을 하는 경우에 주의를 해야 한다.

조언기술은 많은 한계점을 가지고 있으므로 매우 신중하고 제한적으로 활용할 필요가 있다. 이는 사회복지사의 조언으로 인해 이용자의 행동에 부정적인 결과가 발생했을 때 이에 따른 책임이 사회복지사에게 있을 수 있기 때문이다. 그리고 이용자의 사회복지사에 대한 의존성을 높일 수 있으며 이미 문제를 경험하고 있는 이용자가 스스로 문제를 해결하기보다는 사회복지사에게 더욱 의존하게 되므로 이용자 자신에 대해 비관적이게 된다. 또한 사회복지사도 조언기술을 활용하는데 혹시 잘못된 조언을 하지 않을까 불안해 할 수 있기 때문에 이용자에게 알고 있는 것과 알지 못하는 것을 솔직하게 말하고, 특정상황의 구체적인 조언을 위하여 관련 법과 규정, 자원을 정확하게 이해하고 활용할 수 있는 전문능력을 갖추어야 한다.

(5) 설명기술

설명기술은 사회복지실천기술의 핵심기술 가운데 하나이면서 잘못 활용되기 쉽다. 설명기술은 이용자에게 특정 사건이나 상황에 대해 분명하게 이해할 수 있도록 돕거나 상황을 해석해 주는 것을 포함하고 있다. 특히 이용자가 잘 이해할 수 있도록 새로운 시각을 제시해 주지만 사회복지사가 자신의 가치관, 전문지식, 기술에 근거해 이용자의 문제나 상황을 설명하는 것은 잘못 활용되는 하나의 예이다.

크래비식(2000)은 설명기술을 ① 예를 들어 설명하는 방법, ② 실제 시범을 보이는 방법, ③ 말로써 설명하는 것이다. 또한 그는 이용자의 문제상황에 대한 이해를 돕기 위해 사회복지사는 ① 이용자의 생각과 감정을 민감하게 고려, ② 흥미롭게 그리고 분명하게 잘 구조화된 방식으로 설명, ③ 학습과 이해를 최대한 향상할 수 있는 방법으로 설명하는 것이 좋다고 주장한다. 특히 이용자가 이해한 바를 사회복지사에게 다시 설명할 수 있도록 함으로써 이해 여부를 확인하는 것도 좋은 방법이다(엄명용 외, 2016).

(6) 재구성기술

특정 문제에 대해 이용자가 부여하는 의미를 수정해 줌으로써 이용자의 시각을 긍정적인 방향으로 변화시키는 기술이다. 이는 인지행동접근법에서 많이 활용되는 기술로서 인지 및 사고과정과 행동의 변화에 목표를 두고 있다. 장점은 문제상황이나 행동을 보다 긍정적이면서 다른 각도에서 조명해 볼 수 있는 기회를 제공한다는 것이다.

이 기술은 이용자의 자아존중감이 낮거나 자신감이 결여되어 있을 때 혹은 자기 비판적이면서 자책할 때 매우 유용하게 활용될 수 있다. 사용할 때는 매우 구체적인 사실을 가지고 재구성하되 새로운 시각의 해석이 신뢰성 있고 이용자가 이해할 수 있는 것이어야 한다.

(7) 환기기술

이용자의 억압된 감정, 특히 부정적인 감정인 분노, 증오, 슬픔, 죄의식, 불안 등이 문제해결을 방해하거나 감정 자체가 문제가 되는 경우, 이를 표출하도록 함으로써 감정의 강도를 약화시키거나 해소시키는 기술이다. 나아가 해소되어야 할 감정이 표면으로 표출될 수 있도록 하는 방법이며 이러한 감정을 탐색하고 고려해 볼 수 있는 기회를 제공한다.

우리나라 문화적 특성상 감정보다는 행동이 앞서 종종 문제를 악화시키는 경우가 많은데 사회복지사는 이용자가 갖고 있는 특히 억압된 감정이 적절한 언어로 표현될 수 있도록 도움으로써 문제해결능력 및 대처능력을 강화할 수 있도록 도울 필요가 있다.

(8) 도전과 직면기술

면담과정이 항상 순조로운 것은 아니다. 사회복지사는 종종 이용자의 특정 행동에 대해 직면해야 할 때가 있다. 한편 사회복지사는 때로 기관의 잘못된 정책이나 실천방법에 문제가 있을 때는 이에 대해 도전하고 직면하여 이용자에게 보다 나은 서비스를 제공해 줄 수 있도록 노력해야 한다.

이용자에게서 보이는 불일치나 왜곡, 문제의 부인, 비합리성 등에 대해 사회복지사는 자신의 반응을 먼저 인식하고 다룰 수 있어야 한다. 나아가 이러한 자신의 반응이 전문적 관계에 손상을 주지 않으면서 이용자의 문제상황을 다룰 수 있어야 한다.

① 도전기술

종종 이용자가 자신의 문제해결에 있어 상충되거나 왜곡된 것 혹은 불일치하는 상황을 다룰 때 혹은 이용자가 문제를 부정하거나 회피하고 합리화할 때 활용되는 기술이다.

이용자가 상충되는 상황을 충분히 인식하고 있지 못할 때 이 기술을 사용하면 때로 사회복지사의 개입은 강압적이고 미숙한 개입방법이 되어 전문적 관계를 훼손할 수 있지만, 적시에 적절한 방법으로 활용되면 사회복지사와 이용자의 전문적 관계는 강화된다.

도전의 사용이 정당화되는 여러 행동들을 제시하면 다음과 같다.

- 문제를 인정하지 못함
- 문제를 해결 가능한 용어로 정의하지 못함
- 결정적인 경험, 행동 및 감정에 대한 잘못된 해석
- 회피, 왜곡 및 게임하기
- 행동의 결과를 확인하거나 이해하지 못함
- 새로운 관점에 따라 행동하는데 대한 주저나 거부

② 직면기술

셰퍼 등(1997)은 직면기술은 주로 이용자의 행동이 자기에게도 도움이 되지 않으면서 타인에게 위협이 될 때 이를 재인식하도록 돕기 위해 쓰인다고 하였다. 카두신 등(Kadushin & Kadushin, 1997)은 일시적으로 이용자에게 불안정을 유발한다고 지적하였다. 브릴(Brill, 1997)은 상담가와 이용자는 동의하는 문제영역만을 해결하려고 하기 때문에 직면기술은 이러한 합의점을 찾는 데 중요한 기술이라고 지적한다. 또한 양옥경 등(2018)은 변화를 방해하는 부정적인 감정, 생각, 행동들을 이용자가 인식하도록 돕는 매우 직접적인 방법이라고 지적하였다.

이용자가 방어적이면서 숨기지 않도록 직면하는 것은 고도의 기술을 요하면서 한편으로는 인내와 수용이 필요하다. 나아가 사회복지사는 직면기술을 자신의 분노나 화, 초조함을 표현하는 방법으로 사용해서는 안 된다.

직면기술은 다음과 같은 단계를 거쳐 활용될 수 있다.

- 이용자가 직면하고자 하는 문제나 상황을 이용자가 의식할 수 있도록 돕는다.
- 이용자가 문제나 상황에서 어떻게 불일치하거나 일관성이 없는지 사회복지사의 입장에서 설명하도록 한다.
- 이용자가 왜 이 시점에서 이 문제를 고려해 보아야 하는지 그리고 이것이 이용자의 문제나 상황과 어떤 관련이 있는지 분명하게 설명한다.
- 사회복지사가 말한 내용에 대해서 이용자가 반응할 수 있는 시간을 충분히 주도록 한다.
- 후속조치를 취한다.

직면은 정서적 부담이 크므로 사회복지사는 상황을 정확히 평가하여 성원에게 거부되지 않으리라는 확신이 있을 때 이를 사용해야 한다. 그리고 직면했다고 해서 이용자의 행동에 즉각적인 변화가 있을 것이라고 예측하는 것은 잘못된 것이다. 오히려 직면하기는 이용자가 자신의 행동에 변화가 필요한 점을 인식하는 계기를 마련해 주며, 자신을 점검해 보는 기회를 제공해 주는 것이다.

(9) 자기주장기술

자기주장이란 자신과 타인의 권리를 동등하게 존중하면서 자신의 사고, 감정, 원하는 것, 성취하고자 하는 것, 의견 등을 단호하게 요구하거나 표현하는 것을 의미한다. 자기주장은 사람들이 '아니오'라고 말할 수 있고, 자신을 방어하며, 결과적으로 더 이득이 되고 성공적인 방법으로 불평하는 것을 학습하도록 도와준다. 주장기술과 관련된 일련의 기술과 과제는 다음과 같다.

① 문제의 범위에 대한 이해를 얻기 위한 사정
② 이용자가 주장, 거짓이나 강제적 동조 및 공격 간의 차이를 학습하도록 원조하는 구별 훈련절차
③ 단계적이고, 서로 다른 환경에 적합한 주장의 정도를 이용자에게 보여주고, 격려와 확신을 제공하면서 그 기술들을 연습하도록 격려하는 모델링과 연습 요소
④ 당황스러운 상황에 이용자를 노출시킴으로써 공포를 제거하도록 원조하는 둔감화 요소
⑤ 학습된 기술을 실제상황에 연관시킴으로써 매일 매일의 경험과 문제에 일반화될 수 있도록 보증하는 일반화 등이다.

사람들이 자신의 생각, 감정, 선택 혹은 욕구를 공개적으로 직접적으로 주장할 수 있는 능력의 중요성은 강조되어 지나침이 없겠지만, 이는 비단 서비스 이용자들에게만 한정되는 것은 아니다. 사회복지사 또한

본인의 견해와 관점, 개인적 · 전문적 욕구를 주장하고 대변할 수 있어야 한다(엄명용 외, 2015).

CHAPTER 10

가족대상 사회복지실천기술

가족은 사회복지실천기술의 관심체계들 중 최고로 중요하다. 가족은 그 구성원들의 사회적 · 교육적 · 보건적 욕구를 포함하는 기본적인 욕구를 충족시키는 기능을 수행한다(Hartman, 1981: 10). 대부분의 경우 가족을 통해서 인격을 형성하고 생존에 필요한 기능을 배운다. 따라서 이 장에서는 가족의 이해와 사회복지실천기술을 그 내용으로 소개하고자 한다.

1 가족의 이해와 실천

가족은 구성원들의 욕구충족에 있어 가장 핵심적인 역할을 담당한다. 아동들은 사회적 책임감을 가지고 사회로 진출하도록 사회화된다. 더욱이 아동들은 가족을 통해서 기초적인 자부심, 소속감, 대인관계 기술 등을 발전시키거나 실패하는 것을 경험한다. 저소득 빈곤계층 가족이 자녀의 자부심을 향상시키기 위해 노력하는 것은 상위 사회체계와 충돌하기도 한다. 사회는 그들에게 직업 등의 사회적 역할을 맡기지 않음으로써 그들이 사회적 책임감을 기를 수 있는 기회를 종종 박탈하기 때문이다.

1) 가족대상 사회복지실천기술의 기본 개념

최근 핵가족이 가장 보편적인 가족 모습으로 여겨지면서 정상과 비정상을 구분하는 준거 틀로 작용(이여봉, 2006)해 왔으나, 오늘날 다양한 가족 형태의 출현으로 새로운 방식의 가족 개념 정의가 필요해졌다(최선희·최정숙·박화옥, 2008). 유일한 정상적 가족(the family)은 더 이상 정의할 수 없다고 전제하면서 가족의 보편적 특성으로 가족관계를 제시하며 가족에 대한 역사적·문화적 특수성을 인식하는 것이 중요하게 되었다(Gittins, 1985). 먼저 가족의 개념을 전통적 의미와 현대적 의미에서 어떻게 정의되고 있는지 간략히 알아보겠다.

첫째, 전통적 의미: 법적 지위나 가족 구조 및 형태에 초점

① 사회적으로 인정받는 성적 관계를 유지하는 최소한 두 명의 성인 남녀와 그 성인이 낳았거나 입양한 한 명 또는 그 이상의 자녀를 포함하며, 공동거주, 경제적 협력, 재생산으로 특정지어지는 사회집단(Murdock, 1949)

② 혈연, 결혼, 입양 등으로 관련된 둘 이상의 사람으로 구성된 집단으로 동일한 가구에서 함께 거주하는 사람들의 집단(Barker, 1987)

둘째, 현대적 의미: 가족을 연대의식을 갖고 지속적인 관계를 갖는 것에 초점

① 가족은 정서적이고 물질적인 지지에 기반을 둔 둘 또는 그 이상의 사람들이 상호 간에 기대를 갖고 그들의 삶의 유형에 관계없이 상호 책임감·친밀감과 지속적인 보호를 주고받는 구성체(Giddens, 1992)

② 일상적인 생활을 공동으로 영위하는 부부와 자녀, 그들의 친척, 입양이나 기타 관계로 연대의식을 지닌 공동체 집단(이효재, 1983)

셋째, 사회복지적 의미: 기능이나 관계의 질적인 측면에 초점

① 둘 이상의 사람들이 친숙한 한 가족이라고 여기고 밀접한 감정적 유대와 가정이라는 생활공간, 생물적 · 사회적 · 심리적 요구의 충족에 필요한 역할과 과제를 공유할 때(Hartman & Laird, 1983)

② 그들 스스로 가족이라고 생각하고 건강한 가족생활에 필수적인 의무, 기능, 책임을 수행하는 두 명 이상의 사람들(미국사회복지사협회(NASW), 1982)

따라서 사회복지실천에서 더 중요하게 관심을 가져야 할 것은 가족의 보편적이고 중요한 특성인 '관계'가 잘 정립될 수 있도록 하는 것과 가족 및 그 구성원의 복지와 발달에 기여하는 '기능'이 잘 수행될 수 있도록 하는 것일 것이다.

2) 가족대상 사회복지실천기술의 변화

가족은 하나의 사회적 체계이다. 가족은 모든 개인들을 위한 정체감의 기초를 형성해 주며 이후의 성장을 위한 정신적 및 발달적 근본(foundation)을 제공해 준다. 만약 가족이 안정적이며, 서로 사랑하며, 지지적이며, 모든 가족구성원들을 가르치고 돌보는 과업에 민감하다면 가족은 개인의 잠재력을 성취하는 데 있어서 지대하게 긍정적인 힘이 된다. 만약 가족이 오류를 범하거나, 적대적이거나, 사랑이 없으며, 방임적이거나 학대적이라면, 가족은 성장발달하는 자녀들에게 회복할 수 없는 위해의 원천이 되며, 성인에게는 커다란 정서적 고통의 원천이 될 수 있다.

오늘날의 복합적이며 자주 스트레스를 느끼게 되는 사회에서는 가족체계는 하나같이 도움이나 저해의 일차적인 원천이 된다. 사회복지사들

이 이러한 가족체계에 개입할 때에 그들은 다양한 일련의 기술을 끌어오게 되며, 이러한 사회복지사들의 기술들은 개인, 가족체계, 집단체계, 문화, 지역사회 및 전체로서의 사회 등의 발달에 대한 지식과 어떻게 이러한 요소들의 각각이 특별히 원조를 받기 위해 찾아온 가족에게 영향을 미치고 있나에 대한 지식을 포함한다.

체계의 본질은 체계 내의 어떤 한 부분이 영향을 받았을 때는 언제나 체계의 여러 구성요소들이 상호작용하면서 서로에게 영향을 미친다는 것이다. 가족이 바로 완벽한 본보기가 된다. 즉, 한 가족구성원에게 일어나는 모든 중요한 사건은 가족체계 전체를 동요시키게 된다.

가족체계관점에서 보면, 체계적인 보상을 갖지 않는 어떤 중요한 행동이나 행태를 상상하기 어렵다. 좋든 나쁘든 간에 가족은 하나의 체계이며, 많은 경우에 전체 체계의 개입을 통하지 않고 가족의 개별구성원들이 이해되거나 효과적으로 치료될 수가 없다.

(1) 가족기능 면에서의 변화

가족의 4대 기능(출산과 재생산 기능, 성적 기능, 경제적 기능, 교육 및 사회화 기능)(Murdock, 1949)이 점차 사회로 이양됨에 따라 미래의 가족기능은 이러한 기능보다 정서적 기능이 주요하게 부각되고 있다(양옥경, 2000, 2005).

(2) 가족주기 면에서의 변화

자녀 출산과 양육 시기는 짧아지고 자녀 출가 후 노인 부부만 남는 시기는 점차 길어지고 있고(성정현 외, 2004), 초혼연령, 평균수명도 점차 연장되고 있다.

또한 이혼가족과 재혼가족의 증가로 기존의 가족생활주기 단계 및 과업과는 다른 경험을 하게 되는 가족이 늘어나게 되었고, 그 외 무자녀가족, 조손가족, 결혼이민자가족의 증가는 기존 가족발달주기와 다른 과정과 과업을 갖게 될 가족에 대한 조사와 이해의 필요성을 제시한다.

3) 가족사정에 대한 기본 틀과 가족사정 도구

가족문제를 어떻게 정의하는가 하는 것은 정의하는 사람이나 집단의 가치, 관점에 따라 달라질 수 있을 것이다. 따라서 가족복지 대상을 간략히 분류하면 다음과 같다.

① 가족 스트레스: 가족구성원의 갑작스러운 사망, 이혼, 전근, 이사, 실지 등으로 인한 스트레스

② 경제적 · 사회적 어려움: 경제적 곤궁 및 사회자원 도입의 곤란 등으로 경제적 · 사회적 요구를 충족할 수 없는 상황에 놓이는 것

③ 가족관계 및 가족구성원의 기능손상: 가족관계나 가족구성원의 개인적 기능장애 등으로 인해 가족이 사회적 제 기능을 수행하는 데 제한이 생기는 경우(NASW, 1990; 조흥식 · 김연옥 · 황숙연 · 김용일, 2010 재인용)

(1) 가족사정의 배경

사회복지실천에서 사정은 대단히 중요하다. 왜냐하면 사정을 얼마나 정확히 했느냐에 따라 개입결과가 달라질 수 있기 때문이다. 그러나 사회복지실천에서 현재 사용하는 사정이라는 용어는 처음부터 사용된 것이 아니라 '진단(diagnosis)'이라는 용어에서 대체된 것이다. '진단' 대신에 '사정'이라는 용어를 사용하게 된 배경은 다음과 같다.

첫째, 기존의 사회복지사는 내담자의 문제를 너무 병리적으로만 보기 때문에 내담자의 강점을 개발하지 못한다는 지적이 많았다. 아울러 내담자의 병리에 초점을 두는 것은 내담자의 강점에 초점을 두는 것보다 개입효과가 낮다는 연구들(Maluccio, 1979; Presley, 1987; Toseland, 1987)이

발표되면서 내담자와 그의 환경이 가진 강점, 자원, 잠재능력에 초점을 두어야 한다는 점이 지적되었기 때문이다(Hepworth & Larsen, 1993).

둘째, 병리를 강조하는 접근은 인간은 누구나 성장할 수 있는 잠재능력과 가능성을 갖고 있다는 사회복지의 가장 중요한 가치 실현을 어렵게 한다는 많은 지적이 있었다. 그리고 자존감을 향상시키기 원하는 대다수 내담자의 욕구 충족을 위해서는 내담자를 좀 더 긍정적으로 바라보는 시각이 필요하였기 때문이다(Hepworth & Larsen, 1993).

(2) 가족사정의 개념

① 가족사정의 정의

가족사정이란 가족을 하나의 단위로 보고 가족 내부의 요인과 외부의 요인 그리고 이들 양자 간의 상호작용을 파악하기 위해 자료를 수집하고 분석하고 종합하여 가족에 대한 개입을 계획하는 일련의 과정을 말한다. 가족을 사정할 때 사회복지사는 가족이 제시한 문제 및 욕구에 대한 초점을 유지하면서 가족 내부의 역동과 가족과 환경 간 관계, 가족발달 과정에 대한 사정을 통해 사회복지실천기술과정에서 역점을 두어야 할 변화 영역과 활용 가능한 자원을 확인하고 목표 설정을 위한 기초자료를 얻을 수 있어야 할 것이다.

② 가족사정의 목적

㉠ 그 가족이 가족 단위로 일하기에 적합한 가족인지를 판단하고, 만일 그렇다면 어떤 개입이 주요 이슈를 다루기에 적절한지 판단한다.

㉡ 가족에게 어떤 변화가 구체적으로 일어나야 하는지를 규명한다.

㉢ 현실적인 목표에 기초해 장단기 목표를 세운다.

㉣ 가족이 바라는 변화를 위해 필요하거나 활용 가능한 환경과 지역사회 자원, 가족의 강점과 자원을 확인한다.

㉤ 개입 결과를 평가하기 위한 기초로 가족기능의 기초선에 대한 정보를 모으고 이해한다.

㉥ 최종 도달 지점을 분명히 하고 사회복지사와 가족이 바라는 결과의 달성을 측정할 수 있도록 상호 동의된 변화 표적을 규명한다. 뿐만 아니라 사회복지사는 가족을 공간과 시간 차원에서 이해할 필요가 있다.

- 공간적 차원: 가족 내부의 역동과 외부 환경과의 관계를 이해할 수 있어야 한다.
- 시간적 차원: 가족이 처한 생애주기 및 발달과업에 대해 이해하고, 이전 세대로부터 전수받은 문화와 가치, 관계 유형에 대해 이해할 수 있어야 한다.

(3) 가족의 구조와 기능

① 가족의 경계와 하위체계

가. 경계선

- 모호한 경계: 지나치게 개방적이어서 모든 정보가 공유되고 서로에게 지나치게 관여하며 얽혀 있는 것이 특징
- 분명한 경계: 지나치게 폐쇄적이어서 경계 내외로 정보 공유나 교류가 거의 없는 것
- 경직된 경계: 경계가 유연하게 존재하여 정보가 적절히 공유되고 경계 내외로 관여하는 정도도 적당한 것

㉠ 가족구성원 간의 경계

- 밀착가족: 가족구성원 간의 연계 및 분리의 연속선상에 따라 가족구성원 간 경계가 모호하여 서로 지나치게 관여하는 가족
- 유리가족: 가족구성원 간에 경직된 경계를 가지고 교류를 거의 하지 않는 가족

㉡ 가족 외부와의 경계: 침투성 정도에 따라 구분

- 개방형 가족: 가족 외부와의 경계가 분명하면서도 침투력이 있는 가족
- 폐쇄형 가족: 침투력이 없는 가족
- 방임형 가족: 가족 외부와의 구분이 거의 없는 가족을 말한다(조흥식 외, 2010: 117).

이러한 경계는 가족의 정체성을 보호하며 가족체계의 구성원이 누구인지를 결정해 준다(이원숙, 2007: 122). 따라서 가족구성원은 경계에 따라 서로 좋게 느낄 수도 있으며 때로는 거의 적대적 갈등만을 느낄 수도 있다.

나. 하위체계

모든 가족은 성, 관심사, 세대, 기능의 토대 위에 형성된 하위체계들 간의 공존을 위한 연계를 구축한다(Minuchin, 1974). 가족구성원들은 여러 개의 하위체계에 동시에 속해 있으며, 같은 하위체계들에 공통적으로 속해 있는 다른 구성원들과 개별적인 관계들을 맺는다. 핵가족의 예를 들면, 남편과 아내, 어머니와 딸, 형제자매, 아버지와 딸 등의 하위체계들이 있고, 확대가족의 예를 들면, 할머니와 손녀, 삼촌과 조카, 장모와 사위 등의 하위체계들이 있다. 각각의 하위체

계는 소속된 구성원들 간의 자연적 연대로 여겨진다. 슬루스키(Sluzki, 1975)의 언급에 의하면, "자연적 연대는 친밀성의 필수조건이다." 가족이 형성하는 연합(coalitions)이나 동맹(alliances)은 자연히 상황여건에 따른 임시적인 것이다.

하위체계들 중 특히 부부체계, 부모-자녀체계, 형제체계의 세 가지 주요 하위체계는 정상적인 경우 상대적으로 오래 지속된다. 미누친(Minuchin, 1974)에 따르면, 이러한 주요 하위체계의 안정적인 형성은 가족 전체의 건강과 안녕에 결정적인 작용을 한다. 예를 들어, 부부라는 하위체계가 튼튼하고 지속적으로 융합해 있지 않으면 그 갈등의 여파는 가족 전체로 퍼지고, 아이들은 부모의 권력다툼에 어느 한편을 들도록 유도된다. 미누친에 따르면, 최상의 가족기능을 위해 위에서 말한 세 가지 주요 하위체계의 경계선들이 명확하게 규정되어야 한다. 그러면서도 구성원들은 각 체계를 불필요하게 침범하는 일없이 그들의 기능을 수행하고, 동시에 각 하위체계들을 서로 간의 접촉과 자원의 교환을 충분히 허용해야 한다.

미누친은 하위체계들의 경계선을 명확히 하는 것이 어떤 하위체계들이 존재하는가를 파악하는 것보다 훨씬 더 중요하다고 지적한다. 미누친에 따르면, 예를 들어, 노모와 자식관계의 하위체계에서 서로 간의 책임영역이 명확히 정해져 있을 때 그 체계는 아주 바람직한 기능을 한다.

부부체계, 부모-자녀체계, 형제체계들은 관련된 가족규범에 따라 상대적으로 완성된다. 문화적 맥락도 가족의 하위체계들의 역할을 규정하는 요소이다.

가족 하위체계 간 경계선의 명확성은 가족기능을 평가하는 데 유용한 기준이다. 미누친은 모든 가족이 내부 경계선의 기능에 있어, 양극단의 연속선상의 어느 한 곳에 위치한다고 본다. 이 연속선의 양극단은 이탈성 강한 가족영역에 따른 책임성의 결여 쪽과 지나치게 강한 결속성에 따른 구속이다. 결속성이 강한 가족체계는 모두 구성원들의 획일적인 감정과 생각을 강요하여 속박감을 준다. 이런 가족은 구성원들에게 가족 전체에 대한 희생을 요구한다. 그래서 구성원들의 자립적인 탐구, 활동, 문제해결을 지원하지 못한다. 반대로 가족영역의 이탈성이 강한 가족은 구성원들의 개별적인 차이들을 광범위하게 수용한다. 그러나 일치감, 애정, 소속감이 부족한 경향이 있다. 이와 같은 가족의 구성원들은 서로 도움을 주고받기가 어렵다. 이러한 가족체계를 조직화하는 것은 불안정적이고 혼란스럽다. 가족의 지도원리가 매순간 변하기 때문이다.

이런 가족에서는 심각한 어려움을 겪는 구성원이 발생했을 때에만 그것이 다른 구성원들에게 영향을 미치고, 가족의 지원체계도 그때 비로소 작동한다. 이러한 가족은 또한 적절히 해야 할 간섭조차 하지 않으려 한다.

② 가족의 권력구조

한 가족구성원이 다른 가족구성원에게 미치는 영향력에 따라 가족권력 구조가 나뉘고 일반적으로 구성원의 욕구를 충족시킬 수 있는 자원을 많이 가진 가족일수록 권력을 더 많이 가지는 경향이 있다. 가족은 이 권력구조를 통해서 구성원의 행동을 허용 가능한 범위 내에서 유지시키는 기능을 한다. 하지만 경우에 따라 가족권력은 갈등의 원천이 되거나 권력 오·남용의 문제(가정폭력 등)를 가질 수 있다.

가족사정을 할 때 가족의 권력기반과 권력배분에 대해 사정해야 하며, 가족의 권력구조가 체계의 유지기능을 순조롭게 수행하도록 하는지, 가족구성원이 권력의 상대적 배분에 만족하는지 등이 사정되어야 할 것이다(Hepworth et al., 2010: 259).

③ 가족역할

가족성원에게 기대되는 역할을 가족성원이 상호적으로 실현하고 수행하는 것을 가족역할이라 한다. 가족역할은 서로 독립적이지 않고, 역할행동은 두 사람이나 그 이상의 사람들을 상호 교류에 관여하게 한다 (Nichols & Schwartz, 1998).

특히 생애전이와 가족갈등은 역할행동에 변화, 유연성, 수정을 요구하는데 이에 따라 가족은 어려움을 경험할 수 있다.

즉, 생애전이에 따른 역할전환에서의 어려움으로 노부모가 성인자녀에게 의존하게 되는 과정이 이에 해당된다. 역할 간 갈등은 가족구성원이 각자의 역할에 불만족하거나 역할에 대한 지나친 부담이 있을 때 가족 갈등이 발생할 수 있다. 또한 가족구성원 개인이 여러 가지 역할의무에 직면했을 때, 그 역할들을 양립하기 어려울 때에도 발생할 수 있다. 예를 들면, 여성이 아내, 어머니, 딸, 고용자, 노부모의 보호 제공자 등의 역할을 수행해야 할 경우가 이에 해당된다.

가족역할에 대한 사정에서는 가족 내 역할분담, 역할이 정의되는 방식, 역할갈등을 이해하는 것이 중요하다. 그리고 이를 토대로 구성원의 욕구와 부합되는지의 여부와 그에 대한 만족도, 변화시킬 여지가 있는지를 판단하고 사정해야 한다(Hepworth et al., 2010: 264-265).

각 가족구성원들은 많은 역할을 한다. 그것들은 가족구조로 통합된 다음, 기대되고 허용되거나 금지된 특정한 행동으로 나타난다. 가족역할의 배분은 법적인 지위나 연령에 따라 이루어지는 것이 보통이지만, 전통적인 서구문화권에서의 역할배분은 성에 기초한 것이 많았다. 여성에 비해 남성은 더 적극적이라고 생각했기 때문에, 돈벌기나 의사결정처럼 수단적 역할에 더 적합하다고 여겨졌다. 반대로 여성은 더 협력적이고 감정적이며 부드럽다고 생각했기 때문에 음식장만, 자녀보호, 애정표현 등 표현적 역할에 적합할 것이라 생각되었다. 하지만 지난 수십 년 동안의 성 혁명(sexual revolution)의 힘은 성에 따른 역할과 지위를 평등하게 변화시키고 있다.

가족문제의 원인이 되는 역할의 규정과 수행에 대한 정확한 사정을 위해서는 성 역할 혁명과 관계된 요인들을 포함하여 많은 원인들을 고려해야 한다. 이러한 다양한 원인들을 고려할 수 있도록, 가족역할 사정과 관계 있는 질문항목을 제시하면 다음과 같다.

㉠ 가족역할을 분배할 때 능력, 관심, 구성원들의 수행 가능 시간 등의 요인보다 성에 기초해서 결정하는 것은 어느 정도인가?

성에 따라 분배된 부부관계에서의 역할은 양쪽의 배우자들이 역할수행에 할애할 수 있는 시간에 따라 불공평할 수 있다. 더욱이 결혼관계의 문제는 종종 수년 전 결혼 당시에 합의한 역할분배에 의해 발생한다. 과거의 전통적인 가치에 근거한 역할분배는 변화하는 현재의 상황에서는 더 이상 기능적이지 않기 때문이다.

㉡ 가족역할은 얼마나 명확하게 규정되어 있는가?

부부 사이의 역할변형은 역할이 모호하고 광범위할 때 발생할 수 있다. 그것은 서로에 대한 역할수행의 기대차이의 결과로 인해 유발한다. 더욱이 앞에서 지적한 것처럼, 자녀와 부모 사이의 역할영역이 희미해질 수도 있다. 극단적인 경우에는 이러한 역할이 뒤집힐 수도 있다.

보스조르메니-네이지(Boszormenyi-Nagy)와 스파크(Spark, 1973)는 이러한 과정을 자녀의 부모화, 즉 자녀가 자신의 유년기를 희생하면서, 아이 같은 부모와 경우에 따라서는 동생들까지 돌볼 수밖에 없는 상황에 처하는 현상이라고 한다.

역할변형은 재혼으로 두 편부모가족이 새로운 가족을 형성할 경우(stepfamily) 양쪽 자녀들의 서열변화가 있을 경우에도 발생할 수 있다.

ⓒ 부부가 규정된 역할에 얼마나 만족하는가, 그리고 여기에 대한 불만이 가족문제의 핵심원인인 경우 부부가 각자 얼마나 이것을 수정하려 하는가? 더 나아가 변화하는 환경과 매일 겪는 압력에 대응하기 위한 역할 재조정에 있어 가족체계 전체가 얼마나 유연한가?

역할배분의 역기능성은 구성원들이 완고하게 규정된 역할에 의해 그들의 행동범위를 극심하게 제한 당할 때 발생할 수 있다. 완고하게 규정된 역할은 가족구성원들을 장님으로 만든다. 왜냐하면 구성원들은 그들의 개성을 희생하면서 적응하거나, 다른 가족들로부터 호의를 잃고 소외당하면서 저항하거나 둘 중 하나를 선택해야 하기 때문이다. 완고한 역할규정은 가족이 외부압력에 유연하게 적응하기 어렵게 한다. 더욱이 해로운 역할규정은 가족체계가 변화하는 환경에 적절히 적응하고 위기상황에서 결집하는 것을 불가능하게 한다.

ⓔ 부부가 배우자와 부모로서 주어진 역할을 얼마나 적절히 수행하는가?

ⓜ 부부의 역할규정에 대해 가까운 외부(부모, 친척, 친구)사람들이 얼마나 의견을 내세우는가? 이러한 외부의 의견이 부부체계에 미치는 영향은 무엇인가?

ⓑ 부부가 가진 시간과 에너지를 집안일과 직장 일에 너무 많이 사용할 때, 역할의 과부하로 인한 압력과 스트레스는 얼마나 발생하는가?

가족기능 사정에 위의 지침들을 고려한다면, 가족의 몇 가지 장점들에 주목하게 될 것이다. 부부는 명확하게 규정된 역할을 갖는 동시에 부모로서의 역할을 대단히 적합하게 수행하는 경우가 있다. 또는 부부가 역할규정에 만족하지 않는다면, 치료과정에서 수정의 필요성을 느끼고 쉽사리 상대방과 의견조율을 할 수도 있다. 지적하고 싶은 것은 사정과정에서 가족이 역할수행에서 보여주는 많은 장점들을 발견하고 신용하는 것이 중요하다는 것이다. 그렇지 않으면 장점들은 현존하는 문제에 의해 묻혀 있을 수도 있다.

어떤 가족을 사정하든 가족의 역할규정과 노동 분배에 미치는 문화적 영향을 반드시 고려해야 한다. 왜냐하면 각각의 문화적 가치는 남녀 역할에 대해 고유하게 정의하고 있으므로, 사회복지사는 소수민족의 가족이 가진 역할들을 파악하고 그 가족구성원들의 욕구에 맞는 미덕을 사정해야 한다. 또한 가족기능에 부정적인 영향을 주는 문화적 역할규정을 변화시키는 데 가족이 얼마나 잘 따르는지도 파악해야 한다.

④ 가족규칙

명시적으로나 암묵적으로 가족구성원의 행동이나 관계를 통제하는 패턴화되고 예측 가능한 규범이나 기대

- 기능적인 가족규칙: 규칙을 위한 규칙이 아니며 규칙의 적용이 인간적이고 기대에 맞게 융통성이 있으며, 필요하면 새로운 규칙을 만들 수도 있다.
- 역기능적인 가족규칙: 규칙의 적용이 비인간적이고 시대에 뒤떨어져 있으며, 한 번 정해진 규칙은 거의 고정적이고 극히 제한적이어서 그러한 규칙을 지켜야 하는 사람들을 힘들게 한다.

따라서 역기능적 가족규칙은 가족에게 부정적인 영향을 미치게 되므로 가족사정 시 가족규칙을 주의 깊게 보아야 한다. 또한 가족규칙이 항

상 명시적인 것은 아니므로 가족들의 상호작용과 의사소통을 관찰함으로써 가족규칙을 추론할 수 있도록 해야 한다.

⑤ 가족응집력

가족응집력은 가족구성원이 서로에게 갖고 있는 정서적인 유대(Olson, Russell & Sprenkle, 1983)라고 할 수 있다.

- 가족응집력이 적절한 가족: 가족의 독립성과 자율성을 유지하면서 동시에 친밀감과 상호 연결 상태를 유지한다.
- 가족응집력이 낮은 가족: 서로 유리되는 경향이 있으며, 가족구성원은 매우 독립적이지만 가족에 대한 헌신의 정도는 매우 낮게 나타난다.
- 가족응집력이 높은 가족: 밀착된 관계 양상을 보이며, 가족에 대한 높은 의존과 충성을 보이지만 독립성과 자율성은 별로 나타나지 않는다.

⑥ 가족적응력

부부 혹은 가족 체계가 상황적 혹은 발달적 스트레스에 반응하여 권력구조나 역할관계, 관계의 규칙을 변화시킬 수 있는 능력이다(Olson, Russell & Sprenkle, 1983).

- 적절한 가족: 스트레스 상황에 잘 적응
- 경직된 가족: 가족 내부 혹은 환경의 변화에도 불구하고 기존의 문제해결 방식을 그대로 활용하기 때문에 적응하기 어렵다.
  (행동예시: 권위주의적 리더십, 엄격한 자녀교육, 가족규칙 준수의 강요, 가족원이 정형화된 역할 수행, 타협/문제해결능력 빈약 등)
- 혼돈된 가족: 특정한 규칙이나 규범이 없는 가족은 지나치게 변화를 시도하기 때문에 안정성과 예측성이 떨어지게 된다.

(행동예시: 리더십 부재, 방임적 자녀교육, 가족규칙 부재 혹은 자주 변함, 문제해결 능력 빈약)

⑦ 가족 의사소통

가족집단 또는 두 사람 이상의 가족원 간에 있어서 언어나 표정, 몸짓의 신체동작 등을 매체로 하여 전하고자 하는 메시지를 주고받는 상호작용과정

가족 의사소통과정에서 송신자와 수신자 간의 전달 과정에서 왜곡·축소·확대가 발생할 수 있다(Johnson & Yanca, 2010). 그러므로 가족 의사소통을 사정할 때는 의사소통의 일치성과 명확성, 수용성과 표현성 차원을 사정해야 한다.

- 의사소통의 일치성: 의사소통 시에 언어적 수준, 비언어적 수준, 상황적 수준에서 메시지가 일치하는지의 여부
- 의사소통의 명확성: 상대방에게 메시지를 전달할 때 생각이나 감정을 모호하지 않게 분명하게 전달하는지의 여부
- 의사소통의 수용성: 수신 기술을 나타내는 것으로 말하는 사람에 대한 존중과 이해를 포함하는 반응 패턴
- 의사소통의 표현성: 송신 기술에 해당되는 것으로 자신의 생각과 감정을 가족 내 다른 사람에게 표현할 수 있는 가의 여부(Hepworth et al., 2010: 265-269)

4) 가족사정 방법

(1) 면접

가족을 사정하는 방법으로 주로 많이 활용되는 방법이다. 면접은 기본적인 면접기술과 의사소통기술을 활용해 가족과 관계를 형성하면서 동

시에 가족이 구두로 전달하는 내용을 중심으로 자료를 수집하는 방법이다.

- 비구조화 면접법: 특정한 지침 없이 면접자 재량으로 융통성 있게 질문한다.
- 반구조화 면접법: 미리 준비된 질문목록을 사용하되 추가질문과 질문 순서를 조절한다.
- 구조화 면접법: 미리 준비된 질문목록 순서에 따라 정확하게 질문한다.
- 그 외 면접법: 개방 - 폐쇄질문, 간접질문, 단선적 - 순환적 - 전략적 - 반항적 질문, 초점질문 등(Collins et al., 2010: 280)이 있다.

(2) 관찰

관찰은 비언어적인 형태의 자료를 수집할 때 유용한 방법으로, 가족의 신체적 특징, 에너지 수준, 감정, 언어적 비언어적 표현 사이의 일치 여부 등을 알 수 있게 해 준다. 가족을 사정하는 동안 사회복지사는 내용과 과정을 파악할 수 있어야 한다. 사회복지사는 가족 상호작용과정, 예를 들어 힘, 권력과 관련된 미묘한 이슈, 도움을 요청하고 받는 데 대한 양가감정을 관찰하고, 또 사회적으로 낙인이 부여된 문제를 논의하는 것, 강렬한 느낌의 직접적이고 충분한 표현을 억압하는 것을 관찰해야 한다(Collins et al., 2010: 293-294).

(3) 도구의 활용

① 가족사정 도구가 클라이언트에게 주는 장점

- 치료적 노력을 객관화하고 조직화하도록 돕는다.
- 다른 가족원의 관심사를 체계적으로 이해하는 기회를 제공한다.
- 실패해 온 경험에 대해 자기개방의 기회를 갖게 된다.

② 가족사정 도구가 사회복지사에게 주는 장점

- 인터뷰 자료를 조직하고 제시된 문제의 유형과 성격을 기술하는 가치 있는 인식도(cognitive map)를 구상할 수 있게 된다.
- 자기 보고식 도구를 통한 정보수집이 치료 초기에 이루어진다면 치료결과에 대한 평가를 촉진할 수 있고 치료초기와 종결 후의 변화를 측정할 수 있어 개입에 대한 피드백을 얻을 수 있다.

도구선택 시 사회복지사는 그들의 스타일과 실천에 가장 적합한 도구를 선택해야 된다. 개인에 대한 개입과는 달리 가족을 단위로 해서 개입할 때 상대적인 복잡성을 고려해야 한다.

5) 가족사정도구

(1) 가계도

① 가계도의 정의

가계도는 2~3세대에 걸친 가족의 구조와 관계를 도표 형태로 제시하는 것으로, 클라이언트 가족의 역사와 가족구조, 관계 역동에 대해 한눈에 이해할 수 있도록 정보를 제공하는 유용한 도구다(McGoldrick & Gerson, 1992: 129).

② 가계도의 유용성

㉠ 복잡한 가족유형의 형태를 한 눈에 볼 수 있음(그림으로 표시되어 있음)
㉡ 가족에 관한 구조적 · 관계적 · 기능적 정보를 제공함
㉢ 가족이 경험하고 있는 반복되는 유형들을 확인할 수 있음
㉣ 가족 스스로가 공간과 시간을 넘나들면서 다세대적 맥락에서 가족의 정서과정을 살펴보면서 현재의 가족문제를 볼 수 있게 함

ⓜ 가계도를 그리는 과정은 가족치료자와 가족 간에 라포를 형성할 기회를 제공해 줌

ⓑ 가계도는 개입을 계획하기 전에 모든 의미 있는 사람들을 포함하도록 확실하게 도와줌

ⓢ 세부적인 가족정보가 필요할 때 특히 유용함

③ 가계도의 작성방법

가계도는 보통 클라이언트와 사회복지사가 함께 작성하는 것으로 상담자가 가계도의 이론적 근거를 설명하면서 시작한다. 가족구성원이 가계도 작성에 저부감을 보일 경우 이를 존중하는 것이 좋고, 진행적으로 누가 먼저 시작할지 상담자가 지적하지 않는다. 가계도 작성과정은 보통 가족의 기원을 상세하게 기록하고, 상담자는 모든 가족성원이 참여하도록 격려하며 개입을 유지하는 것이 필요하다.

보통 여성은 원으로, 남성은 네모로 표시한다. 네모나 동그라미 밖의 이중테두리는 개인 클라이언트를 표시한다. 동일 세대의 가족구성원은 수평선으로 그리고, 결혼하여 생긴 자녀는 부모의 수평선 바로 밑에 수직선으로 연결한다. 여러 겹의 수직선 또는 지그재그, 점선, 굵은 선, 화살표 등으로 관계의 친밀도를 표현하고, 아동은 연장자부터 연소자로 나이 순서에 따라 왼쪽에서 오른쪽으로 서열화한다.

④ 가계도 분석

ⓐ 가족의 구성과 구조분석: 결혼상태, 나이, 종교, 자녀에 대한 부모의 태도 등을 분석

ⓑ 가족의 생애주기(발달주기) 분석: 가족이 생애주기에 따른 변화에 적응해 왔는지 분석

ⓒ 세대 간 반복된 유형: 적응적 유형(적응력, 강점), 부적응적 유형(가정폭력, 알코올남용, 자살)이 대를 이어 반복하는지 분석

ⓔ 가족성원의 역할과 기능: 가족원들의 역할과 기능에서 균형이 이루어지는지, 불균형이 있는 경우 가족들이 이를 어떻게 해결할지에 대해 분석

ⓜ 각 구성원과의 관계: 단절되었는지, 융합되었는지, 밀착되었는지에 대해 분석

가계도는 사회복지실천에서 가장 널리 사용되는 사정도구로, 가계도를 통해 가족구조에 대한 체계적인 이해, 가족 내에서 클라이언트의 위치, 가족사건에 대한 이해, 가족의 상호작용을 분석함으로써 문제를 사정하는 데 유용하다(조미숙 외, 2018).

그림 10-1은 각자 원가족에서 부모 중 한 사람에 알코올중독 문제가 있고 본인은 가족 내에서 과중한 책임을 맡았던 자녀라는 공통점을 가진 부부의 가계도이다(조미숙 외, 2018).

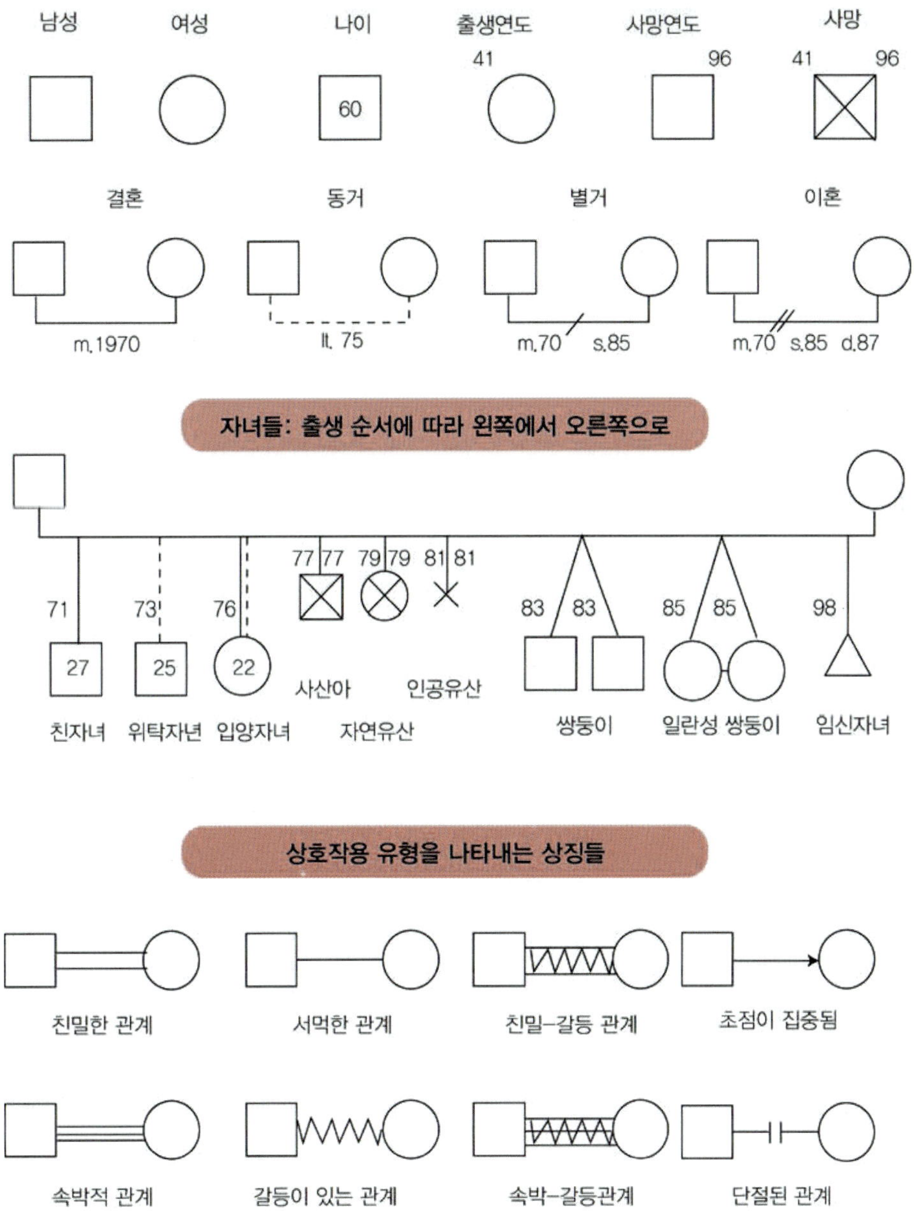

출처 : McGoldrick, Gerson, & Shellenberger(1999); 최해경(2010).

그림 10-1 가계도의 상징기호

(2) 생태도

① 생태도는 가족 및 가족구성원과 환경 간 관계를 그림으로 나타낸 것이다. 개인 및 가족의 사회적 맥락과 개인 및 가족을 둘러싼 사회체계들과의 상호작용 상태를 하나의 그림으로 나타낸 사정도구이다(Collins, Jordon & Coleman, 2010).

② 생태도의 유용성

㉠ 환경 속의 인간에 초점을 두기 때문에 클라이언트를 생태학적 관점에서 이해할 수 있다.
㉡ 전체적이고 상황적으로 가족을 사정하고 개념화하는 데 유용하다.
㉢ 가족생활 및 가족이 집단, 단체, 조직, 다른 가족, 개인들과 맺는 관계의 본질에 대해 전체적인 시각 또는 생태학적 시각을 가지도록 돕는다.
㉣ 결혼 및 가족상담, 입양과 위탁가정 연구 등의 다양한 상황에도 활용된다.
㉤ 전통적인 사회력과 사례기록을 보완하는 역할을 한다.
㉥ 클라이언트와 실천가 모두에게 클라이언트의 문제에 대한 통찰력을 얻도록 해 준다.
㉦ 가족구성원이 현 상태를 보다 객관적으로 이해하고 수용할 수 있도록 유도할 수 있다.

③ 생태도의 작성방법

가족을 표현하는 원을 중앙에 그려 클라이언트와 그 가족을 표시하고, 가족이 일상적으로 상호작용하는 관련된 주변 환경체계는 중심원 주변에 각각의 원으로 표시한다. 생태도 사용자는 나름의 약어와 기호를 만들어 낼 수 있다. 가족과 환경체계의 관계를 다양한 선으로 표현하고, 가족 및 관련 체계 사이의 지원 및 의사소통 교환인 에너지의 직접적인 흐름의 방향은 화살표로 나타낸다. 이때 화살표 대신 주변체계가 가족의 에너지를 빼앗아 가는지, 아니면 보충해 주는지를 +나 -의 기호로 선 옆에 표시할 수도 있다. 외부체계가 가족 전체와 연결되어 있으면 외부체계와 큰 원을 선으로 연결하고, 외부체계가 가족 내의 특정 개인과만 연결되어 있으면 그 개인과 외부체계를 선으로 연결한다. 간략한 설명을 선 옆에 추가로 적어준다.

	가계도	생태도
차이점	가족 세대 간의 가족패턴에 주목한다.	가족의 집단, 자원, 조직, 다른 사람들과의 상호작용에 관심을 둔다.

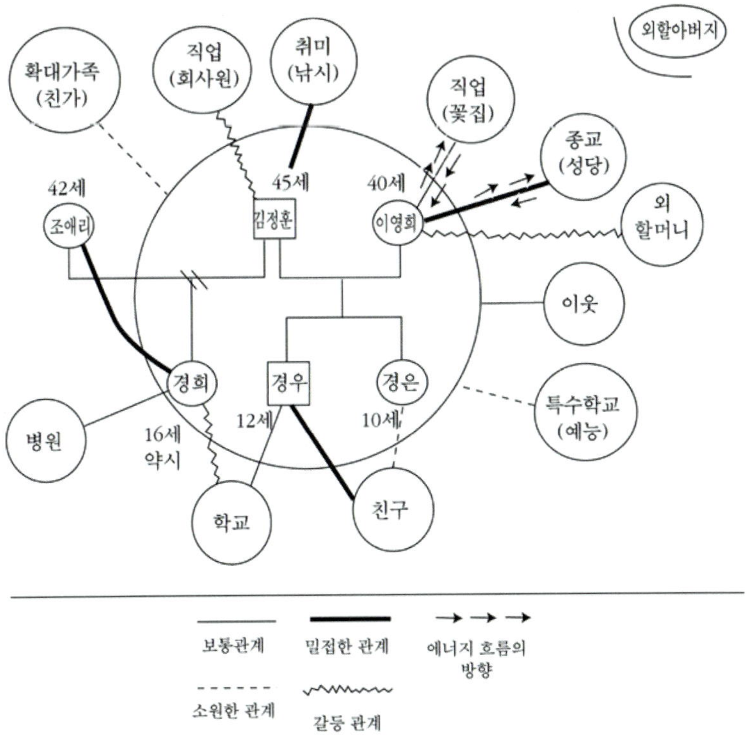

출처 : 엄명용 외(2006).

그림 10-2 생태도의 예시

(3) 사회관계망 표

① 사회관계망 표의 정의

사회관계망 표는 사회관계망 지도와 함께 휘태커(Whitaker)와 트래시(Tracy)에 의해 개발된 것으로 가족의 사회적 지지자원을 사정하는 도구다. 사회적 지지란 사회적으로 친밀한 사람이나 친밀한 존재로 생각되는 사람들이 제공하는 언어적·비언어적 정보나 충고, 가시적인 도움이나 행동, 수혜자에게 정서적으로나 행동적으로 바람직한 효과를 제공하는 것이다(Gottlieb, 1983; Sheafor, Horejsi & Horejsi, 1988 재인용).

② 사회관계망 표의 작성방법

클라이언트가 중요하다고 생각되는 사람, 즉 사회적 관계망 구성원을 선택한다. 사회적 관계망 구성원의 이름을 표 맨 왼쪽에 한사람씩 쓰고, 각각의 사람들을 삶의 어떤 영역에서 접촉하게 되는지에 따라 생활영역에 해당번호를 기입한다. 표를 다 작성하면 사회복지사는 클라이언트가 활용가능한 중요한 지지망을 문제해결이나 대처자원으로 활용할 수 있도록 도와준다.

③ 사회관계망 표의 분석

㉠ 생활영역, 물질적 지지, 정서적 지지, 정보 조언, 비판, 원조 방향, 친밀감, 접촉빈도, 기간

㉡ 사회적 관계망 내에 있는 사람들이 클라이언트와 어떤 관계에 있는 사람들인지 분석(Sheafor, Horejsi & Horejsi, 1997: 399)

④ 사회적 지지망 그리드(social support network grid)

가족이 주거하는 이웃과 지역사회를 포함하여 외부의 사회체계들은 지속적으로 가족과 상호작용하며 영향을 주고받는다. 따라서 사회복지사는 이웃관계 등 가족 외부의 사회체계들과의 상호작용을 평가해야 한다.

사회적 지지망이란 클라이언트의 환경범위에 있으면서 영향을 미치는 중요한 사람들 또는 체계를 말한다. 즉, 필요할 때 의지할 수 있는 사람 등을 의미한다. 가족들은 이러한 사회적 관계망을 통하여 사회적 지지를 받는다.

표 10-1 사회적 관계망 그리드

성명	생활 영역	물질 지지	정서 지지	정보 조언	비판	도움 방향	친밀도	접속 빈도	알고 지낸 기간
	1. 가족 2. 친척 3. 직장/학교 4. 조직 5. 친구 6. 이웃 7. 전문가	1. 가끔 제공 2. 자주 제공 3. 향상 제공	1. 가끔 제공 2. 자주 제공 3. 향상 제공	1. 가끔 제공 2. 자주 제공 3. 향상 제공	1. 가끔 제공 2. 자주 제공 3. 향상 제공	1. 양방향 2. 내가 그에게 3. 그가 나에게	1. 양방향 2. 내가 그에게 3. 그가 나에게	0. 보지 못함 1. 1년 몇 번 2. 한 달 한 번 3. 1주일 한 번 4. 매일	1. 1년 미만 2. 1~5년 3. 5년 이상
1									
2									
3									
4									
5									

출처 : 이원숙(2008); Tracy and Whittaker(1990) 재편집.

사회적 지지망은 클라이언트의 사회적 관계망 속의 주요 인물, 지지가 있는 생활 영역, 각 개인이 제공하는 지지의 구체적 유형, 지지 제공자의 중요도, 지지가 상호적인지 일방적인지 여부, 개인적 친밀도, 접촉 빈도, 관계 기간 등의 정보가 포함된다(최해경, 2010).

(4) 실연 및 가족조각

실연이란 구조적 가족치료의 한 기법으로 면담 상황에서 가족 상황을 재연해 보게 하는 방법을 말하는데, 이는 가족 관계나 상황에 대한 가족의 진술 이외에 가족의 실제 상황을 재연한 행동의 관찰을 통해 가족 상호작용에 대한 정보를 얻을 수 있는 방법이다.

가족조각이란 특정 상황을 설정한 후 가족구성원 중 한 사람이 조각가가 되어 다른 구성원의 위치나 신체적 동작을 조각해 보게 하여 가족의 역동을 시각적으로 표현하는 방법으로 이는 비언어적인 방법으로 가족관계나 상호작용에 대한 가족구성원의 인식을 파악하는 방법이다. 가족관계를 사정할 때 많이 활용되며, 가족이 원하는 상태를 가족조각으로 표현해 보게 함으로써 가족관계 변화의 목표를 사정하는 태도 활용할 수 있다.

(5) 가족사정 척도

가족을 사정, 평가하는 척도는 가족의 기능 및 관계, 적응, 스트레스 등에 대한 구체적인 정보를 제공해 가족의 문제 및 욕구에 초점을 두는 구조적인 방법으로 목표를 세울 수 있게 해 준다.

① FACES Ⅲ: 가족기능을 측정하는 도구로써 적응력과 응집력을 측정한다.

② 비버스 - 팀버론 가족평가척도: 가족의 자신감, 구조, 융통성을 사정한다.

③ 맥마스터 모델: 가족의 기본 과업, 발달과업, 어려운 과업, 현재의 가족 기능을 검사한다.

④ 맥마스터 임상척도: 가족기능의 구체적인 영역의 평가를 목표로 한다 (Collins, Jordn & Coleman, 2010: 184 재인용).

6) 가족대상 사회복지실천기술의 개입절차와 과정

가족개입의 단계들은 서로 다른 기본이론, 개입목적 및 개입방법 등으로 인해 다양하다. 그러나 다음의 가족개입 여섯 단계 모델은 주요 방법들을 사용하며 현대 임상사회복지에서 활용되고 있는 주도적인 모델들을 통합하고 있다.

(1) 단계 1: 시작

가족체계 개입자들은 많은 시간과 관심을 시작하는 회기에 초점화한다. 어떤 경우에는, 그들은 가족과 합류하거나 처음 연결과 관계를 만드는 것의 중요성에 대해 쓴다. 헬리(Haley, 1976)의 사회단계(social stage)는 즉시 과제를 부여하고 분명한 목적수립을 시작하는 필요성을 강조하였지만, 이것도 날씨나 주차하는 것 등에 대한 일반적인 이야기로서 가족구성원들을 편안하게 한 후에라야 된다고 강조한다. 이러한 초기의 합류가 이후 나머지 전개입의 어조를 설정하는 데에 도움이 된다.

개입의 어조나 형식(style)은 서로 다른 가족치료 접근법들의 이전의 목록에서 보여주듯이 상당히 다양하다. 미누친과 피시맨(Minuchin & Fishman, 1981)은 가족과 초기에 합류하는 가족작업에 활용되는 세 가지 뚜렷한 항목이나 형식을 정의하였다. 즉, ① 가까운 위치, ② 중간적 위치, ③ 유리된 위치이다. 가까운 접근에서는 사회복지사가 한 가족구성원과 작업하여 연합을 시작하고, 그러고 나서 다른 가족구성원 한 명, 또 그 다음 다른 한 명씩 합류하여, 각 구성원이 모두 치료적인 연합에 성공적으로 합류할 때까지 작업을 한다. 또 다른 접근법은 중간적 위치로서, 사회복지사는 객관적이고 중립적이나 각 구성원이 이야기를 하도록 격려하는 능동적인 경청자이다. 가족워커의 세 번째 형식은 '유리된 치료자'의 형식을 활용하는 것을 포함한다. 이 형식의 치료자는 가족의 여러 갈등들로부터 떨어지고 거리를 둠으로써 치료자는 사실과 객관성에 기초하여 어떤 가족구성원들의 위치는 격려하고 지지하는 한편, 다른 가족구성원들은 하지 않도록 말리는 감독자나 중립적 전문가로서의 역할을 하게 된다.

가족개입의 시작단계는 대개 가족의 강점과 문제에 관한 정보를 수집하는 것을 포함한다. 이것은 자료수집뿐만 아니라 가족구성원들의 규범(norms)과 역할에 대해 관찰하는 것도 포함한다. 즉, 사회복지사는 가족의 규범이 개방적 혹은 폐쇄적 의사소통인지의 여부와 가족이 의사결정을 위해 어떤 구성원에게 떠넘기는지 혹은 위계질서나 패턴이 있는지의 여부를 관찰한다.

규범들은 가족의 가치관과 사회적 상호작용에 관련되는 개방적 질문에 대한 가족의 반응들을 주시함으로써 사정될 수 있다. 예를 들면, 만약 사회복지사가 가족이 지역사회와 관여하고 있는가를 묻는다면 반응들은 다양할 가능성이 크다. 그러나 중요하게 관찰해야 하는 중요한 반응은 개방성, 관용성, 사회적 상호작용 혹은 드러난 방어기제 등의 정도와 관련된다. 그러한 질문을 받았을 때 누구를 모두가 쳐다보는가? 다른 사람들은 동의하는가? 혹은 동의하지 않는가? 질문에 반응하면서 여러 가족구성원들이 편을 짜기 시작하면 가족 내의 전환이나 하위체계들은 무엇인가? 어떤 구성원들이 반응할 때에 화가 나 있거나 두려워하거나 우울하거나 혹은 불안해 보이는가? 가족구성원들이 자신의 의견을 표현하기 전에 다른 구성원들을 쳐다보는가? 가족구성원들이 다른 가족구성원들을 쳐다 볼 때에 그들의 감정이 변하는가?

가족구성원들이 과업과 책임의 구분에 대해 질문을 받았을 때, 아마도 그들의 인식에 있어서 다를 수 있을 것이다. 구성원들은 자신들이 상당히 많은 집 안 청소나 장보기 혹은 아이 돌보기나 다른 일들을 하고 있다고 지적할 것이다. 한편 다른 가족구성원들은 동의하지 않는다. 동의와 제휴는 어디에 있나? 동의하는 구성원들은 어디에 있는가? 예를 들면 모든 가족구성원들은 아버지가 훈육자라는 것이나, 어머니가 부양자라는 것이나, 친형이 싸움꾼이라는 것 등에 동의한다는 것이다.

가계도나 사회망 도표가 이후에 행동과 가족의 역동성을 이해하는 그림도구로서 추천되고 있다. 어떤 임상가들은 각 가족구성원이 따로 사회 네트워크를 그려서, 그것들을 가족구성원들 사이에 비교하고 대조하게 하여서, 개별적인 도표들에 공통적으로 포함된 여러 시점들이나 사람들을 사정하기를 원하게도 된다. 이것은 가족구성원들과 사회환경에서의 타인들 사이의 관계에 대한 토의를 효율적이면서도 객관적으로 시작할 수 있는 유용한 접근법이다.

(2) 단계 2: 어조를 설정하기

가족구성원들은 하나같이 회기 중에 사회복지사의 행동을 복사하고 따라 하려 한다. 가족회기를 위해 사회복지사를 지지하고 모델이 되고 싶은 행동들은 ① 모든 구성원들을 존중하고, ② 개방성, ③ 정직성, ④ 객관성, ⑤ 반응의 중용성(moderation) 등이다.

모든 가족구성원들에 대한 존중은 모든 사람에게 자신을 표현할 수 있는 기회를 주려는 진정한 바람을 가지고, 예의바르고 지지적으로 모든 사람을 포함하는 것을 뜻한다. 즉 80세인 할아버지, 8세인 딸, 알코올중독자 아버지 등 모두, 비록 가족의 규범은 개별적인 의견은 무시되거나 부인된다 하더라도, 자신을 표현할 수 있는 동등한 권리를 가지게 된다. 이러한 모든 사람에 대한 존중하는 어조를 설정함으로써, 또 모든 사람을 포함함으로써, 사회복지사는 이미 가족의 구조를 좀 더 균형적인 양상으로 바꾸고 있는 것이다. 때때로 이러한 모델링은 어떤 가족구성원의 역할을 감소시키는 것을 내포하게 된다. 예를 들면 통제적, 지배적, 심지어 학대적인 아버지는 다른 가족구성원들의 행동을 독재하는 습관이 있을 것이다. 사회복지사가 이전에는 말이 없었으나 의견을 직접 들을 필요가 있는 가족구성원들에게 자유로이 의사 표현할 것을 지지하기 때문에, 아버지로부터 거부감(resistance)이 기대될 수 있다.

개방성(openness)과 정직성(honesty)은 의사소통에 있어서 필수적이나 문제가족에게는 자주 이것이 결여된다. 실제, 가족체계 치료자들이 언급한 공통적 주제는 비밀(secret)을 포함한다. 가족의 비밀들은 전형적으로 학대(abuse), 근친상간(incest) 혹은 중독(addiction) 등과 관련된다. 어떤 경우에는, 가족구성원들이 이러한 이슈에 대한 진실을 사회복지사에게 비밀로 할 것을 지시받게 된다. 이러한 것들이 때때로 힘들고 상당히 방어적인 가족의 특성들인 것이다. 따라서 사회복지사는 회기를 더 많이 진전하기 전에, 영향을 받고 있는 구성원들의 신뢰와 지지를 반드시 얻어야만 한다. 만약 사회복지사가 특정적으로 학대가 보고되었기 때문에 가족을 만나고 있고 그것이 개입의 초점이라면, 그러면 과정이 지대하게 도움을 받게 된다. 즉, 사회복지사는 시작부터 학대의 이슈에 대해 언급할 수 있으며, 치료의 초기부터 개방적이고 비심판적인 태도를 모델로 보일 수 있게 되는 것이다.

이러한 개방적(open), 비심판적(nonjudgmental) 접근은 특히 초기 단계에서 필수적인데, 그것은 사회복지사가 가족의 상황을 개선시키기 위해서는 비밀을 공개된 상태에 둘 필요가 있기 때문이다. 학대나 근친상간 혹은 알코올중독이나 약물중독은 똑같이 죄책감이나 당혹감을 유발한다. 이러한 이슈들을 성공적으로 작업하기 위해서는 이것들이 개방적으로 솔직하게 토의될 필요가 있으며, 각 가족구성원에게 그 이슈를 토론하고, 자신의 행동, 감정 및 반응을 설명할 수 있는 기회를 주어야 한다.

객관성(objectivity)도 어조를 설정하는 데 모델로 보여주어야 하는 또 다른 특성이다. 후기 현대파들(postmodernists)은 사실과 객관성은 비교적(relative)이며 개인적인 해석에 따른다고 제안한다. 즉, 밖에서 밤을 지낸 16세 딸과 그 딸을 때린 아버지는 상황을 다르게 볼 것이다. 딸은 학대라고 주장할 것이며, 아버지는 딸이 심각하게 훈육 받을 필요가 있었다고 주장할 것이다. 이런 경우에, 두 가족구성원 모두 행동을 바꿀 필요가 있게 된다. 그래서 사회복지사는 먼저 가족의 역동성에 대해 객관적으로 평가하는 것을 모델로 보여주고 나서야, 행동변화에 대한 좀 더 적절하고 건설적인 토론을 시작할 수가 있게 된다.

객관성은 가족개입에 있어서 특히 중요하다. 왜냐하면, 분위기가 상당히 감정적인 회기 중에 각 가족구성원은 제휴(alliance)에 매우 민감하며 자주 사회복지사가 자신과 제휴하거나 동의하기를 희망하게 된다. 한 가족구성원과 '편(siding)'이 되는 것 같은 외양만 보여도 이것은 사회복지사가 다른 사람과 '반대(against)'라는 것을 암시하기 때문에 객관성과 중용은 따라서 특별히 중요하다(그리고 때때로 유지하기가 힘들다).

반응의 중용성(moderation in response)은 객관적인 의사소통, 경청, 존중, 개방성 등을 고무하는 어조를 모델로 보여주는 것을 뜻한다. 사회복지사가 상담하는 가족들은 자주 극단적인 행동을 보여준다. 즉, 그들은 비명 지르며, 비난하며, 분개하면서 방어적이 되며, 일반적으로 자신들 가족의 타당한 의견이나 중간점을 찾지 못한다. 조용하고 지지적이며 안정적인 어조의 목소리와 모두를 진정으로 존중하는 모델을 보여줌으로써 극단적인 행동이 감소되면서 의사소통이 개선될 것이다. 이렇게 함으로써 균형적인 '중간점'이 자리를 잡을 수 있게 된다. 가족들이 소리지르고 비난하는 것을 중단할 때에 그들은 진정으로 경청하여 서로의 의견을 듣기 시작할 수 있게 된다.

(3) 단계 3: 상호작용을 확인하기

이 단계에서는 사회복지사가 가족 내에서 사람들이 어떻게 행동하는가에 대한 관찰을 토의하기 시작한다. 어조는 사회복지사가 객관적이고 맞는 환경을 모델로 보여주기를 원하기 때문에, 지나치게 권위적이지 않고 중용적(moderate)이며 문의적(questioning)이어야만 한다. 가족구성원들은 누가 아기를 씻기는가에서부터 누가 집안 살림의 비용을 지불하는 책임을 지는가에 이르기까지 폭넓게 다양한 이슈에 대해 당당하게 동의하지 않을 수 있을 것이다. 비록 이 단계의 목적의 부분은 행동과 과업의 분할에 대해 정확히 파악하는 것이지만, 다른 목적은 진정한 의사소통을 시작하는 것이다. 상호작용의 명료화는 모든 가족구성원들이 가족양상(pattern)과 제휴와 관련하여 공개적으로 솔직하게 대화를 나누는 것을 포함한다.

(4) 단계 4: 재구조화

이 단계에서는 워커는 좀 더 지시적이 되며, 가족이 이전의 회기들에서 발달시킨 통찰력과 정보를 활용하는 과정에 참여하도록 한다. 가족들은 이제 자신들의 상호작용과 행동의 양상을 알고 있으며, 역기능적인 양상을 변화시킬 준비가 되어 있다. 완전한 동의는 없을 것이다. 그러나 어떤 분명하고 동의된 비적응적인 행동은 재구조화될 수 있을 것이다. 분명하고 특징적이며 수정하기에 비교적 쉬운 행동들이 처음 변화될 것이다. 예를 들면 만약 이전의 회기들이 개방적이고 비심판적이였다면, 약물 혹은 알코올남용뿐만 아니라 신체적 · 성적 · 정서적 학대에 대해 객관적으로 묘사는 것이 재구조화될 수 있을 것이다. 이 단계에서 사회복지사의 과업은 가족을 다음 수준으로 이끈다는 것이다. 그들은 잘못된 배치, 문제를 가능하게 하는 것, 가족제휴 및 부적절한 상호작용 등의 이슈에 대해 논리적으로 토론해 왔다. 이러한 모든 것들을 변화시키는 것은 가족 토의와 동의가 관여된다.

(5) 단계 5: 감독과 평가

변화와 재구조화는 지속적인 노력이 요구되는 계속적인 과정이다. 장기적이고 깊이 새겨진 가족상호작용의 패턴을 다룰 때 그런 변화는 어렵다. 가족구성원들은 새로운 행동을 시도할 때에 지지를 받을 필요가 있다. 만약 가족과 사회복지사가 명확하고 관찰가능한 행동적인 변화를 규정하였다면, 그러한 변화를 감독하는 것은 비교적 쉽게 된다. 예를 들어, 만약 아버지가 그의 딸의 옷차림에 대해 부정적인 언급을 하지 않겠다고 동의하였다면, 실제 이것이 발생했는지의 여부에 관해 토론하는 것이 회기 중에 포함될 수 있다. 그러나 만약 동의된 구조적인 변화가 그의 딸에 대한 '태도개선'과 같은 행동적으로 덜 정확한 어떤 것이었다면, 그때는 감독하는 것이 전혀 불가능은 아니라 하더라도 어렵게 될 것이다. 점차적이고 점진적인 행동 변화가 성공으로 이끌 가능성이 더 높기 때문에 선호되고 있다. 주의력결핍 및 과잉행동장애(ADHD)를 가진 10세 아들을 둔 어머니는 아들에게 매일 두 번 약을 먹이고, 매주 금요일에 그의 학교상담사에게 전화하고, 아들에게 정확히 정해진 금요일 저녁 식사시간에 피드백을 보고하는 것에 동의할 것이나. 이들 행동의 각각은 충분히 명확하므로 사회복지사는 매주의 가족회기에서 이러한 행동적인 변화를 감독할 수가 있다. 만약 이러한 행동변화가 발생하였다면, 어머니는 지지되고 강화될 것이며, 행동을 약간 바꾸는 것도 토의할 수 있게 될 것이다. 만약 이러한 행동들이 발생하지 않았다면 – 예를 들어, 어머니가 아들에게 약을 주는 것을 세 번의 경우에 놓쳤다면 – 그때는 약을 주지 못한 이유에 대해 객관적으로 토의될 것이다. 10세 소년은 그의 어머니를 나쁜 이름으로 부르는 것을 중지하고, 모든 숙제를 제때에 마치고, 지도상담교사와 일주일에 두 번 만나서 그에게 과제와 학교성적에 대해 알려주며, 하루에 두 번 그의 약을 먹으며, 그의 어머니가 그의 학교수업을 감독하는 지도상담교사와 얘기한 후에 어머니와 매주 금요일에 만나며, 매주 가족회기에 참가한다는 것 등에 동의할 것이다. 이러한 행동적인 변화들을 명확하고 성취가능하게 함으로써 감독과정은 상당히 직선적이다.

(6) 단계 6: 마감

가족개입의 마지막 단계는 과정을 검토(review)하고, 긍정적인 변화를 지지(support)하고, 미래에 수행되어야 할 필요가 있는 것은 무엇이든지 간에 요약(summary)하는 것이다. 단기 가족개입에서는 단지 8~12회기가 있으며, 마지막 2회기가 마감을 위해 필요하다. 장기개입에서는 여분의 1~2회기가 더 사용된다.

과정검토는 여러 변화와 발달된 통찰력에 대한 토론을 포함하게 된다. 개별 가족구성원이 자신의 변화뿐만 아니라 친척들의 변화에 대해서 언급하게 하는 것이 도움이 된다. 이렇게 검토해 봄으로써 특징적인 행동을 명확하게 하고, 따라서 강화시키게 되는 역할을 하게 된다. 예를 들면, 칭찬을 늘리고 부정적인 비판을 중지하는 것과 같은 간단하면서도 효과적인 행동은 어떤 가족이 처음 노력할 때에 극적이며 빠른 결과를 볼 수 있을 것이다. 이 가족은 아마도 부정적으로 비판적인 의사소통을 수년간 해온 경험이 있을 수도 있을 것이다. 가족개입을 통해 가족이 그 패턴을 바꾸어야 한다고 배웠다 하더라도, 행동은 쉽게 옛날 패턴으로 돌아갈 수 있다. 사회복지사는 이러한 새로운 의사소통 양식과 그것이 활용될 수 있는 이유와 때에 대해서 검토해야만 한다.

마감단계는 또한 특정적인 변화를 지지하기 위해 활용되고 있다. 만약 한 가족구성원이 좀 더 단호해지는 것을 배웠거나 학교로 귀환하였거나 성적이 좋아졌다면, 이러한 긍정적인 행동 각각은 토의되고 격려될 수 있다. 어떤 변화를 성취하기 위해서는 과거에 잘된 것과 잘되지 못한 것에 대한 검토와 함께 미래에 있을 수 있는 장애물에 대해 토론하는 것도 도움이 된다. 예를 들면, 개별 가족구성원들은 자신들의 행동에 대해 타인이나 주위 환경을 탓하지 않고 자신들의 행동에 대한 책임을 수용하는 것을 배웠을지도 모른다. 혹은 어떤 가족구성원은 타인들의 행동에 대한 질책이나 책임을 너무 기꺼이 자신이 수용하려고 할 수 있다. 마감을 하면서 언제, 어디서, 어떻게, 왜 이러한 변화들이 지속되어야만 하는가를 명확하게 함으로써 새로이 학습된 행동들이 유지될 수 있도록 지지하는 것이 유용하다.

마감단계는 또한 미래의 참조를 위해 각각의 변화를 분명히 정의하고 목록을 작성하고 혹은 요약하기 위해 활용되고 있다. 가족개입은 집중적이며 복합적인 과정이다. 변화들의 숫자뿐만 아니라 새로이 획득한 통찰력들도 사회복지사나 가족구성원들이 깨닫는 것보다 훨씬 더 많을 수도 있을 것이다. 만약 워커가 분명한 행동적 초점을 유지해 왔거나 또는 행동적 혹은 인지적 사례기록에 의존해 왔다면(예를 위해 행동적 및 인지적 장들을 참조), 그러면 요약은 꽤 쉬운 이전에 동의된 과업이나 목적을 '재열거(re-listing)'하는 것이 된다. 사례기록이 그러한 나열을 허용하지 않는 곳에서도, 요약은 지침의 역할을 할 수 있는 분명하고 정확한 표현을 포함하게 된다.

7) 가족치료모델별 주요 개입기술

가족치료의 많은 모델들의 차이점들은 수많은 가족치료에 관한 저서에서 어느 정도 자주 강요되고 있다. 가족치료의 많은 변형들이 있다.

- 구조적 가족치료자로서는 Salvadore Minuchin, Ronald Liebman, Harry Aponte, Braulio Montalvo, M. Duncan Stanton 등이 있다.
- 전략적 가족치료자로서는 Jay Haley, Richard Rabkin, Paul Watzlawick, Richard Fisch, John Weak-land, Mara Selvini Palazzoli, Cloe Madanes, Paggy Papp, Lynn Hoffman, Bradford Keeney 등이 있다.
- 행동주의적 가족치료자로서는 Gerald Pattersun, Neil Hacobson, Robert Weiss, Robert Stuart, Gayla Margolinnd 등이 있다. 어떤 사람들은 인지주의적 작업을 한 Aaron Beck도 여기에 포함시킬 것이다.

- 경험주의적 가족치료자로서는 Virginia Satir, Carl Whitaker, Shirley Luthman, David Keith, Augustus Napier, Walter Kempler 등이 대표된다.
- 정신역동적 가족치료자로서는 Nathan Ackerman, Helm Stierlin, Ivan Boszormenyi-Nagy, James Framo, A. C. R.-Skynner, D. Scharff, J. S. Scharff 등이 있다.
- 보웬주의(Bowenian) 치료자로서는 Murray Bowen, Tom Fogarty, Monica McGoldrick, Edwin Friedman, Michael Kerr, Thomas Pepero, Harriet Goldhor Lerner 등이 있다.
- 연결망(network) 개입자로서는 Carolyn Attneave, Ross Speck, Uri Rueveni, H. P. Laqueur 등이 있다.
- 정신교육적(psychoeducational) 가족치료자로서는 Carol Anderson, William Mcfaland, I. R. H. Faloon 등이 있다.
- 해결중심치료자로서는 William Hudson-O'Hanlon, Insoo Kim Berg, Moshe Walmon, Michael White, Tapani Ahola, Michael Weiner Davis 등이 있다.
- 여성주의자로서는 Elizabeth Carter, Peggy Papp, Olga Silverstein, Maryann Walters, Virginia Goldner, Rachel Hare-Mustin, Lynn Hoffman, Morris Taggart, Dorothy Wheeler 등이 있다.
- 가족치료의 개척자로서는 Gregory Bateson, Don Jackson, Milton Erickson, Thedore Lidz, Margaret Singer, Lyman Wynne, John Bell 등이 있다.

어떤 가족치료모델들에 적용된 이름과 명칭 및 각 영역에 누가 포함되었는가의 정확성에 대해서는 동의하지 않을지도 모르겠으나, 이 목록은 가족치료가 넓은 범위의 방법들과 개인들을 망라한다는 것을 보여준다. 가족에 대한 사회복지의 중심에 다른 변화가 있다. 체계적 관리보호와 단기적이며 광범위한 체계적 개입에 대한 강조는 일반적으로 가족을 개입의 단위로서 중요하게 포함하는 것을 허용한다. 그러나 가족치료접근은 가족체계접근에 반해서, 가족치료접근이 정신치료 초점에 있어서 가족체계접근보다 더 협소하다고 간주하는 사회복지사들에 의해 자주 질문받고 있다(Aronson, 1996; Frankiln & Jordan, 1999).

현재의 가족개입에 활용되는 이론, 단계, 기술들을 설명하기 전에 먼저 가족치료자들 사이에 알려진 많은 서로 다른 모델들을 간단히 열거하고 묘사하는 것이 유용하겠다.

가족치료 기술은 분야가 너무 복합적이어서 정의하기가 어렵다. 가족과 집단 개입법들 모두 장기적 통찰중심에서 단기적 행동주의 접근법에 이르는 사회복지와 정신치료의 연속을 망라한다. 정신치료는 이처럼 전문기술(techniques)이 크게 다양하며 정반대일 수도 있게 된다. 예를 들면 정신역동중심 가족치료자인 에커먼(Nathan Ackerman)은 가족이 가족의 역사로서 지금까지 해 온 것을 그대로 노력하도록 허용하는가 하면, 헬리(Jay Haley)는 즉각 분명한 목적을 규정하고 매주 평가되고 점검하는 과제를 수행하도록 시작할 것이다. 말할 필요도 없이, 이들의 접근법들은 완전히 다르다.

그러나 어떤 공통적인 기술들이 최근에 나타났다. 즉 이런 모든 기술의 공통적인 요소는 단기적이며, 타당성 있는 효과적인 접근법들에 대한 강조와 더불어 체계중심적이라는 것이다. 더 나아가 사회복지의 가치와 윤리는 가족적인 맥락 속에 놓여졌다. 사회복지를 정의하는 가치들 중에서 우선적인 것들은 다양성(diversity)과 다른 문화들에 대한 민감성(sensitivity)이다. 이 가치는 사회복지사들이 말할 때의 눈접촉과 신체적 가까움 및 연장자들에 대한 존경심 등과 같은 문화적으로 정의된 행동들에 대해 관심을 가지도록 요구하는 효과를 가지게 된다. 가장 널리 수용된 오늘날의 가족치료 전문기술들은 ① 재구성하기, ② 질문하기, ③ 상호작용의 순서를 검토하기, ④ 방향을 제시하기, ⑤ 신체적 신호를 존중하기 등이다.

(1) 재구성 혹은 재명명하기

미누친과 피시먼(Minuchin & Fishman, 1981)은 재구성(reframing)과 재명명(relabeling)을 가족이 문제를 재정의하거나 재해석하는 것을 도와주는 것으로 묘사한다. 예를 들어, 만약 한부모 가정 어머니가 직장을 잃고 더 쉽게 우울해지거나 스트레스를 받게 되면, 그녀의 10대 아들은 이러한 그의 어머니의 행동을 단지 '야박한(mean)' 것으로만 해석하게 될 것이다. 가족치료자는 아들이 어머니의 새로운 행동을 '생각에 전념하는(preoccupied)' 혹은 '염려하는(worried)' 것으로서 이해하도록 도와줄 수 있을 것이다. 즉 어머니를 비난하는 초점이 어머니는 가족에 대한 현실적인 위협을 염려하고 있으며 여기에 대처하고 있다는, 좀 더 정확한 이해로 바꾸어지는 것이다.

또 다른 아들을 훈육하는 것이 위험한 힘의 놀이가 되었고, 따라서 훈육이 고조되어 실패하게 될 가능성이 큰 한 아버지의 예이다. 아들이 아버지의 훈육을 '학대(abuse)'로서 명명하는 것은 정확하지도 않으며, 혹은 아버지가 여기에 대해 방어적이 되도록 유도한다면 도움이 되지도 않는다. 그러나 아버지의 행동을 '부모양육(parenting)'이나 혹은 아들이 자신의 행동의 결과를 깨닫도록 도와주는 것으로서 재구성함으로써, 이 가정에 질서를 가져올 수 있는 새로운 대안적 방법들이 언급될 수 있게 될 것이다.

재구성과 재명명의 목적은 가족이 새롭고 건설적인 상호작용의 방법을 찾을 수 있도록 도와주는 것이다. 남편이나 아내는 의료적 혹은 재정적인 이유 때문에 점점 더 멀어지는 배우자에 의해 '거부된다'고 느낄 수 있을 것이다. 문제는 거부의 문제가 아니며, 파트너가 이슈를 인지적으로 볼 수 있도록 도움이 필요한 것이다. 이 경우에 재구성은 태도와 행동에 변화를 유도하는데, 그것은 거리두기, 분노, 상처 등의 태도와 행동에서 지원의 태도와 행동 및 관계에 대한 책임감으로의 변화이다.

재구성의 또 다른 면은 긍정적인 숨은 의미의 개발(Hanna & Brown, 1995)이거나 혹은 가족의 협조를 갖기 위한 방법으로서 문제에 대한 '고상한(noble) 의도(intentions)를 부여'하는 것이다. 증오하는, 미친, 천박한, 나쁜 등과 같은 부정적인 명칭들은 모두 가족구성원들을 서로 멀게 하며 건설적으로 작업할 수 있는 방법을 거의 제시해 주지 못하지만, 긍정적인 용어들은 바로 정 반대의 역할을 할 수 있는 경향이 있다. 따라서 증오(hate)는 걱정하는(worried) 것으로 재구성되며, 미친(crazy) 듯은 염려하는(concerned) 듯으로, 사나운(mean)은 화난(upset) 것으로 대체되며, 나쁜(bad) 것은 좌절한(frustrated) 것으로 된다. 사회복지사가 클라이언트의 관점에서 보면 항상 긍정적으로 보이는 긍정적인 의미의 단어들을 사용하는 여부와 혹은 항상 긍정적이지는 않지만 문제를 재정의하는 재구성을 사용하느냐의 여부는 양쪽 모두 다 어떤 이름과 연관된 강한 정서를 약화시키고 문제를 '비병리화'함으로써 가족이 공개적으로 의사소통할 수 있고, 문제를 어떤 가족도 다 얘기하는 정상적인 사건으로 관련시킬 수 있도록 하기 위함이다.

문제를 재구성하는 것은 사회복지사의 이해가 아닌 가족의 용어들에 대한 이해에 민감해야 함을 요구한다. 예를 들면, 너무 빨리 때리는(spanking) 것을 학대(abuse)로 혹은 시끄러운 논쟁(loud arguments)을 위협(intimidation)으로 재명명하는 것은 가족의 중요한 가족구성원들이 치료를 떠나도록 유도할 수 있게 되기 때문이다. 단어의 선택은 중요하며, 사람들이 단어들을 이해하고 해석하는 방식은 반드시 민감하게 언급되어야만 한다. 궁극적으로, 문제를 묘사하는 것으로서 선택된 단어나 용어는 어떤 가족구성원도 부정적으로 낙인화하거나 명명하지 않는 정확한 단어나 용어여야만 한다. 그러나 정확함이 미묘함보다 우선시 된다. 즉, 만약 문제가 명백하게 엄격한 훈육이라기보다는 학대의 문제라면(엄격한 훈육은 다른 문화권에서 크게 다양하다), 그때는 반드시 학대로서 정의되고 구성되어야만 한다는 것이다.

(2) 질문하기

질문하기는 질문을 하는 방식을 포함해서 대부분의 치료에서 중요한 기술이나 특히 가족과의 작업에서는 중요한 기술이다. 질문하기의 목적은 대답을 얻기 위해서라기보다는 가족이 자신들의 역동성을 현실적으로 생각하고 검토해 보도록 하기 위함이다. 미라노팀의 가족치료자들은 순환적(circualr) 질문들(Boscolo, 1987)을 사용하였는데, 이것은 어떤 문제들이 어떻게 생겨났으며, 어떻게 이러한 문제들이 현재 가족들의 상호작용과 가족문제에 영향을 미치고 있는가에 대해 더 잘 이해하기 위함이다. 네 가지 유형의 순환적 질문은 ① 문제를 정의하는 것을 도와주며, ② 상호작용의 순서를 수립해 주며, ③ 질문을 비교하거나 분류하며 혹은 ④ 개입방법을 개발하도록 돕는 등의 질문들이다(Hanna & Brown, 1995).

해결중심 가족치료자인 화이트(Michael White, 1986)는 두 가지 중요한 목적을 위해서 질문을 사용하는 것으로 알려져 있다. 즉, 언급된 체계적 행동에 대한 예외를 찾는 것과 혹은 가족이 어떻게 상호작용하는가에 대한 좀 더 특정적인 경우들을 갖기 위함이다(Hanna & Brown, 1995). 그는 다음과 같은 질문을 할 것이다. 즉, "두 분이 지금까지 싸우지 않았던 때가 있었습니까? 싸우지 않았던 경우들에 대해서 제게 말씀해 주시겠습니까?" 가족이 영구적인 질책의 고리에서 서로를 공격하고 잘못을 탓하지 않고, 오히려 가족이 드물게 즐거운 시간을 함께 가지는 때의 주위환경에 초점을 두도록 돕는 노력을 하게 된다. 가족은 그러한 즐거웠던 사건들과 관련된 특정적인 시간, 장소, 환경 등을 검토해 보도록 요청받으며, 이것은 부정적이며 보기에 희망이 없어 보이는 의사소통 양식을 그 반대로 행동하도록 하는 방법으로써 수행하는 것이다.

(3) 상호작용적 순서들을 검토해 보기

가족치료자들은 자주 가족이 어떻게 상호작용하는가를 볼 수 있도록 가족을 돕는다. 누가 누구에게 말하는가? 어떤 구성원들이 다른 구성원들을 위해 얘기하는가? 누가 경청하는가? 누가 주도하며 누가 따르는가? 어떤 구성원들이 다른 구성원들을 중단시키는가? 누가 이것을 하는가? 언제? 왜? 어떻게? 연합은 어떤 것들이 있나?

구조적 가족치료자들은 여러 하위체계들, 즉 혼인체계, 형제체계, 부모자녀체계 등과 같은 여러 하위체계들의 기능과 구조를 명확하게 하기 위한 것에 초점을 두고 질문을 하게 된다. 전략적 가족치료자들은 좀 더 증상에 중점을 두며 가족문제가 어떻게, 왜, 언제 지지되고 있는가를 탐색하도록 도와준다. 두 모델에서 사회복지사는 가족들이 상호작용 및 영향력의 양상(pattern)과 이러한 상호작용이 어떻게 가족의 역기능에 기여하고 있는가에 대해 객관적으로 볼 수 있도록 노력한다(Hanna & Brown, 1995).

상호작용적인 순서와 양상은 가족 내에서 거의 의식적으로 알지 못하면서 발달된다. 부모들은 자신들이 일관성 있게 서로를 깎아내리고 있다거나 다른 자녀에 비해 한 자녀에게 훨씬 더 애정적이라는 것에 대해 자주 알지 못한다. 부모들은 깊이 새겨진 연합에 대해서 알지 못하거나 혹은 만약 안다고 해도 문제가 되고 있는 그러한 연합들을 바꿀 수가 없을 것이다. 가족치료자는 특정적인 행동들과 그것들의 순서에 대해서는 초점을 두지만, 태도나 감정에 초점을 두지는 않는다. 이렇게 함으로써 가족은 옳거나 그름에, 비난과 병리 등에 중점을 두지 않고, 그 자체로서 볼 수 있도록 허용해 준다. 서서히 사회복지사는 가족이 상호작용적인 순서를 알 수 있도록 도와주게 된다.

이러한 상호작용적 순서들은 의식적으로 알려지지 않으면 변화될 수 없다. 스트레스에 대처 중인 가족들은 어떤 사람이 이것을 객관적으로 볼 수 있도록 도와주기 전까지는 알 수 없게 된다. 그러므로 사회복지사는 어떻게 가족들의 행동이 문제와 증상을 유지시키는지를 가족이 알 수 있도록 도와주는 질문을 물어야 한다. 이렇게 함으로써 행동이 변화되어야 한다는 자각을 하게 되는 것이다.

CHAPTER 11

집단대상 사회복지실천기술

현대의 사회복지실천기술에서 사용되고 있는 집단은 매우 다양하다. 이런 집단은 분류 기준도 다양하다. 따라서 이 장에서는 집단에 대한 이론적 틀, 집단모델, 집단발달 단계 등에 대해 알아봄으로써 사회복지실천기술현장에서 집단을 유용하게 활용할 수 있도록 하고자 한다.

1 집단 이론적 틀: 집단 역동, 주요 개념, 치료적 요인

집단을 활용하여 개인의 변화를 유도하려는 집단사회복지의 목적을 달성하기 위해서는 집단 내의 특성을 만들어 내는데 영향을 미치는 개인의 특성을 살펴보고 사회통제기능을 가진 집단의 문화를 통해 집단이 개인들에게 미치는 영향을 살펴보아야 한다. 또한 집단 활동은 주로 기관 내에서 이루어지므로 집단의 직접적인 환경은 집단이 활동하고 있는 기관이라고 할 수 있다. 그러므로 집단사회복지에 대한 개념으로 들어가기 전에 집단사회복지의 중요한 매개체가 되는 집단에 대해 이해하는 것은 필수적이라고 할 수 있다.

1) 집단 역동의 역사

현대적으로 집단역동을 분석한 첫 번째 시도는 르봉(Gerard Le Bon, 1895)이 프랑스 혁명 기간 중 집단역동 상황을 기술한 것이었다. 그에게 집단은 폭도들에 의해 지배되고, 가장 악랄한 집단행동들이 판을 치는 것으로 보였다. 르봉은 소요 집단의 단일 측면에만 초점을 두고, 이런 집단들은 사람들의 개인 정체성을 상실하게 하고, 파괴의 광포한 힘에 연루되게 하며, 혼자였다면 절대 생각해 보지도 않았을 행동들을 하게 만든다고 하였다. 이러한 방식으로 집단역동에 대한 현대적 해석이 내려지면서, 집단을 사람들의 선한 심성을 집단적으로 훼손시키는 위험한 단위로 보게 되었다.

1940년대가 되어서야 진지한 학문적 노력들을 통해 집단의 역동이 어떻게 사람들에게 영향을 미치는지를 이해하게 되었다. 레빈(Kurt Lewin, 1951)의 장이론(field theory)에서는 다음과 같은 주장이 제기되었다. 만약 사회과학자들이 인간의 장(場), 환경 또는 사회체계의 상호작용, 영향 및 통제의 유형을 정립할 수 있다면, 사실상 모든 인간 행동을 이해하고 예측할 수 있다는 것이다. 레빈은 행동을 그것이 일어나는 장의 어떤 기능이라고 보았다. 따라서 행동에 영향을 미치는 모든 형태(gestalt)나 구조를 구체적으로 제시하는 수학적 모델을 활용하였다. 레빈은 1945년까지 메사추세츠 집단역동 기술연구센터(Massachusetts Institute of Technology's Research Center for Group Dynamic)의 소장 자리에 있으면서 여러 가지 수학적 접근들을 개발하였다. 이것은 오늘날에도 인간 행동을 예측하고 이해하기 위하여, 집단 및 기타 사회적 세력들을 객관적으로 측정하고 규정하는 데 사용되고 있다.

집단에 대한 현대적 이해에 있어서 또 다른 역사적 선구자는 설리번(Harry Stack Sullivan, 1953, 1954)이다. 그의 대인이론(interpersonal theory)은 장이론과 같이, 사회복지사들이 프로이트적인 대인적 초점에서 벗어나 경험적인 대인적 지향을 갖도록 하는 계기가 되었다. 설리번은 사람들이 서로에게 미치는 대인적 영향의 중요성을 인식하였을 뿐 아니라, 인성발달과 사실상 모든 인간 행동 및 동기에 관한 이론 구축에 탁월한 기여를 하였다. 그의 이론에서 인성은 대인적 상황과 동떨어진 채로 관찰하거나 이해될 수 없는 완전히 가설적인 구조이다. 따라서 인성은 타인과의 관계 속에서 나타나며, 적절한 연구의 단위는 개인만이 아니라, 대인적 상황의 맥락에 존재하는 개인이라고 보았다.

제2차 세계대전 전에는 집단역동을 의도적으로 치료에 사용하는 방법이 개발되지 않았었다. 수천만의 퇴역 군인들이 외상과 공포를 경험했던 전쟁에서 돌아오면서 전통적인 일대일의 정신역동실천가들이 한계에 부딪히게 되었고, 결국 여러 사람들을 집단으로 함께 치료하게 되었다. 그들은 이런 집단치료 접근들이 도움이 될 뿐만 아니라, 비용과 시간을 많이 할애해야 했던 개인적 노력에 비해 더 성공적이라는 것을 발견하였다. 사회사업 학교들은 곧 집단에 내재된 객관적인 치료적 요소들을 구체적으로 지지하고 강화시킬 수 있도록 고안된 집단기법을 개발하기 시작하였다(Reid, 1991).

1955년에 이르러 집단사회복지는 전미사회복지사협회로부터 공식적으로 인정을 받게 되었고, 초기 집단사회복지의 개척자들은 집단기법을 개발하고 사회복지전문직 내에서 자신들의 자리매김을 위하여 계속 노력하였다. 1940년대에서 1970년대에 이르기까지, 전문직 안에서 집단의 적절한 사용에 대해 뜨거운 논쟁이 있었다. 집단사회복지 내에서 이루어진 역사적인 노력과 진화는 사회복지전문직을 규정하는 데 도움을 주었다(Reid, 1991; Vinter, 1974a, 1974b).

다양한 집단사회복지가 형성되면서, 집단을 민주주의나 시민참여를 지원하는 수단으로 규정하게 되었고, 또 다른 한편으로는 사람들에게 이완하는 방법을 가르치고 여가를 활용하도록 하는 방법으로 규정하게 되었다. 그 밖에도 개인의 인성을 변화시키거나 중요한 대인관계 문제에 접근할 수 있는 집단의 잠재력을 인정하게 되었다. 빈터(Vinter, 1974a, 1974b)는 사회복지전문직이 집단사회복지의 치료적 기능을 인정하도록 하는 데 중요한 역할을 하였다. 그는 사회복지사를 변화대행자로 지칭하였다. 변화대행자란 직간접적 영향을 활용하고, 그 힘을 배열하여 특별한 욕구를 충족시킴으로써 개인의 변화를 이끌어내는 사람이다. 집단이 치료의 수단이자 맥락이라는 그의 주장은 실천현장의 여러 가지 논의에 기반이 되었다.

2) 집단의 주요개념

집단은 사회가 형성될 수 있는 공식적 또는 비공식적 구조를 제공해 주는 사회의 기본적 구성단위이며, 의미 있는 타인과의 관계를 형성하고 유지할 수 있는 수단을 제공한다. 즉 개인은 가족, 또래집단 등과 관계를 형성함으로써 바람직한 사회행동의 규범을 학습하고 사회적 관계를 유지할 수 있으며 개인이 성취하고자 하는 목적을 확인할 수 있을 뿐 아니라 고통스러울 때 지지를 받을 수 있다. 따라서 인간은 일생 동안 집단을 떠나서는 생존할 수 없으며 집단생활을 통하여 발달 성장해 나간다고 볼 수 있다.

특히 현대사회의 산업화, 도시화, 정보화, 가족구조와 기능의 변화, 개인주의와 물질주의 등의 특성으로 인하여 현대인들은 친밀한 대인관계의 형성이 어려워지고 있으며 다양한 가족생활상의 문제와 정신적인 문제를 경험할 가능성이 높아지고 있다. 또한 노동의 기계화 비인격화는 의미 있는 집단경험의 기회를 제한하게 되었으며 이로 인해 퇴직 후의 여가시간과 새로운 환경에 적응하는 개인의 힘은 약화되었다.

따라서 현대를 살아가는 개인들은 이와 같은 사회적 현상으로 인한 문제나 역기능을 해결하고 사회생활에 적응하기 위해 의미 있는 집단경험과 활동이 필수적이라고 볼 수 있다.

집단에 대한 학자들의 개념정의를 살펴보면 다음과 같다.

① R.F.Bales(1950): 소집단(small group)이란 1대1로 대면하는 모임 속에서 상호작용하는 사람들의 집합으로서 각자가 서로를 구분해서 인지하면서 개인적인 반응을 각자에게 보일 수 있다.

② R.Merton(1957): 상대방과 유형화된 양식으로 상호작용하고 스스로 집단성원으로서의 소속감을 느끼며 타인에 의해 집단성원으로 간주되는 사람들의 집합이다. 즉, 상호작용유형, 집단성원으로서의 의식 그리고 집단정체감이 있어야만 집단이라고 할 수 있다.

③ B.M.Bass(1960): 구성원 개인에게 어떠한 보상을 주는 개개인의 집합체이다.

④ T.M.Mills(1967): 두 사람 이상으로 구성되어 있는 단위로서 어떠한 목적을 위해 접촉하며 이들은 이 접촉을 의미 있는 것으로 생각한다.

⑤ Margarret Hartfort(1971): 적어도 두 사람 이상의 개인이 모인 것을 말하며 인지적 · 정서적 · 사회적 상호교환과 공동의 관심사나 목표가 있어야 하며, 서로 한 번 이상의 의미 있는 만남이 있어야 하며, 공동으로 기능하기 위한 규범이 있어야 하고, 공동생활을 위한 목적을 수립하여야 하며 집단성원 간과 전체로서의 집단결속력이 있어야 집단이라고 할 수 있다.

⑥ J. De Lamater(1974): 집단이란 성원 간의 상호작용, 다른 성원에 대한 인지와 공통의 인지발달, 정서적 유대의 발달 그리고 상호의존성 또는 역할의 발달을 가져오는 특징을 가진다.

이상의 정의를 종합하여 볼 때 집단은 두 사람 이상의 집합체로서 일정한 성원이 있고, 서로가 동일한 집단에 소속하고 있다는 집단의식이 있고, 공통의 목적이나 관심이 있으며, 이들 목적을 성취하는 과정이 상호의존적이며, 의사소통 인지 그리고 반응을 통해 상호작용하며 나름대로의 목표행동을 할 수 있는 능력이 있을 때 집단이라고 할 수 있다.

이에 비해 군집(aggregate)은 정서적 결속이나 상호작용이 전혀 이루어지지 않는 사람들의 단순한 모임을 말하는 것으로 같은 버스나 지하철을 탄 승객, 영화관의 관객 같은 병원에 입원한 환자 등이 이에 속한다.

2 집단모델 - 분류, 종류, 자조집단

집단의 유형은 집단의 크기, 성원 간의 상호작용과 정서적 결속 정도, 집단구성방법 그리고 집단이 성취하고자 하는 목적에 따라서 분류할 수 있다.

1) 쿨리(Cooley)의 분류: 1차집단과 2차집단

1차집단은 직접적인 상호작용을 하면서 관계를 맺는 소규모집단으로 '우리'라는 감정, 즉 결속력과 상호정체감을 가지며 사회화 도덕적 규범의 발달, 행동형성과 변화에 영향을 미친다. 가족, 친구 그리고 또래집단 등이 이에 속한다.

2차집단은 정서적 결속이 미약하고 특별한 목적 성취를 위하여 상호작용하는 집단이며 개인 자체보다는 집단 내에서 수행하는 개인의 기능과 역할을 중시하며 집단성원의 역할이 세분화되어 있고 관계의 목적이 효율성을 제고하는 데 있다. 1차집단의 의사소통이 직접적인데 반해 2차집단에서는 문서 전화 등 간접적인 방식에 의해 의사소통이 이루어진다.

2) 집단구성방법에 따른 분류: 자연집단과 형성집단

자연발생적으로 일어난 사건, 대인관계상의 매력 또는 구성원의 상호 욕구 등에 근거하여 자연발생적으로 구성된 집단으로 공식적인 후원체계가 없는 것이 특징이다. 가족집단, 친구집단, 또래집단, 갱집단 등이 이에 속한다.

형성집단은 외부의 영향력이나 전문가의 개입을 통하여 구성된 집단으로 후원이나 외부의 협력 없이는 구성될 수 없는 집단이다. 특별한 목적을 위해 소집 구성되며 치료집단, 학급, 위원회, 클럽, 팀 등이 이에 속한다.

3) 집단목적에 따른 분류: 치료집단과 과업집단

집단의 유형을 분류하는 또 다른 방법은 집단이 추구하는 목적에 따라 구분하는 것인데 이는 집단의 목적에 따라 집단의 구성, 역동성, 원조과정이 달라지기 때문이다. 이와 같이 집단의 목적에 따라 집단의 유형을 분류해 보면 크게 치료집단과 과업집단으로 구분할 수 있다. 치료집단이란 집단성원들의 교육, 성장, 행동변화 그리고 사회화에 대한 욕구를 충족시키기 위해 구성된 집단으로 교육집단, 성장집단, 치료집단, 사회화집단 등이 이에 속하며, 과업집단이란 의무사항의 이행, 조직 또는 집단의 과업 성위를 위해 구성된 집단으로 위원회, 행정집단, 협의체, 팀, 행동집단 등이 이에 속한다.

(1) 치료집단

치료집단은 중요한 대인적 또는 정서적 문제를 깊이 있게 다룬다. 그 구성원들은 입원환자일 수도 있고 외래환자일 수도 있으며, 이들이 제시하는 문제는 DSM-IV-TR(2000)에 의한 진단으로 규정될 수도 있다. 치료집단의 목적은 집단역동을 정신치료 방식으로 활용하여, 환자의 심각한 문제나 오래된 행동 유형을 탐색하고 직면함으로써 변화를 일으키도록 영향을 미치는 것이다. 치료집단이나 집단정신치료의 형태들은 그 특수한 치료적 접근에 따라 더 규정할 수도 있다. 예를 들어, 정신역동적 집단(Grotjahn, 1977), 인지집단(Beck, 1976), 행동집단(Rose, 1990) 등을 들 수 있다. 그리고 이 외에도 식이장애, 외상후 스트레스, 강간이나 근친상간으로 인한 피해 등과 같이 동일한 문제를 다루는 치료집단들도 있다.

(2) 상담집단

상담집단은 구성원들이 지금-여기의 관점을 갖고 구성원들 간의 과정과 상호작용을 조사함으로써 대인관계 문제를 다루도록 도와준다. 집단 구성원들은 그 과정에서 배운 것을 적용하고 활용해 봄으로써 지속적으로 문제가 되어 온 관계와 행동을 개선해 간다. 상담집단들은 치료집단처럼 깊이 있게 파고들지는 않으며, 보통 기간도 치료집단에 비해 짧은 편이다.

(3) 참 만남 및 감수성 집단

참 만남 및 감수성 집단은 1960년대와 1970년대에 건강하고, 제대로 기능하고 있는 사람들이 대인관계 기술을 증진시키고 자기 자신과 자신의 행동에 대한 새로운 통찰을 발견할 수 있는 기회로 폭넓게 사용되었다. 이 집단은 로저스(Carl Rogers)가 처음 집단을 고안할 당시에 비해 많이 변화되었다. 초기에는 지금-여기의 시각과 자기실현을 향한 동기를 가진 사람들 간의 인간적 만남에 초점을 두면서 다소 학문적이고 훈련 중심의 경향이 강했다. 현재는 기업들도 이 집단을 활용하여 피고용인들을 더 잘 지도감독하고 관리하는 기술을 발전시키고 있다.

(4) 자조집단

자조집단들은 공통 문제나 관심사를 공유하는 사람들, 그리고 그 문제를 동료로서 이해하고 함께 해결하고자 하는 사람들로 구성된다. 이 집단은 비전문가인 리더들이 이끄는 것이 전형적이며, 이들은 집단을 촉진하기 위하여 자기 자신들에게, 또는 집단구성원 중 한 명에게 권한을 부여한다. 자조집단 중에는 집단 내부에 초점을 두고 서로에게 상호 지지를 제공하는 경우가 있다. 이들은 중독(AA), 비만(익명의 비만인 모임: Overeater's Anonymous), 한부모 역할(배우자 없는 부모모임: National Organization of Woman, NOW)이나 성인정신질환자 가족모임(Families of Adult Mentally Ill, FAMI)과 같이 좀 더 외부에 초점을 두거나 정치적인 집단들도 있다.

(5) 지지집단

지지집단을 만약 그 구성원들이 이끄는 경우라면 자조집단이 될 수도 있다. 그러나 사회복지사나 기타 다른 전문가들이 이끄는 지지집단들도 있다. 지지집단들 공동의 목적은 생각, 제안, 조언을 공유하며 지지를 제공하는 것이다. 이들은 이혼과 같은 공통의 문제에 기반을 두고 형성되기도 하고, 동성애에 대한 공포와 같은 사회적 편견으로 인해 형성되기도 한다. 이들이 건전한 관심을 두는 것은 다음과 같은 인식이다. 즉, 구성원들은 자기 자신을 비판하지 않고, 왜곡이나 타인의 편견과 더불어 살아가며 이에 대해 건설적인 방식으로 대처해 가는 법을 배워야 한다는 것이다. 예를 들어, 근친상간이나 강간으로부터의 생존자나 알코올중독 부모를 둔 자녀들은 그들의 경험을 다른 생존자들과 공유함으로써 많은 도움과 위로를 얻는다. 같은 처지의 사람들은 공통된 반응을 반추하고 논의함으로써 그들의 감정을 이해하도록 도와줄 수 있다. 만약 어떤 구성원이 자신에게 일어난 일로 인해 '자책'을 하거나 우울해한다면,

동료 구성원들은 그가 피해자이고 희생된 것이며, 잘못된 사람은 가해자라는 사실을 적절하게 그리고 때로는 분노하면서 직면시킬 것이다. 이런 일은 자기 자신에게만 빠져 있는 사람에게는 일어나기 어려운 일이다. 집단은 구성원들이 그 경험을 외적인 요소로 보고 객관화하도록 돕는다. 이것은 그 경험을 동료 집단구성원들과의 관계 속에서 보기 때문에 가능하다. 구성원들은 부정확한 죄책감과 자책을 드러내는 동료들을 자기 경험에 비춰보면서, 자신의 죄책감이나 자책이 잘못된 것이라는 점을 신속하게 깨닫게 되는 것이다.

가. 집단대상 사회복지실천기술의 기본 개념

① 집단사회복지의 개념정의

집단사회복지에 대한 여러 학자들의 개념정의를 살펴보면 다음과 같다.

㉠ G. Coyle(1930): 집단지도는 집단 내 개인의 성장과 발전을 위한 수단으로 집단 내에서 경험하는 사회적 관계를 활용하는 사회사업방법론 중의 하나이며, 사회적 책임성의 발달, 민주사회의 진보를 위한 활동적 시민을 양성하는 데 관심을 가진다.

㉡ G. Wilson & Ryland(1949): 민주주의라는 준거 틀 하에서 나타날 수 있는 목적들을 성취할 수 있도록 전문가가 의식적으로 상호작용과정을 지시함으로써 집단생활에 영향을 미치는 과정과 방법이다.

㉢ R. Lippitt(1957): 집단경험을 통하여 집단성원의 사회 정서적 성장, 과업성위를 위한 능력개발, 개인적 생산성의 증진 및 집단의 능력증진, 집단생산성의 촉진, 효과적 의사결정 등과 같은 다양한 목표를 성취할 수 있도록 원조하기 위해 전문가가 자신의 전문직 가치와 기술을 사용하는 모든 실무를 포함하는 것이다.

ⓔ H. Northen(1969): 집단사회복지는 사회복지실천에서 소집단을 활용하여 집단성원들의 자신에 대한 태도, 대인관계, 환경에 대한 효과적 대처능력을 지지하고 수정하는 실천방법이다.

ⓜ H. B. Trecker(1972): 사회복지의 한 방법론으로서 집단에 속한 개인이 프로그램 활동을 통해 상호작용을 지도하는 전문가의 도움을 받아 그들의 욕구와 능력에 따라 타인과의 관계나 성장의 기회를 경험하며 나아가 개인, 집단, 사회의 발전을 도모하고자 하는 것이다.

ⓑ G. Konopka(1983): 의도적인 집단경험을 통해 개인의 사회적 기능을 향상케 하며 개인집단 또는 지역사회의 당면문제들에 대해서 보다 효과적으로 대처할 수 있도록 원조하는 사회사업의 한가지 방법론이다.

ⓢ R. W. Toseland & R. F. Rivas(1984): 사회복지전문직의 가치와 윤리적 실천원리에 근거하여 개인과 집단의 목적을 성취하기 위해 집단과정과 개입전략을 활용하는 실무를 의미하며 소집단의 목표는 사회·정서적 욕구의 충족과 과업의 성취이다.

이상의 정의들을 종합하여 볼 때 집단사회복지의 개념은 다음과 같이 정의될 수 있다.

첫째, 집단사회복지는 사회복지방법론 중의 하나이다.

집단사회복지의 가치, 목적, 원리, 윤리 등은 사회복지전문직의 가치, 목적, 원리, 윤리에 기반하고 있다.

둘째, 집단사회복지는 목표 지향적이다.

집단사회복지는 성원들의 교육, 재활, 사회화, 성장, 지도력 개발, 사회환경의 변화, 조직 및 환경에 대한 개인의 통제력 증진 등의 목표를 추구하는 목표 지향적 활동이다.

셋째, 집단사회복지는 개별성원, 전체집단, 그리고 집단이 속한 환경의 3가지 초점영역을 갖는다.

넷째, 집단사회복지는 주로 소집단을 활용하며 고통 받는 개인뿐만 아니라 건강한 개인들로 구성된 집단을 대상으로 한다.

다섯째, 집단사회복지는 프로그램이 집단경험을 구성하며 개인과 집단의 필요와 능력, 발달 단계 등을 기초로 의도적 계획에 의해 준비되고 실행된다.

여섯째, 집단사회복지는 전문가의 지도와 원조하에 이루어진다.

② 개별사회복지와 집단사회복지의 관계

개별사회복지와 집단사회복지의 주요대상을 비교해 보면 개별지도는 주로 "개인 및 그와 관계를 맺고 있는 주요타인"인 반면, 집단사회복지의 주요대상은 이전에 관계가 없었던 "집단성원"이다.

개별사회복지는 자선조직협회에 모태를 두고 있는 반면 집단지도는 청소년기관, 인보관운동에 모태를 두고 있다. 인보관과 청소년기관에서는 시민들의 교육, 사회화 그리고 지역사회에의 적응을 도모하고 상호지지관계를 형성하고 사회변화를 위한 힘의 결집을 필요로 하였으므로 집단사회복지를 주로 활용하였다. 반면 자선조직협회에서는 빈곤계층에 속한 개인의 문제에 대한 진단, 치료, 그리고 재활에 초점을 두고 있었기 때문에 개별사회복지를 주로 활용하였다.

개별사회복지의 원조관계가 원조자와 피원조자의 관계인 반면, 집단지도의 원조관계는 상호원조관계라고 할 수 있다. 그러므로 집단사회복지에서는 클라이언트, 환자, 확인된 환자(identified patient)라는 용어보다는 성원(member)이라는 용어를 사용하는 경향이 있다.

두 방법론의 초점을 비교하면, 개별사회복지에서는 정신분석이론과 정신건강운동의 영향으로 개인의 정신내적 역동에 초점을 두는 경향이 있었으나 최근에는 일반체계이론과 생태학적 접근법에 이론적 기반을 두고 개인과 환경에 이중적 초점을 두는 경향이며, 집단사회복지의 경우 초기에는 사회의 구조적 모순을 제거하려는 의도에서 개인보다는 환경에 초점을 두는 경향이 강했으나 상호작용모형이 등장하면서 개인과 환경과의 상호작용에 초점을 두며 크게는 집단성원, 집단, 집단환경의 3가지 초점영역을 갖게 되었다.

③ 집단사회복지의 목적

집단사회복지의 기본단위인 집단의 목표는 집단을 구성하고 유지해 나가는 기본적인 준기 틀이다.

즉, 집단의 목표에 따라 집단의 구조나 유형, 역동성, 집단성원들간의 상호작용유형, 집단 활동의 결과가 달라질 수 있으며 집단사회복지사의 역할, 기능 그리고 원조기술 등이 달라진다.

만약 집단의 목표가 분명하지 않거나 집단과정에서 집단의 목표를 상실할 경우에는 집단을 지도하는 집단사회복지사는 집단과정의 방향을 상실하게 되고 아주 빈약한 결과를 낳거나 중도에 집단이 해체되는 결과를 초래할 수 있다.

미국사회사업가협회 집단사회사업분과의 실행위원회(1962)는 집단지도의 목적을 ㉠ 활동적인 시민으로서의 책임감 형성, ㉡ 개인적 성장과 풍요로운 생활, ㉢ 자아인식과 사회적 소속감의 증진, ㉣ 스트레스를 받는 시기의 지지와 새로운 상황에 대한 적응능력의 배양, ㉤ 만족할만한 사회적 기능의 유지, ㉥ 사회적 해체나 질병의 교정 및 치료라고 제시하였다.

한편 알리시(A. Alissi, 1980)는 집단지도의 목적을 사회적 해체 또는 개인적 역기능의 치료와 회복, 개인적 · 사회적 해체의 예방, 정상적 성장과 발달, 개인적 성장 그리고 시민으로서의 책임과 참여라고 보

았다. 이외에 여러 학자들의 견해를 종합하여 볼 때, 집단지도의 목적은

① 개인의 사회화, 역기능의 예방, 치료, 재활 및 성장
② 집단 자체의 변화와 성장
③ 사회활동, 위기의 제거 등을 통한 사회의 변화, 즉 집단이 속한 환경의 변화

3 집단대상 사회복지실천기술의 요소와 모형

1) 집단대상 사회복지실천기술의 모형

집단사회복지는 집단을 활용하여 서비스를 제공하는 실천방법으로 이를 구성하는 요소는 개인, 집단, 사회복지사, 기관이라고 할 수 있다. 이 구성요소들의 특성은 상호작용하여 집단의 활동과 목표달성에 영향을 미친다. 집단사회복지에 있어서 집단은 단순히 다수 개인들의 군집이 아니라 일정한 목표를 가진 체계라고 할 수 있다. 집단이라는 체계는 개인들이 소속감을 갖는 체계를 유지하며 개인들을 통제하기 위해서 집단 내의 독특한 규범과 문화를 형성하게 된다. 집단 내 개인들은 개인적 특성인 능력, 감성, 이성과 같은 요소들의 집산된 특성을 넘어서 집단 특유의 집단문화, 집단분위기 혹은 집단의 힘을 형성한다. 체계로서의 집단은 자신을 둘러싸고 있는 상위체계인 환경에도 직접적인 영향을 받는다. 파펠(Papell)과 로스만(Rothman)은 집단사회복지는 집단을 활용하여 서비스를 제공하는 실천방법으로 이를 구성하는 요소는 개인, 집단, 사회복지사, 기관이라고 제시하고 있다. 이 구성요소들의 특성은 상호작용하여 집단지도의 활동과 목표달성에 영향을 미친다.

이러한 집단지도의 모형을 사회목표모형(social goal model), 치료모형(remedial model) 그리고 상호작용모형(reciprocal model)의 3가지로 구분하여 설명하고 있다.

(1) 사회목표모형

초기사회사업이 이루어진 기관인 인보관, 청소년연합(YMCA) 등은 선량한 시민의 양성에 목적을 두고 있었다. 이들 기관은 불량주택의 개량, 이주민의 지역이나 이웃에 대한 동화 등에 초점을 두고 있었으므로 집단을 통해 개인들이 새로운 체계에 적응할 수 있는 원조체계로 집단활동을 전개하였다. 집단은 지역사회와 개인 사이의 연결고리역할을 하고 공장 노동조건의 개선, 정치적 과정의 개선 및 더 큰 사회체계의 변화를 위하여 사회행동을 하기도 하였다. 그러므로 시민교육과 사회개혁은 인보관운동의 주요 활동결과였다.

이와 같이 초기 집단지도는 사회적 목표를 성취하는데 그 목적을 두게 되었으며, 초기 집단지도 이론가인 코노프카(Konopka), 코일(Coyle), 윌슨(Wilson) 등은 집단사회복지사의 역할을 교사, 조력가, 역할모델이라고 보았다.

이 모형의 중심개념은 사회적 의식과 사회적 책임감이며 집단지도는 이러한 목적을 성취하는 데 적합한 방법론으로 인식되었다. 즉, 사회목표모형에서는 인간관계의 훈련, 지도력의 실험, 시민참여 등의 활동을 통하여 사회적 의식과 사회적 책임이라는 목표를 성취한다. 이 모형의 대표적 학자는 윌슨(Wilson), 라이랜드(Ryland), 위너(Wiener), 코일(Coyle) 등이다.

한편 파펠과 로스만은 “다양한 서비스영역에서 실무자가 직면할 수 있는 문제를 적절히 해결할 수 있는 이론적 준거 틀이 없는 것과 개인의 내적 역동성이나 다양한 욕구에 대해서 별로 강조를 하지 않음으로써 사회적 문제보다 개인의 문제가 우위에 있을 때 이러한 개인의 사회적 기능화를 원조할 수 있는 지침이 없다는 점"을 사회목표모형의 제한점으로 지적하였다.

(2) 치료모형

이 모형에서는 집단을 개인의 치료를 위한 수단으로 보고 개별성원의 치료에 강조점을 두고 있다. 레들(Redl)은 시설보호아동에 대한 집단치료의 효시이며 빈터(Vinter)는 이 모형의 이론적 기반을 구축하였다.

이 모형에서 중요한 것은 성원의 개인적 욕구와 집단사회복지사의 허용과 제한이 균형을 이루는 것이다. 사회복지사는 문제해결 접근방법을 사용하고 지시적이며 권위를 가지지만 반드시 집단성원의 욕구에 적응하여야 한다. 권위를 가지면서 사회복지사는 '클라이언트를 위해, 클라이언트와 함께' 할 수 있는 개입을 하며 집단의 자율성 정립과 상호지원체계의 역속성을 유지하는 데 관심을 가져야 한다. 개인에 강조점을 두기 때문에 집단사회복지사는 개인의 심리와 치료에 대한 지식을 갖추고 진단과 평가를 해야 하며 계획된 치료목적을 중요시해야한다.

집단사회복지사는 집단을 구성함에 있어 집단성원의 일반적 속성을 고려하여 성원을 선별하고 전체 집단과정을 지도해 나가므로 전문가(expert), 변화매개인(change agent), 중재자(mediater), 조력자(enabler)의 역할을 수행한다. 집단사회복지사는 집단을 구성하고 변화를 주도해 나가며, 관계를 설정하고 대안을 탐색하며, 변화를 행동화하도록 지원하므로 집단에서 중요한 역할을 하며, 집단은 변화를 가져오는 수단으로 간주된다.

이 모델의 기본철학은 문제해결의 강조, 과학적 접근의 강조, 목표의 구체화, 미래지향성 등이며 치료적 서비스와 예방적 서비스를 제공한다.

(3) 상호작용모형

집단과 개별성원의 상호관계에 초점을 두는 모형으로 슈왈츠(Schwarts)는 중재모형이라고 하였다. 이 모형에서는 개인과 집단이 상호의존적이며 집단은 집단사회복지사와 모든 집단성원을 포함한 체계로 본다. 집단사회복지사는 개인과 집단, 소집단과 지역사회 사이의 중재역할을 수행한다는 이론에 근거를 두고 있다.

이모형에서 클라이언트는 개인, 집단, 사회도 아니며 이들 간에 일어나는 상호작용이라고 본다. 슈왈츠는 "개인과 지지집단은 공생적 관계(symbiotic relation)"를 갖는다고 보고 사회복지사는 개인이나 환경 어느 특정 영역에 초점을 두어서는 안 되며, 이들 간의 상호작용과 욕구에 초점을 두어야 한다고 하였다.

상호작용모형에서는 치료적 목적이나 사회변화의 목표를 사전에 설정하는 것이 아니며 상호작용하는 체계를 구성하고 있는 성원들이 회합을 통하여 집단의 운영방향과 해결할 문제를 결정하게 된다. 그러므로 개인적 욕구나 공동관심사의 해결을 위해 상대방을 필요로 하는 대인관계, 상호작용에 강조점을 두게 된다. 즉, 개인의 목표와 집단공동의 목표가 존재하지만, 집단사회복지사가 결정하는 것이 아니라 사회복지사의 중재를 통해 성원들이 상호작용하는 과정에서 나타나게 된다.

이모형은 체계자체에 강조점을 두므로 집단의 구성, 환경에 초점을 두지 않으며 중심개념은 현재(here and now)와 집단이 관여하고 있는 다양한 체계 자체이다. 이상에서 살펴 본 집단사회사업 실천 모형의 주요 요소들을 비교한 결과는 표 11-1과 같다.

표 11-1 집단대상 사회복지실천기술 모형 비교

	사회적 목표모델	상호작용 모델	치료적 모델
집단의 목적	사회적 의식과 사회적 책임을 고양시킴으로써 책임 있는 시민 양성	적응과 사회화를 성취하기 위해 상호지지체계와 대인관계의 향상	역기능행동을 하는 성원의 치료와 재활
집단사회사업가의 역할	능력부여자, 교사, 모델	중재자, 자료제공자	변화 매개자
집단성원의 이미지	시민, 이웃	공동 관심사 성취를 위해 협력하는 구성원	역기능 또는 문제해결을 원하는 자
활동의 장	지역사회복지관, YMCA	임상기관, 사회복지관	임상기관, 사회복지관, 사회복지시설
집단사회사업가의 기술	프로그램 작성, 편성의 기술	상호작용의 한계설정과 의사소통 촉진의 기술	특정한 목표달성을 위한 집단과정에의 개입기술
기초이론	절충이론	체계이론, 장(field)이론	역할 이론, 사회행동 이론, 집단 역학, 치료이론
집단사회사업가의 통제	고	저	중
집단의 유형	보이스카우트 자원봉사 집단	외상 후 스트레스 장애집단 정신질환자 집단	가정폭력피해자집단 당뇨환자집단

이상의 집단사회사업의 모형을 통해서 볼 때, 사회적 목표모델은 집단의 선을 추구하고, 치료적 모형은 개인의 선을 추구하며, 상호작용적 모델은 집단과 개인의 상호작용관계를 추구하는 것이라 할 수 있다.

2) 집단대상 사회복지실천기술의 치료효과

모든 집단사회복지사는 인간본성, 성원의 역할, 집단사회복지사의 역할과 관련된 어떤 가정이나 가치에 근거하여 집단을 지도하고 원조하게 되는데, 집단의 치료효과는 집단사회복지사의 개입양식, 사용기술, 원조관계의 성격, 집단지도의 초점 등이 영향을 미치므로 반드시 고려해야 할 요소이다. 뿐만 아니라 집단사회복지실천에 있어서 치료효과는 지식, 철학 그리고 기법에서 나온다고 볼 수 있다. 집단의 치료효과는 다음과 같은 집단사회복지의 기본원칙(Konopka)을 준수함으로써 나타날 수 있다.

① 각 개인의 고유한 상이성을 인정한다.

집단사회복지사는 개인의 특수한 욕구, 집단 전체의 욕구, 집단이 속한 지역사회의 욕구에 근거하여 개인을 원조하는 것이다. 이 원칙은 진단의 기법과 집단 내에서 개인에 초점을 맞추는 복합적인 기법들을 포함한다.

② 다양한 특성을 지닌 집단을 하나의 집단으로 인정한다.

집단이란 개인들의 집합을 의미하는 것이 아니라 각기 특별한 성격을 지닌 유기체이며 그 성격은 결속력의 유형, 성원 간의 상호작용, 하위집단 또는 지도력의 형성과 결여 등으로 표현된다. 이 원칙은 집단을 진단하고 이 진단에 따라 활동하는 기법을 포함한다.

③ 개인은 고유한 장점과 단점을 가진 존재임을 진정으로 수용한다.

집단사회복지사는 개인을 이해만 해서는 안 되며 실제 장단점을 사정하기 위하여 전체로서의 개인을 수용해야 한다.

④ 집단사회복지사와 집단성원 간에 의도적인 원조관계를 수립한다.

집단지도에서 개인의 변화는 타 성원과의 상호작용을 통해서만 이루어진다는 전제를 기초로 할 때 전문가의 원조가 필요하다.

⑤ 집단성원 간의 상부상조, 협조적 관계수립을 격려한다.

집단지도에서는 성원들 간의 관계가 전문가와의 관계만큼 중요함을 인정해야 한다.

⑥ 집단과정의 평가에 따라 적절한 수정을 가한다.

⑦ 각 성원이 자신의 능력에 따라 참여하도록 격려하여 능력을 향상시킨다.

⑧ 문제해결과정에 성원들이 직접 참여하도록 원조하다.
집단사회복지사는 성원들로 하여금 문제해결과정에 참여해서 상호작용을 통한 문제해결책을 발견할 수 있도록 원조해야 한다.

⑨ 성원들이 만족스러운 갈등해결방법을 경험할 수 있도록 원조한다.
집단사회복지사는 민주적이며 합리적인 방법으로 갈등을 해결하는 경험을 하도록 돕는다.

⑩ 대인관계에 있어서 새롭고 다양한 성취경험을 하도록 기회를 제공한다.

⑪ 각 개인과 전체 상황에 대한 진단적 평가에 따라 적절히 제한을 가한다. 진단적 사고와 대인관계, 집단과정의 활용, 프로그램 등과 같은 기제의 활용이 요구된다.

⑫ 각 성원에 대한 진단적 평가, 집단목적, 적절한 사회적 목적의 진단평가에 근거하여 계획적인 프로그램을 활용한다.

⑬ 개인과 집단발달에 대한 계속적인 평가가 이루어져야 한다.

⑭ 전문가는 원만하고 절도 있게 자신을 활용한다.

4 집단발달단계

1) 집단발달의 개념

집단지도의 목적은 개인의 변화이며 집단은 변화를 위한 1차적 상황으로서 변화를 위해 집단 상황을 활용한다. 집단의 발달은 이러한 집단 상황의 변화를 말한다.

집단은 처음에 단순히 개인들의 집합체에 불과하지만 시간이 지남에 따라 내부구조가 확립되고 문화가 형성되는 등의 변화를 겪게 된다. 이러한 집단의 변화를 집단빌딜이라고 하며 ① 집단의 구조, 싱원의 역할과 지위, ② 집단의 과업, 운영절차, ③ 집단문화의 3가지 범주를 가진다. 이 범주들은 시간에 따라 변화하고 변화의 규칙성을 보이게 되는데 이 규칙적 변화를 집단발달이라고 한다.

집단발달단계란 집단이 시간이 지남에 따라 변화, 성장해가는 과정에서 나타나는 특징적인 집단역동을 근거로 하여 그 과정을 세분화하여 구분한 것이다. 집단의 발달단계를 몇 단계로 구분하느냐, 각 단계의 특성이 무엇이냐에 대해서 학자들 간의 의견은 다양하다.

그러나 모든 집단이 동일한 발달단계를 거치지는 않으며 발달단계를 차례로 거쳐 가는 것이 아니며 한 단계에 소요되는 시간도 집단에 따라 다를 수 있다. 집단발달의 개념을 집단지도에서 활용하는 기본전제는 다음과 같다.

① 집단은 성원에게 영향을 주어 개인을 변화시킬 수 있는 효과적 수단이다.

② 집단지도의 목표는 개인의 변화를 위해 집단의 잠재력을 최대한 활용하는 것이다.

③ 집단발달은 집단사회복지사의 활동에 의해 영향을 받고 통제된다.

④ 집단이 발달하는 가장 바람직한 하나의 방향이란 있을 수 없다.

집단지도이론에 가장 먼저 집단발달의 개념을 도입하고 실천원칙과 관련을 맺게 한 사람은 트렉커(Trecker)로 집단발달을 6단계로 분류하고 단계마다 성원들의 행동상의 특성을 중심으로 서술하고 전문가들이 해야 할 역할에 많은 암시를 주었다. 그 후 싸리와 갤린스키(Sarri & Galinsky)의 7단계, 가랜드의 5단계, 노던의 5단계 등이 연구되었다. 노던은 종래의 모형을 종합평가하면서 발달단계모형을 기초로 집단지도 전체과정을 이론적으로 체계화하였다.

2) 집단발달단계

모든 집단은 각 단계에서 속도와 이슈에 차이가 있지만 공통적으로 집단이 완전하게 성숙하는 과정에서 자연적인 발달단계를 거친다. 집단발달의 각 단계를 파악함으로써 각 단계에서 다루어야 할 독특한 행동을 예측할 수 있고 집단에서 발생하는 행동의 중요성을 인지할 수 있다. 각 단계의 특성을 이해하는 지도자는 집단발달과 목적을 달성하도록 규범적 행동을 북돋을 수 있는 적합한 개입방법을 사용할 수 있다. 그리고 지도자는 개인이나 집단발달을 저해하는 장애물을 제거할 수 있고, 집단의 성장기간 동안 어느 시점에 필요한 지도자의 활동수준을 고려하여 적합한 선택을 할 수 있다.

그러나 각 단계에 대해 잘 모르면, 지도자는 첫 모임에서 심층적으로 집단을 관찰하기 시작하면서 집단성원을 미리 예상하거나 초기 발달단계에서 전형적으로 나타나는 불일치나 소란 등을 보고 집단이 실패할 것이라고 성급하게 결론 내리는 실수를 하게 된다. 또 지도자는 집단이 보다 성숙한 발전단계로 접근하는 과정에서 나타나는 긍정적 행동을 격려하기보다 무시하는 실수를 할 수도 있다. 게다가 지도자는 집단발달의 중요한 단계에 적절하게 개입하지 못할 수도 있다. 예를 들면, 과업에 집중하기, 의사결정에서 모든 성원을 고려하기, 자유롭게 감정표현하기, 훈련된 집단의 다양한 행동을 받아들이기 등이 그것이다.

집단발달에 관한 다양한 모델들을 통해 사회복지사는 관찰한 내용과 집단의 특성을 조직하고, 집단행동을 규명하는 틀을 갖게 된다. 모든 모델은 집단발달단계를 4~6단계로 구분하여 설명한다. 여기에서는 갈랜드 등(Garland, Jones & Kolodny, 1965)의 모델을 사용할 것이다. 이 모델은 다섯 단계로 구성되어 있다.

(1) 1단계: 친밀 전 단계 – 접근과 회피행동

갈랜드 등의 모델에서 1단계는 성원들이 접근하고 회피하는 행동을 설명한다. 이는 책임지기, 타인과의 상호작용, 프로그램 활동과 사건에 대해 망설이는 것 등으로 집단에 속하기를 주저하는 것이다. 참여를 주저하는 것은 우유부단한 발언에서 드러나며, 성원은 보통 침묵을 지키고, 자신의 문제와 집단과의 첫 만남에서 오는 불편한 감정에 사로잡혀 있다. 성원들은 종종 두려워하거나 의심하는 경향이 있으며, 자신이 표현한 것에 대해 다른 성원들이 어떻게 반응할지 우려하거나 지배, 공격, 고립, 거부, 적의에 대해 두려워한다. 그래서 성원은 조심스럽게 행동하고, 때때로 화도 내고, 그러면서 집단이 원하고 기대하는 행동을 인식하려 한다. 성원들은 또 다른 성원의 사회적 지위나 역할을 자신의 잣대로 규정하거나, 자기소개를 정형화하거나, 지적토론에 집중하는 경향이 있다. 또한 이 단계에서 성원들은 집단이 자신에게 어떤 혜택을 줄 것인지 명확하지 않고, 집단목적에 대해서도 잘 이해하지 못한다. 동시에 성원들은 집단의 제한점에 대해서 시험해 보고, 지도자가 얼마나 능력이 있는지 확인하고자 하며, 지도자가 권리와 상처, 창피한 감정에서 성원들을 얼마나 보호할 수 있을지 확인하려 한다. 성원들은 다른 성원과 공통점이 있는지 찾고, 그들 사이에서 살아남을 수 있는 역할을 찾거나 승인, 수용, 존경 등을 추구하면서 집단을 향해 움직인다. 초기에는 대부분 지도자를 중심으로 의사소통을 한다. 어떤 성원은 집단이슈나 구조와 관련된 것을 결정하거나 성원의 행동을 통제하는 면에서 사회복지사가 직접 개입하기를 요구할 수도 있다.

(2) 2단계: 권력과 통제단계 – 변화의 시간

지각하지 못하는 사이에 집단의 발달단계는 1단계에서 2단계로 접어든다. 성원들은 집단경험이 안정적이고, 초기감정을 투입하는 경험이 보상받고 가치 있는 것이었다고 생각하며, 자율, 권력, 통제와 관련된 문제에 관심을 갖게 된다. 이 단계의 준거 틀은 '변화(transition)'이다. 성원들은 상황을 이해하고 예상할 수 있게 되면서 관계의 틀을 구성하려고 노력한다. 따라서 친밀하지 않은 관계에서 친밀한 관계로 바뀌면서 겪게 되는 모호성과 혼란을 극복해야 한다. 집단에서의 투쟁을 거쳐, 성원들은 지지받고 보호받기 위해서 자신과 유사한 다른 구성원들에게 관심을 둔다. 그리고 구성원들은 차츰 하위집단과 위계 또는 일련의 사회적 질서를 만들어낸다. 집단과정은 점차 다양하게 구분되면서 관계가 결속되는 형태를 띠게 된다. 이 시기에는 대립하는 하위집단들이 자주 갈등을 겪으며, 지도자와 권위 있는 인물, 밖으로 배회하는 성원에 대해 분노를 표출하는 집단경향이 나타난다. 집단에 대해 매력을 상실하는 경우, 적의, 철회, 집단의 목적에 대한 혼란 등으로 나타난다. 낮은 지위에 있는 성원에 대한 언어적 침해, 공격, 거부 등도 자주 나타나며, 하위집단에 속하지 못한 고립된 성원은 다음모임에 참석하지 않을 수도 있다. 집단에서 소속감을 경험하지 못한 성원은 갈등적인 집단경험보다 집단 외부에서 매력적인 것을 찾으려 한다. 즉, 집단에서는 소속감이 고립되면 집단존립 자체가 위태로울 수 있다.

(3) 3단계: 친밀단계 – 친밀한 관계발전

개인적인 자율성, 동기, 권력과 관련된 문제들을 정리하고 해결하면서 집단은 '친밀 전 단계'인 권력과 통제단계에서 친밀단계로 변한다. 이 단계에 접어들면, 갈등은 사라지고 성원 간에 개인적 소속감은 강해지며, 집단경험에 대해 중요하게 인식한다. 성원들은 자신감과 '공동체성'이 성장하는 것을 경험하며, 집단목적에 대해 깊이 동의하고, 이 목적을 지원하는 계획과 과업을 수행하려는 동기가 높다. 성원 각자의 독특성을 인지하기 시작하면서 상호신뢰가 시작한다. 자연적으로 각 성원에게 있는 감정과 문제가 드러내기 시작하며, 집단의 의견을 찾기 시작한다. 자연적으로 각 성원에게 있는 감정과 문제를 드러내기 시작하며 집단의 의견을 찾기 시작한다. 반면, 성원들은 바람직한 친밀감을 형성하기 위해 자신에게나 타인과 관계하는 데 갈등을 일으킬 수 있는 부정적 감정을 억누른다. 처음 모임과 달리, 성원들은 참석하지 않은 성원에 대해 진실한 관심을 표명하고 참석하지 않은 사람들을 모임에 참석시키기 위해 연락하거나 방문할 수도 있다.

3단계에서는 집단의 문화, 양식, 가치체계에 따라 집단의 '특성'이 나타난다. 개인의 관심이나 기질 또는 다른 긍정적 힘에 따라 분명하게 규범을 세운다. 성원들은 각자 집단에 기여할 수 있는 바에 따라 지위를 정하며, 지도력 유형을 굳게 다진다. 성원들 간에 관계의 틀은 친밀하게 바뀌는데 성원들은 집단경험을 가정과 같이 느끼게 되며, 다른 성원들을 친자매처럼, 지도자를 집단의 '아버지'나 '어머니'로 부르기도 한다.

(4) 4단계: 분화단계 – 집단정체성 발달과 내적 준거 틀

4단계는 집단 응집력과 조화로 표현된다. 성원들은 친밀감이라는 단어를 사용하거나 집단에서 다른 사람을 자신 옆에 앉게 하기도 한다. 이

단계에서 집단 중심의 기능이 이뤄지며, 개인과 집단의 욕구는 조화를 이룬다. 다른 집단의 성원이나 보완적 방식으로 참여하고 있는 성원들은 개인적 감정표현에서 상당히 큰 자유를 경험하거나 집단의 다른 성원이 감정과 생각을 잘 받아들이고 있다는 것에서 자신이 진실로 수용되고 있다는 감정을 느낄 것이다. 점차적으로 집단은 성원개개인의 욕구에 비례하여 정서적으로 지원하는 상호협조체계로 변모하게 된다.

새로 발견한 자유와 친밀감을 경험하면서 성원들은 집단경험을 독특한 것으로 인지하기 시작한다. 집단은 그 자체의 관습과 구조를 형성하는데, 즉 집단은 그 자체의 준거 틀을 형성한다. 집단기능에 관습과 전통적 방법이 등장하며, 집단목적을 적절히 반영하는 '집단' 이름이나 휘장을 선택한다. 집단의 에너지는 성원들이 명확하게 이해하고 받아들이는 목적이나 과제를 수행하는 것에 집중된다. 집단 활동과 조직구조(예를 들어 책임자, 의무, 기대참석률, 원칙 등)를 지원하는 유연하고 기능적인 역할이 발달한다. 집단위계는 보다 융통성을 지향하며 지속적인 특별한 경험이나 능력을 개발하기 위해 성원들은 지도자 역할을 당연한 것으로 받아들인다.

집단이 분화단계에 도달하면, 성원들은 '문제를 다루면서' 경험을 축적하여 왔으며, 자신의 욕구와 처한 상황을 적절히 의사소통하고 다른 사람을 지원하고, 집단에서 발달한 복잡한 상호관계를 이해하는 데에서 자신의 감정과 타인의 감정을 분석하는 기술을 획득한다. 집단 기능에 대해 이해하면서, 집단은 갈등을 공개적으로 드러내며 집단의 발달을 저해하는 장애물을 확인하게 된다.

모든 의사결정은 만장일치를 반영하여 철저히 지킨다. 동의하지 않았기 때문에 억압받거나 미성숙한 집단행동으로 무시되는 경우는 없으며, 대신 집단은 다른 생각을 가진 성원의 입장을 신중히 고려하고 차이점을 해결하기 위해 또는 성원 간의 공통된 의견을 모으기 위해 노력한다. 신입성원은 집단발달의 촉매역할을 하는데, 일반적으로 신입성원은 집단가치에 대해 강하게 확신하는 기존 성원들에 대해 놀라워할 것이다. 성원들은 소속감을 갖기 전에 느꼈던 비밀스러운 수치심을 집단모임에서 자연스럽게 이야기한다. 집단에서 자신의 역할과 관계를 확실히 하면서 다른 집단과 갖는 모임에 흥미를 보이거나 집단 외부의 문화를 집단에 가져오기도 한다.

(5) 5단계: 종결단계 – 헤어짐의 시간

이 국면에서 성원들은 이별하기 시작한다. 다른 성원이나 지도자와 맺었던 굳은 관계를 느슨하게 하며, 욕구를 충족할 새로운 자원을 찾는다. 성원들은 집단을 떠나는 것에 대해 다양한 감정을 경험하게 된다. 그러나 집단종료시기에 가까워지면서 1단계에서 보여주었던 접근-회피 전략을 다르게 회고하거나 다양한 반응들은 점차 줄어든다. 성원들은 호기심의 감정을 다시 느낄 것이며 성원관계는 점점 분리되며 형성되었던 긴밀감은 깨진다. 집단을 종료하는 시기에 지도자나 다른 성원에 대한 분노를 표출할 수 있으며, 이전에 잠잠했던 말싸움이 다시 등장하거나, 지도자에게 더욱 의존적이 될 수도 있다. 집단에서 경험했던 유익함도 종종 거부한다. 이별에 대한 이런 반응은 순간적으로 또는 집단적으로 나타나는데, 이것은 집단 종결에 대한 포기, 거부, 이해의 잠재된 감정과 집단에 가진 긍정적 감정을 조화시키려는 노력이다.

종결은 집단이 달성한 것을 평가하고 숙고하며 배운 것을 공고히 하는 시간이다. 또 해결하지 못한 과제를 해결해야 하고, 초점을 맞추어 피드백을 주고받는 시간이며, 집단에서 획득한 관계를 음미할 수 있는 좋은 시간이다. 집단에 대한 관심을 거두어들이고 외부에 에너지를 쏟기 시작하는 성원은 두려움, 희망, 미래, 다른 사람에 대한 관심 등을 이야기할 것이다. 또 집단에서 배운 것을 다른 상황에 어떻게 적용할 것인지, 지반을 재조직하거나 추후모임을 어떻게 할 것인지 이야기하게 된다.

3) 집단발달단계와 지도자의 역할

앞서 말했듯이 지도자의 역할은 집단발달에 따라 변화한다. 랭(Lang, 1972)과 헨리(Henry, 1992)는 지도자란 특정한 역할을 수행하거나 집단주기에 따라 각기 다른 위치를 차지한다고 개념화했다. 집단성원의 욕구, 능력, 특성과 집단 발달단계에 따라 지도자의 역할은 기본적인 역할부터 촉진하는 역할까지 연속선상에 있다. 마찬가지로 지도자가 집단에서 차지하는 위치도 중심부터 주변에 이르기까지 다양하다.

집단초기단계에서 가장 중요한 지도자 역할은 집단에 참여할 지원자를 선택하는 것이다. 지도자는 집단을 구성할 사람을 모으는데에 항상 중심에 있어야 한다. 지도자가 집단형태를 잡고, 집단본질과 기능에 대해 미리 생각하며, 집단구성원을 인터뷰하고, 각각의 잠재적인 성원과 치료계약을 맺는 기간 동안 지도자는 끊임없이 중심에 있어야 한다. 이런 일련의 지도자 역할과 위치는 집단논의를 시작하고 지도하며, 구성원들이 참여하도록 독려하고, 구성원 간의 상호계약과 집단계약이 조화를 이루기 시작하는 집단초기단계 내내 계속된다.

집단이 새로운 단계에 접어들면 지도자는 의도적으로 다양한 역할을 수행하면서 집단을 존중하는 입장에서 중심위치에 선다. 헨리(Henry, 1992)는 이에 대해 다음과 같이 언급했다.

사회복지사가 중심위치와 중요한 역할에서 한발 물러나면서 성원들은 사회복지사가 해왔던 것들을 대체하기 시작한다. 영화의 페이드아웃(fade out) 기법처럼 사회복지사가 사라지면 집단체계가 점점 등장하는 것이다. 그러나 집단의 내·외부의 체계가 모두 기능을 수행할 만큼 아직 안정되지 않았기 때문에, 사회복지사는 집단이 속도를 낼 수 있도록 해야 하며 때로는 체계가 유지되도록 그 전 단계로 되돌릴 수도 있다. 이것은 바로 사회복지사의 역할이 다양함을 의미하는 것이며, 사회복지사의 위치가 중심에 있어야 하는 이유이다. 이런 사회복지사의 역할과 위치는 바로 이 시기에 협상하게 되는 상호계약의 일부분이 될 것이다.

표 11-2 집단발달 단계, 역동 그리고 지도자의 초점

단계	역동	지도자초점
친밀 전 단계	• 근접거리 탐색 • 접근 · 회피 • 신뢰와 관련된 이슈, 최초의 동의 • 문제에 대한 지적사고 • 외적 특성이나 경험에 근거한 상호작용 • 자기보호와 위험도가 낮은 행동 • 자기주변정리 • 지도자나 다른 성원을 판단하기 • 개인 또는 집단 목적형성 • 집단에 책임이 있어 보이는 지도자 • 집단의 안정성과 욕구충족에 대한 성원 평가 • 자기노출과 거절에 대한 두려움 • 집단목적에 대한 불확실 • 목적이나 집단에 대한 약한 동의	• 관찰과 접근 • 집단목적 명확화 • 집단기준 설정 • 개인의 목적을 세우도록 독려 • 성원에게 바라거나 기대하는 것 명확화 • 두려움, 모호함에 대한 토론 조장 • 정중하게 신뢰 • 지원제공, 거리를 두는 것 허용 • 탐색을 가능하게 하기 • 집단구조 제공 • 도움을 요청하고 주는 역할에 대해 계약 • 성원들간에 연결을 가능하게 하기 • 경청하는 모델제시 • 저항에 초점 맞추기 • 참여기회 보장
권력과 통제의 단계	• 반항, 권력투쟁 • 권력을 증가시키기 위한 정치적 제휴 • 지위, 계급, 영향력에 대한 관심 • 집단구조, 과정에 대해 불만 • 지도자 역할에 대한 도전 • 비공식적 지도력, 당파적인 지도자 등장 • 개인의 자율, 모두 자기를 위해 행동 • 역기능적 집단역할 • 규범, 동질감 위기, 위험에 빠질 가능성 증가 • 지도자나 다른 성원 시험해 보기 • 지도자에게 의존 • 자신의 일에 대해 집단실험 • 프로그램 무산, 계획적인 피드백은 적고, 비판이 많은 상태	• 개인의 안전과 속성보호 • 지도력에 대한 도전을 방어하지 않고 처리하기 • 권력투쟁을 명확화 • 관심을 집단으로 돌리기 • 차이에 대한 표현과 수용을 독려하기 • 명확하고 직접적인 의사소통을 가능하게 하기 • 비생산적인 집단과정에 대한 규명 • 인식의 왜곡 규명 • 의견을 달리하는 하위집단에 대한 성원들의 평가를 가능하게 하기 • 합의에 의해 결정된 사항에 대해 집단이 책임을 갖도록 하기 • 일반적인 갈등, 권력투쟁에 대해 명확히 하기 • 집단의 치료목적과 일관된 규범의 독려 • 강점과 성취한 것에 대한 지속적인 인정 • '여기 그리고 지금'에 집중하기

(계 속)

단계	역동	지도자초점
친밀단계	• 개인적 관여강화 • 자신과 물질 공유 • 다른 사람의 욕구에 접근하기 위해 노력 • 집단경험의 중요성 인식 • 개성의 성장과 변화 • 서로 드러내기, 위험 무릅쓰기 • 합의한 결정에 동의 • 인지적 재구조화 시작 • 목적설정의 중요성 • 집단을 독립적으로 관리하는 능력증가 • 감정적 혼란 소멸 • 성원이 내세우는 주제 등장 • 피드백 구성	• 지도력 독려 • 집단이 동요할 때 융통성 있는 역할 맡기 • 개인의 목적에 초점을 맞추도록 원조 • 심층적인 수준에서 탐색, 피드백 격려 • 인정, 지지, 차이점 격려 • 지도자의 행동을 줄이기 • 집단 작업에 대해 지도 • 다른 역할에 대한 경험 독려 • 집단 내외에서 새로운 기술사용 독려 • 성원이 변화에 대해 책임성을 갖도록 함 • 성공에 대한 일관된 피드백 주기
분화단계	• '여기 그리고 지금'에 집중 • 높은 수준에서 신뢰, 응집 • 감정을 자유롭게 표현 • 상호원조 • 차이를 완전하게 수용 • 집단을 하나의 개체로 보기 • 집단목적에 대한 명확화 • 안전, 소속의 감정, '우리'의 감정 • 서로 다른 역할 • 집단이 스스로 방향 잡기 • 인지적인 부분에 집중해서 다루기 • 목적지향 행동 • 개인의 목적달성을 위해 집단 밖에서 일하기 • 성원들이 역량강화를 느낌 • 개방적, 자발적 의사소통, 자기직면	• 목적의 달성과 기술 교환에 대해 강조 • 집단의 자치의 지원 • 응집을 강화하는 행도 촉진 • 지원과 직면을 조화롭게 제공 • 통찰을 행동으로 변화하여 격려 • 공통주제를 해석하고 탐색 • 주제를 보편화하기 • 문제에 대해 깊은 수준의 탐색 격려 • 목적과 과업완수의 재검토 • 개인과 집단의 성장자극 • 집단외부에서 새로운 행동을 적용하는 것 지원
종결단계	• 검토와 평가 • 집단외부에서 출구 개발 • 안정화와 일반화 • 미래에 대한 계획 • 개인적, 집단적 성장 인정 • 이별에 대한 슬픔과 분노 • 두려움, 희망, 개인이나 다른 사람에 대한 분노 표현 • 부인과 퇴행 • 분리, 거리를 두게 됨 • 강한 상호작용 감소 • 집단 외부에서 어떻게 계속할 것인지 계획 • 재구성, 추후모임에 대한 이야기	• 이별준비 • 종결에 대한 평가와 감정을 가능하게 하기 • 개인과 집단 과정에 대해 검토 • 개인의 에너지를 집단으로부터 자신의 과정으로 전환하기 • 개인간에 분리를 가능하게 하기 • 해결하지 못한 과제에 대한 해결 독려 • 개인이 만든 변화 강화 • 평가도구 사용

헨리는 이처럼 지도자가 다양한 역할을 하면서 중심에 위치하는 것은 갈등 · 불균형 단계(갈랜드, 존, 콜로드니 이론에 따르면 권력과 통제단계) 동안 계속된다고 주장한다. 집단이 유지 또는 기능단계(분화와 친밀단계)에 접어들면, 지도자는 촉진자 역할을 하면서 주변으로 물러난다. 집단이 자신을 통제할 능력을 획득하면 지도자는 중심역할보다 자원을 제공하는 역할을 수행한다. 헨리는 이때 지도자가 집단체계의 경계에 위치하게 될 것이라고 언급한다. "집단은 스스로 유지하고 내 · 외구조 모두 잘 진행하기 때문에, 집단 자체를 하나의 개체로 인식하고 집단 자체 방식으로 기능한다."

헨리는 집단이 종결단계로 접어들면 지도자는 각자 독립적인 과정을 시작하는 성원을 대신하여 다시 한번 중요한 역할과 중심 위치를 차지하게 된다고 주장하였다. 이 시기에 지도자 역할은 초기 발달단계로 퇴행하는 집단을 돕고 성공적으로 종결하도록 지원하는 것이다.

CHAPTER 12

지역사회대상 사회복지실천기술

1 지역사회대상 사회복지실천기술의 정의

1) 지역사회대상 사회복지실천기술의 개념

지역사회를 대상으로 하는 사회복지실천기술은 사회복지사가 지역사회를 이용자체계(대상체계)로 보고 지역사회의 욕구(needs), 문제(problem) 그리고 위험(risk)에 대해 지역주민의 조직화를 통하여 해결하도록 원조하는 전문적 활동을 말한다. 다시 말해서 지역사회를 대상으로 하는 사회복지실천기술은 지역주민 또는 집단의 욕구와 문제를 해결함으로써 지역주민의 삶의 질을 향상시키려는 모든 노력을 포함한다.

지역사회를 대상으로 하는 사회복지실천기술은 지역사회 내의 집단, 조직, 제도 그리고 사람들 관계의 행동적 유형과 이들 간의 상호작용을 바꾸기 위해서 실천기술을 적용하는 활동이다(Hardcastle, 1997). 또한 전문 혹은 비전문 인력이 지역사회 수준에 개입하여 지역사회에 존재하는 각종 제도에 영향을 주고, 지역사회의 문제를 예방하고 해결하고자 하는 일체의 사회적 노력을 의미한다. 따라서 지역사회복지는 개인복지나 가족복지보다 넓은 차원의 개념이며 아동복지, 청소년복지, 노인복지라는 대상층 중심의 복지활동보다 지역성이 뚜렷하다는 점에서 그 차이를 발견할 수 있다(최일섭 · 류진석, 2004).

따라서 지역사회를 대상으로 하는 사회복지실천기술은 지역주민들과 그 지역의 역량강화를 통하여 삶의 질을 개선하고 지역의 문제를 효과적으로 대처하고 해결하기 위한 사회복지의 전문적 개입방법이다. 또한 지역사회를 대상으로 하는 사회복지실천기술은 실천 활동의 지침이나 기술로서의 실천모델들을 가지는데 지역개발, 사회계획, 사회행동 등이다(이미선 외, 2015).

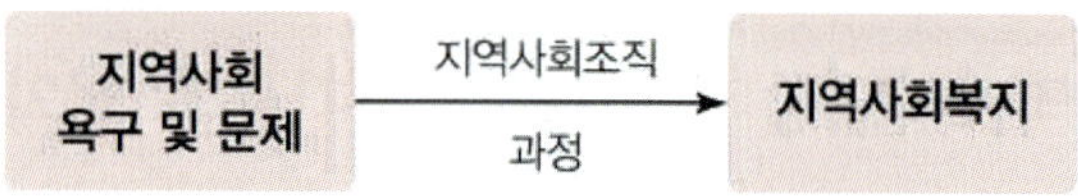

그림 12-1 지역사회복지실천기술의 도표
출처: 이미선 외(2015).

2) 지역사회분석 및 지역사회복지실천기술의 특징

(1) 지역사회분석

사회복지사는 자신이 속한 기관이나 지역사회에 대해서 잘 파악하고 있어야 한다. 특히 지역사회 전체를 개입대상으로 하는 경우에는 지역주민의 삶에 영향을 미치는 정치, 경제, 사회, 문화적 특성과 지역사회 주민의 욕구나 문제에 대한 파악이 매우 중요하다.

지역사회분석은 사회복지사로 하여금 지역사회 내부의 행동과 의사결정에 영향을 미치는 사회 · 경제 · 정치적 구조와 지역사회의 역사를 알게 함으로써 사회복지실천의 맥락을 이해할 수 있으며, 지역사회주민이나 이용자를 돕기 위해서 또는 지역사회에 필요한 새로운 프로그램을 개발하는 데 필요한 정보와 현존하는 자원에 대한 정보를 알게 한다. 지역사회분석은 새로운 정보가 나타날 때마다 이루어져야 하지만, 특히 새로운 지역사회에서 일을 시작할 때에는 해당 지역사회에 대한 조사와 분석을 실시하는 것이 바람직하다(설진화, 2016).

워렌(Warren, 1978)은 4단계로 지역사회분석틀을 설정하였다. 분석틀은 다음과 같다.

① 1단계: 목표 집단 파악

- 목표 집단의 특성과 그들의 지역사회에 대한 인식을 이해한다.

② 2단계: 지역사회규모의 결정

- 개입을 통하여 변화시켜야 할 지역사회의 지리적 경계를 파악한다.
- 목표 집단에 영향을 주는 문제에 대한 자료를 수집하여 프로파일을 만든다.
- 목표 집단에 영향을 주는 가치, 전통, 신념, 가치갈등 등을 관찰하고 이해한다.

③ 3단계: 차이점 인식

- 목표 집단이 다른 집단과 어떠한 차이점이 있는지, 그 차이점으로 억압받았는지 등 공식적·비공식적으로 억압받아 온 방식을 파악하고 이해한다.
- 목표 집단이 지역사회에 적응하지 못하는 이유는 무엇인지, 목표 집단이 차별받고 억압받아 온 증거를 수집한다.

④ 4단계: 구조파악

- 목표 집단의 욕구를 충족시키기 위한 권한이 어디에 있는지 파악한다.
- 목표 집단의 목표를 충족시킬 수 있는 자원을 파악한다.

- 목표 집단에 대해서 어느 단체가 도움을 주고 옹호하는가, 자원의 분배과정과 유형은 어떠하며, 외부의 힘에 영향을 받는가 등 목표 집단에 대한 서비스 전달체계와 유형, 자원의 분배과정과 유형을 파악한다.

(2) 지역사회대상 사회복지실천기술의 특징

지역사회를 대상으로 하는 사회복지실천기술 체계는 주로 서비스 이용자(user) 또는 이용자 상황의 사회적 측면에 초점을 두고 적용된다. 즉, 기술체계는 서비스 이용자들을 새롭고 보다 기능적인 상태로 움직이기 위해 변화되어야 할 필요가 있는 지역사회 및 환경적 요소들을 주된 표적으로 하여 적용되어야 한다. 따라서 지역사회 주민 개개인의 행복에 초점을 두기 위한 사회복지실천기술 체계의 특징을 살펴보면 다음과 같다.

첫째, 지역사회주민의 공통 욕구와 문제이다. 사회복지사는 전체 지역사회주민이 갖는 공통된 욕구와 문제, 즉 주민의 공동 관심사를 해결하기 위해 개입한다. 그러므로 사회복지사는 지역사회의 여러 욕구 · 문제와 동원 가능한 자원을 파악하여 욕구와 문제의 우선순위에 따라 개입계획을 세워 활동한다.

둘째, 지역사회 주민의 조직화이다. 지역사회의 욕구와 문제는 대체로 초기에 사회복지사가, 이후에는 주민이 주도하는 지역사회 주민의 조직화에 의해 해결된다. 이는 지역사회의 욕구를 지역사회 주민 스스로의 힘으로 해결하도록 사회복지사가 돕는다는 점을 의미한다.

셋째, 지역사회 자원이다. 개인 및 집단을 대상으로 하는 사회복지실천기술에서도 지역사회 자원을 동원하여 활용하지만, 특히 지역사회를 대상으로 하는 사회복지실천기술 체계는 대규모의 지역사회 자원을 동원해야 한다. 대표적인 지역사회 자원으로 사회복지 관련기관, 언론기관, 학교, 병원, 시민단체 등을 들 수 있다. 이들 지역사회 자원은 되도록 지역사회 안에서나 바로 인접한 지역사회에서 동원하는 것이 바람직하다(최옥채, 2017).

2 지역사회대상 사회복지실천모델

지역 주민들의 삶의 질 향상이라는 중요한 과제를 안고 있는 지역사회복지의 실천에 있어서 그동안 제시된 실천모델을 현장에서 활용하는 것은 사회문제를 적절하게 해결 · 예방하는 효과를 가져 올 수 있기 때문에 매우 중요하다.

지역사회복지실천 모델을 검토하는 것은 각 모델 간의 유용성과 문제점들을 파악할 수 있으며, 그 유용성을 보다 잘 활용하여 발전시키고 각 모델의 실천지침이나 기술을 보다 정교하게 하여 지역사회복지실천을 더욱 다양하고 풍성하게 하는 데 그 의의가 있다. 또한 지역사회복지에서 해결해야 할 다양한 생활문제에 대한 접근을 가능하게 한다.

선행연구에서 제시하고 있는 지역사회복지실천 모델은 로스만(Rothman), 테일러(Taylor)와 로버츠(Roberts), 와일(Weil)과 갬블(Gamble) 등이 있다. 이 모델의 유형들을 간단히 살펴보면 다음과 같다.

1) 로스만의 모델

로스만은 지역사회의 문제에 개입하는 방식을 세 가지로 나누고, 이들의 특징을 몇 가지 기준에 따라 정리하여 제시하고 있는데, 이는 지역사회복지실천모델의 가장 전형적인 것이다. 이러한 세 가지의 모델, 즉 지역사회개발모델(모델 A)은 지역 수준에서 광범위한 주민들의 참여를 통해 지역의 변화를 시도하는 데 중점이 주어지고, 사회계획모델(모델 B)

은 전문가에 의한 사회 환경의 변화를 강조하며, 사회행동모델(모델 C)은 사회적으로 소외받는 특정 집단을 위한 사회행동을 강조한다(남진열 외, 2014).

(1) 지역사회개발모델

지역사회개발모델(community development)은 자조기반에 근거하여 지역사회문제해결을 위한 지역사회능력과 사회통합이라는 과정목표를 통해 지역사회를 새롭게 만드는 데 초점을 두고 있으며, 지역사회의 문제나 욕구를 다룰 때 주민들의 자조(self-help) 정신을 강조하는 형태이다. 따라서 주민들이 문제를 스스로 해결할 수 있는 능력을 강화시켜 주는 데 역점을 두고, 문제의 파악 및 해결과정에 있어 지역사회 수준에서 광범위한 지역주민들의 참여를 통하여 지역사회의 변화를 시도해 보려는 것이다.

(2) 사회계획모델

사회계획모델(social planning)은 지역사회 내의 사회문제, 즉 보건, 주택, 고용, 오락, 비행과 같은 제 문제를 해결하고자 하는 기술적 과정과 합리적인 면을 강조한다. 이러한 지역사회의 문제들은 그 규모나 복잡성 때문에 문제해결을 지역사회의 주민에 의한 민주적 과정에만 맡길 수 없는 문제들이다. 이러한 문제들은 일반대중에게는 얻을 수 없는 전문적 지식을 갖춘 활동가에 의해 연구되고 해결이 시도된다.

(3) 사회행동모델

사회행동모델(social action)은 지역사회의 불우한 처지에 처한 주민들이 사회정의와 민주주의에 입각해 보다 많은 자원과 향상된 처우를 그 지역사회에 요구하는 행동을 말한다. 이에 참여하는 사회복지사들은 지역사회의 기존제도(복지 · 보건 · 교육 · 취업 · 문화 · 가치관 등)와 현실에 대한 근본적 변화를 추구하여야 한다. 지역사회 조직가들은 권력 · 자원 · 지역사회 정책결정의 역할 등에서 재분배를 추구하며, 공공기관의 기본정책에 대한 변화를 추구한다(Rubin & Rubin, 2001).

2) 테일러와 로버츠 모델

테일러(Taylor)와 로버츠(Roberts)는 로스만의 기본 3가지 모델을 기본으로 하고 2가지 모델을 새로 추가하여 후원자와 이용자가 어느 정도의 결정권한이 있는지에 따라 지역사회개발모델, 프로그램 개발 및 조정모델, 계획모델, 지역사회연계모델, 정치적 권력강화모델 등의 5가지 모델을 제시하였다.

(1) 지역사회개발모델

지역사회개발모델(community development model)은 시민참여에 기반을 두고 지역사회개발을 추구하는 모델로 이용자에게 거의 대부분 결정권한이 있는 이용자중심모델이다. 이 모델의 핵심은 지역사회주민과 지역사회를 성장하게 하는 것이기 때문에 사회복지사의 역할은 주로 조력자의 역할로 지역사회주민으로 하여금 문제해결과정에 참여하도록 하는 것이다.

(2) 프로그램 개발 및 조정모델

프로그램 개발 및 조정모델(program development and coordination model)은 어떤 특정 목적을 이끌어 내는 과정에서 변화를 위한 실질적 힘을 발현시킬 수 있는 모델로 변화과정에서 이용자의 직접적 참여를 허용하기보다는 후견인이 완전히 100%의 영향력을 행사할 수 있는 후원자중심의 모델이라고 할 수 있다. 각 지역의 사회복지공동모금회 등이 대표적 모델이다.

(3) 계획모델

계획모델(planning model)은 로스만의 사회계획모델을 인간지향적인 측면을 강조하도록 수정한 것으로, 지역사회문제해결에 있어서 전문적 지식과 기술을 가진 전문가가 합리성과 전문성에 기초하여 효율적이고 효과적으로 변화를 유도하는 모델이다. 특히, 계획에 있어 사람들과의 상호교류적인 노력을 강조하고 보다 옹호적이며 진보적인 정치적 접근을 포함하고 있다.

(4) 지역사회연계모델

지역사회연계모델(community liaison model)은 로스만의 모델에는 포함되어 있지 않은 것으로 사회복지기관의 일선 스태프나 행정가들에 의해 수행되는 기능을 중심으로 설명된다. 지역사회의 문제해결을 위해 지역사회에서 다양한 연계노력을 전개해 나가는 모델로 이용자의 요구와 후원자의 영향력이 동등하게 반씩 적용될 수 있는 모델이다.

(5) 정치적 권력강화모델

정치적 권력강화모델(political empowerment model)은 로스만의 사회행동모델과 밀접히 관련된 것으로, 갈등이론과 다원주의 사회에서의 다양한 이익집단의 경쟁원리에 기초하고 있다. 의도된 시민참여에 의한 정치적 권력강화에 초점을 두고 지역사회에서 자기 권리를 인정받지 못하는 구성원을 지지하여 그들 스스로가 자기 권리를 찾고 확대시켜 나가도록 하는 모델이다.

3) 와일과 갬블의 모델

와일(Weil)과 갬블(Gamble)은 로스만의 모델 및 테일러와 로버츠의 모델을 토대로 하면서, 최근의 변화를 적극적으로 반영하여 근린지역의 지역사회조직, 기능적 지역사회조직, 지역사회의 사회경제개발, 사회계획, 프로그램 개발과 지역사회 연계, 정치사회적인 행동, 연합, 사회운동 등 8가지 모델로 구분하고 있다. 구체적으로 살펴보면 다음과 같다.

(1) 근린지역의 지역사회조직

근린지역의 지역사회조직(neighborhood and community organizing) 모델에서 지역사회조직 실천은 지리적인 의미의 근접성과 그 지역사회에서 해결하고자 하는 현안 문제에 초점을 둔다. 비록 하나의 특정 이슈와 사건을 계기로 지리적인 의미의 지역사회조직이 만들어지더라도, 대부분 지역사회의 사회적 · 정치적 · 환경적인 이슈를 취급하게 된다.

(2) 기능적 지역사회조직

기능적 지역사회조직(functional community organizing) 모델에서는 지리적인 접근성보다는 특정 집단의 권익을 추구하는 공동체를 의미한다. 이 조직의 구성원은 지리적으로 가까운 거리에 거주할 수도 있고 그렇지 않을 수도 있다. 중요한 것은 각 조직이 선택한 현안 이슈에 대한 옹호, 정책, 사람들의 태도를 변화시키는 데 초점을 두고 활동한다.

(3) 지역사회의 사회경제개발

지역사회의 사회경제개발(community social and economic development) 모델은 저소득과 불이익 계층의 효과성을 제고시키기 위해서는 경제 개발과 사회 개발이 동시에 이루어져야 한다는 인식을 전제하고 있다.

(4) 사회계획

사회계획(social planning) 모델은 객관성과 합리성에 기반을 두고 지역사회의 문제를 해결하려는 모델이다. 이 모델은 전문가의 지식 및 기술 그리고 객관적 조사와 자료 분석 등을 기초로 하여 합리적으로 지역사회문제를 해결하고자 하는 노력을 중심으로 한다.

(5) 프로그램 개발과 지역사회 연계

프로그램 개발과 지역사회 연계(program development and community liaison) 모델은 지역사회의 욕구에 신속히 대처하기 위한 신규 서비스의 창출, 기관 프로그램의 확대 또는 방향 재설정을 주목적으로 한다. 즉, 지역의 욕구에 맞춰 보다 나은 서비스 또는 새로운 서비스를 디자인하고 실행하면서 지역사회 욕구를 보다 효과적으로 충족시키는 것이다.

(6) 정치 · 사회행동

정치 · 사회행동(political and social action) 모델은 기회가 제한되는 불평등에 도전하고 지역사회 욕구를 무시하는 정책 결정에 대응하며 부당한 결정에 맞서 싸우고 지역주민들로 하여금 자신의 능력에 대한 믿음을 강화시켜 부당한 조건을 변화시키는 것이 목적이다.

(7) 연합

연합(coalitions) 모델은 독립된 조직들로 하여금 공동의 목표로 설정한 사회변화를 위해 함께 일하도록 만드는 것이다. 이 모델의 목적은 사회복지 프로그램의 방향에 영향을 미칠 정도로 거대하고 필요한 자원을 동원할 수 있는 잠재력을 가진 다중조직적인 힘의 기반을 구축하여 지역사회에서 집합적으로 문제를 해결하는 것이다.

(8) 사회운동

사회운동(social movements) 모델은 지역사회의 특징 인구집단이나 복지 관련 현안문제 등과 관련하여 지역사회구성원들과 다양한 형태의 지역사회 조직체에서 새로운 패러다임을 제공함으로써 사회변화를 이루고자 하는 모델이다(강철희 · 정무성, 2013).

표 12-1 지역사회복지실천 모델 비교

구분 / 학자	개발모델	조직화모델	계획모델	사회변화모델
로스만	• 지역사회개발	-	• 사회계획	• 사회행동
테일러 · 로버츠	• 지역사회개발 • 프로그램개발 · 조정	-	• 계획 • 지역사회연계	• 정치적 권력강화
와일 · 갬블	• 지역사회의 사회경제개발	• 근린지역의 지역사회조직 • 기능적인 지역사회조직	• 프로그램 개발과 지역사회연계 • 사회계획	• 정치 · 사회행동 • 연합 • 사회운동

출처: 길귀숙 외(2015). 사회복지실천기술론. p. 278.

3 지역사회대상 사회복지실천 개입과정

지역사회대상 사회복지실천 개입과정은 지역사회 욕구 및 문제해결을 위한 목적 및 목표 달성을 위해 과학적인 지식과 기술을 토대로 합리적·체계적이고 의도적인 접근과정이며 그 지역의 실정과 특성에 맞는 적합한 개입과정이 필요하다.

학자들마다 지역사회복지의 문제해결과정이 다르지만 공통적인 내용을 보면 첫째, 문제발견 및 분석, 둘째, 정책 및 프로그램 개발, 셋째, 프로그램의 실천, 넷째, 평가의 4단계로 제시할 수 있다.

1) 문제발견 및 분석

지역사회의 충족되지 않은 욕구나 문제를 찾아내는 일이다. 문제를 어떻게 이해하고 개념화하는가에 따라 이를 해결하기 위한 정책수립의 구상이 달라지며, 구체적인 해결방안과 실천전략에 영향을 미치게 된다. 따라서 실천과정에서 과거의 노력과 문제에 대한 외부인 및 기관들의 견해를 파악하고, 문제의 성격·소재·범위·정도 등에 관한 분명한 규정이 있어야 한다. 이를 기반으로 문제해결과 관련된 목표를 설정하고 목표의 우선순위를 결정하게 된다.

전문 사회복지사의 문제분석에 따른 작업은 오로지 가치관에 의해서만 결정될 수는 없고, 사회문제와 관련된 객관적인 자료를 수집하고 분석하는 것이 필요하다. 이때 사회복지사가 고려해야 할 점은 문제와 관련된 특수집단과 지역에 대한 특성을 기술한 통계 자료, 실태조사보고서 등을 분석하고, 특정 사회문제와 관련된 사회과학의 이론을 활용해야 한다.

여기서 우리는 사회문제라는 것이 본래 '가치 판단(value judgement)'에 의해 지배되며, 집단에 따라 그 규정이 다르다는 사실에 주목할 필요가 있다. 따라서 사회복지사는 문제를 규정하고 분석할 때 다음과 같이 면밀한 배려를 하지 않으면 안 된다(최일섭 · 이현주, 2006).

첫째, 누가 주어진 문제를 '문제(problem)'로 보며 누가 그렇지 않은가이다. 특정 사회 문제의 존속으로 이익을 보는 집단과 계층이 있기 때문이다.

둘째, 사회의 어떤 가치관과 제도가 문제를 파생시키며 존속시키고 있는가이다. 기능주의 학자들의 관점에 따르면, 모든 사회문제는 해당 사회가 바람직한 가치관과 제도로서 소중히 여기는 바로 그 가치관과 제도로서 파생된다.

셋째, 특정 사회문제에 대해 사회의 지배계층이 어떻게 생각하고 있는가이다. 여기서 지배계층이란 정치인 · 기업인 등 문제해결에 필요한 자원을 통제할 수 있고, 정책을 결정할 힘을 가지고 있는 계층을 말한다.

넷째, 사회문제에 대해서 사회복지사가 속해 있는 기관이나 단체가 갖고 있는 견해를 분석할 필요가 있다. 왜냐하면 사회복지사가 공적기관 또는 민간단체에 속해 있느냐, 그리고 민간단체의 경우에도 대표자나 이사회의 구성에 따라 상당한 차이가 있을 수 있기 때문이다.

다섯째, 사회문제에 관해 전문 분야에서 갖는 견해와 가치에 대해서 분석할 필요가 있다. 동일한 사회문제에 대해서도 전문 분야에 따라 견해가 상이하며, 동일 전문 분야의 경우에도 그 분야가 활동하고 있는 사회적 상황과 시대에 따라서 차이가 있을 수 있기 때문이다.

또한 사회문제는 구체적인 해결 방안을 찾기 위한 실제적인 조치를 취하기 위한 것이므로 좀 더 구체적으로 조작화(operationalization)될 필요가 있다. 사회문제를 조작화한다는 것은 그 개념을 측정할 수 있고 실천할 수 있으며 평가할 수 있도록 구체화하는 것을 말한다.

2) 정책 및 프로그램 개발

지역사회 주민의 욕구와 지역사회문제를 분석하여 문제해결에 필요한 정책을 수립하고 이를 실천하기 위한 프로그램을 개발하는 단계이다. 정책을 수립하는 것은 여러 가지 해결방안 중에서 가장 효과적이고 효율적인 정책을 선택하는 것이다.

정책을 수립하는 과정은 다양한 해결대안들 가운데 가장 효과적이고 효율적인 방안을 찾아내는 과정이다. 정책을 수립할 때 고려해야 할 요건으로 이념(ideology), 실현가능성(feasibility), 합리성(rationality) 등을 강조하고 있다. 그러나 그것만으로는 정책과 계획의 구체적인 내용이 드러나지 않는다. 기본계획에는 사업의 목적, 프로그램, 서비스, 활동 및 조치, 조직구조와 요원, 시행지역, 수행의 시간적 절차, 방법, 예산, 기준 등이 포괄적으로 적시되어야 한다. 특히 프로그램의 개발과 관련해서는 보다 구체적으로 사용한 자원을 효과적이며, 효율적으로 동원해야 할 방법이 전략적으로 그리고 전술적으로 모색되어야 한다.

정책수립이 목표 지향적인 광범위한 내용을 설정하는 것이라면, 프로그램 개발은 정책을 실천하기 위한 구체적 조치들을 명시하는 것이다. 프로그램 개발과정에서는 업무의 내용(활동내용, 순서, 전달체계 등), 자원(활동을 전개하는 데 필요한 자원의 내용과 동원방법 등), 가능성(목표달성을 위해 필요한 변화, 변화전략 등)을 고려한다(조흥식 외, 2015).

3) 프로그램의 실천

프로그램의 실천은 정책목표를 달성하기 위해서 행하게 되는 일련의 활동을 말한다. 활동의 내용과 형태는 문제의 성격에 따라 무한정한 것이기 때문에 일률적으로 논할 수 없으나 크게 두 가지 범주, 즉 '체제유지적(과정중심) 활동'과 '과업중심적 활동'으로 나눌 수 있다. 체제유지적 활동이란 이용자 집단이 문제를 스스로 해결할 수 있도록 능력을 배양해 주는 활동을 말하며, 과업중심적 활동이란 이용자 집단이 필요로 하는 서비스를 직접적으로 제공해 주는 활동을 말한다.

지역사회의 욕구는 고정불변의 것이 아니므로, 프로그램을 실천하는 과정에서 새로운 문제가 발생될 수 있으며, 이 경우 원래의 계획을 수정해야 할 필요가 생긴다. 이러한 문제는 사업 외부적인 요인(홍수 · 가뭄 등 천재 발생 등)에서 발생할 수도 있고, 사업의 행동 체계 내의 변화(관계 기관 비협조 등) 등에서 비롯될 수도 있다. 극단적인 상황에서는 사업계획 자체가 백지화할 경우도 있고, 계획에 대폭적인 수정을 가해야 할 경우도 발생할 수 있다. 따라서 사회복지사는 계획의 단계에서 변화를 예측할 수 있는 통찰력이 있어야 하고, 변화가 발생했을 때 즉각적으로 대처할 수 있는 능력과 기술이 있어야 한다(최일섭 · 이현주, 2006).

4) 평가

문제해결과정의 마지막 단계인 평가는 두 가지 목적을 갖는다. 하나는 프로그램의 실천과정에서 수집된 정보를 입수해서 실천에 반영하여 실천궤도를 수정하는 경우이다. 이때의 평가는 문제해결과정의 마지막 단계라 볼 수 없고 문제설정 · 목표수립 · 프로그램의 개발 · 프로그램의 실천이라는 전 과정에 영향을 주는 계속적 활동이라고 보는 것이 타당하다.

평가의 두 번째 목적은 문제해결 전 과정의 결과와 최종 산출을 평가하는 것이다. 이러한 평가는 일반적으로 프로그램을 통해 성취하고자 하는 목표가 어느 정도 달성되었는지, 전략과 전술의 효과는 어떠했는지 등 프로그램의 효과성과 영향을 측정하게 된다(최일섭 · 류진석, 2004). 이처럼 평가는 결과 · 효과에 따라 프로그램을 계속할 것인가, 중단할 것인가, 수정 · 보완할 것인가를 결정하는 중요한 요인이 된다.

4 지역사회대상 사회복지실천 개입기술

지역사회대상 사회복지실천의 개입기술은 매우 다양하다. 이 절에서는 다양한 개입기술 중에서 공통적으로 활용할 수 있는 개입기술로 조직화, 자원동원과 개발, 임파워먼트, 사회행동, 옹호, 네트워크 및 서비스 통합 등을 살펴보고자 한다.

1) 조직화

조직화(organizing)는 지역사회복지실천에서 가장 기본적인 기술로서 지역사회의 문제를 해결하기 위해 지역주민들의 역량을 결집시켜 문제해결능력을 향상시킴으로써 사회변화를 추구하는 것이다. 지역사회조직화는 지역사회 문제를 해결하는 실천 활동으로 주민들은 이 과정에 참여함으로써, 잠재력 발휘와 공동체의식을 고양하고 자신들이 직면한 문제를 해결할 수 있는 힘을 길러 나가는 것이다. 즉, 지역사회 조직화는 지역주민들을 세력화하고 주민조직을 만들어 지역사회발전에 지속적으로 함께 일할 수 있도록 하는 것이라고 정의할 수 있다.

조직화의 원칙은 효과적인 조직화를 이루기 위해서는 다음과 같은 원칙들에 유의할 필요가 있다(김종일, 2012).

① 사적 이익에 대한 관심을 조직화에 활용하라.
② 조직화는 동적인 과정이다.
③ 갈등과 대결에 익숙해지는 법을 배워야 한다.
④ 이슈는 명확해야 한다.

조직화의 주요 내용은 사람과 자원을 끌어 모으고(동원), 모인 사람이 조직의 목표와 방법을 논의하여, 조직을 이끌 사람들을 찾아내는 일 등을 말한다.

(1) 동원

조직에 헌신적인 소수의 인물을 찾아내는 것은 쉽지 않지만 우선 동원작업은 지역사회에서 활동하고 있는 기존조직의 구성원을 접촉하는 것으로부터 시작된다. 어떠한 형태의 조직이든 상관없이, 조직 활동을 이미 하고 있는 사람들일수록 사회운동에 적극적일 가능성이 높기 때문이다. 동원을 위해 사람을 접촉할 때에는 그 접촉이 개별적(personal)이고 직접적인 것이 되도록 노력해야 한다.

(2) 회의

조직의 일상적인 운영은 회의를 통해 이루어진다. 조금 단순하게 표현할 때 조직은 결국 회의라고 할 수 있을 정도로 회의는 조직의 성패에 중대한 영향을 미친다. 그렇다면 조직을 성공으로 이끄는 양질의 회의는 과연 어떠한 것일까? 좋은 회의는 철저한 준비와 계획이 있어야 하며, 원활한 회의진행과 관리, 합리적 의사결정, 회의 참가자 모두에게 공정한 참여기회의 실제적 보장, 부득이한 경우를 제외한 정시 회의마감 등의 특색을 지닌다. 다시 말해서 좋은 회의는 민주적이면서도 생산적이어야 한다.

(3) 리더십 개발

리더십이란 특정 집단으로 하여금 리더와 추종자가 공유하는 목적을 추구하도록 설득하고 모범을 보이는 과정이라고 정의할 수 있다. 그리고 조직의 성패는 바로 이 리더십에 의해 결정된다고 해도 지나치지 않다. 여기서 간과해서 안 될 점은 특정인의 리더십에 의존하는 조직은

'지속가능한' 조직이 되기 어렵다는 사실이다. 특히 지역사회복지실천처럼 다양한 사람과 문제를 다루는 상황에서는 특히 더욱 그러하다. 리더십 개발이 중요한 것은 바로 이런 이유 때문이다(김종일, 2012).

2) 자원동원과 개발

자원(resources)이란 사회복지실천 활동에서 이용자의 변화나 그들의 생활을 향상시키는 데 유용하게 사용할 수 있는 인력, 물질, 조직, 정보 등으로, 지역사회 문제의 성격이나 개입방법과 상관없이 필수적인 기술이라고 할 수 있다.

지역사회에서 동원할 수 있는 자원은 인적자원, 물적자원, 제도자원, 정보자원 등 다양하다(김수진 외, 2012). 인적자원은 사회복지 전문 인력 등 공공 인적자원과 민간 복지시설에 종사하는 사회복지사, 자원봉사자 등 민간자원으로 구분되며, 물적자원은 설비, 건물, 기자재, 후원금품 등을 뜻한다. 그리고 제도자원에는 사회복지와 관련된 정책, 법, 행정 체계 등이, 정보자원에는 국내와 국외에서 제공되는 정보들이 있다. 구체적으로 살펴보면 다음과 같다.

(1) 인적자원

인적자원은 전문 인력과 비전문 인력으로 나눌 수 있다. 전문 인력은 사회복지전담공무원과 사회복지사 등을 의미하며, 최근 들어 사회복지 분야에서 고도의 전문화가 요청되면서 전문 인력의 동원과 관리가 중요해지고 있다. 비전문 인력은 주로 자원봉사자들을 의미하는데, 외적자원을 활성화시켜 다양한 분야의 자원봉사 활동에 주민을 참여시켜야 한다. 생활시설에서 이용자들의 서비스 제공, 기금 모집을 위한 캠페인 참여, 기관에서 실시하는 프로그램의 보조 등 많은 자원봉사 조직과 단체들의 활동이 있으나 단순한 수혜성 주민 참여에서 벗어나 효율적인 자원봉사 인력의 동원과 관리를 위한 유기적인 협조 체계를 이루는 것이 필요하다(최옥채, 2017).

(2) 물적자원

대부분의 사회복지기관은 비영리기관이기 때문에 조직의 운영이나 이용자에게 전달되어야 할 서비스 경비에 필요한 현금 및 물품을 자체적으로 생산하거나 조달하는 것은 매우 어렵다. 이러한 자원들은 사회복지사의 모금 또는 후원을 통해 혹은 사업제안서(proposal) 제출에 의해 자원을 확보하는 경우가 많다.

이러한 물적자원을 효과적으로 확보하기 위해서 사회복지사의 물적자원 확보를 위한 능력과 노력이 필요하다. 기부 능력이 있는 잠재적 기부자를 발굴하고, 명분이 있는 목적에 기부할 수 있도록 동기를 부여하고 기부자에게 기부 제공의 기회를 만들어 주어야 한다. 따라서 마케팅 전략이 필요하다. 마케팅 기술은 전략적인 계획과 시장조사, 욕구분석, 그리고 목표설정 등의 과정을 포함한다. 또한 홍보를 통하여 기관의 목적과 사업을 메스미디어를 통하여 적극적으로 알리고 기관의 신뢰성을 높여 필요한 자원의 확보를 촉진할 수 있다.

3) 임파워먼트(역량강화)

임파워먼트(empowerment)는 지역사회복지실천에서 개인의 내·외적 변화뿐만 아니라 집단경험을 통한 지역사회의 소속감 및 관심 증대, 정의롭고 균등한 사회를 구축하기 위한 지역사회 변화 및 정책 변화, 균등분배와 정책결정에서의 참여 등을 포괄하는 개념으로 정의할 수 있다. 특히 임파워먼트는 불평등하고 형평성이 결여된 사회와 억압받고 짓눌린 개인의 변화를 도모하기 위해 박탈당했거나 상실한 권리, 기회, 자원, 서비스를 되찾고 자신과 환경에 대한 통제력을 회복하는 것이라고 할 수 있다. 결과적으로 사회복지에서의 임파워먼트란 서비스 주체가 되는 이용자의 삶의 질이나 능력을 향상시키는 데에서 억압요소나 방해요소를 제거하기 위한 과정이며, 이용자의 잠재적 능력과 권한을 강화시켜 주는 과정이라고 할 수 있다.

지역사회의 임파워먼트를 높이기 위한 구체적인 방법은 다음과 같다(김종일, 2012).

① 의식제고(consciousness): 의식제고는 무력감을 느끼는 개인들을 한데 모아 문제의 원인이 자신들에게 있는 것이 아니라는 점을 알게 한다. 이러한 과정을 통하여 자신들을 억압하는 사회구조에 대해 비판적 의식을 갖추게 한다.

② 자기주장(self-assertion): 자기주장은 문제의 원인과 소재를 파악한 다음에는 공개적으로 자기의 목소리를 내어 자신의 주장을 전개해 나가는 것이 중요하다. 사회복지사는 이들이 공개적으로 자신의 주장을 전개하는 것에 대해 두려움을 갖거나 위축되지 않도록 도와준다.

③ 공공의제의 틀을 갖추기(framing the agenda): 공공의제의 틀을 갖추기는 쟁점이 공공의제(public agenda)가 될 수 있도록 쟁점을 정리하고 대중의 관심을 확보할 수 있도록 의제화한다. 이 과정에서 시위나 대중매체 캠페인은 대중들의 관심을 유도할 수 있는 좋은 수단이 된다.

④ 권력 키우기(building power): 권력 키우기는 자원동원과 조직화를 통해 주민들의 권력을 키우는 과정이다. 사람의 수, 열정, 법적 행동, 전문성, 힘의 위협 등은 중요한 힘의 원천이 된다.

⑤ 역량 건설(capacity building): 역량 건설은 이용자의 역량을 강화하기 위한 조직을 설립하고 자신들의 주장을 효과적으로 표명하기

위한 캠페인을 전개하는 과정을 포함한다. 이를 통해 목표 완수라는 성공을 이루고 무력감을 극복하도록 한다.

⑥ 사회자본의 창출(creating social capital): 사회 자본은 지역사회 구성원의 사회적 관계에 바탕을 둔 자원으로서 물리적 자본과는 상대적 개념이다. 이러한 사회 자본은 구성원 간의 협력과 연대감을 높이는 데 기여한다.

4) 사회행동

사회행동(social action)은 무력감을 극복하고 임파워먼트를 극대화하기 위해 지역사회 주민들이 펼치는 집합적 행동을 의미한다. 사회행동은 치밀한 계획에 따라 이루어져야 한다. 사회행동의 기술에는 일반적 전략, 정치적 압력 전술, 직접 행동, 법적 행동 등이 있다. 구체적으로 살펴보면 다음과 같다.

(1) 일반적 전략

일반적 전략에는 힘의 극대화와 정당성 확보 등이 있다. 힘의 극대화는 조직이 지닌 힘(권력)을 극대화하는 작업은 단순히 조직의 권력 자원을 증대시키는 것에 그치지 않는다. 그것은 상대방의 힘을 약화시키거나 우리에게 유리한 방향으로 이용하는 것까지 포함한다. 힘의 극대화는 상대방의 강점과 약점을 파악하는 것으로부터 시작된다. 지피지기(知彼知己)는 병법의 기본이기 때문이다. 힘을 극대화하기 위해서는 공격의 대상을 정확히 선정해야 하고, 강한 상대를 이길 수 있는 방법 가운데 하나는 상대방의 힘을 역이용하는 것이며, 상대방이 자신들의 가치와 규범을 제대로 지키지 않을 때 사회행동조직은 이것을 쟁점으로 삼아 상대방에게 타격을 가하는 방법 등이 있다.

정당성 확보는 조직 내부와 조직 외부 양쪽에서 모두 확보되어야 한다. 조직 내부의 정당성 확보는 조직 구성원의 가치를 적절히 반영할 때 이루어진다. 이것은 조직가들이 전술선택에서 자신의 가치와 선호를 구성원에게 일방적으로 강요해서는 안 된다는 의미이기도 하다. 또한 조직 외부의 정당성 확보는 대중의 승인을 받을 수 있는 전술을 사용하여야 한다. 특히 폭력의 사용은 금물이다.

(2) 정치적 압력 전술

사회행동의 상당 부분은 정치체계를 상대로 펼쳐진다. 정치체계는 극복의 대상이 되기고 하고, 목표를 이루기 위한 동반자가 되기도 한다. 이러한 정치체계에 영향력을 행사하기 위해서는 먼저 정부 구조, 정책형성과 입법 과정 등에 관한 충분한 지식과 정보를 갖추어야 한다.

정치체계에 영향력을 행사하는 방법에는 로비(lobbying) 활동과 직접참여의 두 가지가 있다. 로비 활동은 자신의 이익을 관철시키기 위해 정치인이나 관료를 설득하는 행위이고, 직접참여는 단순한 청원자로 머물지 않고 의사결정 과정에 직접참여하는 방법이다. 예를 들면, 선거에 출마하거나 공직을 담당하는 경우를 말한다.

(3) 직접 행동

직접 행동(direct action)은 로비 활동과 같은 온건하고 간접적인 방법이 효과를 거두지 못할 때 사용하는 대결 전술의 하나이다. 직접 행동은 문제를 가시화하는 데 큰 효과가 있다. 또한 직접 행동은 표적에 대해 직접적인 타격을 가하는 동시에, 사회행동조직의 내부적 결속력을 높일 수 있다. 그러나 직접 행동은 성공적인 자원동원을 전제로 할 뿐만 아니라 때로는 상당한 위험 부담을 감수해야 한다. 직접 행동의 유형에는 시위 전술, 교육 홍보 전술, 불평 전술, 경제 전술 등이 있다.

(4) 법적 행동

법적 행동(legal actions, litigation)은 사회행동조직의 정당성을 확실하게 높일 수 있는 방법으로 법적 행동은 크게 가처분과 소송으로 나눌 수 있다. 가처분은 추가적 사실을 수집할 때까지 상황을 악화시킬 가능성이 있는 행위를 중단시키는 법적 수단이다. 소송은 법원에 손해 배상을 청구하거나 잘못된 행위를 시정해 달라고 요구할 때 사용한다. 사회행동에서 자주 쓰이는 소송으로는 집단소송(class-action suits)과 정부기관을 대상으로 제기하는 행정소송 등이 있다.

5) 옹호

옹호(advocacy)는 지역사회복지실천기술에서 이용자의 이익을 지키고 대변하는 모든 활동으로 이용자가 권리를 갖고 있으며 그 권리의 보장은 법적으로 요구할 수 있는 것이라는 가정에서 출발한다. 옹호란 이용자들의 이익 또는 권리를 위해 싸우거나, 대변하거나, 방어하는 활동을 말한다. 직접적 서비스 실천에서 옹호는 종종 이용자를 지지하고 대변하는 활동이기도 하고, 이용자가 스스로 대변하는 자기옹호가 이루어지기도 한다(감정기 외, 2015 재인용).

옹호의 유형으로는 자기 옹호, 정치적 옹호, 시스템 옹호, 미디어 옹호 등이 있다. 첫째, 자기 옹호(self-advocacy)는 옹호를 필요로 하는 사람이나 집단이 스스로 자신들을 옹호하는 활동을 말한다. 둘째, 정치적 옹호(political advocacy)는 공공 옹호(public advocacy)라고도 하는데, 주로 정책 영역을 대상으로 하는 옹호 활동을 말한다. 셋째, 시스템 옹호(systems advocacy)는 기존의 체제를 옹호한다는 뜻이 아니라, 시스템 옹호의 정확한 뜻은 옹호 활동의 표적이 시스템이라는 뜻이다. 여기서 시스템이란 정부기관, 의회, 대기업, 학교 등의 기존 사회제도를 총칭한다. 미디어 옹호(media advocacy)는 지역사회실천조직의 취지나 목표에 대한 대중의 지지를 얻기 위해 미디어를 사용하는 일체의 활동을 말한다.

6) 네트워크(연계) 및 서비스통합

네트워크(networking)는 사회에서 상호 간 서로 연결된 형태라 할 수 있으며, 사회 여러 점들 간의 연계체계 또는 연계형태를 가리키는 것이다. 또한 네트워크는 서비스의 중복을 방지하고 자원을 효율적으로 관리하기 위하여 정기적인 모임 및 회의를 통하여 서비스 계획을 공동으로 수립한 후 개별기관들이 각각 서비스를 제공하는 것으로 개별기관의 정체성은 유지하되 서비스 제공에 있어서 팀 접근(team approach)을 시도해 나가는 것을 말한다(박태영, 2014).

아울러, 서비스 통합(service integration)은 네트워크에서 궁극적으로 추구하는 것으로 활동의 통합, 즉 노력의 통합을 통해 문제해결의 효과성과 효율성을 높이는 것을 말한다. 서비스 통합은 효과적이고 효율적인 지역사회복지실천을 위해 매우 의미 있는 작업이다. 서비스 통합이 한편으로는 지역사회 프로그램과 조직들의 활동 조정으로서 의미를 가지기도 하고, 다른 한편으로는 지역사회에서 서비스들의 연계망을 형성하여 서비스들이 물리적으로 공존하게 하는 것으로서의 의미를 갖기도 하는 등 다양한 의미를 갖는다고 하였다(강철희 · 정무성, 2013).

PART IV

사회복지실천 기록 및 평가

CHAPTER 13 사회복지실천 기록

CHAPTER 14 사회복지실천 평가

CHAPTER

13 사회복지실천 기록

1 기록의 중요성 및 필요성

1) 기록의 중요성

기록은 사회복지실천과 사회복지행정에서 매우 중요한 부분으로, 사회복지사의 책임성과도 밀접한 관련이 있으며, 최근에는 전자문서의 활용과 기관에 대한 행정지도 등과 관련하여 기록의 중요성이 강조되고 있다. 기록은 클라이언트의 상황을 확인, 기술, 사정하고, 서비스의 목적과 활동을 비롯한 서비스전달 과정을 나타내며, 클라이언트에 대한 개입의 효과 여부를 평가하는 근거를 제공하며, 의사소통을 돕고 클라이언트와 사회복지사에게 환류를 제공하는 중요한 실무 도구로써 사용되고 있다.

따라서 사회복지사에게 있어 효과적인 기록 능력은 매우 중요한 역량이다. 또한 사회복지사가 전문적인 판단과 개입을 했는지, 개입의 과정과 결과가 적절한지 윤리적인 문제는 없는지 등 자신의 전문성을 입증할 수 있다는 면에서도 중요한 의미가 있다(김용환 외, 2018).

2) 기록의 필요성

기록은 사회복지사가 자신의 사례를 철저히 기록함으로써 개입과정 중에 순간적으로 요구되는 아이디어의 발상과 사례종결 이후 사례발표를 위한 기초자료로 활용하는 데 크게 도움이 되고 있다.

사회복지실천에서 책무성(accountability)에 대한 요구가 증가함에 따라 기관 자체의 이용은 물론 클라이언트와 가족, 다양한 관련 지역사회기관, 감독 및 기금조성을 위한 조직, 각종 공적인 집단에게 필요한 정보를 제공하는 데 기록이 많이 이용되고 있다. 따라서 사회복지사는 이러한 기록의 필요성을 인식하고 나아가 기록이 민 · 형사 등 법률적인 문제와 소송과정에서 필요시 이용될 수 있다는 점도 유념해야 한다. 캐글(Kagle, 1997)은 사회복지실천 기록의 필요성을 다음과 같이 설명하고 있다(김용환 외, 2018 재인용).

- 클라이언트의 욕구를 파악하고 개입하기 위한 기초 자료를 얻는다.
- 해당 기관의 수급자격을 입증할 문서로 활용한다.
- 클라이언트와 서비스에 관한 정보가 필요할 때 이용할 수 있도록 보존한다.
- 서비스를 전달하는 전문가들 간의 협조체계를 원활하게 해 준다.
- 담당 사회복지사가 부득이하게 바뀌는 경우, 기록을 보고 현재까지 진행한 서비스 과정을 알 수 있다.
- 사회복지사의 사고를 구조화하는 데 도움이 된다.
- 클라이언트와 사회복지사 간의 정보공유로 의사소통을 촉진시킨다.
- 슈퍼비전, 자문, 동료들의 피드백 등을 받을 수 있는 근거를 제공한다.
- 교육훈련과 연구조사 자료로 활용된다.
- 서비스 효과성과 효율성, 서비스 질을 평가하는 데 사용된다.
- 사회복지사와 사회복지기관이 행정절차 규정 등을 준수하는지 알려

준다.

- 실무와 행정상의 결정을 내려야 할 때, 정보를 제공한다.
- 전달된 서비스 비용을 청구하고 프로그램을 실시하기 위한 재원을 확보하는 데 사용된다.

2 기록의 목적 및 용도

사회복지실천에서 기록의 목적은 전문가로서의 책임성, 정보활용과 공유, 교육과 자료확보 등이다. 구체적인 목적은 다음과 같다(Kagle, 1997; 서혜숙 외, 2017; 사회복지교육연구센터, 2016).

1) 책임성

책임성은 기록의 일차적인 목적이다. 사회복지사는 기관과 지역사회, 그리고 클라이언트에 대해 법적이고 윤리적인 중요한 책임성을 가지고 있다. 자신이 제공하는 서비스와 개입에 대해 전문가로서 책무성이 있다.

2) 정보제공

기록은 클라이언트와 가족 그리고 고용주에게 정보를 제공한다. 특히 클라이언트의 알 권리를 위해 정보를 개방하고 공유하며, 치료적인 목적에 활용하기도 한다.

3) 개입이나 서비스 과정의 점검과 평가

기록을 통해 서비스나 개입이 어떻게 이루어지고 있는지 과정을 점검하고 개입이나 서비스가 효과적이었는지 평가하는 데 사용된다.

4) 클라이언트에 대한 이해증진

기록은 사회복지사가 클라이언트가 무엇을 원하는지 욕구를 파악하고 개입의 방향을 설정하는 데 도움을 받는다. 또한 클라이언트는 자신에 대한 기록을 보거나 기록과정에 참여함으로써 자신에 대한 이해를 높일 수 있다.

5) 지도감독 및 교육의 활성화

기록은 실천가들을 교육하고 지도 및 감독하는 데 이용된다. 또한 교육을 받는 학생이나 실습생 또는 초보 사회복지사들은 자신의 활동에 대해 점검하고 훈련을 받을 수 있는 기회가 된다. 한편 슈퍼바이저나 상급자는 직원들이 제공하는 서비스나 업무 내용을 파악하고 평가하며 지도·감독하는 데 기록을 활용한다.

6) 근거자료로 활용

기록은 기관 및 사회정책에 따르는 승인을 증명하는 데 이용되고, 서비스의 질을 관리하고 조사를 수행하는 데도 이용되며 연구를 위한 자료로 활용된다. 또한 재정을 마련하거나 기금을 조성하는 근거자료가 된다.

7) 효과적인 사례관리

클라이언트에게 제공되는 서비스나 개입 등이 기록됨으로써 클라이언트가 타 전문가에게 의뢰될 경우 서비스가 끊기지 않고 연결될 수 있으며, 서비스나 개입에 대해 문서화함으로써 서비스의 중복이나 누락을 막아 효과적으로 사례를 관리할 수 있다.

8) 다른 전문직과의 의사소통

기록은 기관 내 다른 동료 전문가나 다른 기관, 또는 다른 직종의 전문가와 의사소통을 위해서 기록된다. 원활한 의사소통은 협력을 원활하게 하기 때문에 팀 접근과 사례관리에 있어서 매우 유익하다.

9) 자료화

사회복지실천활동이 이루어지는 모든 내용을 자료로 남긴다.

3 기록에 포함되는 기본적인 내용

기록에 포함되는 기본적인 내용을 다음과 같다.

① 클라이언트에 대한 기본적인 정보: 나이, 연령, 성별, 직업, 교육수준 등

② 클라이트의 사회력

③ 개입의 필요성 및 서비스를 제공하는 이유

④ 사회복지사의 면접 및 사정내용

⑤ 서비스 제공 목적 및 계획
⑥ 서비스 과정
⑦ 종결 및 평가에 대한 내용
⑧ 사후관리 등

4 기록의 종류와 특성

기록의 형태에는 여러 가지가 있으며 새로운 실천방법이 등장할 때마다 변화해 왔다. 사회복지사는 자기가 소속된 기관이 요구하는 기록을 정확하고 효율적으로 유지하는 능력을 발전시켜야 한다. 다양한 기록 형태가 많이 있지만 여기서는 보편적으로 많이 사용되고 있는 과정기록, 요약기록, 이야기체기록, 문제중심기록을 중심으로 특징, 기록의 장단점, 기록 시 유의 사항에 대해 살펴보고자 한다(김용환 외, 2018; 사회복지교육연구센터, 2016).

1) 과정기록(process recording)

과정기록은 클라이언트와 면담한 내용, 클라이언트의 행동, 사회복지사가 관찰한 것과 판단한 것 등 클라이언트와 사회복지사 간의 상호작용을 모두 자세하게 기록하는 방법이다.

(1) 과정기록의 특징

① 사회복지사와 클라이언트 간에 있었던 일을 있는 그대로 기록하는 방식이다.

② 클라이언트가 실제로 말했던 것을 정확하게 상기할 수 있도록 그대로 기록하는 것이다.

③ 의사소통의 내용이나 비언어적인 표현까지도 포함된다(클라이언트의 표정, 몸짓, 사회복지사의 느낌이나 사고, 분석내용 등).

④ 클라이언트와 사회복지사와의 상호작용 과정을 면밀하게 분석하기 위해서 사용된다.

⑤ 대화체를 그대로 기록하는 직접 인용(표 13-1 참조)과 대화를 풀어서 기록 하는 간접 인용(표 13-2 참조)이 있다.

⑥ 최근에는 많이 사용하지 않으며, 교육 목적 등을 위해 부분적으로 활용한다.

⑦ 대화체를 그대로 기록하는 직접인용 과정기록과 대화를 풀어서 이야기체로 기록하는 간접인용 과정기록이 있다.

표 13-1 직접 인용기법을 사용한 과정기록(대화체)의 예

면담 내용	슈퍼바이저의 코멘트
• 사회복지사: 어서 오세요. 편찮으신 데 여기까지 와 주셔서 감사합니다. 많이 불편하시면 병실로 가서 이야기해도 되고, 여기 소파에 누우셔도 됩니다. 불편해 하지 마시고 편안하게 이야기하세요. • 오달자: 아니에요. 움직이는 것은 가능하고 가끔씩 운동도 할 겸 여기저기 돌아다니기도 해서 괜찮아요. • 사회복지사: 봉달희 간호사로부터 오달자 씨의 상황에 대한 이야기는 간단히 들었습니다만 구체적인 이야기를 좀 더 해주시면 도움이 될 것 같습니다. • 오달자: 봉달희 간호사의 이야기를 들어서 아시겠지만 제가 교통사고를 당해서 두 달이 넘도록 입원을 해야 한대요. 치료비는 보험회사에서 대준다고 하니까 별로 문제는 없는데, 아이들이 문제예요. 4살짜리 아들과 2살짜리 딸이 있는데, 유아원이나 어린이집에 안 다니거든요. 제가 데리고 있었는데, 제가 병원에 있으니 아이를 돌봐 줄 사람이 없어요. 그동안 이웃에서 좀 봐 주었는데, 아무래도 미안하고 그쪽 사정도 안 되고……. 그렇다고 아기 아빠가 볼 수 있는 것도 아니고요(눈물을 글썽임).	비밀보장이나 사생활 보호를 위해 사회복지기관 상담실에서 면담을 한 것은 좋지만 장시간 앉기 힘든 클라이언트를 위한 별도의 배려가 필요함

출처: 김용환 외(2018). 사회복지실천기술론 재인용.

표 13-2 간접 인용기법을 사용한 과정기록(이야기체)의 예

2007년 2월 4일
외과 간호사 봉달희가 의뢰한 클라이언트 오달자와 첫 면담을 했다. 불편한 상황에서 상담실로 와준 것에 대해 감사하다고 말하고 불편하면 병실로 가서 이야기를 나눠도 되고 소파에 누워도 된다고 알려주었다. 클라이언트는 가끔씩 운동 삼아 여기저기 돌아다니기도 한다면서 괜찮다고 했다. 클라이언트를 의뢰한 외과 간호사로부터 상황을 들었지만 구체적인 이야기를 직접 듣는 것이 좋겠다고 하자 클라이언트는 교통사고를 당해서 두 달이 넘도록 입원을 해야 한다고 말했다. 치료비는 보험회사에서 처리하지만 두 아이(4살, 2살)를 돌봐 줄 사람이 없다면서 걱정을 했다. 사고 이후 지금까지는 이웃집에서 봐주었지만, 매우 미안하기도 하고 이웃집에서도 사정상 계속 봐줄 수가 없다고 했다. 또한 클라이언트의 남편도 아이를 볼 수 있는 상황은 아니라고 하면서 눈물을 흘렸다.

출처: 김용환 외(2018). 사회복지실천기술론 재인용.

(2) 과정기록의 장점

① 슈퍼비전이나 교육적 도구로 매우 유용하다.

② 실무교습과 학습의 수단으로 사회복지교육에서 널리 사용된다.

③ 초보 사회복지사나 실습생 등이 자신의 활동에 대한 점검과 슈퍼비전 또는 자문을 받을 때 유용하다.

④ 클라이언트와의 교류를 준비하고 상기하고 기록하고 분석함으로써, 또한 과정기록에 대한 지도감독자의 비평에 반응함으로써 클라이언트와의 상호작용에 대한 이해를 높일 수 있다.

⑤ 어려운 사례를 다루거나 새로운 기술 등을 개발할 때 유용하다.

(3) 과정기록의 단점

① 서비스의 상호교류에서 실제로 일어났던 일에 대해 완벽하게 기록하는 것은 불가능하므로 정보가 불완전하며 왜곡될 수 있다. 이를 보완하기 위해서 녹음이나 비디오 녹화 등을 하기도 한다.

② 작성하는 데 시간과 비용이 너무 많이 소요되어 비효율적이다. 따라서 일반적으로 많이 사용되지 않으며 기록의 목적이나 사례 등에 따라 선택적으로 사용된다.
③ 면담이나 서비스 제공 등에 대해 사회복지사가 기억하는 능력에 따라 기록의 유용성이 좌우된다. 사회복지사가 많이, 정확하게 기억하면 좋은 기록이 되지만 반대의 경우 유용성이 떨어진다.

(4) 과정기록 시 유의사항

① 정직하게 기록해야 한다.
② 기록하는 데에 너무 집중해서 오히려 면담에 방해가 될 수 있다.
③ 내용을 생생하고 사실 그대로 기록하기 위해서는 면접 직후에 가능한 한 빨리 기록한다.
④ 과정기록 내용을 공식적으로 활용할 경우 클라이언트의 이름 등 개별적인 사항은 비밀로 해야 하며, 슈퍼바이저가 검토하고 승인 후 별도로 보관한다.

2) 요약기록

요약기록(summary recording)은 필요시 간략하게 핵심만을 요약, 기록하므로 대체적으로 사회복지사의 기록 업무량이 많은 사회복지기관에서 주로 사용되는 기록형태이다.

(1) 요약기록의 특징

① 사회복지기관에서 흔히 사용되는 기록형태이다.
② 기록의 내용은 기관에 따라서 달라지지만 일반적으로 개시일, 사회

력, 행동계획, 시간의 경과에 따라 변화된 상황, 개입활동, 중요한 정보 등이 포함되며 요약하여 기록한다.

③ 시간의 경과에 따라 일정한 간격(일주일 또는 한 달마다)을 정하여 기록하거나 특정행동이나 사실 등의 기록이 필요할 때 작성하거나 주제별로 조직화해서 기록한다.

④ 세부적인 면담내용을 제외하고 사회복지사가 제공한 것보다 클라이언트에게 일어난 변화에 주로 초점을 둔다.

⑤ 일시와 클라이언트에 대한 간단한 내용을 적은 후 서비스나 개입 내용, 클라이언트의 변화에 대해 짧게 요약한다.

(2) 요약기록의 장점

① 사례가 장기간 지속될 경우 유용하며, 매일매일 면담 내용을 적어두는 사례노트를 활용하여 시간에 따른 변화나 과정을 기록해두면 좋다.

② 전체 서비스과정을 고려하면서 쉽고 짧게 사용할 수 있다.

③ 면담의 모든 과정을 기록하는 것이 아니라 사회복지사가 중요하다고 판단한 것을 선택하여 기록할 수 있는 융통성이 있다.

(3) 요약기록의 단점

① 클라이언트의 언어적 표현이나 비언어적 표현 등이 사실적으로 전달되지 않을 수 있다.

② 클라이언트나 사회복지사의 생각이나 느낌이 잘 드러나지 않을 수 있다.

③ 선택적으로 기록하기 때문에 면담내용이 지나치게 단순화되어 초점이 분명하지 않을 수 있다.

(4) 요약기록 시 유의사항

① 복합적이고 개별화된 서비스에 대해서만 요약기록을 활용한다.

② 기록에 포함해야 할 내용에 대해 지침을 만든다.

③ 면담 후 가능한 즉시 기록해서 정확도와 신뢰도를 확보한다.

④ 장기 개입의 경우 요약기록 방법이 유용하므로 매일 면담내용을 기록할 수 있는 사례 노트[1])를 활용하여 시간에 따라 기록할 필요가 있다.

표 13-3 요약기록의 예(시간 흐름별로 구성)

2007년 2월 4일
외과 간호사 봉달희가 오달자를 의뢰했다. 오늘 첫 면담을 했는데, 오달자는 교통사고를 당해 2개월 이상 입원해야 하는 상태이다. 입원 기간 동안 4살 아들과 2살 딸아이를 돌봐 줄 사람이 없어서 걱정을 많이 하고 심리적으로 불안한 상태이다. 입원 기간 동안 자녀를 돌봐 줄 서비스나 정보에 대해 도움을 요청했다.
2007년 2월 11일
2회 면담을 하였다. 지난 일주일 동안 수집한 정보에 대해 전달했다. 클라이언트 거주 지역 근처에 있는 24시간 놀이방에서 아이들을 맡아 줄 수 있었다. 비용은 병원의 후원회에서 지원해 주기로 했다. 이 소식을 들은 오달자가 매우 기뻐했으며 아이들에 대한 미안함이 조금은 덜어졌다고 했다. 그 남편에 대한 불만이 많았었는지 남편과의 갈등, 시댁과의 마찰에 대해 이야기하면서 많이 울었으며 조만간 다시 만나서 이야기를 나누고 싶다고 하여 2월 14일에 3회 면담을 하기로 했다.

출처: 김용환 외(2018). 사회복지실천기술론 재인용.

1) 사례 노트는 사례가 진행되는 동안 시간에 따른 활동을 매일매일 간단히 적어 두는 것으로 특히 사례가 장기화되어 길어지는 경우에 유용하다.

표 13-4 사례 노트의 예

클라이언트: 오달자

면담 대상				면담 유형				일시	내용
클라이언트	남편	자녀	기타	전화	방문	이메일	기타		
○					○			2007.2.4	• 1회 면담 • 주된 문제 탐색 및 관계형성 (교통사고로 입원이 길어짐에 따라 어린 자녀를 돌봐 줄 서비스 및 정보를 제공받기 원함)
○					○			2007.2.11	• 2회 면담 • 클라이언트 거주지역 근처에 있는 24시간 놀이방에서 아이들을 맡아 줄 수 있고, 비용은 병원의 후원회에서 지원할 수 있음을 전달 • 3회 면담 약속: 2. 14.

3) 이야기체 기록

이야기체 기록(narrative recording)은 사회복지사가 클라이언트, 상황, 서비스에 대해 이야기를 풀어 가듯이 서술체로 기록하는 방법으로 특정 내용 요소들을 문서화하는 데 효과적이다.

(1) 이야기체 기록의 특징

사회복지실천 분야에서 보편적으로 활용하는 방법의 하나로서 이야기하듯이 서술해 나가는 기록형태이다.

① 면담내용 혹은 서비스 제공 과정에서 이야기한 것을 그대로 대화형태로 표현하는 것이 아니라 내용이 정리되어(재구성) 서술된다.

② 이야기체 기록은 일정한 틀이나 양식이 있지 않으므로, 즉 표준화나 구조화가 덜 되어 있기 때문에 총괄적인 기록이 가능하며 클라이언트의 상황, 서비스 교류의 특별한 특성들을 잘 나타낸다.

③ 클라이언트와 그 상황, 그리고 서비스가 갖는 나름의 특수한 본질을 개별적으로 반영할 수 있다.

④ 몇 가지 주제 등으로 제목을 정하면 문서가 훨씬 조직화된다.

⑤ 단점과 한계를 보완하기 위해서 사례 노트를 사용한다.

⑥ 중요하다고 판단되는 것을 모두 기록할 수 있는 융통성 때문에 널리 사용된다.

(2) 이야기체 기록의 장점

① 중요한 정보를 기재하고 그렇지 않은 것은 기재하지 않을 수 있으므로 기록에 융통성이 있다.

② 클라이언트의 상황, 서비스의 특수한 본질을 반영할 수 있는 점이다.

(3) 이야기체 기록의 단점

① 과정기록에 비해 시간이 덜 들지만 기록할 것과 하지 않을 것을 구분하고 재구성하기 때문에 역시 시간이 많이 소요된다.

② 기록자가 중요하게 생각하는 내용은 반영하고 그렇지 않은 내용은 누락될 수 있다는 점이다.

③ 이야기를 재구성하여 작성하므로 원래대로 정보를 복구하기 어렵고 지나치게 단순화될 수도 있고 초점이 흐려질 수도 있다.

④ 사회복지사 혹은 기록자가 재구성하여 작성하므로 기록자의 문장력에 따라 좋은 기록이 될 수도 있고 그렇지 않을 수도 있다.

⑤ 이외에도 기록의 양이 많아지면 원하는 정보를 찾기가 쉽지 않다. 따라서 제목을 달고 내용을 적어 나가는 것이 좋다.

(4) 이야기체 기록의 유의사항

① 복합적이고 개별화된 서비스에 대해서만 이야기체 기록을 활용한다. 단 서비스나 전형적인 일상 서비스는 구조화된 양식이나 체크리스트를 활용한다.

② 기록에 포함해야 할 내용과 그렇지 않은 내용에 대해 지침을 만든다.

③ 면담 후 가능한 즉시 기록해서 정확도와 신뢰도를 확보한다.

④ 장기 개입의 경우 이야기체 기록 방법이 유용하므로, 매일 면담 내용을 기록할 수 있는 사례 노트를 활용해 시간에 따라 기록하는 것도 좋은 방법이다. 이러한 방법을 이야기체 요약기록이라고 한다.

표 13-5 이야기체 기록의 예

클라이언트: 오달자 (30세, 여)
의뢰자: 외과 간호사 봉달희
의학적 상태: 교통사고로 전치 10주 진단받음

제시된 문제

- 클라이언트는 2007년 1월 25일에 교통사고를 당해 전치 10주의 진단을 받았다. 두 달 이상 입원을 해야 하는 상황에서 두 자녀를 돌봐 줄 사람이 없어서 많이 걱정하고 있고 심리적으로 불안한 상태이다. 입원 기간 동안 자녀를 돌보아 줄 서비스나 자원을 찾고 있었다. 겉으로 드러나지 않았으나 그 동안 남편과 시댁 문제로 스트레스를 심하게 받았으며 힘들어 했다. 시어머니가 남편에 대해 과도한 기대와 역할을 요구하고 있으며, 경제적으로 크게 의존 상태였다. 클라이언트는 시어머니가 간섭과 기대에서 벗어나지 못하면 부부 갈등 및 시댁과의 관계가 더 악화될 것에 위기의식을 느끼고 있다.

가족 사항

- 남편(박주몽, 35세, 회사원): 밤에 아이를 돌보고 있으나 회사에서 늦게 돌아오는 일이 많고 출근을 해야 하므로 아이를 더 이상 돌볼 수 없다.
- 아들(박문덕, 4세): 여동생을 잘 돌보고 놀아준다. 가끔 동생에 대해 질투를 하지만 큰 말썽은 부리지 않는다.
- 딸(박수정, 2세): 오빠와 달리 투정도 심하고 욕심도 많다. 엄마와 떨어져 지낸 적이 없었으므로 이웃이 봐주는 것에 대해 낯설어 하고 다소 경계를 보이고 있다.

개입 계획

면담일시 및 내용

- 1회(2007.2.4): 주 호소 문제 탐색(입원 기간 동안 자녀를 돌봐 줄 서비스 요청)
- 2회(2007.2.11): 정보 전달
- 3회(2007.2.13): 시댁과의 관계 및 문제에 대한 탐색

출처: 김용환 외(2018). 사회복지실천기술론 재인용.

4) 문제중심(문제 지향적)기록

문제중심기록(problem-oriented recording)은 현재 문제를 중심으로 문제 영역을 사정하고 목록화해서 각각 문제에 대해 무엇을 할 것인지 계획하고 그 진행 사항을 기록하므로 문제 지향적이다. 기록의 주요 목표가 문서화뿐만 아니라 정보교환에 있기 때문에 다른 전문직과 함께 일하는 현장에서 효과적이다.

(1) 문제중심기록의 특징

① 의료분야와 같은 다학문적 접근을 하는 영역에서 많이 사용되는 기록형태이지만 사회복지기관에서도 사용된다.

② 단순한 기록의 차원을 넘어 문제해결접근방법을 반영한다.

③ 문제를 목록화한다. 문제목록은 사례의 진행과정 초기에 확인된 문제를 나열하고 사례진행하면서 다른 문제들이 표면화될 때마다 새로운 문제가 추가된다. 각 문제에 체계적인 번호를 매겨 클라이언트의 문제유형을 쉽게 파악할 수 있도록 한다.

④ 문제목록은 사례계획과 개입의 초점을 제공하는 역할을 하며 개입의 책무성을 나타내는 문서의 기능을 한다.

⑤ 개입의 초점을 명확히 하며 효율성을 향상시킨다.

⑥ 문제중심기록은 흔히 SOAP의 형식을 사용한다.

(2) 문제중심기록의 구성

① 기초정보(데이터베이스 구축): 문제목록을 작성하기 위해 자료를 수집한다. 성, 연령, 결혼상태, 기능, 재정상태, 검사결과, 중요한 인물 등
② 문제 목록 작성: 문제를 규정하고 구체적인 문제목록을 작성한다.
③ 계획과 목표 설정: 규명된 문제와 관련된 계획과 목표를 수립한다.
④ 진행 및 결과 기록: 서비스 진행과정과 변화내용에 대해 문제목록에 기재된 번호에 따라서 SOAP방식으로 작성한다.

(3) SOAP방식 기록방법

① S(Subjective Information, 주관적 정보): 클라이언트나 가족으로부터 얻는 주관적 정보. 기본적인 자료, 클라이언트가 느끼는 자신의 상황에 대한 인식과 감정 등
② O(Objective Information, 객관적 정보): 검사와 관찰로부터 얻은 객관적 정보, 전문가의 관찰, 검사결과, 체계적 정보 등
③ A(Assessment, 사정): 주관적 정보와 객관적 정보를 검토해서 추론된 전문가의 해석이나 결론
④ P(Plans, 계획): 문제를 해결하기 위한 방법이나 계획

(4) 문제중심기록의 장점

① 다양한 분야가 함께 일하는 현장에서 의사소통을 수월하게 하며, 타 분야 간 협조를 원활하게 한다.
② 전문직 간 책무성이 증가된다.
③ 특정한 문제에 초점을 두므로 적절하지 않은 정보는 기재하지 않게 되어, 기록이 간결하다.

④ 미해결의 문제에 대해서는 대안적인 계획이나 다른 기관에 의뢰하는 것에 대해 윤곽을 그릴 수 있다.

(5) 문제중심기록의 단점

① 클라이언트의 강점보다는 문제를 강조하고, 개인과 환경의 상호작용보다는 개인에게 초점을 둠으로써 생태체계적 관점이나 강점관점과 잘 맞지 않는다.
② 문제의 사정이 부분적으로 이루어지고, 지나치게 단순화하며, 클라이언트의 능력과 자원을 덜 중요시하는 경향이 있다.
③ 심리사회적 관심보다는 생의학적인 관심에 초점을 맞춘다.

표 13-6 문제중심기록(SOAP)의 예

• 클라이언트: 오달자(만 30세, 여) • 의뢰자: 외과 간호사 봉달희 • 면담일시: 2007.2.4. • 면담 장소: 사회복지기관 상담실 • 의료적 상태: 2007.1.25에 교통사고로 전치 10주 진단받고 입원
S : 입원 기간 동안 자녀를 돌봐 줄 사람이 없어서 매우 걱정함. 남편과는 좋은 관계로 보임. O : 낮에는 이웃이, 밤에는 남편이 자녀들을 돌봄. 자녀를 이웃에 맡기는 것에 대해 부부가 매우 불안해 함. 오달자는 2개월 이상 입원해야 함. A : 아이들을 돌봐 줄 탁아 서비스 및 비용 문제를 해결할 수 있는 대안을 마련해야 함. P : 자녀를 돌봐 줄 수 있는 지역사회 자원 찾아보기, 탁아서비스 비용을 지원해 줄 수 있는 자원 찾아보기

출처: 김용환 외(2018). 사회복지실천기술론 재인용.

5) 녹음 및 녹화기록

(1) 녹음 및 녹화기록의 특징

① 음성녹음과 화면녹화를 이용하여 면접과정을 관찰하고 재조사하며 분석하는 것이다.
② 면담이나 개입장면의 전체를 기록하는 것이므로 직접 필기하는 것보다 효과적이다.
③ 기록 보관의 보충적인 역할로 사용된다.

(2) 녹음 및 녹화기록의 장점

① 교육용으로 유용하다.
② 가족치료 및 실천에 대한 과정지향적인 접근법을 지도감독할 때 유용하다.

(3) 녹음 및 녹화기록의 단점 및 주의할 점

① 클라이언트가 녹화나 녹음을 지나치게 의식하여 집중력이 떨어지거나 평소처럼 자연스럽지 않고 어색할 수 있다.
② 녹음이나 녹화 시 클라이언트에게 사전에 알리고 반드시 동의를 구해야 한다.

CHAPTER 14

사회복지실천 평가

1 평가의 중요싱 및 필요성

1) 사회복지실천 평가의 중요성

사회복지실천의 평가를 통해 사회복지사와 클라이언트는 의도한 대로 서비스 계획을 이행했는가의 여부와 목적이 성취되었는가를 결정짓고 이를 토대로 문제나 목표, 서비스 계획 등을 수정할 수 있으며, 동일한 서비스 계획을 다른 방식으로 수행할 수도 있다. 또한 사회복지실천에서 평가는 사회복지실천의 과학성과 전문성을 강화해 주고 클라이언트에 대한 책임성을 높여 준다는 면에서 매우 중요한 의미를 지니고 있다.

평가가 사회복지실천에서 중요한 이유는 다음과 같다(사회복지교육연구센터, 2010; 김용환 외, 2018 재인용).

첫째, 사회복지실천의 효과성 측정으로서, 평가의 일차적 목적은 목표를 달성했는지 측정하는 것이다. 그리고 원래 계획한 대로 서비스를 제공해서 결과에 도달했는지, 즉 목표의 달성 여부와 사회복지실천이 얼마나 효과적이었는지를 측정한다.

둘째, 사회복지실천의 효율성 측정으로서, 이것은 동일한 비용으로 높은 효과를 내었을 때, 효율성을 증가하기 때문에 평가과정을 통해 실천의 효율성을 측정할 수 있다.

셋째, 자원 사용에 대한 책임성 입증으로서, 이것은 재정적인 자원이나 지역사회의 승인이 필요할 때에 이에 대한 근거를 제시하는 계획안이 된다.

넷째, 클라이언트에 대한 책임성 이행으로서, 사례의 진행 정도에 대해 사회복지사 자신뿐만 아니라 지역사회와 클라이언트에게 알려줄 책임을 이행할 수 있다.

다섯째, 실천과정에 대한 점검으로써, 클라이언트는 어떻게 반응하고 있는지, 계획했던 변화가 일어나고 있는지 등 변화과정에 대한 점검을 할 수 있다.

여섯째, 사회복지사가 실천내용에 대해 점검하고 평가함으로써, 반성할 기회를 갖고 새로운 활동에 반영한다. 이를 통해 특정 문제나 클라이언트에게 효과가 있는 개입방법을 적용하게 되어 효과적인 개입을 가능하게 하며, 사회복지사의 능력을 향상할 수 있다(이영실, 2011; 김용환, 2018 재인용).

2 평가의 개념과 유형

1) 평가의 개념

평가란 개입의 효과성과 효율성을 측정하는 것이다. 효과성은 목표달성 여부를 말하고, 효율성은 투입된 비용(시간, 노력, 금전적 비용)과 산출된 성과 간의 비율을 말한다. 평가란 무엇이 클라이언트에게 도움이 되었고, 어떤 것들이 달리 진행되었어야 했는지를 말해 준다. 사회복지실천에서 '평가'는 기관의 계획, 정책 혹은 프로그램에 전반적으로 적용될 수 있다(김용환 외, 2018).

2) 평가의 유형

(1) 평가차원에 따른 분류

① 성과평가

성과(outcome, 결과)에 대한 평가(evaluation)는 목표에 비추어 성취된 결과를 평가하는 것이다. 측정 도구가 없다면, 클라이언트의 관점과 생각을 사회복지사의 생각과 비교하기 위해 상담이나 질문지를 사용할 수 있다. 전체 과정을 평가하기 위해 각 과정에서 달성한 목표를 클라이언트의 관점에서 도출해야 한다.

② 과정평가

과정평가(proses evaluation)는 사회복지실천 과정을 분석하기 위한 것으로 성과평가에서 빠지기 쉬운 프로그램의 준비, 진행, 종결 과정에서 환경적인 요인과의 관련성을 프로그램의 과정에 따라 분석하는 기법이다. 과정평가의 핵심은 긍정적인 변화를 유발할 수 있는 일반적인 요소를 잘 알아 실천에 통합하고 치료적 효과를 향상시키는 것이다. 평가 내용에는 사회복지사가 목표 달성을 위해 사용한 방법이나 기법에 대해 피드백하는 것도 포함된다.

③ 사회복지사 평가

사회복지사의 행동이나 태도 등이 개입에 어떠한 영향을 주었는지 파악하기 위해 클라이언트로부터 피드백을 받는 것이다. 클라이언트의 긍정적 피드백은 사회복지사로 하여금 자기 강점을 더 잘 알게 하고 그것을 미래에 자주 활용하게 한다. 부정적인 피드백은 때로 고통스럽지만 사회복지사의 주의 산만, 반치료적 행위나 태도, 매너리즘을 알려준다는 점에서 매우 도움이 된다.

(2) 평가 목적에 따른 분류

① 형성평가

형성평가(formative evaluation)는 개입 과정에 대한 평가이다. 사회복지실천 과정에 초점을 두고 주기적으로 진전 상황을 평가한다. 활동의 진행 과정에서 그것을 부분적으로 수정 · 개선 · 보완하는 데 필요한 정보를 얻기 위하여 실시하는 평가 활동인데, 이는 사회복지실천에서 원조 과정 동안 실시되는 사정과 관련된다. 사회복지사가 과정을 검토하도록 하고 필요한 경우에 개입 계획을 수정할 수 있도록 한다. 이러한 의미에서 형성평가는 실천 과정의 점검이라고 할 수 있다.

② 총괄평가

총괄평가(summative evaluation)는 활동이 종결되었을 때, 그 활동의 결과로서 산출된 성과와 효율성에 대하여 종합적인 가치판단을 하는 행위이다. 사회복지실천에서 개입(프로그램)이 종결되었을 때, 그것의 효과성, 즉 목적 달성 여부와 관련하여 그 요인을 분석하는 것을 말한다. 이러한 면에서 형성평가와 대조된다. 개입 목표를 얼마나 잘 성취했는지를 평가하는 것으로 개입방법의 성과나 효과, 즉 효율성과 효과성을 평가한다. 총괄평가의 단계 및 고려해야 할 요소들은 기관의 사명, 프로그램의 목적 및 목표, 프로그램 목표달성 여부 결정 방법, 목표달성 여부, 평가자료 활용방법 등이다.

③ 통합평가

형성평가와 총괄평가를 통합한 평가이다. 단일사례연구를 통합평가로 보기도 하고 과정평가나 총괄평가의 변형으로 보기도 한다.

(3) 프로그램 평가

① 동료 검토

동료 검토는 사회복지사의 수행 정도를 동료 사회복지사가 평가하는 것이다. 사회복지실천에서 서비스 전달자인 사회복지사는 매우 중요한 존재이므로 사회복지사의 능력이나 사례에서의 구제석인 활동 내용에 대한 평가가 필수적이다. 동료 검토에서 사용될 수 있는 항목은 다음과 같다(엄명용 외, 2007; 김용환 외, 2018 재인용).

- 클라이언트의 문제가 명확히 기록되었는가?
- 클라이언트와 가족구성원이 치료계획에 참여하였는가?
- 치료계획이 기록되었는가?
- 개입방법은 클라이언트의 문제에 적합한 것이었는가?
- 클라이언트와의 접촉 빈도와 기간은 문제와 관련해서 적합했는가?
- 치료계획, 사회복지사의 행동, 사용된 접근방법이 영구적인 계획을 염두에 두고 있는가?
- 지역사회 자원을 적절하고 효과적으로 사용했는가?
- 목표로의 진척이 뚜렷이 보이는가?
- 사례기록이 명확하고 분명하며 간결한가?
- 필요로 하는 기관양식이 기록되어 있는가?

② 클라이언트 만족도 설문

개입기간 동안 클라이언트가 받은 서비스에 대해 클라이언트의 의견을 구하는 것이다. 개입의 최종 당사자가 클라이언트이고 사회복지사나 기관의 궁극적 목적도 클라이언트에 대한 최선의 서비스임을 고려할 때, 개입에 대한 클라이언트의 반등은 매우 중요하다.

그러나 이 평가방법의 한계점은 개입의 결과에 대한 클라이언트의 인식을 파악할 수 있으나 그것이 반드시 현실은 아닐 수도 있다는 점이다. 즉, 클라이언트의 개인적 감정이나 견해가 평가의 객관성을 저해할 수 있으며, 또 다른 한계는 개입에 적극적으로 참여했거나 좋은 인상을 받은 클라이언트만 응답하고 서비스에 만족하지 못하거나 소극적인 클라이언트는 반응하지 않을 가능성이 크기 때문에 결과가 긍정적인 방향으로 편향되어 나타날 수 있다는 점이다.

3 평가의 실제

1) 단일 사례연구 설계

(1) 단일사례 설계의 개념

단일사례 설계는 개인 및 가족, 소집단 등을 대상으로 문제를 해결하기 위한 개입의 효과를 과학적으로 입증하는 것이다. 클라이언트에 대한 개입 및 결과의 인과관계를 살펴보기 위해 통제된 환경에서 개입 전과 개입 후의 변화를 시계열적으로 반복해서 측정하여 평가하는 것이다. 일반적으로 평가의 대상은 한 사람의 개인, 하나의 집단, 하나의 가족, 하나의 기관이 된다. 사회복지 분야에서 단일 사례연구는 주로 임상

사회사업에서 개인, 가족, 소집단들의 심리사회적 기능을 유지하거나 향상시키고 실천이론을 발전시키는 데 사용된다. 단일 사례연구에서 표본의 크기, 분석 단위 등은 모두 1이다(김용환 외, 2018).

(2) 단일사례 설계의 특징

단일 사례연구의 일차적인 목적은 가설의 검증에 있는 것이 아니라 어떤 표적 행동에 대한 개입의 효과성을 분석하는 데 있다(사회복지교육연구센터, 2016).

① 표본의 크기=1, 분석 단위=1, N=1

단일한 대상(개인, 집단, 조직, 지역사회 등) 사례, 즉 하나의 대상 또는 사례를 대상으로 한다. 조사의 대상이 되는 사례는 개인 또는 집단이다. 가족이나 집단도 대상이 될 수 있지만 가족 또는 집단 전체를 하나의 사례로 본다. 집단구성원들의 정보는 개별적으로 취급되는 것이 아니라 집단 전체의 평균이나 빈도 등으로 요약되어 하나의 사례로 취급된다.

② 반복적 관찰

경향과 변화 정도를 알 수 있도록 반복적인 관찰을 한다. 통제집단이 없는 대신 하나의 사례를 반복적으로 측정함으로써 개입의 효과를 파악한다.

③ 즉각적인 환류

반복적이고 연속적으로 자료를 수집하기 때문에 개입으로 인한 조사대상의 변화를 주기적으로 파악할 수 있다. 사례를 진행하는 도중에 도출되는 정보는 환류-수정의 반복적인 과정을 통해 새로운 개입방법을 수립하거나 개입방법을 수정함으로써 개입 효과를 높인다.

④ 통제집단 없음

클라이언트는 스스로 통제집단이 되기 때문에 통제집단이 없다. 클라이언트의 문제, 상황, 목적에 관련된 개별화된 기초선은 개입과정 동안 변화를 측정하는 기준이 된다.

⑤ 개입 전후 비교

단일사례 설계는 개입 전을 통제상태로 보고 개입 중 또는 개입 후의 상태를 실험 처치 후의 상태로 보아 개입 전후를 비교하는, 실험조사설계의 통제집단 후 비교설계와 같은 논리를 찾는다. 단일사례 연구 설계와 집단연구 설계를 비교하면 표 14-1과 같다.

표 14-1 단일사례연구 설계와 집단연구 설계 비교

구분	단일사례연구 설계	집단연구 설계
연구 대상	개인, 가족, 소집단	모집단으로부터 무작위 표본추출
연구 목적	표적 행동에 대한 개입의 효과성 규명	가설의 검증
실험 처치	하나의 사례를 반복 측정함으로써 실험 집단과 통제집단과 같은 집단 비교의 효과를 갖는다.	실험 집단과 통제집단으로 나누어 사전 사후 검사 값을 비교하여 실험 처치의 효과를 평가한다.

(3) 단일사례 설계의 이점

① 목표와 개입 계획 단계

사회복지사는 단일체계 설계의 틀에 근거하여 목표를 사려 깊게 재고해 볼 수 있다. 단일사례연구 설계에서 요구되는 종속 및 독립(치료)변수의 명확한 분류를 통해 사회복지사는 이 둘의 혼돈 가능성을 줄인다. 이러한 구조가 없다면, 사회복지사는 자신의 치료목표가 단지 클라이언트를 가르치는 것이라고 여기게 된다. 사회복지사들은 목표 달성에 좀 더 책임감을 느끼며 클라이언트를 동기화한다.

사회복지사는 클라이언트의 목표 달성을 돕는 자신의 능력을 감시하게 되고, 동시에 클라이언트는 평가기간 동안 자신의 과제와 목표를 확인하게 되므로, 치료계획이 시행되는 동안에는 진척 상황을 평가하게 된다. 이를 통하여 치료분야에 클라이언트의 참여를 증가시킨다.

② 클라이언트 목표의 평가단계

다양한 자료를 통해 다양한 유형의 정보를 얻게 되므로 이로써 편견을 줄이고, 클라이언트의 상황에 대한 좀 더 정확한 자료를 만들 수 있다. 그래프 혹은 도표와 같은 여타 형태로 평가자료는 좀 더 높은 관심을 유발하며, 관련된 당사자 모두의 이해를 더욱 향상시킬 수 있다.

(4) 단일사례 설계의 기본 개념

① 기초선 단계(baseline phase)

단일사례 설계는 우선 측정할 수 있는 목적을 설정하고 개입 이전의 행동 빈도를 보여주는 기초선(baseline)을 설정한다. 단일사례 설계에서 변화의 정도를 측정하기 위해 개입 시점에서 설정하는 기준선으로 개입하기 이전 단계이며 A로 표시한다. 대개 며칠 또는 몇 주간의 표적행동의 빈도, 강도, 지속 시간을 관찰함으로써 설정된다. 또한 개입 전에 관찰이 허용되지 않으면 이전의 행동패턴에 초점을 둔 클라이언트, 또는 클라이언트의 기족, 클라이언트와 관련된 친구 및 직장 동료 등의 정보를 통해 회고적으로 기초선을 설정할 수 있다.

② A와 B

A는 보통 설정된 기초선을 의미하며, 개입 전 국면이라고도 한다. B는 개입 단계를 의미하며 복수의 개입유형이 사용되면 C, D 등으로 표기한다. 특히, 사회복지실천에서는 기초선을 측정할 수 없는 상황도 많으며 이 경우 개입 기간의 행동 기록만 이용 가능한데, 이를 B설계라고 한다.

③ 개입단계(intervention phase)

실험설계에서 실험집단의 역할을 하며, 개입이 시작된 후 표적문제에 대한 자료를 수집한다.

(5) 단일사례 설계의 유형

① AB설계: 기본 단일설계(기초선 → 개입 단계)

AB설계를 기본 단일설계라고도 하며 AB설계는 기초선(A) 설정 후 개입(B)이 뒤따르는 것을 말한다. 장점으로는 여러 유형의 문제와 장소에서 적용 가능하며 단점으로는 다른 변수의 영향을 통제할 수 없으므로 개입의 효과 파악이 곤란하며 표적행동의 변화에 미치는 효과의 신뢰도는 낮다.

② ABA설계(기초선 → 개입 단계 → 제2기초선)

ABA설계는 AB설계에 개입 이후 또 하나의 기초선(A)을 추가한 설계이다. 일정기간 개입하고 나서 개입 중단 후 표적행동을 관찰하는 설계이다. ABA설계는 기초선(A) → 개입(B) → 기초선(A)의 형태로, 개입 이후에 기초선 관찰이 다시 이루어진다. 두 번째 기초선 기간은 처음 기초선과 같은 상태로 돌아간다는 의미에서 반전 기간 또는 제2기초선이라고 한다.

장점은 변화의 개입 효과성에 대한 파악이 가능하다. 단점은 변화가 일어난 클라이언트에게 개입을 중단함으로써 그를 다시 문제상황에 빠뜨릴 수 있다는 점에서 비윤리적이며 개입을 철수해도 개입효과가 지속될 수 있다. 그리고 조사기간이 길어진다.

③ ABAB설계(기초선 → 개입 단계 → 제2기초선 → 개입 국면)

ABA설계에 다시 개입을 재개하는 B 국면을 추가한 설계이다. 즉, ABAB설계는 외생변수를 좀 더 효과적으로 통제하기 위해 제2기초선(A)과 제2개입(B) 단계를 추가하는 것이다. 다시 말하면 기초선(A) → 1차 개입(B) → 반전, 철회(A) → 2차 개입(B)의 형태이다. 두 번째(A)에서는 개입을 철회한다. 장점은 개입의 효과에 대한 인과관계의 파악 및 특성한 문제를 가진 클라이언트에 대한 특정 개입 효과를 알 수 있으므로 해당 분야의 이론 축적이 용이하며 클라이언트와 사회복지실천가의 관계가 지속되고 있는 상황에서 두 번째 기초선이 설정되고 개입이 이루어지므로 지속적인 관찰이 가능하다. 단점은 ABA설계보다 시간이 오래 걸리기 때문에 2번에 걸친 기초선, 개입기간을 모두 일정하게 유지하기가 어렵고 개입 지속효과로 인해 개입의 효과가 무의미하게 될 경우가 발생할 수 있다.

④ BAB설계(개입 단계 → 기초선 → 개입 단계)

기초선 측정 없이 바로 개입할 때 사용하는 설계이다. 클라이언트가 위기에 처해 있거나 기초선을 측정할 수 없는 상황에서 바로 개입하는 설계이다. 장점은 클라이언트 상황이 어느 정도 안정되면 개입을 중지하고 기초선 단계 자료를 수집한다. 단점은 개입이 이루어지기 전에 기초선을 측정하지 못했기 때문에 개입의 효과성을 얻기 어렵고 개입 이후에 기초선을 측정하더라도 이미 개입이 이루어졌기 때문에, 기초선에는 개입의 효과가 어느 정도 반영되어 있다.

⑤ 다중요소 설계(기초선 → 서로 다른 개입방법 사용)

다중요소 설계에는 ABCD, ABA, ABACA설계 등이 있다. 하나의 기초선 자료에 대해 여러 가지의 각기 다른 개입방법을 연속적으로 도입해 보는 것이다. A는 기초선이고 B, C, D는 각기 다른 개입방법이다.

⑥ 복수(=다중) 기초선 설계

둘 이상의 기초선을 사용하는 것을 말한다. 개입을 중단하는 대신에 동시에 개입을 시작하므로 윤리적 · 실천적 문제를 피할 수 있다. 그리고 개입의 인과적 결론을 더욱 확실히 하기 위해 개발된 것이다. 즉, 여러 문제, 여러 상황, 여러 사람에게 적용하여 같은 효과를 얻음으로써 개입의 인과적 효과와 확신을 높이려는 것이다.

㉠ 문제 간 복수 기초선 설계

하나의 특수한 개입방법이 같은 상황하에 있는 같은 대상자의 다른 문제해결에 효과가 있는지를 평가하기 위한 설계방식이다. 단, 문제는 상호 독립적이어야 한다.

㉡ 상황 간 복수 기초선

하나의 특수한 개입방법이 같은 대상자의 같은 문제를 두 가지 이상의 다른 상황에서 치료하는 데 효과가 있는지를 평가하는 설계이다.

ⓒ 대상자 간 복수 기초선

같은 상황하에서 같은 문제를 가진 여러 사람에게 특정 개입방법을 실시해 그 개입방법이 효과가 있나 보기 위해 사용하는 설계이다.

⑦ 철회 설계

개입을 중단하여 목표행동에 미치는 영향을 알아보고자 하는 설계로서, ABA설계, ABABA설계 등이 이에 속하다. 기초선(A) 측정 후 일정 기간 동안 개입(B)을 하고, 일정 기간 동안 개입을 중단(A)하는 것을 말한다. 개입한 상태와 하지 않은 상태를 두 번 관찰할 수 있기 때문에 AB설계에 비해 개입에 대한 확신을 얻을 수 있다. 또한 타당도를 저해하는 역사, 성숙, 통계적 회귀 등 요인들을 통제하는 데 유용하지만 의도적으로 개입을 철회(중단)하는 것은 윤리적으로 문제가 있다. 개입의 변화가 미치는 영향을 분석하기 위해 여러 설계를 사용한 것이다. 그리고 클라이언트에게 도움 되지 않는 개입을 수정하거나 실제로 표적 문제에 변화를 가져오는지 설명하고자 할 때 유용하다. 단점은 이월 효과, 순서 효과, 우연한 사건과 관련된 제한점이 있다.

2) 기타 평가 방법

(1) 과제성취 척도(과업성취척도, task achievement scale)

사회복지사와 클라이언트가 합의한 개입 과제로 성취한 정도를 평가하는 방법이다. 사례에 대한 개입활동이 기초선을 설정하거나 단일사례 설계를 이용하기 어려울 때 유용하게 활용되고, 클라이언트와 사회복지사가 개입 과업에 대한 완수 정도를 결정할 때 활용된다.

특히 기초선의 설정이나 단일사례 설계의 적용이 어려울 때, 또는 단기 서비스 상황에 적용되는 것으로, 과업중심 실천에서 개발되었다.

과업중심 실천은 목표를 위한 작업을 여러 개의 독립적인 활동과 과제로 세분화하고 이를 약 1~2주 안에 수행하는 것을 목적으로 한다. 이때 합의된 과제가 실제로 달성되었는지를 측정하는 것이 과업성취 척도이다. 보통 4점 척도(1. 최소한 달성 또는 전혀 달성되지 않음 2. 부분적 달성 3. 상당히 달성 4. 완전 달성)를 사용한다. 시간과 자료가 부족할 때 사용할 수 있는 이점이 있다. 과제성취 척도는 예는 표 14-2와 같다.

표 14-2 과업성취 척도의 예

과업(과제)	성취 수준	등급
도시락 배달 서비스 확보	다음달 1일부터 시작	2
간병인 서비스 연계	대기자 명단에 등록	2
가족과의 연락	아들과 연락이 닿아 방문함	4

※ 1.최소한 달성 또는 전혀 달성되지 않음. 2. 부분적 달성. 3. 상당히 달성. 4. 완전 달성.

(2) 목표달성 척도, 목표성취척도(GAS: Goal Attainment scale)

① 개념

클라이언트가 개별화된 목표에 도달한 정도를 측정하는 평가도구이다.

② 특징

목표를 설정한 후 그 목표를 얼마나 달성했는지 목표달성 정도를 측정하는 데 사용된다. 표준화된 척도와는 달리 측정을 위한 내용이 미리 정해져 있지 않고 클라이언트 개인 목표에 따라 자유롭게 정할 수 있는 장점이 있는데 이는 개별화의 원리에 부합된다.

클라이언트와 사회복지사의 목표가 의미하는 바를 명확히 이해할 수 있게 하며, 목표달성 정도를 수치로 표시할 수 있는 장점이 있다.

③ 절차

첫째, 클라이언트의 목표를 결정한다.
둘째, 목표달성 정도를 5점으로 척도화한다(-2점, -1점, 0점, 1점, 2점)
셋째, 목표달성척도표를 작성한다.

목표달성척도를 만든 후 평가를 위한 기간을 정하고 사회복지사와 클라이언트가 함께 목표달성 정도를 평가한다.

3) 평가의 한계

평가란 사회복지실천이 클라이언트에게 어떤 영향을 주었는지에 대해서 그 성과를 드러내는 데 있어 사회적으로 책임성과 과학성을 확보하기 위하여 전설적 대안과 방향을 도출하기 위한 노력이다. 그러나 때로는 이 평가들이 오용되거나 잘못 해석될 가능성도 있기에 평가의 한계를 제시하면 다음과 같다(금기윤 외, 2013: 293; 이광재 외, 재인용).

첫째, 일반화의 한계가 있다.
둘째, 잘못된 평가도구 선택 시 잘못된 결과를 도출한다.
셋째, 평가과정에서 클라이언트를 배제하는 윤리적 문제가 야기된다.
넷째, 평가에 대한 직원들의 불만이 생긴다.
다섯째, 평가과정에서 서비스의 제공을 방해한다.
여섯째, 프로그램 성과에 대한 대안적 설명이 필요하다.
일곱째, 예측하지 못한 평가결과의 도출에 대한 책임성 등의 문제를 야기시킨다.

그러므로 이러한 다양한 한계와 문제점들을 극복하기 위해서는 사회복지사에게 전문적 지식의 개발과 서비스의 효과성을 입증하기 위해 평가 및 설계 등의 중요성을 일깨워주는 것이 필요하다.

권구영 외(2008). 사회복지실천론. 서울: 창지사.

권구영 · 고은숙 · 김용민 · 박봉정 · 진혜경 · 최은정(2008). 사회복지실천론. 서울: 창지사.

권미란 역(2000). 가족이해를 위한 가계도. 서울: 교문사.

길귀숙 · 강희숙 · 김상곤 · 오영훈 · 유용식 · 이재호 · 임승희 · 천덕희 · 현영렬(2015). 사회복지실천기술론. 경기: 양서원.

김동배 · 권중돈(2000). 인간행동이론과 사회복지실천. 서울: 학지사.

김성이 · 조학래 · 노충래(2004). 청소년복지학. 집문당.

김인숙 · 김용석 역(2002). 사회복지 실천기술연습. Barry C.(2000). The social work skills workbook(3rd ed.). 서울: 나남출판.

김재엽(1999). 한국가정폭력 실태와 행위자 교정 프로그램 개발연구. 연세대학교 사회복지연구소.

김정진(2014). 사회복지실천기술론. 서울: 학지사.

김종옥 · 권중돈(1993). 집단사회사업방법론. 서울: 홍익재.

김혜란 · 홍선미 · 공계순(2001). 사회복지 실천기술론. 서울: 나남출판.

김혜란 · 홍선미 · 공계순(2006). 사회복지실천기술론(개정2판). 서울: 나남출판.

남세진(1988). 집단지도방법론. 서울: 서울대학교출판부.

노근성(2004). 사회봉사명령 집행전문화 방안 2004 한국보호관찰학회 추계학술대회 자료집.

로렌스 슐만 저, 김성숙 외 공역(1989). 어떻게 도와야 하나. 서울: 홍익재.

문인숙(1985). 집단사회사업방법론. 서울: 이화여자대학교출판부.

백은령 외(2009). 사회복지실천론. 서울: 대왕사.

서미경 외(2005). 사회복지실천윤리. 경기: 양서원.

송성자(1995). 가족과 가족치료. 경기: 법문사.

양옥경 · 김정진 · 서미경 · 김미옥 · 김소희(2000). 사회복지실천론. 서울: 나남출판.

양옥경 · 김정진 · 서미경 · 김미옥 · 김소희(2005). 사회복지실천론. 서울: 나남출판.

엄명용 외(2000). 사회복지실천의 이해. 서울: 학지사.

엄명용 외(2005). 사회복지실천기술론. 서울: 학지사.
엄명용 · 김성천 · 오혜경 · 윤혜미(2000). 사회복지실천의 이해. 서울: 학지사.
엄명용 · 노충래 · 김용석(2015). 사회복지실천기술의 이해(3판). 서울: 학지사.
오봉욱 외(2013). 사회복지실천기술론. 서울: 동문사.
우국희 외. 사복실천기술을위한50.
윤혜미(2003). 청소년 음주예방프로그램. 서울: 한국음주문화연구센터.
이기량 외(2016). 사회복지실천기술론. 경기: 공동체.
이대 사회사업과편(1993). 집단사회사업실천방법론. 서울: 동인.
이윤로 외(2002). 사회사업실천기술론. 서울: 현학사.
이인정 · 최해경(2000). 인간행동과 사회환경. 서울: 나남출판.
이장호 · 금명자(1999). 상담연습교본. 경기: 법문사.
이준우 · 이화옥 · 인원선(2006). 사회복지실천론. 서울: 인간과 복지
이팔환 외 역(1999). 사회복지실천이론의 토대. Mattaini, M., Lovery, C., & Meyer, C.(1999). *The Foundations of Social Work Practice.* 서울: 나눔의집.
임종렬(1995). 효과적인 상담결과를 위한 인터뷰. 서울: 한국가족복지연구소.
장수미 외(2018). 사회복지실천기술론. 서울: 학지사.
장인협(1989). 사회사업실천방법론(하). 서울: 서울대학교출판부.
정문자(2003). 사티어 경험적 가족치료. 서울: 학지사.
조미숙 외(2018). 사회복지실천기술론. 서울: 동문사.
최선화(2006). 사회복지실천론기술론. 경기: 공동체.
한국전문대학사회복지전문교육협의회(2005). 사회복지실천론. 경기: 공동체.
허남순 · 한인영 · 김기환 · 김용석 역(2004). 사회복지 실천이론과 기술. Dean H. Hepworth, Ronald H. Rooney, & Jo Ann Larsen. Direct Social Work Practice: Theory and Skills (5th ed.). 서울: 나눔의 집.

국민일보(2002). 12월 31일자.

Abbot, Am A.(1988). *Professional Choices: Values at Work.* Silver Spring, Md.: NASW.
Abramovitz, Robert, Janet Williams, and Mark Mattaini(1992). "The Pros and Cons of the Diagnostic and Statistical Manual for Social Work Practice and Research." *Research on Social Work Practice* 2, No.3.
Abrams, D. B., & Niaura, R. S.(1987). Social learning theory. In H. T. Blane,

& K. E. Leonard (eds.), *Psychological Theories of Drinking and Alcoholism*(pp. 131-178). NY: Guildford Press.

Abramson, Julie.(1983). "Six Steps to Effective Referrals." In *Agency-Based Social Work,* edited by Harold Weissman, Irwin Epstein, and Andrea Savag Philadelphia: Temple University Press, pp.65~71.

Allen-Meares, P.(1987). Grounding social work practice in theory: Ecosystems. *Journal of Education for Social Work,* 89, 515-521.

American Psychiatric Association.(1994). *Diagnostic and statistical manual of mental disorders*(4th ed.). Washington, DC: Author.

American Psychiatric Association.(2000). *Diagnostic and statistical manual of mental disorders*(4th ed, text revision). Washington, DC: Author.

Andreae, D.(1996). Systems theory and social work treatment. In F. Turner(Ed.), *Social work treatment: Interlocking theoretical approaches* (4th ed., pp. 601-616). New York: Free Press.

Arkowitz, H., & Hannah, M. T.(1989). Cognitive, behavioral, and psychodynamic therapies: Converging or diverging pathways to change? In A. Freeman, K. M. Simon, L. E. Beutler, & H. Arkowitz(Eds.), *Comprehensive handbook of cognitive therapy.* New York: Plenum.

Aronson, J. A.(1996). *Inside managed care: Family therapy in a changing environment.* New York: Brunner/Mazel.

Austad, C. S.(1996). *Is long-term psychotherapy unethical? Toward a social ethic in an era of managed care.* San Francisco: Jossey-Bass.

Austin, D.(1992). Findings of the NIMH task force on social work research. *Social Work Practice,* 2, 311-322.

Austin, D.(1997). The profession of social work: In the second century. In M. Reisch & E. D. Gambrill(Eds.), *Social work in the 21st century* (pp. 396-407). Thousand Oaks, CA: Pine Forge Press.

Baars, B. J.(1986). *The cognitive revolution in psychology.* New York: Guilford Press. Barhior, 5., & Goldman, C.(1990). *Overcoming panic attacks: Strategies to free yourself from the anxiety trap.* Minneapolis: CompCare.

Back, A. T., Wright, F. D., Newman, C. F., & Liese, B. S.(1993). Congnitive therapy of substance Abuse. NY: Guildford press.

Baker, R. L.(1995). The Social Work Dictionary(3rd ed.). Washington, DC:

NASW Press.

bandura, A.(1977). self-efficacy: Toward a unifying theory of behavioral change. psychological bulletin, 80(4), 286-303.

Barker, R. L.(1995). *Social work dictionary*(3rd ed.). Washington, DC: NASW Press. Barlow, D. J., Hayes, S. C., & Nelson, R. O.(1984). *The scientist practitioner: Research and accountability in clinical and education settings.* New York: Pergamon.

Bateson, G.(1978). The birth of a matrix or double and epistemology. P. A. Cowan, & E. M. Hetherington. In Beyond the Double Bind(ed.). New York: Erlbaum.

Baucom, D. B., & Epstein, N.(1990). Cognitive-behavioral marital therapy. New York: Brunner/Mazel.

Baurn, M., & Twiss, P.(Eds.). (1996). *Social work intervention in an economic crisis: The River Communities Project.* New York: Haworth Press.

Beck, A. T.(1976). *Cognitive therapy and the emotional disorders.* New York: International Universities Press.

Beck, A. T.(1996). *Depression: Causes and treatments.* Philadelphia: University of Pennsylvania Press.

Beck, A. T., Rush, A. J., Shaw, B. F., & Emery, G.(1979). *Cognitive therapy of depression.* New York: Guilford Press.

Beck, A. T., Wright, F. D., Newman, C. F., & Liese, B. S.(1993). *Cognitive Therapy of Substance Abuse*. NY: Guildford Press.

Beck, A., Rush, J., Shaw, B., & Emery, G.(1979). Cognitive Therapy of Depression. New york: Guilford Press.

Beck, J. S.(1995). *Cognitive theory: Basics and beyond.* New York: Guilford Press. Beitrnan, B. D., Goldfried, M. R., & Norcross, J. E.(1989). The movement toward integrating the psychotherapies: An overview. *American Journal of Psychiatry, 146,* 136-147.

Belcher, J. R.(1992). Poverty, homelessness, and racial exclusion. *Sociology and Social Welfare,* 19, 41-54.

Belcher, J. R., DeForge, B. R., Thompson, J. W" & Myers, C. P.(1995). Psychiatric hospital care and changes in insurance coverage strategies: A national study. *The Journal of Mental Health Administration;* 22, 377-387.

Benson, H.(1975). *The relaxation response,* New York: Morrow.

Benson, H.(1985). *Beyond the relaxation response: How to harness the healing power of your personal beliefs,* New York: Berkley Books.

Bentley, K. J., & Walsh, J.(1996). *The social worker and psychotropic medication: Toward effective collaboration with mental health clients, families, and providers.* Pacific Grove, CA: Brooks/Cole.

Bentley, K. J., & Walsh, J. F.(2001). *The social worker and psychotropic medication: Toward effective collaboration with mental health clients, families, and providers* (2nd ed.). Pacific Grove, CA: Brooks/Cole.

Berg, I. K.(1994). Family Based Services: A Solution-focused Approach. New York: Norton & Company.

Bergin & S. L. Garfield(Eds.). *Handbook of psychotherapy and behavior change* (pp. 143-189). New York: John Wiley.

Bergin, A. E.(1980). Psychotherapy and religious values. *journal of Counseling and Clinical Psychology,* 48, 95-106.

Bergin, A. E., & Garfield, S. L.(1994a). *Handbook of psychotherapy and behavior change* (4th ed.). New York: John Wiley & Sons.

Bergin, A. E., & Garfield, S. L.(1994b). Overview, trends, and future issues. In A. E. Bergin & S. L. Garfield (Eds.), *Handbook of psychotherapy and behavior change* (4th ed., pp. 821-830), New York: John Wiley & Sons.

Bertcher, Harvey(1979). *Group Participation Techniques for Leaders and Members*. Beverly Hills: Sage.

Beutler, L. E., & Clark, J.(1990). *Systematic treatment selection: Toward targeted therapeutic interventions,* New York: Brunner/Mazel,

Beutler, L. E., Crago, M., & Arizmendi, T. G.(1986). Therapist variables in psychotherapy process and outcome. In S. L. Garfield & A. Bergin (Eds.), *Handbook of psychotherapy tuul hehacior change*(3rd ed., pp. 2.57-310), New York: John Wiley & Sons.

Biegel, D. E., McCardle, E., & Mendelson, S.(1985). *Social networks and mental health: An annotated bibliography.* Beverly Hills: Sage.

Bloom, B. L.(1997). *Planned short-term psychotherapy: A clinical handbook* (2nd ed.). Needham Heights, MA: Allyn & Bacon.

Blythe, B. J., & Tripodi, T.(1989). *Measurement in direct social work practice.*

Newbury Park, CA: Sage.

Borman, L.(1979). *New self-help and support systems for the chronically mentally ill.* Paper presented at the Pittsburgh Conference on Neighborhood Support Systems, Pittsburgh, PA.

Boscolo, L., Cecchin, G., Hoffman, L., & Penn P.(1987). *Milan systemic family therapy: Conversations in theory and practice.* New York: Basic Books.

Botvin, G. J.(1996). life skills training: teacher's manual for middle/junior high school. princeton, new jersey: princeton health press, lnc.

Bourne, K J.(1990). *The anxiety and phobia workbook.* Oakland, CA: New Harbinger. Brandell, J. R.(Ed.). (1997). *Theory and practice in clinical social work.* New York: Free Press.

Bowen, M.(1976). Theory in the practice of Psychotherapy. In P. J. Guerin, Jr.(Ed.), Family therapy: Theory and practice. New York: Gardner.

Bowen, M.(1978). Family Therapy in Clinical Practice. New York: Jason Aronson.

Brandell(Ed.), *Theory and practice in clinical social work* (pp. 132-163). New York: Free Press.

Brandell, J. R., & Perlman, F.(1997). Psychoanalytic theory. In J. R. Brandell (Ed.), *Theory and practice* in *clinical social work*(pp, 38-80). New York: Free Press.

Brems, C.(2000). *Dealing with Challenges in Psychotherapy and Counseling.* Belmont, CA: Wadsworth pub.

Brenner, H.(1984). *Estimating the effects of economic change om national health and social well-being.* Testimony before the joint Economic Committee of Congress. Washington, DC: U.S. Government Printing Office.

Breuer, J., & Freud, S.(1955). Studies on hysteria. In *Standard edition of the complete works of Sigmund Freud*(Vol. 2, pp. 1-3(5). London: Hogarth Press. (Original work published 1895)

Brieland, D., Costin, L. B., & Atherton, C. R.(1985). *Contemporary social work: An introduction to social work and social welfare*(3rd ed.). New York: McGraw-Hill.

Brill, N. I.(1985). *Working with people: The Helping Process*(3rd ed.). New

York: Longman.
Brill, N. I.(1997). *Working with People: The Helping Process*(6th ed.). New York: Longman.
Bromley, D. B.(1986). *The case study method in psychology and related disciplines.* New York: Wiley.
Budman, S. H., Hoyt, M. F., & Friedman, S.(Eds.).(1992). *The firstsession in brief therapy.* New York: Guilford Press.
Bums, D. D.(1980). *Feeling good: The new mood therapy.* New York: New American Library.
Burger, J. M.(2000). *Personality*(5th ed.). New York: Wadsworth Pub.
Bush, J. A., Norton, D. G., Sanders, C. L., & Solomon, B. B.(1983). An integrative approach for the inclusion of content on black s in social work education. In J. C. Chun, P. J. Dunston, & F. Ross-Sheriff (Eds.), *Mental health and people of color: Curriculum development and change* (pp. 97-125). Washington, DC: Howard University Press.
Cade, B., & O'Hanlon, W.(1993). *A Brief Guide to Brief Therapy*. New York: Norton
Caetwright, D.(1968). *The nature of group cohesiveness*. in D. Cartwright, & A. Zander(eds.). group dynamics research and theory. New York: harper & row.
Campbell, A., Converse, D. K., & Rogers, W L.(1976). *The quality of American life: SSA edition.* Ann Arbor, MI: Institute for Social Research.
Campbell, J., Elder, J., Gallagher, D., Simon, J., & Taylor, A.(1999). Crafting the "tap on the shoulder": Compliment template for solution-focused therapy. *American Journal of Family Therapy,* 27(1), 35-47.
Caplan, G.(1964). *Principles of preventive psychiatry.* New York: Basic Books.
Caplan, G.(1974). *Support systems and community mental health: Lectures on concept development.* New York: Behavioral Publications.
Carkhuff, R. R., & Antjony, W. A.(1979). *THE SKILLS OF HELPING. AMHERST*. MA: Human Resource Development.
Cartwright, Dorwin & Zander, Alvin(eds). (1968). *Group Dynamics.* N.Y. Harper & Row.
Chang, T., Hung, H., & Yeh, R.(1999). Theoretical framework for therapy with

Asian families. In American Counseling Association, *Counseling Asian families from a systems perspective. The family psychology and counseling serie* (pp. 3-13). Alexandria, VA: American Counseling Association.

Cheetham, J.(1992). Evaluating social work effectiveness. *Social Work,* 2, 26.5-287.

Chestang, L.(1972). *Character development in a hostile society*. (Occasional paper number 3). School of Social Service Administration, University of Chicago, Chicago.

Cohen, 1., & Steketee, G.(1998). Obsessive-compulsive disorder. In B. A. Thyer & J. S. Wodarski (Eds.), *Handbook of empirical social work practice: Vol.* 1: *Mental Disorders*(pp. 343-364). New York: John Wiley & Sons,

Compton, B. R., & Galaway, B.(1994). *Social work processes. Homewood.*Ill. The Dorsey Press.

Corcoran, K.(Ed.). (1992). *Structuring change and effective practice for common client problem').* Chicago: Lyceum Books.

Corcoran, K., & Fischer, J.(1987). *Measures for clinical practice: A sourcebook.* New York: Free Press.

Corcoran, K., & Fischer, J.(2000). *Measures for clinical practice: A sourcebook* (3rd ed). New York: Free Press.

Corcoran, K., & Videka-Sherman, L.(1992). Some things we know about effective clinical social work. In K. Corcoran(Ed.), *Structuring change: Effective practice for common client problems* (pp. 15-27). Chicago: Lyceum Books.

Corey, G.(1991). *Theory and Practice of Counseling and Psychotherapy*(4th ed.). Pacific Grove, CA: Brooks/Cole. 조현춘 · 조현재 공역(1996). 심리상담과 치료의 이론과 실제. 서울: 시그마프레스.

Corey, G.(1995). *Theory and Practice of Group Counseling*(4th ed.). Pacific Grove, CA: Brooks/cole Publishing Company.

Cormier, W. H., & Cormier, L. S.(1991). *Interviwing Strategies for Helpers: Fundamental Skills and Cognitive Behavioral Interventions*(3rd ed.). Pacific Grove, CA: Brooks/Cole.

Corsini, R., & Rosenberg, N.(1955). Mechanisms of group psychotherapy:

Processes and *dynamics .journal of Abnormal Social Psychology,* 51, 406-411.

Coulshed, V., & Orme, J.(1988). *Social Work Practice: An Introduction*(2nd ed.). Basingstoke: Macmillan/ BASW.

Coulton, C. J.(1995). Research for initiatives in low-income communities. In P. M. Hess & E. J. Mullen (Eds.), *Practitioner researcher partnerships: Building knowledge from,* in, *and for practice* (pp. 103-121). Washington, DC: NASW Press.

Council on Social Work Education(CSWE).(2001). *Educational policy and accreditation standards.* Alexandria, VA: Author.

Cournoyer, B.(2000). *The Social Work Skills Workbook*(3rd ed.). Belmont, CA: Brooks/Cole. 김인숙 · 김용석 역(2001). 사회복지 실천기술연습. 서울: 나남출판.

Curiri, G. J., Veroff, J., & Feld, S.(1960). *Americans view: their mental health.* New York: Basic Books.

Dattilio, F. M., & Freeman, A. M.(Eds.). (1994). *Cognitive-behavioral strategies* in *crisis intervention.* New York: Guilford Press.

Davanloo, H.(Ed.). (1992). *Short-term dynamic psychotherapy.* Norvale, NJ: Jason Aronson. Daws, D.(1999). Parent-infant psychotherapy: Remembering the Oedipus complex. *Psychoanalytic Inquiry,* 19(2), 267-278.

De Shazer, S.(1985). *Keys to Solution in Brief Therapy*. New York: Norton

De Shazer, S.(1988). *Clues: Investigating solutions in brief therapy.* New York: W. W. Norton.

Dean, A., & Linn, N.(1977). The stress buffering role of social support: Problems and prospects for systematic investigation. *journal of Nervous and Mental Disease, 165,* 403-417.

Dean, R. G.(1993). Constructivism: An approach to clinical practice. *Smith College Studies in Social Work,* 63(2), 127-146.

Dies, R. R.(1983). Bridging the gap between research and practice in group Psychotherapy. In R. R. Kies, & K. R. Mackenzie(Eds.), *Advances in Group Psychotherapy: Integrating Research and Practice*(pp. 27-78). New York: International University Press.

Doster, J, Surratt, F, & Webster, T.(1975). Interpersonal Variables Affecting

Psychological Communications of Bospitalized Psychiatric Patients. Paper Presented at meeting of Southeastern Psychological Association, Atlanta.

Dulmus, C. N., & Wodarski, J. S.(1998). Major depressive disorder and dynamic disorder. In B. A, Thyer & J. S. Wodarski (Eds.), *Handbook of empirical social work practice: Vol.* 1: *Mental disorders*(pp. 273-285). New York: John Wiley & Sons.

D'Zurilla, T. J., & Goldfried, M. R.(1971). Problem solving and behavior modification. *journal of Abnormal Psychology,* 78, 107-126.

Edelwich, J., & Brodsky, A.(1992). *Group counseling for the resistant client: A Practical Guide to group process*. New York: Lexington Books.

Edwards, J. T.(1997). *Working with families: Guidelines and techniques*(4th ed.). Durham, NC: Foundation Place.

Egan, G.(1982). *The skills helper: model, skills, and metbods for effective helping*(2nd ed.) moterey, CA: Brooks/cole.

Egan, G.(1990). *The Skilled Helper: A Systematic Approach to Effective Helping*. Pacific Grove, CA: Brooks/Cole

Ehlers, C. L., Frank, K, & Kupfer, D. J.(1988). Social zeitgebers and biological rhythms: A unified approach to understanding the etiology of depression. *Archives of General Psychiatry,* 45, 948-952.

Ell, K.(1995). Crisis intervention: Research needs. In H. L. Edwards(Ed.), *Encyclopedia of social work*(19th ed., Vol. 1, pp. 660-667). Washington, DC: NASW Press.

Ell, K.(1996). Crisis theory and social work practice. In F. J. Turner(Ed.), *Social work treatment: Interlocking theoretical approaches*(4th ed., pp. 168-190). New York: Free Press.

Ellis, A.(1973). *Humanistic psychotherapy: The rational-emotive approach.* New York: McGraw-HilI.

Ellis, A.(1977). The basic clinical *theory* of rational-emotive therapy. In A. Ellis & R. Grieger (Eds.), *Handbook of rational-emotive therapy.* New York: Springer.

Ellis, A., & Dryden, W.(1987). *The practice of rational-emotive therapy.* New York: Springer.

Epstein, L.(1992). *Brief treatment and a new look at the task-centered approach*(3rd ed.). New York: Macmillan.

Epstein, L., & Brown, L. B.(2002). Brief treatment and a new look at the task-centred approach. Boston: Allyn & Bacon.

Erikson, E. H.(1963). *Childhood and society*(2nd ed.). New York: W. W. Norton & Company.

Evans, D. R.(1998). *LEssential Interviewing: A Programmed Approach to Effective Communication* (5th ed.). Pacific Grove CA: Brooks/Cole. 성숙진 역(2000). 상담의 필수기술: 효과적인 의사소통을 위한 사례중심 접근법. 서울: 나남출판.

Ewen, R. B.(1998). *An Introduction to Theories of Personality*(5th ed.). Mahwah, NJ: Lawrence Erlbaum Associates Pub.

Ewing, J. A.(1984). Detecting alcoholism: The CAGE questionnaire. *Journal of American Medical Association*, 252, 1905-1907.

Eysenck, H. J.(1952). The effects of psychotherapy: An evaluation. *Journal of Consulting Psychology,* 16, 319-324.

Eysenck, H. J.(Ed.). (1960). *Behavior therapy and the neuroses: Readings in modern methods of treatment derived from learning theory.* New York: Pergamon Press.

Fall, K. C.(1993). *Child Sexual Abuse: Intervention and Treatment Issues*. U.S. Department of Health and Human Services. 노충래 역(2002). 아동 성학대의 치료. 서울: 학지사.

Fatour, Marian, and Steven R. Rose. *Task Groups in the Social Services*.

Feczko, Margaret Mary, ed. *The Foundation Directory*. New York: The Foundation Center, most recent edition.

Feit, M. D., Cuevas, N. M., & Harm-Dowdy, C. A.(1998). The impact of race in social work practice. In J. S. Wodarski & B. A. Thyer (Eds.), *Handbook of empirical social work practice, Vol. 2: Social problems and practice issues*(pp. 241-260). New York: John Wiley & Sons.

Ferenczi, S., Rank, 0., & Newton, C.(1925). *The development of psychoanalysis.* New York: Nervous and Mental Disease.

Festinger, L.(1957). A *theory of cognitive dissonance.* Stanford, CA: Stanford University Press.

Fisch, R., Weakland, J. H., & Segal, L.(1985). The Tactics of Change: Doing Therapy Briefly. Washington D. C.: Jossey-bass.

Fischer, J.(1973). Is casework effective? A review. *Social Work,* 18, 5-20.

Fischer, J.(1976). *The effectiveness of social casework.* Springfield, IL: Charles C. Thomas. Fischer,

Fischer, J.(1978). *Effective casework practice: An eclectic approach.* New York: MeGraw-HiII.

Fish, R., Weakland, J. H., & Segal, L.(1985). The Tactics of Change: Doing Therapy Brirfly. San Francisco, CA: Jossey-Bass.

Franklin, C., & Jordan, C.(1999). *Family practice: Brief system methods for social work.* Pad fie Grove, CA: Brooks/Cole.

Franklin, C., & Nurius, P.(1996). Editorial notes: Constructivist therapy: New directions in social work practice. *journal of Contemporary Human Services,* 77, 323-.'32.5.

Freud, A.(1936). *The ego and the mechanisms of defense.* New York: International Universities Press.

Freud, S.(1938a). Psychopathology of everyday life. From A. A. Brill(Ed.), *The basic writings of Sigmund Freud*(pp. 3.5-180). New York: Random House.

Freud, S.(1938b). The interpretation of dreams. From A. A. Brill(Ed.), *The basic writings of Sigmund Freud*(pp, 181-549). New York: Random House.

Frick, W. B.(1991). *Personality Theories: An Experiential Workbook*(2nd ed.). New York: Teachers College Press.

Friedman, B. D.(1997). Systems theory. In J. R. Brandell(Ed.), *Theory and practice in clinical social work*(pp, 3-17). New York: Free Press.

Friedman, S.(1997). *Time-effective psychotherapy: Maximizing outcomes in an era of minimized resources.* Boston: Allyn & Bacon.

Gambrill, E.(1997). Social Work Practice: A Critical Thinker's Guide. New York: Columbia University Press.

Gambrill, E. D.(1990). *Critical thinking in clinical practice:* Improving *the accuracy of judgments and decisions about clients.* San Francisco: Jossey-Bass.

GAO.(1992). *Social security: Racial differences in disability decisions warrants further investigation, report to the ranking minority member, special committee on aging* (U.S. Senate GAO/HRD Publication No. 92-56). Washington, DC: U. S. General Accounting Office.

Garfield, S. L.(1989). *Practice of brief psychotherapy.* New York: Pergamon Press.

Garfield, S. L., & Bergin, A. E.(1986). *Handbook of psychotherapy and behavior change* (3rd ed.). Research, NY: Wiley.

Garland, J. A., Jones, H., & Kilodny, R.(1965). A model for stages of development in social work groups. In L. A. Frey & S. Bernstein(Eds.), *Explorations in group work*(pp. 12-53). Boston: Boston University School of Social Work.

Garret, A.(1995). *Interviewing: Its Principles and Methods*(4th ed). Milwaukee, WI: Families International, Inc.

Gennain, C.(1991). *Human behavior in the social environment: An ecological view.* New York: Columbia University Press.

Gerhart, U. C.(1990). *Caring for the chronically mentally ill.* Itasca, IL: F. E. Peacock.

Germain, C.(1970). Casework and science: A historical encounter. In R. W. Roberts & R. H. Nee(Eds.), *Theories of social casework.* Chicago: University of Chicago Press.

Germain, C., & Gitterman, A.(1980). *The life model of social work practice.* New York: Columbia University Press.

Germain, C., & Gitterman, A.(1996). *The life model of social work practice: Advance in theory and practice*(2nd ed.). New York: Columbia University Press.

Giannandrea, V, & Murphy, K.(1973). Similarity of self-disclosure and return for a second intervies. Journal of Counseling Psychology, 20, 545-548.

Ginsberg, L. H.(1995). *Social work almanac*(2nd ed.). Washington, DC: NASW Press.

Gitterman, A.(1996). Life model theory and social work practice. In F. J. Turner(Ed.), *Social work treatment: Interlocking theoretical approaches* (4th ed., pp. 38-08). New York: Free Press.

Ginsberg, Leon.(1994). *Understanding Social Problems, Policies, and Programs,* Columbia: University of South Carolina Press.

Goldenberg, I., & Goldenberg, H.(2000). *Family Therapy: An Overview*(5th Ed.). Belmont, CA: Wadsworth/Thomson Learning.

Gore, S.(1971). The effect of social support in moderating the health consequences of unemployment. *Journal of Health and Social Behavior,* 19, 157-16.5.

Gore, S.(1981). Stress buffering functions of social support: An appraisal and clarification of research models. In B. S. Dowrenwend & B. E Dowrenwend(Eds.), *Stressful life events and their contexts.* New York: Wiley.

Granvold(Ed.). *Cognitive and behavioral treatment: Methods and applications* (pp. 272-284). Pacific Grove, CA: Brooks/Cole.

Granvold, D. K.(1994). Concepts and methods of cognitive treatment. In D. K. Granvold(Ed.), *Cognitive and behavioral treatment: Methods and applications.*(pp. 3-33). Pacific Grove, CA: Brooks/Cole.

Granvold, D. K.(1996). Constructivist psychotherapy. *Journal of Contemporary human Services,* 77, 34.5-.'359.

Granvold, D. K.(ed.). (1994). *Cognitive and Behavioral Treatment: Methods and Applications*. Pacific Grove, CA: Brooks/Cole Pub.

Greenbaum, Thomas L.(1993). *The Handbook of Focus Group Research.* rev, and expanded ed. New York: Lexington Books.

Greene, R. R.(1991). General systems theory. In R. R. Greene & P. H. Ephross, *Human behavior theory and social work practice*(pp. 227-2.59). New York: Aldine De Gruyter,

Greene, R. R., & Ephros, P. H.(1991). *Human behavior theory and social work practice.* New York: Aldine De Gruyter

Gross, M. L.(1978). *The psychological society.* New York: Random House.

Grotjahn, M.(1977). Art *and technique of analytic group therapy.* New York: J. Aronson. Guidano, V. F., & Liotti, G.(1983). *Cognitive processes and emotional disorders:* A *structured approach to psychotherapy.* New York: Guilford Press.

Grunebaum, H.(1988). What if family therapy were a kind of psychotherapy? A reading of the handbook of psychology and behavioral change. Journal of Marital and Family Therapy. 14(2), 195-199.

Gurran, James, and Peter Monti.(eds). (1992). *Social Skills Training*. New York: Guilford Press.

Gutierrez, L. M.(1990). *Working with women of color: An empowerment perspective*. Social Work 35(2), pp. 149-153.

Haley, J.(Ed.). (1976). *Problem-solving therapy.* San Francisco: Jossey-Bass.

Hamond, D., Hepworth, D., & Smith, V.(1977). Improving Therapeutic Communication. San Francisco: Jossey-Bass.

Hanna, S. M., & Brown, J. H.(1995). *The practice of family therapy: Key elements across models.* Pacific Grove, CA: Brooks/Cole.

Hartford, Margaret E.(1972). *Groups in Social Work.* N.Y.: Columbia Univ. Press.

Hartman, A.(1978). Diagrammatic assessment of family relationships. *Social Casework,* 59, 465-476.

Hartman, A.(1979). The extended family as a resource for change: An ecological approach to family centered practice. In C. Gennain(Ed.), *Social work practice: People and environments.* New York: Columbia University Press.

Hartman, A.(1991). Words create worlds. *Social Work,* 36, 275-276.

Hartman, A., & Laird, J.(1983). *Family centered social work practice.* New York: Free Press.

Hearn, G.(1958). *Theory building in social work.* Toronto: University of Toronto Press. Hearn,

Hearn, G.(1969). *The general systems approach: Contributions toward a holistic conception of social work.* New York: CSWE.

Hearn, G.(1979). General systems theory and social work. In F. J. Turner (Ed.), *Social work treatment: Interlocking theoretical approaches*(2nd ed., pp. 333-359). New York: Free Press.

Henry, S.(1992). *Group skills in social work: A four dimensional approach*(2nd ed.). Pacific Grove, CA: Brooks/Cole.

Hepworth, D. H, & Larsen, J. A.(1993). *Direct social Work Practice: Theory and skills*(4th ed). Pacific Grove, CA: Brooks/Cole.

Hepworth, D., Rooney, R. H., & Larsen J. A.(1997). *Direct Social Work*

Practice: Theory and Skills(5th ed.). Pacific Grove, CA: Brooks/Cole.

Heron, J.(2001). *Helping The Client*(5th ed.). Thousand Oaks, CA: Sage

Hersen, M., & Van Hasselt, C. B.(eds.). (1998). *Basic Interviewing: A Practical Guide for Counselors and Clinicians*. Mahwah, NJ: Lawrence Erlbaum Associates Pub.

Hill, C. E.(1989). *Therapist techniques and client outcomes: Eight cases of brief psychotherapy.* Newbury Park, CA: Sage.

Himle, J. A., & Fischer, D. J.(1998). Panic disorder and agoraphobia. In B. A. Thyer & J. S. Wodarski(Eds.), *Handbook of empirical social work practice, Vol.* 1: *Mental disorders*(pp. 311-326). New York: John Wiley & Sons.

Hirshfeld, R. M. A., & Davidson, L. Risk factors for suicide. In A. J. Frances & R. Hales (Eds.), *Review of psychiatry* 7. Americ an Psychiatric Press.

Hjelle, L. A., & Ziegler, D. J.(1981). Personality Theories: Basic Assumptions, Research, and Applications (2nd ed.). McGraw-Hill Book Company. 이훈구 역(1983). 성격심리학. 경기: 법문사.

Hollis, F.(1964). *Casework: A psychosocial therapy.* New York: Random House.

Hoyt, M. F.(Ed.). (1995). *Brief therapy and managed care: Readings for contemporary practice.* San Francisco: Jossey-Bass.

Ilardi, S. S., & Craighead, W E.(1994). The role of nonspecific factors in cognitivevior therapy for depression. *Clinical Psychology: Science and Practice, 1,* 138-156.

Imber-Black, E.(1988). *Families and Larger Systems: A Family Therapist 's Guide Through the Labyrinth*. New York: Guilford.

Ivanoff, A., Blythe, B. J., & Briar, S.(1987). The empirical clinical practice debate. *Social Casework,* 68, 290-298.

Ivey, A, E.(1994). *Intentional interviewing and counseling: facilitating client development*(3rd. ed.). pacific grove, CA: Brooks/cole publishing company.

Jayaratne, S.(1978). A study of clinical eclecticism. *Social Service Review,* 52, 621-631.

Johnson, L. C.(1986). *Social work practice: A generalist approach* (2nd ed.). Needham Heights, MA: Allyn & Bacon.

Johnson, F. E., Van Hasselt, V., & Hersen, M.(1997). Chapter 3: Rapport, empathy, and reflection. In M. Hersen, & V. Van Hasselt(eds.), Basic Interviewing: A Practical Guide for Counselors and Clinicians(pp. 41-56). Mahwah, NJ: Lawrence Erlbaum Associates Pub.

Johnson, P. J., & Rubin, A.(1983). Case management in mental health: A social work domain? *Social Work,* 28, 49-55.

Joint Commission on Mental Illness and Health.(1961). *Action for mental health: Final report of the joint Commission on Mental Illness and Health.* New York: John Wiley.

Jongsma, A. E., & Peterson, L. M.(1999). *The complete adult psychotherapy treatment planner* (2nd ed.). New York: John Wiley & Sons.

Kadden, R. M.(1994). *Cognitive-behavioral approaches to alcoholism treatment, Alcohol Health & Research World.* 18(4), 279-286.

Kadushin, A, & Kadushin, G.(1997). *The social Work Interview*(4th ed). New York: Columbia University Press.

Kadushin, A.(1990). *The Social Work Interview*(3rd ed.). New York, NY: Columbia University Press.

Kalter, N., Schaefer, M., Lesowitz, M., Alpern, P., & Kickar, J.(1988). School-based support groups for children of divorce: A model of brief intervention. In B. J. Gottlieb(Ed.), *Marshalling social support: Formats, processes, and effects*(pp, 165-186). Newbury Park, CA: Sage.

Karls, J. M., & Wandrei, K. E.(1995). Person-in-environment. In *Encyclopedia of social work* (19th ed., pp. 1818-1828). Washington, DC: NASW Press.

Karls, J. M., & Wandrei, K. E.(1994). *Person in environment system: The PIE classification system for social functioning problem".* Washington, DC: NASW Press.

Kazdin, A. E.(1986). Comparative outcome studies of psychotherapy: Methodological issues and strategies. *Journal of Consulting and Clinical Psychology,* 54, 95-10.5.

Kazdin, A., & Wilson, G.(1978). *Evaluation of behavioral therapy: Issues, evidence, and research strategies.* Cambridge, MA: Ballinger.

Kelly, G. A.(1955). *The psychology of personal constructs*(Vols. 1-2). New

York: Norton. Kendall, P. c., & Butcher, J. N.(Eds.). (1982). *Handbook of research method" in clinical psychology.* New York: John Wiley & Sons.

Kerr, M. E., & Bowen, M.(1988). *Family evalaution: An approach based on Brown: " theory.* New York: Norton.

Kiesler, C. *A.,* & Sibulkin, A. E.(1987). *Mental hospitalization: Myths and facts about a national crisis. Newbury* Park, CA: Sage.

Kirst-Ashman, K. K., & Hull, G. H.(1993). *Understanding generalist practice.* Chicago: Nelson - Hall.

Koss, M. P., & Butcher, J. N.(1986). Research on brief psychotherapy. In S. L. Garfield & A. E. Bergin(Eds.), *Handbook of psychotherapy and behavior change.* New York: Wiley.

Koss, M. P., & Shiang, J.(1994). Research on brief psychotherapy. In A. E. Bergin & S. L. Garfield(Eds.), *Handbook of psychotherapy and behavior change*(pp. 664-700). New York: J. Wiley.

Kramer, P. D.(1993). *Listening to Prozac:* A *psychiatrist explores antidepressant drugs and the remaking of the self* New York: Penguin Books.

Lambert, M. J., & Bergin, A. E.(1994). The effectiveness of psychotherapy. In A. E. Bergin & S. L. Garfield(Eds.), *Handbook of psychotherapy and behavior change*(pp. 143-189). New York: John Wiley.

Landon, P. S.(1995). Generalist and advanced generalist practice. In R. L. Edwards(Ed.), *Encyclopedia of social work*(19th ed., pp. 1101-1108). Washington, DC: NASW Press.

Lantz, J.(1996). Chapter 5: Cognitive theory and social work practice. In F. Turner(ed.), Social Work Treatment(pp. 94-115). New York: The Free Press.

Lazarus, A. A.(1981). *The practice of multimodal therapy: Systematic, comprehensive, and effective psychotherapy.* New York: McGraw-Hill.

LeBon, G.(1895). *The crowd.* London: Ernest Berm.

LeCro, C. W.(Ed.). (1994). Handbooks of Child and Adolescent Treatment Manuals. N.Y.: The Free Press.

Lee, M. Y.(1996). A constructivist approach to the help-seeking process of clients: A response to cultural diversity. *Clinical Social Work Journal,*

24(2), 187-202.
Lehman, A. K., & Salovey, P.(1990). An introduction to cognitive-behavior therapy. In R. A. Wells & V. J. Gianetti(Eds.), *Handbook; of the brief psychotherapies*(pp. 239-259). New York: Plenum Press.
Levin, Jerome(1995). *Introduction to Alcoholism Counseling,*(2nd. ed). Washington, D.C.: Taylor and Francis.
Levine, I. S., & Fleming, M.(1985). *Human resources development: Issues in case management.* Rockville, MD: National Institute of Mental Health.
Lewin, K.(1951). *Field theory in social science: Selected theoretical papers*(D. Cartwright, Ed.). New York: Harper Press.
Lewis, R.(1980). Cultural perspective on treatment modalities with Native Americans. In M. Bloom(Ed.), *Life span development, Bases for preventive and interventive helping*(pp. 411-434). New York: Macmillan.
Lieberman, M. A., Yalom, 1., & Miles, M.(1973). *Encounter groups: First facts.* New York: Bask Books.
Light, R. J., & Pillemer, D. B.(1984). *Summing up: The science of reviewing research.* Cambridge, MA: Harvard University Press.
Lindemann, E.(1944). Symptomatology and management of acute grief. *American Journal of Psychiatry, 101, 141-148.*
Lishman, J.(1994). *Communication in Social Work.* Basingstoke: MacMillan/ BASW.
Liverman, S.(1979). *Transgenerational Family Therapy*. London: Croom Helm.
Locke, B., Garrison, R. J., & Winship, J.(1998). *Generalist social work practice: Context, story, and partnerships.* Pacific Grove, CA: Brooks/ Cole.
Loewenberg, F, & Dolgoff, R.(1988). Ethical Decisions for Social Work Practice. Itasca, ILL: F. E. Peacock Publishers.
London, P.(1988). Eclectic psychotherapy gets "uppity." *Contemporary Psychology, 33,* 697-698.
Longabaugh, R., & Morgenstern, J.(1999). *Cognitive-Beahvioral coping-skills therapy alcohol dependence. Alcohol Research & Health*, 23(2), 78-85.
Madanes, C.(1981). *Strategic Family Therapy*. San Francisco: Jossy-Bass.
Madanes, C.(1984). Behind the One-way Mirror: Advances in the Practice of

Strategic Therapy. San Francisco: Jossey-Bass.

Maguire, L.(1983). *Understanding social networks.* Beverly Hills, CA: Sage.

Maguire, L.(1991). *Social support systems in practice: A generalist approach.* Silver Springs, MD: NASW Press.

Maguire, L.(1992). *Pharmacology in social work education.* Panel presentation at the APM of CSWE, Kansas City, MO.

Maguire, L.(1993). Brief social support interventions with adolescents. In R. A. Wells & V J. Gianetti(Eds.), *Casebook of the brief psychotherapies*(pp, 91-108). New York: Plenum Press.

Mahoney, M. J.(1991). *Human change processes: The scientify foundations of psychotherapy.* New York: Basic Books.

Mahoney, M. J., & Thoresen, C. E.(1974). *Self-control: power to the person. pacific grove*. CA: Brooks/cole publishing company.

Malekoff, A.(1997). *Group Work with Adolescents: Principles and Practice*. New York: The Guilford Press, 37-40.

Marlatt, G. A., Abrams, D. B., Kadden, R. M., & Cooney, N. J.(1989). *Treating Alcohol Dependence*. New York: Guildford Press.

Marlatt, G.A., & Gordon, J.R.(1985). *Relapse prevention*. N.Y.: The Gurlford Press.

Marlow, C.(1998). Research methods for generalist social work(2nd ed.). Pacific Grove, CA: Brooks/Cole.

Marmor, J.(1992). Historical roots. In H. Davanloo(Ed.), *Short-term dynamic psychotherapy*(pp. 3-12). Northvale, NJ: Jason Aronson.

Marsh, P., & Doel, M.(2005). The task-centred book. New York: Routledge.

Mattaini, M. A.(1995b). Knowledge for practice. In C. H. Meyer & M. A. Mattaini(Eds.), *Foundation'> of social work practice: A graduate text*(pp. 59-85). Washington, DC: NASW Press.

Mattaini, M. A.(1995a). Generalist practice: People and programs. In C. H. Meyer & M. A. Mattaini(Eds.), *Foundations of social work practice: A graduate text*(pp, 22.5-245). Washington, DC: NASW Press.

Mattaini, M. A.(1997). *Clinical practice with dingividuals.* Washington, DC: NASW Press.

McGoldrick, M., Giordano, J., & Pearce, J. K.(Eds.). (1996). *Ethnicity and family therapy*(2nd ed.). New York: Guilford.

McGoldrick, M., & Gerson, R.(1985). Genograms in Family Assessment. New York: Norton & Company.

McLellam, R. W., & Rosenzweig, J. M.(1998). Generalized anxiety disorder. In B. A. Thyer & J. S. Wodarski(Eds.), *Handbook of empiricall social work practice: Vol. 1: Mental disorders*(pp. 385-398). New York: John Wiley & Sons.

McMahon, M. O.(1996). *The general method of social work practice.* A *generalist perspective*(3rd ed.). Boston, MA: Allyn & Bacon.

Meichenbaum, D.(1976). A cognitive-behavior modification approach to assessment. In M, Herson & A. Bellack(Eds.), *Behavioral assessment:* A *practical handbook*(pp. 143-171). New York: Pergamon Press.

Meichenbaum, D.(1984). Fostering generalization: A cognitive-behavioral approach. *The Cognitive Behaviorist,* 6, 9-10.

Meichenhaum, D.(1977). *Cognitive-behavior modification: An integrative approach.* New York: Plenum.

Metcalf, L.(1998). Soution Focused Group Theory. New York: The Free Press.

Meyer, C. H.(1983). Selecting appropriate practice models. In A. Rosenblatt & D. Waldfogel(Eds.), *Handbook of clinical social work* (pp. 731-749). San Francisco: Jossey- Bass.

Meyer, C. H., & Mattaini, M. A.(Eds.). (1995). *The foundations of social work practice: A graduate text.* Washington, DC: NASW Press.

Meyer, C. II., & Palleja, J.(1995). Social work practice with individuals. In C. H. Meyer & M. A. Mattaini(Eds.), *The foundations of social work practice: A graduate text*(pp. 105-125). Washington, DC: NASW Press.

Meyer, W. S.(1993). In defense of long-term treatment: On the vanishing holding environment. *Social Work,* 38(5), 571-578.

Middleman, Ruth, and Gale Goldberg Wood(1990). *Skills for Direct Practice in Social Work.* New York Columbia University Press.

Middleman, Ruth(1968). *The Non-Verbal Method in Working With Groups.* New York: Association Press.

Millar, R., Crute, V., & Hargie, O.(1992). *Professional Interviewing*. London: Routledge.

Miller, J. B.(1976). *Toward a new Psychology of Women*. Harmondsworth: Penguin.

Miller, S.(1981). Reflections on the dual perspective. In E. Mizio & A. J. Delaney(Eds.), *Training for service delivery to minority clients*(pp. 53-61). New York: Family Service Association of America.

Minuchin, S.(1974). *Families and Family Therapy*. Cambridge, MA: Harvard University Press.

Minuchin, S., & Fishman, H. C.(1981). *Family therapy techniques.* Cambridge, MA: Harvard University Press.

Minuchin, S., & Bruggen, P.(1985). Our personal and professional lives: Learning positive connotation and circular question. *Family process*, 24, 311-322.

Montu, P. M., Abrams, D. B., Kadden, R. M., & Cooney, N. L.(1989). *Treating alcohol dependencd.* New York: Guildford Press.

Moseley, P. G., & Deweaver, K. L.(1998). Empiricalapproaches to case management. In J. S. Wodarski & B. A. Thyer(Eds.), *Handbook of empirical social work practice: Vol.* 2: *Social problems and practice issues*(pp. 393-412). New York: John Wiley & Sons.

Mullen, E. J., & Dumpson, J. R.(1972). *Evaluation of social intervention.* San Francisco: Jossey-Bass.

Munson, C.(1994). Cognitive family therapy. In D. G. Granvold(Ed.), *Cognitive and behavior treatment: Methods and applications*(pp. 202-221). Pacific Grove, CA: Brooks/Cole.

Nelson-Jones, R.(1990). *Human Relationship Skills*. London: Cassell.

Northern, H., & Kurland, R.(2001). *Social Work with Groups*(3rd ed.). New York: Columbia University Press.

Nuckolls, K. B., Cassell, J., & Kaplan, B. H.(1972). Psychosocial assets, life crises, and the prognosis of pregnancy. *American Journal of Epidemiology,* 95, 431-441.

Nunnally, E.(1993). Solution focused therapy. In R. A. Wells & V. J. Gianetti (Eds.), *Casebook of the brief psychotherapies*(pp. 271-286). New York: Plenum Press. One on one: Adolph Grunbaum(1998, October 29). *University Times, 31.*

O' Connel, B., & Palmer, S.(eds.). (2003). *Handbook of Solution-Focused Therapy*. Thousand Oakn, CA: Sage.

Ohlsen, Merle(1979). *Marriage Counselling in Groups*. Champaign, Ill.: Research Press.

Orlinsky, D. E., Grawe, K., & Parks, B. K.(1994). Process and outcome in psychotherapy-noch einmal. In A. E. Bergin & S. L. Carfield(Eds.), *Handbook of psychotherapy and behavior change*(4th ed.). New York: John Wiley & Sons.

Othmer, E., & Othmer, S.(1989). *The clinical interview: Using* DSM-Ill-R. Washington, DC: American Psychiatric Association Press.

Palazzoli, M. S., Cirillo, S., Selvini, M., & Sorrentino, A. M.(1989). *Family Games L General Model of Psychotic Processes in the Family*. New York: Norton.

Parad, H. J.(1971). Crisis intervention. In R. Morris(Ed.), *Encyclopedia of social work*(16th ed., Vol. l, pp. 196-2(2). New York: National Association of Social Workers.

Parad, H. J., & Parad, L. G.(1990). *Crisis intervention, hook 2: The practitioner: sourcebook for brief therapy.* Milwaukee: Families International.

Pardeck, J. T., Murphy, J. W., & Choi, J. M.(1994). Some implications of post modernism for social work practice. *Social Work,* 39, 343-346.

Parsons, T., & Bales, R. F.(1955). *Family, socialization, and interaction process.* Glencoe, IL: Free Press.

Patterson, J., Williams, L., Grauf-Grounds, C., & Chamow, L.(1998). *Essential skills in Family Therapy: From the First Interview to Termination*. New York: Guilford.

Pattison, E. M., Francisco, D., Wood, P., Frazier, H., & Crowder, J.(1975). A psychosocial kinship model for family therapy. *American journal of Psychiatry, 132,* 1246-1251.

payne, M.(1991). *Modern social work theory: A critical introduction*. London: Macmillan.

Payne, M.(1997). *Modern Social Work Theory*. New York: MacMillan Pub. 서진환 · 이선혜 · 정수경 역(2001). 현대사회복지 실천이론. 경기: 나남출판.

Peller, J., & Walter, J.(1998). Chapter 4: Solution-focused brief therapy. In R. A. Dorfman(ed.), Paradigms of Clinical Social Work: Vol. Ⅱ(pp. 71-92). New York: Brunner Mazel.

Perlman, H. II.(1957). *Social casework: A problem-solving process.* Chicago: University of Chicago Press.

Philips, E. L.(1985). *Psychotherapy revised: New frontiers in research and practice.* Hillsdale, N.J.: Erlbaum.

Piaget, J.(1950). *Psychology of intelligence.* New York: Harcourt Brace(Original work published in 1947).

Pine, F.(1990). *Drive, ego, object, and self.* New York: Basic Books.

Plaud, J. J., & Vavrovsky, K. G.(1998). Specific and social phobias. In B. A. Thyer & J. S. Wodarski(Eds.), *Handbook of empirical social work practice: Vol.* 1: *Mental Disorders*(pp. 327-343). New York: John Wiley & Sons.

President's Commission on Mental Health.(1978). *Task Panel Reports.* Washington, DC: U.S. Government Printing Office.

Rapp, C. A.(1998). *The strengths model: Case management with people suffering from severe and persistent mental illness.* New York: Oxford University Press.

Rapp, C. A., & Chamberlin, R.(1985). Case management services for the chronically mentally ill. *Social Work 30,* 417-422.

Reamer, F. G.(1982). *Ethical dilemmas in social service.* New York: Columbia University Press.

Regehr, C.(2001). Chapter 9: Cognitive-behavioral theory. In P. Lehmann, & N. oady(eds.), Theoretical Perspectives for Direct Social Work Practice: A Generalist-Eclectic Approach(5th ed.). New York, NY: Springer Publishing Company.

Regier, D. A., Hirshfeld, R. M., Goodwin, F. K., Burke, J. D., Lazar, J. B., & Judd, L. L.(1988). The NIMH depression awareness, recognition, and treatment program: Structure, aims, and scientific basis. *American Journal of Psychiatry, 145,* 13.51-13.57.

Reid, K. E.(1991). *Social work practice with groups: A clinical perspective.* Pacific Grove, CA: Brooks/Cole.

Reid, Kenneth(1991). *Social Work practice with Groups: A Clinical Perspective.* Pacific Grove, Calif.: Brooks/Cole.

Reid, W. J.(1990). An integrative model for short-term treatment. In R. A. Wells & V J. Gianetti (Eds.), *Handbook of the brief psychotherapies*(pp, 55-78). New York: Plenum Press.

Reid, W. J.(1996). Task-centered social work. In F. J. Turner(Ed.), *Social work treatment: Interlocking theoretical approaches*(4th ed., pp. 617-640). New York: Free Press.

Reid, W. J.(1998). Research on task-centeredpractice. Social Work Research, 21(3), 132-137.

Reid, W. J., & Epstein, L.(1972). *Task-centered casework.* New York: Columbia University Press.

Reid, W. J., & Epstein, L.(Eds.). (1977). *Task-centered practice.* New York: Columbia University Press.

Reid, W. J., & Hanrahan, P.(1981). The effectiveness of social work recent evidence, In E. M. Goldberg & N. Connelly(Eds.), *Evaluative research in social care: Papers from a workshop on recent trends in evaluative research in social work and social services, May, 1980.* London: Heinemann Educational Books.

Richardson, B.(2001). *Working with Challenging Youth.* New York: Brunner Mazel.

Richmond, M.(1917). *Social diagnosis,* New York: Free Press.

Rogers, C. R. *Counseling and psychotherapy.* Boston, MA: Houghton Mifflin.

Rose, S. D.(1977). *Group therapy: A behavioral approach.* Englewood Cliffs, N.J.: Prentice-Hall.

Rooney, R. H.(1992). *Strategies for Work with Involuntary Clients*. New York: columbia University Press.

Rose, S. D.(1990). *Working with adults in groups: Integrating cognitive-behavioral and small group strategies.* San Francisco: Jossey-Bass.

Rosenthal, L.(1987). *Resolving Resistance in Group Psychotherapy*. New York: Aronson.

Rothman, J.(1992). *Guidelines for case management. Putting research to professional use.* Itasca, IL: Peacock Publishers.

Rueveni, U.(1979). *Networking families in crisis: Intervention strategies with families and social networks.* New York: Human Science Press.

Salkovskis, P. M.(1996). The cognitive approach to anxiety: Threat beliefs, safety-seeking behavior, and the special case of health anxiety and obsessions. In P. M. Salkovskis(Ed.), *Frontiers of cognitive therapy*(pp. 48-74). New York: Guilford Press.

Saltzman, N., & Norcross, J. C.(Eds.). (1990). *Therapy wars: Contention and convergence* in *differing clinical approaches.* San Francisco: Jossey-Bass.

Satir, V. M.(1972). *Peoplemaking*. Palo Alto, CA: Science and Behavior Books.

Satir, V., Banmen, J., Gerber, J., & Gomori, M.(1991). T*he Satir Model: Family Therapy and beyond.* Palo alto, CA: Science and Behavior Books.

Schlaadt, Richard, and Peter Shannon.(1994). *Drugs: Use, Misuse and Abuse*(4th ed). Englewood Cliffs, N. J.: Prentice Hall.

Schwartz, A.(1982). *The behavior therapies: Theories and applications.* New York: Free Press.

Seligman, L.(1990). *Selecting effective treatments:* A *comprehensivee, systematic guide to treating adult menial disorders.* San Francisco: Jossey-Bass.

Sharf, R. S.(1996). *Theories of psychotherapy and counseling. Concepts and cases.* Pacific Grove, CA: Brooks/Cole.

Sheafor, B. W., Horejsi, C. R., & Horejsi, G. A.(1991). *Techniques and guidelines for social work practice*(2nd ed.). Needham Heights, MA: Allyn & Bacon.

Sheafor, B. W. Horejsi, C. R., & Horejsi, G. A.(1997). *Techniques and Guidelines for Social work Practice*(4th ed.) Boston, MA: Allyn and Bacon. 서울대사회복지실천연구회 역(1998). 사회복지실천기법과 지침. 경기: 나남출판.

Sheldon, B.(1986). Social work effectiveness experiments: Review and implications. *British Journal of Social Work* 16, 223-242.

Sheldon, B.(1995). Cognitive-Behavioral Therapy: Research, Practice and Philosophy. London: Routledge.

Shulman, L.(1984). *The Skills of Helping: Individual and Groups*(2nd ed.). Itasca, IL: Peacock.

Shulman, Lawrence(1992). *The Skills of Helping: Individuals, Families, and Groups*(3rd ed). Itasca, Ill.: F. E. Peacock.

Siporin, M.(1975). *Introduction to Social Work Practice.* New York: Macmillan.

Skinner, B. F.(1953). *Science and human behavior.* New York: Macmillan.

Skinner, B. F.(1971). *Beyond freedom and dignity.* New York: Knopf.

Skinner, B. F.(1974). *About behaviorism.* New York: Knopf.

Slaikeu, K. A.(1990). *Crisis intervention: A handbook for practice and research*(2nd ed.). Boston: Allyn & Bacon.

Smith, J. C., Mercy, J. A., & Conn, J. M.(1988). Marital status and the risk of suicide. *American Journal of Public Health,* 78(1), 78-80.

Specht, H., & Courtney, M.(1994). *Unfaithful angel: How social work has abandoned its mission.* New York: Free Press.

Specht, R., & Craig, G. J.(1987). *Human development: A social work perspective*(2nd ed.). Englewood Cliffs, NJ: Prentice-Hall.

Spivack, G., & Shure, M. B.(1974). *Social adjustment of* young *children: A cognitive approach to solving real-life problems.* San Francisco: Jossey-Bass.

Srole, L., Langer, T., Michael, S., Opler, M., & Rennie, T.(1962). *Mental health* in *the metropolis.* New York: McGraw-Hill.

St. Clair, M.(1996). *Object relations and self psychology:* An *introduction*(2nd ed.). Pacific Grove, CA: Brooks/Cole.

Stekettee, G. S., & White, K.(1990). *When once is not enough: Help for obsessions and compulsions.* Oakland, CA: New Harbinger.

Strean, H.(1996). Chapter 22: Psychoanalytic theory and social work treatment. In F. Turner(ed.), *Social Work Treatment*(pp. 523-554). New York: The Free Press.

Strean, H.(1996). Psychoanalytic theory and social work treatment. In F. J. Turner(Ed.), *Social work treatment: Interlocking theoretical approaches* (4th ed., pp. 523-554). New York: Free Press.

Stuart, R. B.(1977). *Behavioral self-management: Strategies, techniques, and outcomes.* ew York: Bruner/Maze.

Sullivan, H. S.(1953). *The interpersonal theory of psychiatry.* New York:

Norton.

Sullivan, H. S.(1954). *The psychiatric interview.* New York: Norton.

Sullivan, J. P.(1981). Case management. In J. A. Talbott(Ed.), *The chronically mentally ill: Treatment, programs, systems*(pp. 119-131). New York: Human Sciences Press.

Tannen, D.(1990). *You just don't understand: Women and men* in *conversation.* New York: Ballantine Books.

Tharp, R. G., & Wetzel, R. J.(1969). *Behavior modification* in *the natural environment.* New York: Academia Press.

Thomas, E. J.(1984). *Designing interventions for the helping professions.* Beverly Hills, CA: Sage.

Thomas, E. J.(Ed.). (1974). *Behavior modification procedure:* A *sourcebook.* Chicago: Aldine.

Thyer, B. A.(1983). Treating anxiety disorders with exposure therapy. *Social Casework,* 64,77-82.

Thyer, B. A.(1984). The treatment of phobias in their natural contexts. *Journal of Applied Social Science,* 9(1), 73-83.

Thyer, B. A.(1987). *Treating anxiety disorders:* A *guide for human service professionals.* Newbury Park, CA: Sage.

Thyer, B. A., & Birsinger, P.(1994). Treatment of clients with anxiety disorders. In D. K. Granvold(Ed.), *Cognitive and behavioral treatment: Methods and applications*(pp. 272-284). Pacific Grove, CA: Brooks/Cole.

Thyer, B. A., & Wodarski, J. S.(1998). First principles of empirical social work practice. In B. A. Thyer & J. S. Wodarski(Eds.), *Handbook of empirical social work practice: Vol.* 1: *Mental disorders*(pp. 1-22). New York: John Wiley & Sons.

Thyer, B. A., Isaac, E. *D.,* & Larkin, R.(1997). Integrating research and practice: The role of practice-relevant research in social work. In M. Reisch & E. Gambrill(Eds.), *Social work* in *the 21st century*(pp. 311-316). Thousand Oaks, CA: Pine Forge Press.

Tischler, G. L., Riedel, D. C., & Myers, J. K.(Eds.). (1974). *Patient care evaluation* in *mental health programs: Introduction.* Cambridge, MA: Ballinger.

Tolsdorf, C. C.(1976). Social networks, support, and coping: An exploratory study. *Family Process,* 15,407-417.

Tolson, E. R., Reid, W. J., & Garvin, C. D.(1994). *Generalist practice:* A *task-centered approach.* New York: Columbia University Press.

Tomb, D. A.(1994). The phenomenology of post-traumatic stress disorder. *Psychiatric Clinics of North America,* 17(2), 237-250.

Tomm, K.(1987). Interventive interviewing. *Family process*, 26(2), 167-183.

Tomm, K.(1988). Interventive interviewing: part ¥². *Family process*, 27(1), 1-15.

Toseland, R. W., L& Rivas, R. F.(2001). *An Introduction to Group Work Practice*(4th ed), Needhan Heights, Ma: Allyn and Bacon.

Toseland, Ronal W., Robert F. Rivas, & Dennis Champan(1984). "An Evaluation of Decision-Making Methods in Task Groups." S*ocial Work 29*(July-August), 339-346

Toseland, Ronald & Robert F. Rivas(1984). *An Intrduction to Group Work Practice*. N.Y., Macmillan Prblishing Companry.

Toseland, Ronald W., & Robert Rivas(1995). *An Introduction to Group Work Practice*(2nd ed). Boston Allyn and Bacon.

Trevithick, P.(2000). Social Work Skills: A Practice Handbook. Philadelphia, PA: Open University Press.

Tripodi, T.(1994). A *primer on single-subject design [or clinical social workers.* Washington, DC: NASW Press.

Tuckman, B. W.(1965). Developmental sequence in small groups. *Psychological Bulletin,* 63, 384-399.

Tuckman, B. W., & Jensen, M. A.(1977). Stages of small group development revisited. *Group and Organizational Studies,* 2, 419-427.

Turner, F. J.(Ed.). (1983). *Differential diagnosis and treatment in social work*(3rd ed.), New York: Free Press.

Tumer, F. J.(Ed.). (1996). *Social work treatment: Interlocking theoretical approaches*(4th ed.). New York: Free Press.

Tyer, B. A., & Myers, L. L.(1997). Chapter 2: Behavioral and cognitive theories. In Jerome R. Brandell(ed.), *Theory and Practice in Clinical Social Work*(pp. 18-37). New York, NY: The Free Press.

Urqiza, A. J., & Winn, C.(1993). *Treatment for Abused and Neglected Children*. U.S. Department of Health and Human Services. 노충래 역(2002). 학대와 방임 피해 아동의 치료: 0세에서 18세까지. 서울: 학지사.

Van Den Bergh, N.(1992). Feminist treatment for people with depression. In K. Corcoran (Ed.), *Structuring; change: Effective practice for common client problems* (pp. 95-1(9). Chicago: Lyceum Books.

Vinter, R.(1974a). Program activities: An analysis of their effects on participant behavior. In P. II. Glasser, R. C. Sarri, & R. D. Vinter (Eds.), *Individual change through small groups* (pp. 233-243). New York: Free Press.

Vinter, R.(1974b). The essential components of social group work practice. In P. Glasser, R. Sarri, & R. Vinter(Eds.), *Individual change thorough small groups*(pp. 9-33). New York: Free Press.

von Bertalanffy, L.(1968). *General Systems Theory*: Foundations, Dovelopment Application. New York : Braziller.

Vonk, M. E., & Yegidis, B. L.(1998). Post-traumatic stress disorder. In B. A. Thyer & J. S. Wodarski(Eds.), *Handbook of empirical social work practice: Vol.* 1; *Mental disorders*(pp. 365-384). New York: John Wiley & Sons.

Vonk, M. E., & Yegidis, B. L.(1998). Post-traumatic stress disorder. In B. A. Thyer & J. S. Wodarski(Eds.). *Handbook of empirical social work practice: Vol.* 1; *Mental disorders*(pp. 365-384). New York: John Wiley & Sons.

Walbom, F. S.(1996). *Process variables: Four common elements of counseling and psychotherapy.* Pacific Grove, CA: Brooks/Cole.

Walsh, F.(1997). Family therapy: Systems approaches to clinical practice. In J. R. Brandell(Ed.), *Theory and practice in clinical social work*(pp. 132-163). New York: Free Press.

Waskow, I., & Parloff, M. B.(Eds.). (1974). *Psychotherapy change measures.* Rockville, MD: National Institute of Mental Health.

Watzlawick, P., Weakland, J. H., & Fisch, R.(1974). Change: Principles of Problem Formulation and Problem Resoulution. New York: Norton.

Wells, R. A.(1992). Planned short-term treatment for persons with social and interpersonal problems. In K. Corcoran(Ed.), *Structuring change: Effective practice for common client problems*(pp. 292-309). Chicago: Lyceum.

Wells, R. A.(1993). Clinical strategies in brief psychotherapy. In R. A. Wells & V. J. Gianetti(Eds.), *Casebook of the brief psychotherapies*(pp. 3-20). New York: Plenum Press.

Wells, R. A.(1994). *Planned short-term treatment*(2nd ed.). New York: Free Press.

Wells, R. A., & Gianetti, V. J.(Eds.). (1990). *Handbook of the brief psychotherapies.* New York: Plenum Press.

Wells, R. A., & Gianetti, V. J.(Eds.). (1993). *Casebook of the brief psychotherapies.* New York: Plenum Press.

Wells, R. A., & Phelps, P. A.(l990). The brief psychotherapies: A selective overview. In R. A. Wells & V. Gianetti(Eds.), *Handbook of brief psychotherapies*(pp. 3-26). New York: Plenum.

Westem Psychiatric Institute & Clinic [WPIC].(1990). Depression/awareness, recognition, and treatment(D/ART), Training for Senior Mental Health Clinicians, March 12-13, 1990.

White, M.(1986). Negative explanation, restraint, and double description: A template for family therapy. *Family Process,* 25(2), 169-184.

Whiteley, J. N.(1984). Counseling psychology: A historical perspective. *The Counseling Psychologist,* 12(1), 3-109.

Whittaker, J. K., Schinke, S. P., & Gilchrist, L. D.(1986). The ecological paradigm in children, youth, and family services: Implications for policy and practice. *Social Service Review, 60*(4), 483-503.

Wiener, N.(1948). *Cybernetics, or Control and Communication in Animal and the Machine*. New York: Wiley.

Williamson, E. G.(1939). *How to counsel students.* New York: McGraw-Hill.

Wilson, W J.(1987). *The truly disadvantaged: The inner city, the underclass and public policy.* Chicago: University of Chicago Press.

Wolfe, B. E., & Goldfried, M. R.(1988). Research on psychotherapy integration: Recommendations and conclusions from an NIMH workshop. *Journal of*

Consulting and Clinical Psychology, 56, 448-451.

Wolpe, J.(1958). *Psychotherapy by reciprocal inhibition.* Stanford, CA: Stanford University Press.

Wolpe, J.(1967). The comparative clinical status of conditioning therapies and psychoanalysis. In J. Wolpe, A. Salter, & L. J. Reyna(Eds.), *The conditioning therapies and psychoanalysis.* New York: Holt, Rinehart & Winston.

Wolpe, J., & Lazarus, A. A.(1967). *Behavior therapy techniques: A guide to the treatment of neuroses.* New York: Pergamon Press.

Wood, K. M.(1978). Casework effectiveness: A new look at the research evidence. *Social Work,* 23, 437-458.

Woods, M. E., & Hollis, F.(1990). *Casework, A psychosocial therapy*(4th ed.). New York: McGraw-HilI.

Woods, M. E., & Robinson, H.(1996). Psychosocial theory and social work practice. In F. Turner(Ed.), *Social work treatment. Interlocking theoretical approaches*(4th ed., pp. 5,55-.580). New York: Free Press.

Woods, M., & Hollis, F.(1990). *Casework: A Psychosocial therapy*(4th ed.). New York: McGraw Hill.

Woods, M., & Robinson, H.(1996). Chapter 23: Psychosocial theory and social work theatment. In F. Turner(ed.), *Social Work Treatment*(4th ed.) (pp. 555-580). New York: The Free Press.

Woodside, M., & McClam, T.(1998). *Generalist case nUJT1agement: A method fhrlnwn services delivery.* Pacific Grove, CA: Brooks/Cole.

Yalom, I.(1985). *The theory and practice of group psychotherapy*(3rd ed.). New York: Basic Books.

Yalom, I.(1995). *The theory and practice of group psychotherapy*(4th ed.). New York: Basic Books.

Yamatani, H., Maguire, L., Rogers, R. K., & O'Kennedy, M. L.(1996). Battered households. In M. Baum & P. Twiss(Eds.), *Social work intervention in an economic crisis: The River Communities Project*(pp. 6.5-74). New York: Haworth Press.

Zastrow, C. H.(1989). *The practice of social work*(3rd ed.). Belmont, CA: Wadsworth. Zastrow, C. H.(1999). *The practice of social work*(6th ed.).

Pacific Grove, CA: Brooks/Cole.
Zastrow, C. H., & Kirst-Ashman, K. K.(I997). *Understanding human behavior andthe social environmen* (4th ed.). Chicago: Nelson-Hall.

저자약력

조미숙

서울여자대학교 대학원 사회복지학 박사
미국 University of Washington 교환교수
독일 Friedensau대학 교환교수
독일 VoithSchule & OstSchule 학교사회사업담당관
현 삼육대학교 사회복지학과 교수
한국임상사회사업학회 수석부회장
글로컬사회공헌연구소 소장

유용식

숭실대학교 대학원 사회복지학 박사
California State university Hayward Training School of social welfare
충청북도사회복지협의회 복지부장
현 세명대학교 사회복지학과 교수
제천시지역사회보장협의체 대표
제천시사회복지실천연구소 소장

윤춘모

가천대학교 대학원 행정학 박사(복지행정 전공)
성남시의회 의원(사회복지위원회)
성남시사회복지종합정보센터장
의정부시다문화가족지원센터장
경민대학교 평생교육원장
현 경민대학교 사회복지과 교수
윤춘모행복드림연구소 소장

현영렬

연세대학교 사회사업학과 학사
동경도립대학교 대학원 사회복지학 석사
서울시립대학교 대학원 사회복지학 박사
현 서정대학교 사회복지행정과 교수

사회복지실천기술론

초판 1쇄 발행 / 2020년 3월 5일
초판 2쇄 발행 / 2024년 8월 30일

•

공저자 / 조미숙 · 유용식
윤춘모 · 현영렬
발행인 / 이 중 수
발행처 / **동 문 사**

•

서울특별시 서대문구 홍제원 1길 12
(홍제동 137-8)
Tel: 02)736-3718(대), 736-3710, 3720
Fax: 02)736-3719
등록번호: 1974.04.27 제9-17호
가격: 22,000원

•

ISBN: 979-11-6328-174-0(93330)
E-mail: dong736@naver.com
www.dongmunsa.com